만주어 마카베오기

만주어
마카베오기

김동소

루이 드 푸와로 신부의 만주어 성경 연구 4

지식과교양

A Study of the Book of Maccabees in the Manchu Language

Studies in the Manchu Bible by Fr. Louis de Poirot [4]

ISBN 978-89-6764-195-5   93700

Published by Knowledge and Education, Seoul

PRINTED IN THE REPUBLIC OF KOREA

루이 드 푸와로 신부의 그림
[만주어 구약성경 열왕기 3권 끝에 수록됨]

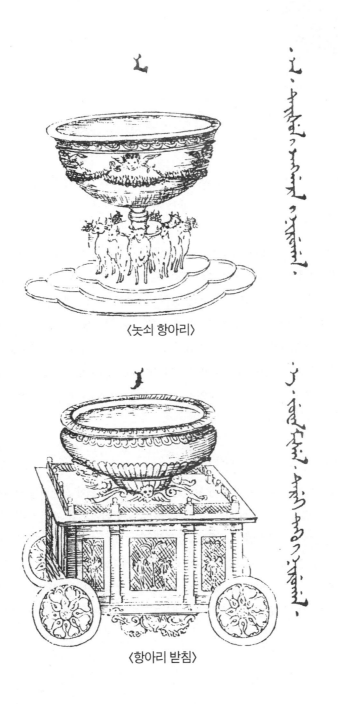

〈놋쇠 항아리〉

〈항아리 받침〉

책 머리글

루이 드 푸와로(P. Louis de Poirot, S. J., 賀淸泰) 신부님이 번역하신 만주어 성경들 중 신약성경의 마태오 복음서와 사도행전, 그리고 구약성경의 에스델기를 역주해 낸 것이 각각 2011년과 2018년, 그리고 2013년이었는데, 이제 네 번째로 《만주어 마카베오기》를 역주해 출간합니다. 《만주어 사도행전》을 출판하고 바로 만주어 마카베오기의 역주에 들어갔습니다만, 이미 4년여의 세월이 흐르고 이제서야 겨우 그 원고를 출판사로 넘기게 되어 저의 게으름과 재바르지 못함을 부끄러워하지 않을 수 없습니다. 그 동안 여러 가지 안팎의 일들이 있어서 이렇게 출판이 늦어진 것입니다.

이미 2018년 《만주어 사도행전》을 출판할 때 이야기한 대로, 지난 10년 사이에 중국과 유럽에서 푸와로 신부님과 관련된 놀라운 출판물들이 간행되는 경사스러운 일이 있었습니다. 여기서 다시 한번 그 출판물들을 짚어보면, 푸와로 신부님의 중국어 백화문(白話文) 번역 성경인 《古新聖經》이 타이베이[臺北]와 베이징[北京], 오사카[大阪] 등지에서 영인본(影印本)과 활자본(活字本)의 형태로 간행되었고, 2015년과 2016년에는 독일 베를린에서 푸와로 신부님의 (지금까지 그 모습을 알 수 없었던) 《만주어 탈출기(출애굽기)》와 《만주어 창세기》가 영인·간

행된 것입니다. 또 이보다 조금 앞선 2012년에는 중국 베이징 대학 언어문학과 [語言文學系]에서 푸와로 신부님의《古新聖經》을 연구한 박사학위 논문이 통과 되었습니다. 200년이 넘도록 잊혀져 왔던 푸와로 신부님의 중국어와 만주어 성경에 관한 관심이 2010년대에 이렇게 폭발적으로 터져 나온 것은 우연의 일치일 수도 있지만, 저의 일련의 출판이 자극제가 되었던 것이라 생각하여 보람과 자긍을 갖습니다. 또 유럽에서 젊은 만주어 학자들이 푸와로 신부님의 만주어 성경에도 관심을 가져, 이를 연구해 보려는 움직임이 있음도 아울러 말해 두고자 합니다. 머지않아 국내외에서 이 만주어 성경을 연구하는 학자들이 나오리라 믿습니다.

이 작업을 하면서 많은 이들의 도움을 받았습니다. 만주어 마카베오기의 각 장 (章, chapter)의 역주(譯註)가 끝나면 여러 지인(知人)들께 전자우편으로 보내었더니, 많은 분들이 친절하게도 의견을 보내주셔서 큰 도움이 되었습니다. 또 특히 기억되어야 할 분들은 여기서 인용된 라틴어 성경 해석의 그릇됨을 고쳐 주신 분들인데, 진 토마스 신부님 (P. Thomas Timpte, O.S.B.), 이기용 교수님 (고려대 언어학과 명예교수), 김영일 교수님 (계명대 국어국문학과 명예교수), 곽문석 교수님(안양대학교 신학연구소) 들께 감사의 뜻으로 여기 그 성함을 적습니다.

이 만주어 마카베오기 역주 작업도 경북대학교 중앙도서관 안의 열뢰문고 연구실에서 이루어졌습니다. 제가 대학에서 정년을 하고 15년째 이 연구실에서 세월을 보낸 셈인데, 이렇게 쾌적한 연구 공간을 허락해 주신 경북대학교 도서관 측에 감사를 표하며, 아울러 출판 일이 힘들기 짝이 없는 요즈음 기꺼이 경제성 없는 이 책의 출판을 맡아 주시는 출판사 지식과교양 사에도 더없는 경의를 표합니다.

2023년 3월 1일
경북대학교 중앙도서관 열뢰문고 연구실에서
김동소 씀

목차

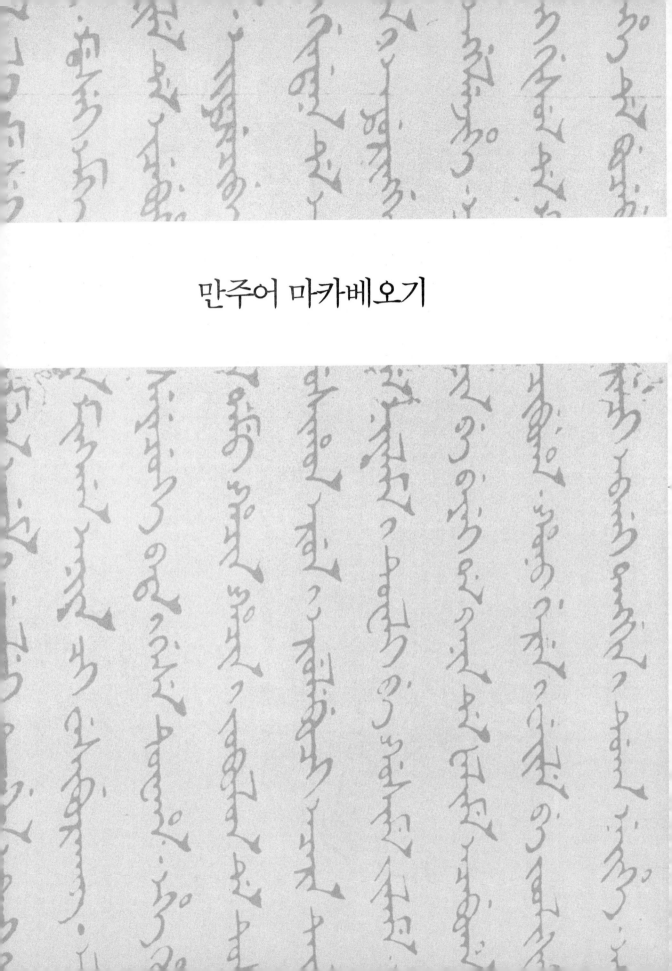

만주어 마카베오기

마주어 마카베오기

만주어 마카베오기 두루보기

마카베오기(the Book of Maccabees)는 가톨릭 교회와 러시아 및 그리스 정교회에서는 역사서(Historical Books)라 하여 정경(正經, Canon), 또는 제2경전(Deuterocanonical Writings)으로 인정하는 구약성경의 한 편명(篇名)이고, 개신교회(改新敎會, Protestant Church)에서는 외경(外經, Apocryphal Writings)으로 다루어지는 성문서(聖文書, the Holy Documents)이다. 기원전 2세기 유다인 마카베오 형제들이 시리아의 왕 에피파네스(Antiochus Epiphanes)의 유다교 탄압에 맞서 싸우는 이야기가 이 성경의 중심 내용이다.

현재 전해지고 있는 마카베오기는 전부 4가지인데, 그 중 1권과 2권은 가톨릭 교회와 러시아 정교회 및 그리스 정교회서 제2경전으로 이름 붙여 정경으로 다루고 있고, 3권은 러시아 정교회와 그리스 정교회에서 제2경전으로 일컬어 역시 정경으로 삼고 있지만, 4권은 어떤 교파에서도 경전—다시 말하면 성경—으로 보고 있지 않는 듯하다.

여기서 역주(譯註)하는 《만주어 마카베오기》는 일본 도요붕코[東洋文庫]에 소장된 원고본(原稿本) 《滿文付註新舊約聖書》[1] 20책 25권 중 제20책, 제24권으로 제목은 'Makabei sere nomun bithe ujuci debtelin (마카베이의 경전 제1책)'이다. 이 원고본 만주어 성경은 중국 청나라 건륭(乾隆) 황제 시기 중국에서 생활했던 예수회 선교사 루이 드 푸와로 신부(P. Louis de Poirot, S. J., 중국 이름 : 賀淸泰, 1735. 10. 23. – 1813. 12. 13.)가 만주어로 신구약성경을 번역

---

1 이 책 이름은 이 만주어 성경책의 표지나 권두에 나오는 명칭이 아니라 Poppe *et al.* (1964:297)의 목록에 나오는 것을 그대로 쓴 것이다. 이 《滿文付註新舊約聖書》에 관한 상세한 해설은 김동소 (2011: 28, 43-4) 참조.

해서 기록한 것으로,[2] 2002년 7월 필자의 실사(實査)에 의하면 이 만주어 성경은 선장본(線裝本) 25권 20책으로 이루어져 있고 각5책씩 4개의 상자에 보관되어 있으며, 각책은 세로 30cm, 가로18.5cm 크기에 쪽 당 10행씩 붓으로 기록되어 있다. 제1책 제1면에 "此書共二十本二十五卷 完全耶蘇聖經 每本詳加考核註明漢文簽子 [이 책은 모두 20책 25권으로 완전한 예수 성경이다. 책마다 상세히 고찰과 주석을 붙였고 한문 쪽지가 있다.]"라고 적힌 종이 쪽지가 있고, 다시 각 성경의 첫머리에 도요붕코의 타원형의 도서 등록인(登錄印)이 찍혀 있는데, 그 인문(印文)의 내용은 "財團法人東洋文庫 · 昭和九年八月廿五日 · 100657"이다.[3]

이 만주어 마카베오기는 상권과 하권만 만주어로 번역되어 있는 셈인데, 그 분량은 표지까지 넣어 상권은 88면이고, 하권은 69면이다.[4] 푸와로 신부의 다른 만주어 성경과 마찬가지로 성경의 장차(章次) 표시만 있고 절(節)의 차례는 표시되어 있지 않다.

이 만주어 마카베오기에도 이전의 청나라 시기 만주어 문헌에서 찾아지지 않는 어휘나 표현법들이 상당수 나온다. 이들 대부분은 종교(천주교)의 어휘들인데, 당시의 만주어로 된 천주교 서적에 나오는 것들도 있고, 푸와로 신부가 손수 만들어 냈기 때문에 이 만주어 성경에만 나오는 어형들도 있다. 그 정밀한 연구는 뒤로 미루고 우선 눈에 띄는 특이한 만주어 어휘 또는 표현법만을 몇 개 들어보면 다음과 같다.

    acin 교회 [ecclesia]

    arbun 우상(偶像) [idolum]

    baita be doigomšome sara saisa 선지자(先知者), 예언자 [propheta]

    Deus 천주, 하느님 [Deus]

    dobocun 예물(禮物) [oblatum]

    doigomšome sara saisa 예언자 [propheta]

    dorolon 축제 [festum]

    encu demun 이단(異端) [hæresis]

    fafun targacun 율법(律法) [lex]

    faksitai 교묘히

---

2 루이 드 푸와로 신부에 관한 자세한 사항은 김동소 (2011: 33-48) 참조. 이 만주어 성경 원고 중 현재 남아 있는 것은 대부분이 구약성경 원고이고 신약은 마태오 복음서와 사도행전뿐이다.

3 도요붕코에서 1934년 8월 25일 등록 번호 100657로 이 책을 등록했다는 뜻이다.

4 이 역주서에서는 마카베오기 상권만 수록하였고 하권은 뒷날을 기약하기로 한다.

hisan 제사 [propositio]

ilgatu 무화과 [ficus]

ilhi sargan 소실(小室) [concubina]

jidere undengge be sara saisa 선지자(先知者), 예언자 [propheta]

kumungge 축제 [festum]

mišui faksisa 미장이들 [albarii]

mukšan 왕홀(王笏) [virga]

saligan 자유(自由) [libertas]

sure fayangga 영혼 [spiritus]

šurdeme faitambi 빙둘러 자르다, 할례(割禮)하다 [circumcido]

tuwabun 환상, 환시(幻視) [visio]

uheri kadalara da 총독 [præfector]

uksurangga 민족, 부족, 족속 [tribus]

untuhun arbun i niyalma 유령 [cacodæmon]

yongkiyan wecen 번제(燔祭) [holocaustum]

만주어 마카베오기

만주어 마카베오기 역주(譯註) 일러두기

이제 푸와로 신부의 미정고(未定稿) 만주어 마카베오기 상권(Liber primus Machabæorum, 만주어 이름 Makabei sere nomun bithe ujuci debtelin [마카베이의 경전 제1책])의 만주어 표기를 로마자로 고치고 그 역주를 붙인다. 로마자화(Romanization)와 역주에 대한 일러두기는 다음과 같다.

1. 텍스트는 일본 도쿄의 도요붕코[東洋文庫] 소장 원고본을 1982년 12월 이 도요붕코에서 마이크로필름으로 만들어 필자에게 제공한 것을 이용하였다.

2. 만주어의 로마자화는 묄렌도르프(Möllendorff) 식으로 한다. 단, 묄렌도르프 방식의 'ž'는 입력 편의상 'z'로 고쳐 표기한다.

3. 만주어에서 분명히 잘못되었다고 인정되는 것도 그대로 로마자화하고 각주에서 설명을 붙인다. 단, 권점(圈點)의 경우 명백히 실수라고 생각되는 것은 교정함을 원칙으로 한다.

4. 원문의 만주어 자모(字母)로 되어 있는 원형 속의 인주(引註) 부호는 인쇄 사정상 다음과 같이 바꾼다.
   ⓐ, ⓔ, ⓘ, ⓞ, ⓤ → [a], [e], [i], [o], [u]

5. 원문의 인명·지명 등의 좌측에 붙어 있던 고유명사 표시선(인명은 한 줄, 지명 및 외국어는 두 줄)[1]은 생략하고 대신 그 고유명사의 첫 글자를 대문자로 쓴다.

6. 원문의 구두점 '‥'와 '‥'를 그대로 가로쓰기로 바꾸어 붙여 둔다.

7. 텍스트에 없는 장차(張次)는 연구자가 임의로 붙인 것으로서, 해당 쪽 말미에 '/3a/ '(=3면 앞쪽)와 같은 방법으로 붙여 둔다.

8. 번역은 가급적 직역하고, 만주어의 문장 순서와 띄어쓰기를 따르되, 한국어 문장으로도 어색하지 않게 하려 했다.

9. 한국어 번역에서 고유명사는 모두《공동번역 성서 개정판 (가톨릭 용)》(2000년 6월 10일, 2판 3쇄, 대한성서공회 발행)에 따라 표기함을 원칙으로 한다. 또 신구약성경의 편명(篇名)도 이《공동번역 성서 개정판 (가톨릭 용)》을 따르지만, 다음에서처럼 몇몇은 그에 따르지 아니하고 한국 천주교회에서 2005년 출판한《성서》의 용어를 따른다.
출애굽기 → 탈출기, 에스델 → 에스델기, 마카베오 → 마카베오기, 이사야 → 이사야서, 말라기 → 말라기서, 등등.

10. 번역과 역주에 참고한 라틴어 성경은 푸와로 신부가 이용하였을 것으로 믿어지는 *Sainte Bible, contenant l'Ancien et le Nouveau Testament*, avec une traduction française en forme de paraphrase, par le R. P. de Carrières, et les commentaires de Ménochius, de la Compagnie de Jésus. tome cinquième. (Paris 1849)을 주로 사용하였고, 또 *Biblia sacra juxta vulgatae*, exemplaria et correctoria romana (Paris 1921) 및 *Biblia sacra*, Iuxta

---

1 푸와로 신부가 중국어로 번역한 성경인《古新聖經》의 서문에 다음과 같은 말이 나온다. 李奭學·鄭海娟 (2014):《古新聖經殘稿》(全九冊), 中國和歐洲文化交流史文獻叢刊. (北京, 中華書局), 第1冊《聖經》之序, 2 쪽. "再問這〈經〉上傍邊, 或畫一直道, 或畫二直道, 或三直道; 答:'爲別人名, 地方, 樹, 丈量, 邪神. 比如人名畫一直道, 地方,樹,丈量的器物 畫二直道, 邪神畫三直道, 天神點點.' [다시 이 성경의 옆쪽에 직선 하나나 둘, 혹 셋을 그어 둔 것을 물으니, 답하기를 인명·지명·나무·도량명(度量名)·사신(邪神) 이름을 구별하기 위함이라 한다. 예컨대 인명은 직선 하나를 긋고, 땅·나무·도량(度量)의 이름에는 두 직선을 긋고, 사신(邪神)에는 세 직선을, 천신에는 점들을 찍은 것이다.] 그러나 만주어 성경에는 이렇게 복잡한 표시법을 쓰지 않고, 사람 이름에는 한 직선을, 지명 기타 외국어에는 두 직선을 긋는 데 그쳤다. 한문 성경에서 사용했던 방법이 너무 번거로움을 느껴 간소화한 듯하다.

vulgatam versionem (Stuttgart 1983)도 참고하였다. 그리스어 성경은 *The Greek New Testament*, third corrected edition(United Bible Societies 1983)을 사용하였다. 역주에서 이용한 프랑스어 성경은, 다른 설명이 붙어있지 않을 경우 모두 위의 *Sainte Bible, contenant l'Ancien et le Nouveau Testament*, avec une traduction française en forme de paraphrase에서 인용한 것이다.

11. 역주에 참고한 사전 및 어휘 색인집은 羽田亨 (1937), Zakharoff (1939), Hauer (1952), 安双成 (1993), 胡增益 (1994), 金炯秀 (1995), 延世大 國學研究院 (1998), 安双成 (2007), Norman (2013), 李勤 (2017) 등이다.

12. 텍스트의 성경 주석 부분(sure gisun)은 현재의 성경학적 시각에서 보면 낡은 것도 있지만, 당시 천주교회의 성경관과 푸와로 신부의 성경학적 지식을 잘 반영하는 귀중한 자료이므로 모두 정확히 역주하였고, 여기 나오는 만주어 어휘들도 모두 책 뒤의 만주어 전어휘 찾아보기에 함께 넣었다.

13. 한문 성경은 "李奭学 · 郑海娟 (2014) : 〈古新圣经残稿〉(全九册), 中国和欧洲文化交流史文献丛刊. (北京, 中华书局). "에서 가져온 것으로, 만주어 해석에 참고해 달라는 의미로 붙인 것이다.

참고문헌

金東昭 (1992a) "東洋文庫藏 滿洲文語 聖書稿本 硏究", 《神父 全達出 會長 華甲紀念論叢》. 大邱, 每日新聞社.

金東昭 (2001) : "東洋文庫藏現存滿文圣經稿本介紹", 《滿族硏究 64》. 瀋陽, 遼宁省民族硏究所.

金東昭 (2003) : "最初 中國語 · 滿洲語 聖書 譯成者 賀淸泰 神父 (P. Louis de Poirot, S. J.)", 《알타이學報 13》. 서울, 韓國알타이學會.

김동소 (2011) : 《만주어 마태오 복음 연구》. 루이 드 푸와로 신부의 만주어 성경 연구 1. 서울, 지식과교양.

김동소 (2013) : 《만주어 에스델기》. 루이 드 푸와로 신부의 만주어 성경 연구 2. 서울, 지식과교양.

金東昭 (2015) : "最初汉语及滿洲語〈圣經〉译者----耶穌会士賀淸泰", 林惠彬漢译, 《國際漢學 3》. 北京, 外语教学与研究出版社.

김동소 (2018) : 《만주어 사도행전》. 루이 드 푸와로 신부의 만주어 성경 연구 3. 서울, 지식과교양.

金炳秀 (1995) : 《滿洲語 · 蒙古語比較語彙辭典》. 서울, 螢雪出版社.

延世大學校 國學硏究院 (1998) : 《漢淸文鑑 (索引 : 韓國語 · 漢語 · 淸語)》. 서울, 弘文閣.

朴恩用 (1969) : 《滿洲語 文語 硏究 (一)》. 大邱, 螢雪出版社.

朴恩用 (1973) : 《滿洲語 文語 硏究 (二)》. 大邱, 螢雪出版社.

李勳 (2017) : 《滿韓辭典》. 서울, 고려대학교 민족문화연구원.

정태현 (1999) : 《구약성서 새 번역 18, 마카베오 상 · 하》. 서울. 한국 천주교 중앙 협의회.

페데리꼬 바르바로 (1988) : 《구양성서 주해집 (제4권). 마카베오 상 · 하/토비트/유딧/에스델》. 김창수 역. 크리스챤 출판사.

허종진 (1994) : 《한국 가톨릭 용어 큰사전》. 서울, 한국그리스도교언어연구소.

安双成 (主編) (1993) : 《滿汉大辭典》. 沈阳, 辽宁民族出版社.

安双成 (主編) (2007) : 《汉滿大辭典》. 沈陽, 辽宁民族出版社.

胡增益 (主編) (1994) : 《新滿漢大詞典》. 烏魯木齊, 新疆人民出版社.

李奭學 · 鄭海娟 (2014) : 《古新圣經殘稿》(全九册), 中国和歐洲文化交流史文獻叢刊. (北京, 中華書局).

鄭海娟 (2012)：《贺清泰〈古新圣經〉研究》. 北京大学博士研究生學位論文.

鐘鳴旦・杜鼎克・王仁芳 (2013)：《徐家匯藏書樓明清天主教文獻,續編》. 臺北利氏學社.

河內良弘 (2014)：《滿洲語辭典》. 大阪, 松香堂書店.

羽田 亨 (1972)：《滿和辭典》. 東京, 國書刊行會.

內田 慶市・李奭學 (2018)：《古新聖經殘稿 外二種 北堂本與滿漢合璧本》. 關西大學出版部.

福田 昆之 (1987)：《滿洲語文語辭典》. 橫濱FLL.

松村 潤 (1993)："東洋文庫所藏「滿文付註新舊約聖書」",《日本所在清代檔案史料の諸相》. 東京, 東洋文庫清代史研究室.

Carrières, R. L. de (1819) : *Sainte Bible en Latine et en Français*, contenant L'Ancien et Le Nouveau Testament, avec un Commentaires littéral inséré dans la traduction français, Tome neuvième. Lyon, Chez Rusand.

Dehergne, Joseph (1973) : *Répertoire des Jésuites de Chine de 1552 à 1800*. Bibliotheca Instituti Historici S. I., Volumen XXXVII. Roma, Institutum Historicum S. I.; Paris, Letouzey & Ané.

Douglas, J. D. (1982) : *New Bible Dictionary*, second edition. Wheaton, Tyndale House Publishers, Inc.

Hauer, Erich (1952) : *Handwörterbuch der Mandschusprache*. Wiesbaden, Kommmissionsverlag Otto Harrassowitz.

Léon Dufour, Xavier (1987) : *Dictionary of the New Testament*, translated by Terrence Prendergast. San Francisco, Harper & Row, Publishers.

Lipovcov, S. V. (1835) : *Musei ejen Isus Heristos-i tutabuha ice hese*, Sankt Peterburg.

Mende, Erling v. (1972) : "Einige Bemerkungen zu den Druckausgaben des mandjurischen Neuen Testaments", *Oriens Extremus* 19.

Mish, John L. (1958) : "A Catholic Catechism in Manchu", *Monumenta Serica* 17. http://www.jstor.org/stable/40725571.

Möllendorff, P. G. von (1889) : "Essay on Manchu literature", *Journal of the North China Branch of the Royal Asiatic Society* XXIV.

Möllendorff, P. G. von (1892) : *A Manchu Grammar, with Analysed Texts*. Shanghai, American Presbyterian Mission Press.

Norman, Jerry (1978) : *A Concise Manchu English Lexicon*. Seattle and London, University of Washington Press.

Norman, Jerry (2013) : *A Comprehensive Manchu English Dictionary*. Cambridge (Massachusetts) and London, Harvard University Asia Center.

Pang, Tatjana A. (2001) : *Descriptive Catalogue of Manchu Manuscripts and Blockprints in the St. Petersburg Branch of the Institute of Oriental Studies Russian Academy of Sciences, Issue 2*. Aetas Manjurica 9. Wiesbaden, Harrassowitz Verlag.

Pfister, Louis (1932) : *Notices biographiques et bibliographiques sur les Jésuites de l'ancienne mission de Chine. 1552-1773*. Variétés sinologiques N° 59. Tome I. XVIe & XVIIe siècles. Changhai, Imprimerie de la mission catholique.

Pfister, Louis (1934) : *Notices biographiques et bibliographiques sur les Jésuites de l'ancienne mission de Chine. 1552-1773*. Variétés sinologiques N° 60. Tome II. XVIIIe siècle. Changhai, Imprimerie de la mission catholique.

Poppe, Nicholas and Leon Hurvitz, Hidehiro Okada (1964) : *Catalogue of the Manchu-Mongol Section of the Toyo Bunko*. Tokyo, The Toyo Bunko.

Puyramond, Jeanne Marie (1979) : *Catalogue du fonds mandchou*. Paris, Bibliotheque nationale.

Simon, W. and Howard G. H. Nelson (1977) : *Manchu Books in London, a union catalogue*. London, British Museum Publications Ltd.

Stary, Giovanni (1985) : *Opere mancesi in Italia e in Vaticano*. Wiesbaden, Kommissionsverlag Otto Harrassowitz.

Stary, Giovanni (1990) : *Manchu Studies, An International Bibliography*. 1. Catalogues, Bibliographies, Geography, Ethnography, Religion, History. 2. Language, Literature, Sibe Manchu. 3. Indices. Wiesbaden, Kommissionsverlag Otto Harrassowitz.

Stary, Giovanni (2000) : "Christian Literature in Manchu", *Central Asiatic Journal* 44 2.

Stary, Giovanni (2003) : "Jesus Introduced to the Manchus", *The Chinese Face of Jesus Christ, Monumenta Serica Monograph Series*, Volume 2. Edited by Roman Malek, S. V. D. Sankt Augustin, Institut Monumenta Serica and China Zentrum.

Stolyarov, Alexander (1998) : "Translation of the Bible into Tungus-Manchu Languages", *Interpretation of the Bible*. Ljubljana, Slovenska akademija znanosti in umetnosti.

Walravens, Hartmut (1975) : "Zu zwei katholischen Katechismen in mandjurischer Sprache", *Monumenta Serica* 31. Freiburg, Paulusverlag.

Walravens, Hartmut (2000) : "Christian Literature in Manchu, Some Bibliographic Notes", *Monumenta Serica* 48. http://www.jstor.org/stable/40727268.

Walravens, Hartmut (2015) : *Tucin-i nomun*, Das Buch Exodus des Alten Testaments in mandschurischer Übersetzung von Louis de Poirot S.J., Neuerwerbungen der Ostasienabteilung, Sonderheft 45. Staatsbibliothek zu Berlin.

Walravens, Hartmut (2016) : *Banjibun-i nomun*, Das Buch Genesis des Alten Testaments in mandschurischer Übersetzung von Louis de Poirot S.J., Neuerwerbungen der Ostasienabteilung, Sonderheft 47. Staatsbibliothek zu Berlin.

Zakharoff, Ivan (1939) : *Полный манчжурско русскій словарь*. Peking, Henry Vetch-The French Bookstore.

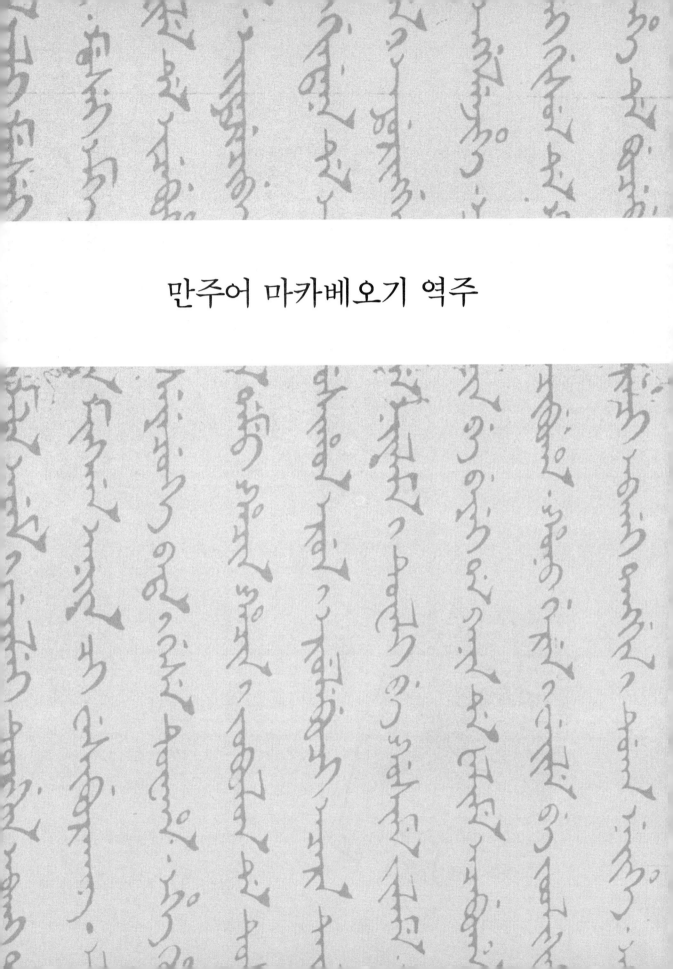

만주어 마카베오기 역주

마주어 마카베오기

𝕸akabei sere nomun bithe·ujuci debtelin
마카베오의 경전 책 제1 권

/1b/

¹ 𝕸akabei sere nomun bithe i ujui debtelin·
마카베오 의 경전 책의 제1 권

ŠUTUCIN ·

[머리글]

[序]

Makabei² i juwe nomun bithe³ de Israel   acin⁴ i amba jiyanggiyūn Yudas ·
마카베오 의 두 경전 책 에, 이스라엘 교회의 대   장군인   유다와
[〈瑪加白衣[経]〉這兩卷経上紀的, 是依斯拉耶耳大軍如達(達)斯,]

---

1 이 위치에 '財團法人東洋文庫 · 昭和九年八月卄五日'이라는 글[印文]이 적힌 타원형의 도장이 찍혀 있다.

2 마카베오(Machabæus, Μακκαβαῖος)의 표기를 'Makabei'로 한 것은 좀 이상하다. 그러나 마카베오기 하권(Liber secundus Machabæorum)에서는 'Makabeo'로 적고 있다. 아마도 'Makabei'는 프랑스어 표기 Machabée의 영향을 받아 잘못 적은 듯하다.

3 'Makabei i juwe nomun bithe (마카베오의 두 경전 책)'은 구약성경 중 제2경전(deuterocanonical writings)에 속하는 Liber primus Machabæorum (마카베오기 상권)과, Liber secundus Machabæorum (마카베오기 하권)을 지칭한다.

4 'acin'은 지금까지의 만주어 문헌이나 사전에서 '짐[荷物]'의 뜻으로만 사용되고 있다. 푸와로 신부의 만주어 마태오 복음에서는 이 낱말이 'enduringge tacihiyan i acin (거룩한 가르침의 교회, 聖敎會)'라는 말 안에서, 또는 'synagoga(교회당, 유다인 교당)'이란 뜻으로, 혹은 일반적인 '모임'의 뜻으로 쓰였다. 푸와로 신부의 중국어 성경인《古新聖経》에서는 이 'Israel acin'이 '依斯拉耶耳'로 번역되어 있다. 아마도 푸와로 신부는 만주어 'acan(만남, 모임, 회합, 法會)'을 변형하여 이 낱말을 만든 것이 아닌가 한다.

Yonatas[5] · Simon sei dain de baha gungge ejehebi · Estaras i jai nomun
요나단, 시몬 들의 전쟁 에서 얻은 공을 기록했는데, 에즈라 의 제2 경전
[約那大斯, 西孟打仗立的大功; 從〈厄斯大拉[経]〉第二卷{経}後,]

bithei dube ci deribufi · sirame ninju aniya i baita be baktambumbi · tutala
책의 끝 에서 시작하고[6] 이어서 60 년 의 일 을 포함한다.[7] 많은
[接連起此二卷, 包含六十年的事.]

mergen saisai leolen be tuwaci · Simon i jui Yohangnes Hirkano ujuci
지혜로운 학자들의 논의 를 보면, 시몬 의 아들 요한 히르카노스가 첫번째
[若看多賢評論, 就知此經的首卷是西孟的子-名若翰,號喜耳加諾-作的.]

bithe be arahangge sembi ·· i yala gūsin emu aniyai otolo Israel acin i
책 을 만든 이 라고 한다.[8] 그가 사실 서른 한 해가[9] 되도록 이스라엘 교회 의
[他本三十一年做依斯拉耶耳會首,]

da[10] ohode · šurdeme bisirele gurun i emgi hūwaliyambume · beye i mafa
으뜸이 있었는데, 주위에 있는 나라 와 함께 화합하며 자기 의 할아버지
[同周囲的國和睦,]

Matatiyas · ama Simon · eshete Yudas · Yonatas sei wesihun gungge be bithe de
마따디아와, 아버지 시몬, 숙부들인 유다와 요나단 들의 위대한 공 을 책 으로

arara šolo jabduha · uttu ofi · ama Simon emgeri bucehede · bithe inu
쓸 겨를을 얻었고, 그래서 아버지 시몬이 이미 죽었을 때 책 도
[得閒時, 就記寫自己的祖瑪大弟亞斯, 父西孟, 叔如達斯, 約那大斯的上功, 所以父西
孟一去世, 此卷卽完.]

---

5 'Yonatas'는 그리스어로는 *Iωναθαν* 또는 *Iωναθης*, 라틴어로는 Jonathan 또는 Jonathas, 그리고 푸와로 신부가 많이 참조한 프랑스어 성경 표기로는 Jonathas로 되어 있다. 푸와로 신부는 프랑스어 표기를 따라 Yonatas로 적은 듯하다.

6 '에즈라의 제2경전'이라 함은 불가타(Vulgata) 성경의 'Liber secundus Esdræ (에스드라 제2서)'를 말하는데, 이 구약성경은 《공동번역 성서》나 한국 가톨릭 교회와 개신교 성경의 '느헤미야기'와 같은 내용이다. 여기서 '에즈라의 제2 경전 책의 끝에서 시작하고'라는 말은 이스라엘 역사에서 보아 느헤미야 활동 이후 처음으로 이 마카베오기가 이스라엘의 역사를 기록하고 있기 때문에, 이런 말을 쓴 듯하다. 그러나 실제로 느헤미야(기원전 5세기)와 마카베오(기원전 2세기) 사이에는 시간상으로 꽹장히 많은 공백이 있다.

7 마카베오와 그 동생 들인 요나탄, 시몬들의 활동 기간을 60년간으로 잡은 것이다.

8 그러나 실은 마카베오 상권의 저자는 요한 히르카노스가 아니고, 팔레스타인에 살던 유다인이란 사실 외에는 더 알 수 없다고 한다. 정태현 1999:14 참조.

9 서른한 해는 요한 히르카노스가 대사제 지위에 있던 연대인 134년~104년 BC의 기간을 말한다.

10 'Israel acin i da (이스라엘 교회의 으뜸)'은 유다교 대사제를 말하는 듯하다.

wajihade ·· jaici nomun bithe[11] wei arahanggeo · gemu sarakū · sarangge damu
완성하였다. 두 번째 경전 책은 누가 만들었는지   거의 모른다. 아는 것은 다만
[誰作第二卷, 都不能知, 所知的單是]

Yason i šangnaha sunja bithe i emu šošohon ojoro teile · ere Yason i sunja
야손 이 남겨 준 다섯 책 의 한 묶음이 있을 뿐인데, 이 야손 의 다섯
[從亞宋五卷書摘出的總綱,]

bithe · hairakan · aifini ufarahabi ·· jai /2b/ nomun bithe[12] juwan sunja aniya i
책은 아깝게도 이미 분실되었다. 제2   경전 책은 열 다섯 해 의
[可惜亞宋的五卷書早已失了.]

ice   baita be baktambumbihe · fe baita be geli dasame giyamgnambi ·· ainu
새로운 일 을   수록했고,   옛 일 을 또 거듭해 논술하였다.   왜
[此経的下卷, 包含十五年的新事, 又畧提旧事.]

Yudas jergi Makabei sembi seme fonjici ·· jabume · Yudas abkai ejen be
유다 등을 마카베오 라고 하는지 물으면 대답하기를, "유다가   하느님   을
[若問: 「爲何称如達斯等爲『瑪加白衣』呢?」答应; 如達斯爲光榮天主打仗,]

eldembure turgun afara jakade · turun[13] kiru[14] i   wadan de abkai ejen · geren
현양하기   위해 싸울 때에 큰 깃발과 작은 깃발 의 천 에, '하느님,   많은
[在纛旗上寫『天主,]

baturu sai dorgi we sinde   teherembi   sere gisun i ujui hergen araha ofi ·
용사 들 중 누가 당신에게 잘 어울립니까?' 라는 말 의 머릿 글자를 썼으 므로
[衆英勇內有一與你相當麼?』]

---

11 'jaici nomun bithe (두 번째 경전 책)'은 '마카베오기 하권'을 말한다.

12 'jai nomun bithe (제2 경전 책)'도 '마카베오기 하권'을 의미한다.

13 《漢淸文鑑》5권 13면에 'turun'은 '纛[큰 깃발 독], 大旗'로 대역되어 있고, '驍旗之纛旗幅四方[기마병의 큰 깃발은 폭이 4方이다.], 護軍之纛旗幅三角[護軍의 큰 깃발은 폭이 3角 이다.]'라고 풀이하고 있다. 그러나 여기 나오는 '方'과 '角'이라는 단위는 그 길이가 어느 정도인지 알 수 없다. 다시 이 대목이 만주어로 다음과 같이 풀이되고 있다. turun(큰 깃발). cuse moo i darhūwan de halbaha maki sindafi debsibuku hūaitahangge (대나무 막대기에 세 가닥 끈을 두어 기폭[旗幅]을 묶은 것). aliha coohai turun duin hošonggo bayara i turun golmishun ilan jofohonggo turun i boco gusa be dahambi (기마병의 큰 깃발은 4方이고, 호위군의 큰 깃발은 길이가 3角이다. 큰 깃발의 빛깔은 8기[旗]를 따른다.) 여기 나오는 만주어의 단위인 hošonggo나 jofohonggo도 그 길이를 정확히 알 수 없다.

14 'kiru'는 역시 《漢淸文鑑》5권 13면에 'turun ci ajige coohai urse fisa de sisirengge (turun보다 작다. 병사들의 등에 끼우는 것이다.)'라고 풀이되어 있다.

tuttu   i   ini   deote   ere ujui hergen ci Makabei seme gebulehe ‥ 15 ce gemu
그래서 그와 그의 아우들이 이   머릿   글자 에서 마카베오 라고   불렀다.   저들 모두
[故按旗上古字, 衆民称他們爲『瑪加白衣』﹒.]

Lewei i mukūn i niyalma · Aron i omosi inu · gemu dalaha wecen i da16 bime ·
레위   지파   의 사람들로 아론 의 자손들 이고, 모두   으뜸가는 제사 장들 이며,
[他們都是肋未族人亞隆的後代, 也都是總祭首,]

geli Yudas mukūn i gubci de Israel   acin i   ejete   taka ilibuha bihe ‥ 17
또   유다   지파   전체 에 이스라엘 교회 의 으뜸들이 잠시 세워져 있었다.
[又是如達斯全族立的依斯拉耶耳會首.]

---

15 'ere ujui hergen ci Makabei seme gebulehe (이 머릿글자에서 마카베오라고 불렀다.)'는 다음 인용 참조.
One explanation of the name's origins is that it derives from the Aramaic "*makkaba* (the hammer)", in
recognition of Judah's ferocity in battle. The traditional Jewish explanation is that Maccabee (Hebrew:
Machabi) is an acronym for the Torah verse that was the battle-cry of the Maccabees, "*Mi chamocha
ba'elim YHWH* (Who is like You among the heavenly powers, Lord!)", as well as an acronym for
"*Matityahu haKohen ben Yochanan.* (The correlating Torah verse Exodus 15:11), The song of Moses
and the Children of Israel by the Sea makes a reference to Elim with a mundane notion of natural forces,
heavenly might, war and governmental powers. The scholar and poet Aaron Kaminka argues that the
name is a corruption of *Machbanai* (a leading commando in the army of King David).

16 'dalaha wecen i da (으뜸가는 제사장)'은 라틴어 'principes sacerdotum (사제들의 으뜸, 대제사장, 대사
제)'을 번역한 말이다.

17 'geli Yudas mukūn i gubci de Israel acin i ejete taka ilibuha bihe ‥ (또 유다 지파 전체에 이스라엘 교회
의 으뜸들이 잠시 세워져 있었다.)'에 해당하는 《古新聖経》의 번역은 '又是如達斯全族立的依斯拉耶耳會
首 (또 이는 유다 전 민족이 세운 이스라엘 교회의 으뜸이다.)'이다. 아래 본문에서 라틴어 'principes(군주
들, 단장들, 지도자들)'을 만주어 'ejete'로 번역한 예가 있다. (제1장의 주 22 참조).

○ 𝔘𝔍𝔘𝔍 𝔉𝔍𝔜𝔈𝔏𝔈𝔑 ○
제 1 장

Filipo i   jui Aledzander[1] Mašedoniya ba i niyalma · Gerešiya i scungga
필립보의 아들 알렉산더는   마케도니아 지방 사람이고,   그리스 의 초대
[斐里伯的子亞立山--瑪蛇多尼亞地方人, 格肋詩亞的初創王--]

wang[2] Šetim [a] baci tucifi · Bersiya · Mediya juwe gurun i wang Dariyo be
왕으로, 기띰 지방에서 나와 페르샤와 메대   두 나라의   왕 다리우스를
[出了蛇弟默地, 勝了栢耳西亞,莫氏亞二國的王達略.]

etehe manggi · ududu mudan coohalame · ton akū beki hoton baha · hacingga
이긴   후,   여러 번   출병하여   수 없는 견고한 성을 얻었으며, 여러
[多次打仗, 得了無數堅固城,]

gurun golo i wang ejete be wahangge /3a/ kejine labdu · na i dube jecen de
나라 지방의 왕과 주인들 을 죽인 일이   허다히 많았다. 땅의 끝 변경 에
[多殺諸國的王,到了地的盡頭界]

isinafi · uksura i jaka ulin be tabcilahai · ba na i gubci niyalma terei juleri
이르러   민족의 물건과 재물 을 약탈하였으나, 온 땅 의 모든 사람들이 그의 앞에서
[搶衆支派的財物,普地人在他跟前都投降.]

bektereke gese · gelhun akū asukilarakū ···[3] uhei acabuha cooha · absi geren ·
질겁한   듯   감히 끽소리 못했다.   함께 모인 군사들은 몹시 많고
[因會聚的兵太多,]

---

1 'Aledzander(알렉산더)'는 원문에는 'Aladzander'로 되어 있으나 실수로 점이 빠진 것으로 보아 교정했다.
다음 쪽(3b, 이 책 쪽)에는 'Aledzander'로 되어 있다.

2 'Gerešiya i scungga wang (그리스의 초대 왕)'에 해당하는 라틴어는 'primus regnavit in Graecia (그리스에
서 처음으로 왕 노릇했다.)'이다. 프랑스어도 'régna premièrement dans la Grèce'로 라틴어와 같은 뜻이다.

3 'ba na i gubci niyalma terei juleri bektereke gese · gelhun akū asukilarakū ·· (온 땅의 모든 사람들이 그
의 앞에서 질겁한 듯 감히 끽소리 못했다.)'에 해당하는 라틴어는 'siluit terra in conspectu eius (땅은 그의
눈앞에서 침묵하였다.)'이고, 프랑스어 번역은 'toute la terrre effrayée et soumise se tut devant lui. (모든 땅
은 그 앞에서 질겁을 하고 숨을 죽이며 잠자코 있었다.)'이다. 여기 프랑스어 번역문 중의 이탤릭 체 부분은
라틴어 성경에 없는 것을 보충 설명하기 위해 집어넣었다는 표시이다.

umesi etuhun ofi · ini mujilen i dolo ambula coktoloho · tutala goro babe
매우 강했으므로 그의 마음 속은 크게 교만하였다. 많은 먼 지방을
[又是英勇的, 起了傲心.]

ejelehe · tutala wang sebe dahabuha · yala gemu inde albabun jafambihe · ere
차지하여 많은 왕 들을 항복시켰고, 참으로 모두가 그에게 공물을 바쳤다. 이
[覇佔許多遠地方, 諸地方的王都給他進貢.]

baita i amala nimekuleme beserhen de dedufi · bucere erin hacin seme bahafi
일 뒤에 병이 들어 침대 에 누워 죽을 때가 가깝다 고 능히
[傷在床上, 覺死不遠,]

sara · asihan se fonde ini emgi ujihe derengge ambasa[4] be hūlame gajiha ·
알고 젊은 나이 때에 그와 함께 자란 명망 있는 대신들 을 불러서 데려와서
[傳同他小時陪食共處的少年大臣,]

i kemuni banjirede · da gurun be faksalame dendefi · meimeni niyalma de emu
그가 아직 살아있을 때 자기 나라 를 쪼개어 나누고 각 사람들 에게 한
[在還活的時候分了本國, 各人一分]

ubu be buhe ·· Aledzander juwan juwe aniya soorin de tehe · teni urihe · ini
몫 을 주었다. 알렉산더는 열 두 해를 제위 에 앉았고, 그후 죽어 그의
[亞立山坐了十二年位纔崩,]

ambasa teisu teisu bade terei gurun i ubu be ejelehe ·· Aledzander i bucen i
대신들이 각자의 땅에서 그의 나라 의 몫 을 차지했다. 알렉산더 의 죽음
[他的諸臣各霸一方 ; 亞立山死後,]

amala · amban tome wang i mahala[5] etume · wang i tukiyecun · toose be jafaha ·[6]
뒤에 대신 마다 왕 의 모자를 쓰고 왕 의 칭송과 권력 을 잡았다.
[他們都戴王帽.],

tesei juse aniya goidatala sirafi · ishunde temšeme /3b/ afanduhai · babade hacin
그들의 아들들이 해가 오래도록 이어 서로 싸우고 공격하여 곳곳에서 가지
[他們的子孫多年久襲, 彼此常爭, 處處常遭禍.]

---

4 'derengge ambasa be (명망 있는 대신들을)'에 해당하는 라틴어는 'pueros suos nobiles (그의 고귀한 아이들을)'이고, 프랑스어는 'les grands de sa cour (그의 조신들 중 고귀한 자들)'이다.

5 'wang i mahala (왕의 모자)'에 해당하는 라틴어는 'diadema(왕관)'이다.

6 'wang i tukiyecun · toose be jafaha · (왕의 칭송과 권력을 잡았다.)'에 해당하는 라틴어나 프랑스어는 없다. 아마도 푸와로 신부가 설명을 위해 집어넣은 듯하다.

hacin i joholon ele nonggihabi · ceni dorgici weilengge fulehe tucike uthai
가지 의 재앙이 더욱 늘어났다.   저들 중에서   죄의   뿌리가 나왔는데, 곧
[從他們出的罪根,]

wesihun sere Antiyoko wang ·[7] Antiyoko[8] i jui inu · ere daci neneme Roma
'존귀'라는 안티오쿠스 왕으로 안티오쿠스 의 아들 이다. 이자는 원래 그전에 로마
[就是安弟約渴王的子尊貴安第約渴——]

gemun hecen de unggihe bime · geli damtun obuha bihe [e] · ere inu Gerešiya
       수도   로 보내졌고   또한 인질이 되었었다.   이자는 또 그리스
[他是他父送到落瑪爲當頭的——]

gurun i emu tanggū gūsin nadaci aniya de wang i soorin be aliha ·· tere erin
나라 의 일 백 삼십 칠 년 에 왕 의 보위 를 받았다.[9] 그 때
[這在格肋詩亞國的一百三十七年上坐王位. 那時,]

Israel i   aburi ehe omosi inu dekdefi · utala ahūta deote be yarkiyame hendume ·
이스라엘 의 극히 악한 자손들 또한 일어나 많은 형과 아우들 을 유혹하여 말하기를,
[從依斯拉耶耳會出了惡黨, 刁唆他們的弟兄說：]

be duin hošo de bisire encu demun i uksura i emgi hūwaliyambukini · be cembe
"우리는 사방 에 있는   이단 의 족속 과 함께   화합합시다. 우리가 저들을
[「我們與四方有的異端支派和好,〔因〕我們]

waliyaha ci ebsi · damu mangga jobolon de tušabure teile   sehe ·· ere gisun be
 버리고 부터는 오직 어려운 재앙 을 만날 뿐입니다." 하였다. 이 말 을
[從棄了他們以來, 但遭利害災禍.」]

sain obuhade · irgesei dolo emu udu niyalma be sonjofi · wang Antiyoko i baru
좋게 여겨서 백성들 중 한두 사람 을 뽑아 왕 안티오쿠스 에게
[多有聽了當爲好言, 差人去見安弟約渴]

---

7 'wesihun sere Antiyoko wang ('존귀'라는 안티오쿠스 왕)'에 해당하는 라틴어는 'Antiochus illustris (고명한 안티오쿠스)'이고 프랑스어는 'Antiochus, *surnommé Epiphane, c'est-à-dire* l'illustre (에피파네, 즉 '저명한'이라고 별명이 붙은 안티오쿠스)이다. Septuaginta에는 Ἀντίοχος Ἐπιφανὴς (뛰어난 안티오쿠스)로 되어 있다.

8 이 'Antiyoko'는 사학자들이 '안티오쿠스 3세 (재위 223-187 BC)'라고 부르는 인물이고, 앞의 'wesihun sere Antiyoko wang (존귀하다는 안티오쿠스 왕)'은 그의 아들 '안티오쿠스 4세 (재위 175-164 BC)'이다. 이 두 안티오쿠스 왕 사이에, 안티오쿠스 3세의 다른 아들인 셀레우코스 4세라는 자가 시리아 왕위에 있었다. 재위는 187-175 BC이다.

9 그리스 달력의 137년은 로마 달력으로는 기원전 175년이다.

ungginehe ‥ wang ceni gūnin de acabume · encu demun i ursei kooli be dahara
보냈다.　　왕이 저들의 뜻 에 맞추며　　　이단 의 무리의 규정 을 따르는
[王合了他們的意, 淮他們隨異端的風俗.]

saligan salibuha ‥ uttu ohode gūwa ba i uksura i songkoi tacikū be Yerusalem
주장을 받아들였다. 그리하여 다른 땅의 족속　처럼　학교 를 예루살렘
[因此, 按那支派的風俗, 日露撒冷蓋了學房,]

hoton i dorgi iliha **[i]** · šurdeme **/4a/** faitaha beyei sukū be argadame dahūn i
성　안에 세우고,　빙 둘러　잘라낸 자기의 피부 를 꾀를 써　다시
[設計復生了害損的皮,]

banjibuha[10] · Deus i toktobuha hūwaliyasun doro ci aljaha ·[11] encu demun i ursei
살려냈으며,　주님 이 정하신　화해의　예식 에서 떠나　이단 의 무리들과
[離了天主定的和睦結約,]

emgi falime guculefi anda jafaha · ehe be yabure jalin · beye beyebe uncahabi ·
함께 깊이 사귀어 우의를 맺고　악 을 행하기 위해 자기 자신을　팔았다.
[與異端人相交結婚, 算是賣了自己, 單爲行惡.]

Antiyoko　Siriya i　da gurun be akdulaha manggi · hono Esido be
안티오쿠스는 시리아 본 국 을 굳건히 한 후　　또 이집트 를
[安弟約渴保穩了本國西里亞後,]

bahara arga deribuhe · juwe gurun i wang oki sembihe · emderei ton akū cooha ·
얻을 계획을 시작하여 두 나라 의 왕이 되고자 하였다. 한편으로 수없는 군사와
[還起意要得厄日多, 爲二國之王. 一面領無數兵 ·]

sejen · sufan · moringga be gaime · emderei jahūdai be labdukan i belheme · Esido i
수레, 코끼리, 기마병 을 데리고, 한편으로 배 를 많이 준비하여 이집트의
[車 · 象 · 馬兵, 一面預備多船,]

---

10 ʻšurdeme faitaha beyei sukū be argadame dahūn i banjibuha (빙 둘러 잘라낸 자기의 피부를 꾀를 써 다시
살려냈다.)ʼ에 해당하는 라틴어는 ʻfecerunt sibi praeputia (자기에게 포피[包皮]를 만들었다, 자기를 할례
받지 않은 상태로 만들었다)ʼ이다.

11 ʻDeus i toktobuha hūwaliyasun doro ci aljaha · (주님이 정하신 화해의 예식에서 떠나)ʼ에 해당하는 라틴
어는 ʻrecesserunt a testamento sancto (거룩한 계약에서 멀어졌다)ʼ이고, 프랑스어도 ʻils se séparèrent de
lʼalliance sainte (거룩한 계약에서 갈라졌다)ʼ이다.

jecen de dosika · Esido gurun i wang Tolemeo i baru afafi ·　Tolemeo　inde
경계 로 들어갔다. 이집트　나라 의　왕　프톨레매오 를 향해 공격하니, 프톨레매오가 그를
[進了厄日多交界, 望厄日多國托肋謀戰. 托肋謀怕他,]

geleme[12] burulaha · terei cooha ambarame gidabuhangge inu ·· Antiyoko　Esido
겁내어　도망했고, 그의　군대는　크게　격파된 바 되었다.　안티오쿠스는 이집트
[跑了 ; 他的兵內〔被〕殺的狼多. 安弟約渴佔了厄日多至堅城,]

gurun i ele beki hoton be ejelehe · Esido i babe cuwangname tabcilaha **[o]** ·
나라 의 더 견고한 성 을 차지하고 이집트 지방을　약탈하고　정복하였다.
[又處處猶擄人, 物.]

Antiyoko Esido be susunggiyahade·emu tanggū dehi ilaci aniya de[13] amasi marime·
안티오쿠스가 이집트 를 짓밟았고,　　일 백　마흔 삼　년 에　되 돌아
[擊壓了厄日多後, 格肋詩亞國的一百四十三年, 安弟約渴回轉,]

Israel i bade jihe · amba coohai uju de Yerusalem hoton i hanci isinafi · **/4b/**
이스라엘 지방으로 왔다. 큰　군대의 선두 에서 예루살렘 성　가까이 이르러
[來到依斯拉耶耳地方, 領大兵到日露撒冷城.]

kangsanggi arbun i enduringge deyen de dosika· aisin i terkin · dengjan i dobokū ·[14]
건방진　모습 으로 거룩한　전당 에 들어가 황금 의 제단과　등잔 의 횃대,
[狂傲自滿貌進了聖殿, 拿了金祭台, 燈台,]

daljingga hacin[15] · efen be alibure dere[16] · geren hisan[17] i agūra[18] · moro[19] ·
관계있는 것들,　떡 을 바치는 상(床)과, 많은 제사　그릇,　사발,
[關係的器皿, 供饅首的桌, 奠酒的諸器,]

---

12 동사 'gele-(겁내다, 두려워하다)'는 그 목적어 표지로 'be'나 'de' 어느 쪽이나 취할 수 있다.

13 그리스력의 이 143년은 기원전 169년 가을이다. 정태현 (1999; 25) 참조.

14 'dengjan i dobokū (등잔의 횃대)'에 해당하는 라틴어는 'candelabrum luminis (등잔 대)'이다.

15 'daljingga hacin (관계있는 것들)'에 해당하는 라틴어는 'universa vasa eius (그것의 모든 도구들)'이고 프랑스어는 'tous ses vases (모든 그 그릇들)'이다.

16 'efen be alibure dere (떡을 바치는 상)'에 해당하는 라틴어는 'mensa propositionis (제물을 봉헌하는 상[床])'이고, 프랑스어는 'la table où les pains étaient exposés *devant le Seigneur* (주님 앞에 빵을 진열하는 탁상)'이다.

17 'hisan (제사)'이라는 낱말은 지금까지의 만주어 사전이나 문헌에서 찾을 수 없다. 그러나 'hisalambi(제주[祭酒]를 올리다, 제사 지내며 술을 올리다)'라는 낱말에서 그 의미는 유추할 수 있다. 만주어 에스델기에 이 낱말이 한번 나온다. 김동소 (2013: 130) 참조. '제사'라는 의미의 만주어에 또 'wecen'이란 말이 있다.

18 'geren hisan i agūra (많은 제사 그릇)'에 해당하는 라틴어는 'libatoria(제주[祭酒] 담는 그릇, 헌주[獻酒] 때 쓰는 양푼)'이고, 이의 프랑스어 번역어는 'bassins(대야, 양푼, 수반)', 영어 번역어는 'the pouring

tampin · ogo · wadan · tanggin i juleri bisire muheren[20] jergi miyamigan aisin
술잔, 절구, 장막,　　성전　앞에 있는　고리　　등의　장식과　금
[金碗, 壺, 幔帳, 堂門前有的金圓圈等裝修,]

ningge be gamafi · gemu moksoloho[21] · jai menggun · aisin · boobai tetun ·
물건 을 가져가고, 모두를 파괴했다.　또 은,　금,　보배 그릇과
[都打碎；又取了金銀寶器,]

somishūn namun i dolo ucarahala jaka be bargiyame juwefi · tesu bade bederehe ·
비밀　창고　안에서 만난　것들 을　거두어　운반해 고향으로 돌아갔는데,
[暗庫內凡遇的物全拿去, 回了本地.]

waha niyalma jaci labdu · gisurehe gisun dabali cokto kai [u] ·· Israel acin i
죽인 사람들이 매우 많았고　말한 말은 대단히　교만해서,　　이슬라엘 교회
[[他]殺的人狠多, 說的話太傲. 依斯拉耶耳會內,]

dorgi · Yudeya i gubci bade amba gasacun oho · ejete[22] · sakdasa gosiholome
안과　유다　모든 곳에서 큰　한탄이 되었고, 주인들과 원로들이　통곡하며
[如德亞全地方大哭, 首人, 長老大憂,]

songgombihe · jekdun sargan juse[23] · asihata i mujilen tuheke · hehesi saikan arbun
울부짖었다. 정숙한 여자 아이들과 젊은이들의 마음이 떨어졌고, 여자들은 아름다운 모습을
[童女, 幼男無氣無力, 婦人[的]俊美都變了.]

yooni gūwaliyaka · eigen tome fintara teile · sargan tome da beserhen[24] de
모두　바꾸었다.　남편 마다 아파할 뿐이며, 아내　마다 자기 침대　에서
[作夫主的惟有悲傷, 床上躺的妻眼淚不止.]

---

vessels (물 따르는 그릇들)'이다.

19 'moro(사발)'에 해당하는 라틴어 · 프랑스어 · 영어 낱말은 각각 'phialas(대접들), 'les coupes (잔, 둥근 분수반[噴水盤]), vials(유리병)'이다.

20 'tampin · ogo · wadan · tanggin i juleri bisire muheren (술잔, 절구, 장막, 성전 앞에 있는 고리)'에 해당하는 라틴어는 'et mortariola aurea, et velum, et coronas, et ornamentum aureum, quod in facie templi erat (금 절구들, 휘장, 화관[花冠]들, 성전 정면에 있던 황금 장식품들)'이다. 약탈한 물건들의 이름이 조금 다른데, 푸와로 신부의《古新聖経》은 '金碗, 壺, 幔帳, 堂門前有的金圓圈等粧修'로 되어 있어 또 조금 다르다.

21 'moksoloho(파괴했다)'에 해당하는 라틴어는 'comminuit(산산조각 내다, 부수다)'이다.

22 'ejete(주인들)'에 해당하는 라틴어는 'principes(군주들, 단장들, 지도자들)'이다.

23 'jekdun sargan juse (정숙한 여자 아이들)'은 '동정녀(童貞女)들, 처녀들'이란 뜻이고, 이에 해당하는 라틴어도 'virgines(처녀들, 동정녀들)'이다.

24 'da beserhen (자기 침대)'에 해당하는 라틴어는 'thorum maritali (남편의 침대, 혼인의 침상)'이다.

munahūn tefi yasai muke eyebure canggi · ba na i irgese[25] bucebuhe niyalma be
쓸쓸히 앉아 눈 물을 흘릴 따름이고, 온 땅의 백성들은 죽은 사람들 을
[地方的民追想殺的那些人都著慌,]

kiduhai absi jobombihe · Yakob i boo yala girucun be alihabi · /5a/ juwe aniya i
그리며 몹시 수심에 잠겼다. 야곱 의 집은 참으로 수치 를 받았다.   두   해
[亞各伯的全家面帶慚赧.]

amala wang emu caliyan gaire da be Yudas ba i hoton i baru unggihe ·
  후   왕은 한   세금 거두는 으뜸 을 유다 땅의 성   으로 보냈는데,
[二年後, 王向如達斯地方的諸城遣一收錢糧官]

dahalara cooha umesi labdu bihe · i koimalidame jancuhūn gisun gisurefi · gemu
따르는 군사가 매우 많이 있었다. 그가 간사하게 달콤한 말을 하여 모두
[——跟的人狠多——近【進】日露撒冷. 他撒謊, 說和平話, 衆人信他.]

ini gisun be akdaha · gaitai Yerusalem be afarade · Israel i irgese be ambarame
그의 말 을 믿었는데, 갑자기 예루살렘 을 공격하여 이스라엘 백성들을 많이
[忽然攻日露撒冷, 大擊依斯拉耶耳民,]

gisabuha · hoton de bisire ulin jaka be tabcilame gamaha · tuwa de hoton be
죽이고, 성 에 있는 재물 을 약탈하여 가져갔다. 불 로 성 을
[搶城內所有的物, 財, 火燒了城]

deijihe · irgesei boo · hoton i fu be efulehe · hehesi be oljilafi · ajige juse · ulha i
태우고 백성들의 집과 성 벽 을 허물었다. 여자들을 생포하고, 어린 아이들과 짐승의
[毀壞民房, 城墙, 擄女, 佔孩及牲口群.]

feniyen be ejelefi · Taweit i hoton i šurdeme den jiramin fu · beki den
 무리 를 차지하고 다윗 의 성 주위에 높고 두터운 벽과 견고하고 높은
[〔後在〕達味城周圍立了高厚墙, 堅固塔,]

subarhan be iliha · ere babe ceni akdun ba[26] obuha · ubade weilengge duwali ·
  탑 을 세웠다. 이 곳을 저들의 굳건한 곳으로 삼았고, 이곳에 죄지은 패들과
[爲保他們的兵——在那裡住的 ;]

---

25 ʻba na i irgese (온 땅의 백성들)ʼ에 해당하는 라틴어는 ʻterra super habitantes in ea (주민들이 거주하는 땅)ʼ이다.

26 ʻakdun ba (굳건한 곳)ʼ에 해당하는 라틴어는 ʻarx(요새, 성채, 아성)ʼ이다.

fudasi hala be tebuhe · ere aburi ehe urse teng seme babe tuwaliyambihe ·
반역한 일족 을 살게 했는데, 이 지극히 악한 사람들이 굳게 이곳을 지켰다.
[還招多罪犯在那裡爲他們出力,這樣堅固了那地方.]

ubade geli coohai agūra²⁷ · jemengge be gurinehe · Yerusalem ci baha tabcin i
이곳에 또 무기와 먹을것 을 옮겨 두고 예루살렘 에서 얻은 노획
[聚集兵器,糧食,從日露撒冷搶奪的諸物]

jaka be ubade isabume asaraha · ere urse gemu Israel i omosi be jocibure de
물 을 이곳에 모아 저장해 두었다. 이 무리는 모두 이스라엘 의 자손들 을 해칠 때
[都放在那裡.這壞人猶如殘虐依斯拉耶耳民的]

nimecuke asu²⁸ i gese · niyalma enduringge tanggin de /5b/ dosici · ce buksibuha
지독한 그물 처럼, 사람들이 거룩한 성전 에 들어가면 저들은 매복한
[綱一樣——若人進聖堂,他們出埋伏地方,]

baci tucime · ememu tantambihe · ememu wambihe · yala ehe hutu i šabisa kai ·
곳에서 나와, 혹 때리거나 혹 죽였다. 참으로 악한 마귀 의 제자들 이다.
[或打或殺,眞是惡鬼的徒弟.]

sui akū niyalma i senggi be tanggin i šurdeme²⁹ eyebuhe · enduringge deyen be
죄 없는 사람들의 피 를 성전 주위에 흘리고 거룩한 전당 을
[聖殿周圍流無罪人的血,還臟【髒】了聖殿.]

nantuhūraha [na] · ceni turgun Yerusalem i niyalma ukame jailaha · encu mukūn i
더럽혔다. 저들 때문에 예루살렘 사람들이 도망하여 피하였고, 다른 민족 의
[日露撒冷人躲避他們,跑了;]

urse uthai tere hoton de tehe · Israel i omosi tesu babe waliyafi · Israel de
무리가 곧바로 그 성 에서 살았다. 이스라엘 자손들은 고향을 버리고 이스라엘 과
[正經本城主不能住,反被異端人霸佔了,依斯拉耶耳後代棄了那城.]

daljakū uksurangga erebe baha · enduringge tanggin bigan tala i adali · dosire
무관한 족속이 이를 얻었으며, 거룩한 성전은 들판 같았고, 들어가고
[聖堂成了野道,出人也無一人,]

---

27 'coohai agūra (무기)'는 직역하면 '군인의 도구, 군사의 연모'이다.

28 'nimecuke asu (지독한 그물)'에 해당하는 라틴어는 'laqueus magnus (큰 올가미)'이다.

29 'tanggin i šurdeme (성전 주위에)'에 해당하는 라틴어는 'per circuitum sanctificationis (성화된 주위를 두루)'이다.

tucirengge emke inu akū · terei dorolon inenggi · kušun i inenggi i gese · terei
나오는자   하나 도 없어, 그의   예식의   날이   변민 의   날 과 같고 그의
[贍禮的樂變爲苦了,]

Sapato [ne] be gicuke de isibuha · terebe kundulere arbun yooni akū · neneme
안식일   을   수치 로 되게 했다. 그것을   경배하는   모습이 전혀 없고,   전에는
[人守「撤罷多」日像是可羞的, 大方欽宗的禮全無了.]

adarame eldengge horonggo bifi · ne dabali fusihūlabuha · terei ten i wesihun
빛나고   위엄과   당당함이 있었으나 지금은 심하게 경멸당한다.   그의 대단한 고귀함이
[大方欽宗的禮全無了. 聖敎的大光榮, 尊貴,]

kūbulifi · yargiyan i gasacukangge oho ··
변하여   진실로   원망함이   되었다.
[變了下賤, 可悲的.]

tere ucuri wang Antiyoko   da gurun i geren bade bithe unggime · babai
그 무렵   왕   안티오쿠스가 자기 나라 의 많은 지방에 편지를 보내어   곳곳의
[彼時王安弟約渴出示曉諭, 爲各方的民總成一支派,]

irgese be emu uksura obukini sere **/6a/** jalin · meimeni ba i kooli be waliya ·
백성들 을 한 민족으로 삼으려 하기   위해   각   지방의 법률을 버리고
[故此, 民各棄本地法度,]

gurun i siden kooli be daha seme fafulaha · gūwa ba i   urse cihanggai wang
나라의   공공 법률을 따르라 고 명령하였다. 다른 지방 의 사람들은 기꺼이   왕
[隨國公例. 異端人也願合王安弟約渴的旨,]

Antiyoko i hese de acabuha · Israel i dorgici komso akū · buya ahasi i adali[30]
안티오쿠스 의 명령 에 따랐고, 이스라엘 안에서도 적지 않게, 미천한 종들 처럼
[依斯拉耶耳會人多有順的,]

wang i gūnin be dahacame · dufe enduri sai ūren i juleri wecen wecehe[31] ·
  왕 의 뜻 을   따라   음탕한 신 들의 상(像) 앞에서 제사를 모셔서
[祭祀邪像, 違「撤罷多」日.]

---

30 'buya ahasi i adali (미천한 종들처럼)'에 해당하는 말은 라틴어 성경에는 없다.

31 'dufe enduri sai ūren i juleri wecen wecehe (음탕한 신들의 상[像] 앞에서 제사를 지냈다.)'에 해당하는
라틴어는 'sacrificaverunt idolis (우상들에게 제사를 모셨다.)'이다.

Sapato be jurcehebi · wang jai Yerusalem · Yudas ba i hoton de bitheleme ·
안식일 을 어겼다.   왕이 또 예루살렘과 유다 지방의 성 에 편지 보내,
[王又望日露撒冷, 如達斯地方各城差書,]

geren gemu mini gurun i kooli i songkoi yabu · Deus i tanggin de yongkiyan[32] ·
'많은 이는 모두 내 나라 의 법률 을 그대로 행하여, 하느님 의 성전 에서, 번제(燔祭)와
[命衆人都照異端禮行, 陡斯堂的全祭,]

elhe wecen[33] · weile de niyecere dobocun · alibun[34] be nakabu · ume Sapato
평안 제사와   죄 를 기워갚을 공물   바침 을 그치고, (말라) 안식일
[安祭, 補罪祭共停止 ;]

jergi kumungge dorolon inenggi be tuwakiyabure sehe · geli cohotoi afabume ·
등   성대한   예식의   날 을 지키지 말라.' 고 하였다. 또한 특별히 명하기를,
[囑他的官吏阻擋「撒罷多」等慶賀瞻禮 ;]

enduringge deyen · enduringge Israel i acin be nantuhūra · mukdehun · juktehen ·
'거룩한 전당과   거룩한 이스라엘 교회 를 더럽히고,   제단과   신전과
[又特意交付臟聖殿及依斯拉耶耳會的聖民 ; 又要各處立祭台, 修廟,]

miosihon enduri sai ūren be ara · ulgiyan · bolgo akū ulha be wecebu[35] · ereci
사악한   신 들의 상(像)을 만들며, 돼지와 깨끗지 않은 짐승 을 죽이고,   이후
[塑邪像, 用不潔畜並豬等肉祭祀 ;]

julesi[36] haha juse be faitabuburakū[37] · elemangga cembe ai nantuhūn hacin de
앞으로 남자 아이들 을 자르지 말며,   오히려 저들을 모든 부정한 것들 로
[子不害損, 反使他們染各樣臟【髒】,]

---

32 'yongkiyan'의 원 의미는 '완전, 완비'이다. 이 만주어에 해당하는 라틴어는 'holocaustum(번제[燔祭])'인 데, 이 라틴어 낱말에는 '희생[犧牲] 제물을 완전히 통째로 태워 바치는 제사'라는 의미가 있다. 따라서 이 '완전히, 통째로'라는 의미를 따라 만주어 'yongkiyan'을 넣은 듯하다.

33 'elhe wecen (평안 제사)'에 해당하는 라틴어는 'sacrificia(제사)'이다. 만주어에 왜 'elhe(평안)'이란 말이 붙었는지 알 수 없다.

34 'weile de niyecere dobocun · alibun (죄를 기워 갚을 공물 바침)'에 해당하는 라틴어는 'placatio(화해, 속죄)'이다. 또 이에 해당하는 프랑스어는 'les oblations pour l'expiation du péché (죄의 속죄를 위한 봉 헌)'이다. 위 본문에서 'dobocun'과 'alibun' 사이에 구두점(·)이 있는데, 잘못 찍힌 것인 듯하다. 그러나 본문대로 넣어 둔다.

35 'ulgiyan · bolgo akū ulha be wecebu (돼지와 깨끗지 않은 짐승을 죽이라)'에 해당하는 라틴어는 'immolari carnes suillas, et pecora communia (부정한 돼지고기와 불결한 짐승들을 [죽여] 제물로 바치 라)'이다.

36 'ereci julesi (이후 앞으로)'에 해당하는 말은 라틴어 성경에는 없다.

icebu · ai /**6b**/ ubiyada[38] seyecuke weile de tuhebu · uttu   ce   Deus i fafun be
물들이며, 모든   싫고   밉살스런 죄 에 빠뜨려, 이렇게 저들이 주님 의 법 을
[又陷於可厭惡的罪, 爲使他們忘陡斯的法度,]

onggofi · terei geren targacun be necire dabala [ni] · ya emke wang Antiyoko i
잇고 그분의 많은   계명 을 범할 것이다.   누구 하나 왕 안티오쿠스의
[混亂陡斯的規誡. 若有不尊王安弟約渴的旨,]

hese be   daharakū · bucekini · ere durun i gurun i gubci bade fafulaha bime · geli
명령 을 따르지 않는 자 죽으리라.' 이 모양 으로 나라 의   전 지방에 명령하였 으며   또
[就殺. 如此分付全國的地方,]

irgese be songkoi yaburede · ergelere hafasa be babade sindaha · ere hafasa
백성들 을 그대로 행하게 해서   압박할 관리들 을 곳곳에 두었다. 이 관리들이
[還立民首, 催逼衆人行 ;]

Yudas ba i hoton i niyalma be hafirame ūren de wece sehei ·   irgesei dolo
유다 땅   성읍의 사람들 을 핍박하여   우상 에 제사지내라 하며, 백성들 중
[這首人到如達斯各城, 逼迫依斯拉耶耳後代祭邪像.]

ududu niyalma abkai ejen i tacihiyan be waliyaha weilengge urse de acabume ·
많은 사람들이 하느님 의 가르침 을   버린   죄지은 무리 에게 맞추어
[民內許多背了天主教的來他們前,]

uhei hūsun i yaya hoton de ehe baita be yabuha · Israel i   sain omosi[39] be
모두의 힘 으로 여러 성읍 에서 나쁜   일 을 행하고, 이스라엘 의 착한 자손들 을
[尊他們的話祭祀, 在地方上無所不爲. 〔首人〕侵犯依斯拉耶耳諸賢孫,]

necime · cembe ukanju sei somishūn butu alin i bujan yeru de jailabuha ·
억눌러   저들을 도망자 들의 은밀하고 숨겨진 산 의 숲과   동굴 로 피하게 하였다.
[教他們躲在逃人們的暗山林穴內.]

---

37 'haha juse be faitabuburakū (남자 아이들을 자르지 말며)'에 해당하는 라틴어는 'relinquere filios suos
incircumcios (그의 아들들을 할례[割礼] 받지 않은 채 내버려 두라)'이다.

38 'ubiyada(싫은)'은 본문에 'ubiyata'로 되어 있다. 실수로 방점이 빠진 듯하여 교정한다.

39 'Israel i sain omosi (이스라엘의 착한 자손들)'에 해당하는 라틴어는 'populum Israel (이스라엘의 사람
들)'일 뿐이다. 즉 '착한'이란 말은 없다.

Kasleo biyai tofohon⁴⁰ de · emu tanggū dehi sunjaci aniya de wang Antiyoko ·
기슬레우 달의 보름날　에 (일　　백　　사십　　오　　년 에) 왕 안티오쿠스가
[「加斯樓」月的十五日, 一百四十五年,]

ten i ubiyacuka bime · geli niyalma i ebderen serengge emu hacin i ūren be⁴¹
지극히 혐오스러우 며　또 사람들 의 파괴자　인　　한 가지의 우상 을
[王安弟約渴造了一至可惡及敗壞人的邪像]

weileme arafi · Deus i terkin⁴² de iliha · ba i hacingga hoton de mukdehun be
시공해 만들어 주님 의 계단　에 세웠다. 지방의 모든　성읍 에　단(壇)　을
[拱在陡斯祭台上, 還加如達斯地方的諸城砌了祭台,]

šurdeme sahaha · /7a/ geren boo i dukai juleri · amba giyai de šugiri hiyan⁴³
빙 둘러 쌓았고,　　많은 집들 문의 앞과　큰　길 에 유향(乳香)을
[又要在各家的門前大街上焚乳香祭祀.]

dabumbihe · wecen wecembihe·Deus i šajin i nomun bithe be hūwalafi · tuwa de
피워　　제사를 지냈다.　주님 의 법 의 경전 책 을 찢어　불 에
[火燒, 撕破陡斯的《法度經》;]

deijihe · aika niyalma i boo de abkai ejen i hūwaliyasun doroi bithe be bahaci ·
태웠는데, 만약 사람들 의 집 에서　하느님 의　화해　예식의 책 을 찾거나
[王的官員若在誰家找出天主和睦結約的書,]

ememu abkai ejen i fafun tuwakiyarangge bici · wang i hesei songkoi terebe
혹　　하느님 의 법을　지키는 자가　있으면　왕 의 명령을 따라 그를
[或見有守天主規誡的, 按王旨殺他.]

sacime wambihe · ceni horon hūsun de ertufi Israel i irgese be uttu muribumbihe·
베어　죽였다.　저들의 위엄과 힘 에 의지하여 이스라엘 백성들 을 이렇게 핍박하였는데,
[凶輩〔在〕各城仗自己的勢力,]

---

40 'emu tanggū dehi sunjaci aniya · Kasleo biyai tofohon (145년 기슬레우 월 15일)'은 기원 전 167년 12월
8일이라고 한다.《공동번역》마카베오 상 제1장 54절 각주(687쪽)에서 인용.

41 'ten i ubiyacuka bime · geli niyalma i ebderen serengge emu hacin i ūren be (지극히 혐오스러우며 또 사
람들의 파괴자인 한 가지의 우상을)'에 해당하는 라틴어는 'abominandum idolum desolationis (파괴의 혐
오스러운 우상을)'이다.

42 'terkin(계단)'에 해당하는 라틴어는 'altare(제단, 제대)'이다.

43 'šugiri hiyan (유향[乳香])'에 해당하는 라틴어는 'thus(향[香])'이다.

Israel i omosi yala biyadari emu mudan abkai ejen be kundulere gūnin meimeni
이스라엘 자손들은 사실 매달 한 번 하느님 을 경배할 뜻으로 각자의
[等依斯拉耶耳的民每月爲恭敬天主聚會, 就殘害他們 ;]

hoton de isame acambihe ·[44] ere fudasi hala biya tome orin sunja de Deus i
성 에 모여 만났고, 이 패악한 족속은 달 마다 25일 에 주님 의
[這些背逆人每月二十五在陡斯台前]

terkin i ishun bisire mukdehun i dele wecembihe[45] [no] · beyei haha juse be
제대 를 마주해 있는 제단 위에서 제사지냈다. 자기의 남자 아이들 을
[對面立的那新祭台上祭祀. 凡有割親子損的婦,]

šurdeme faitara hehesi wang Antiyoko i fafun de bucebumbihe[46] · ai boo de šurdeme
빙 둘러 자른 여자들은 왕 안티오쿠스의 법 으로 죽였다. 어떤 집 에서 빙 둘러
[照王安弟約渴的旨立殺 : 〔在〕每家]

faitaha ajige juse be ucaraci · juse be da eme i monggon de lakiyafi · juse be
자른 어린 아이들 을 만나면 아이들 을 자기 어머니 의 목 에 매달고 아들들 을
[把割損的小孩掛在本母脖上,]

šurdeme faitaha niyalma be faitarame wambihe ·· Israel acin i tutala niyalma
빙 둘러 자른 사람들 을 베어 죽였다. 이스라엘 교회 의 많은 사람들은
[亂刀殺那些割損小孩的人. 依斯拉耶耳會多人堅定心志,]

bolgo /7b/ akū jaka be umai angga de isirakū sere gūnin toktobuha · jemengge de
깨끗하지 않은 물건 을 전혀 입 에 대지 않으려 하는 뜻을 정하고 음식 으로
[不吃臟【髒】物, 寧可捨命, 不敢動不潔的吃食.]

nantuhūrabure anggala · cihanggai ergen šeleki sehe · Deus i enduringge tergacun be
더럽혀지느니 차라리 기꺼이 목숨을 버리고자 하였다. 주님 의 거룩한 계명 을
[因爲不肯犯陡斯的聖法, 故都受殺.]

---

44 이곳에 구두점 '··'이 있는데, 이것은 '·'의 잘못인 듯하여 고쳤다.

45 'Deus i terkin i ishun bisire mukdehun i dele wecembihe (주님의 제대를 마주해 있는 제단 위에서 제사지냈다)'에 해당하는 라틴어는 'sacrificabant super aram quae erat contra altare (제대를 향해 있는 [이방 신의] 제단 위에서 제사지냈다.)'이다.

46 'beyei haha juse be šurdeme faitara hehesi wang Antiyoko i fafun de bucebumbihe · (자기의 남자 아이들을 빙 둘러 자른 여자들은 왕 안티오쿠스의 법으로 죽였다.)'에 해당하는 라틴어는 'mulieres quae circumcidebant filios suos trucidabantur secundum iussum regis Antiochi (자기의 아들들을 할례[割禮] 한 부인들은 안티오쿠스 왕의 지시에 따라 죽임을 당하였다.)'이다.

neciki serakū ofi · tuttu wahabi · abkai ejen i jurgangga jili irgese be ambarame
범하려 하지 않으 므로 그렇게 죽였다. 하느님 의 의로우신 분노가 백성들 을 크게

isebuhe kai [nu] ··
징계하신 것이다.
[陡斯的民眞遭了大禍.]

○ 𝔖𝔘ℜ𝔈 𝔊𝔌𝔖𝔘ℜ ○
풀 이   말

[a] Yudeya ba i niyalma mederi i cargi yaya babe gemu Šetim seme
유다 지방의 사람들은   바다   저쪽   모든 곳을   모두   기띰 이라고

gebulembihe ·· Aledzander dade Mašedoniya i wang bihe · orin se ci coohalame
불렀다.   알렉산더는 원래 마케도니아 의   왕 이었는데, 20 세 부터   출병하기

deribufi amba gungge ilibuha · Bersiya · Mediya jergi gurun be ejelehe · Indu
시작하여 큰   공을   세웠고, 페르시아와 메대   등의   나라 를 통치하였고, 인도

bade isinaha · untuhun algin gebu be kiceme faššame bairede · emu jalan
땅에 이르렀다. 헛된   평판과 이름을 부지런히 힘써   구하면서, 한 평생

hūsime jobohoi suilahai gūsin juwe se de dubehe · tere aniya uthai muse ejen
내내   고생하고 수고하다가 서른 두 살에 죽었다. 그 해는   곧   우리 주

Yesu jalan de enggelenjire onggolo ilan tanggū orin duici aniya inu ··
예수께서 세상에 강림하시기   전   삼   백   이십 사   년 이다.

[e] ini ama Roma gurun i emgi hūwaliyambufi · ishunde toktobuha
그의 아버지가 로마 나라 와 함께   화합하고   서로   정한

hūwaliyasun doro be akdulara turgun · imbe Roma gemun hecen de unggime ·
화합의   도 를 지키기 위해, 그를 로마   수도 로 보내어

damtun obuhabi ··
인질로   삼았다. /8a/

[i] dalaha wecen i da Oniyas i deo Yason ahūn i wesihun tušan be duriki ·
대제사장   오니아스의 동생 야손이 형 의 고귀한   임무 를 빼앗고

balai cihai yabuki seme ehe urse de hokilafi · Antiyoko i cokto miosihūn banin
함부로 마음대로 하고자 하여, 나쁜 무리 와 한패 되어 안티오쿠스의 교만하고 사악한 모습

be safi · imbe acame genehe · ahūn · tutala sain niyalma be laidara de · wang i
을 알아 그를 만나러 갔다.   형과   많은 착한 사람들 을 모함할때,   왕 의

hese i Yudeya ba i   da   oki sembihe ·· ere jergi tacikū de gabtara · sujure ·
명령 으로 유다 지방 의 지도자로 삼고자 했다.   이 들 학교 에서 활쏘기, 달리기,

jafanure · maksire bengsen be urebure anggala · geli dufedere hacingga arbun be
씨름하기, 춤추기   재능 을   익힐   뿐더러,   또한 음란한   여러   형상 을

tacimbumbihe ··
가르쳤다.

[o] Roma gurun i elcin jifi inde fafulame · meni gucui gurun ci   tuci serede ·
로마   나라 의 사신이 와서 그에게 명하기를, "우리의 친구 나라 에서 나오라." 하자

Antiyoko geleme · gelhun akū daharakū · Esido be waliyame amasi marihabi ··
안티오쿠스가 두려워   감히 항복하지 않고 이집트 를   버리고   되 돌아갔다.

[u] ere niyalma fudasihūlaha niyalma inu · hahasi · sakda · asihan · ajige juse be
   이 사람은   미친   사람 이다. 남자들, 노인, 젊은이들, 어린 아이들 을

ilgara ba akū · ilan inenggi i sidende jakūn tumen sui akū niyalma be lohoi
구별하는 바 없이 3 일   동안   8 만의 죄 없는 사람들 을   칼

yeyen de waha · duin tumen huthubufi olji gamaha · duin tumen aha i gese
   로   죽였고, 4 만을   묶어 포로로 데려갔으며, 4 만은 종 처럼

uncaha ··
팔았다.

[na] ememu niyalma be tanggin de were · ememu tanggin i dolo dufederede
    혹   사람들 을   성전 에서 죽이거나, 혹   성전   안에서 간음하여서

enduringge babe nantuhūraha · abkai ejen · udu yongkiyaha /8b/ muten i Deus
   거룩한   곳을 더럽혔다.   하느님은 비록 완전한   능력 의 하느님

bicibe · tesei amba ujen weile be nergin de iseburakū · elhešeme · taka Israel i
이시지만, 그들의 크고 무거운 죄 를   즉시 에 징벌하시지 않고 늦추어 후에 이스라엘 의

aburi ehe omosi be jobolon de tušabuki sembihe · utala niyalma i gungge de
지극히 악한 자손들 을 재앙 에 만나도록 하셨다. 많은 사람들 의 공 을

karulara · ceni sure fayangga be aitubure dabala ··
갚고 그들의 영혼 을 구하실 뿐이다.

[ne] nadaci inenggi Sapato sembihe · abkai ejen i inenggi ofi · tuttu ere inenggi
일곱 번째 날을 안식일 이라 했다. 하느님 의 날이기에 그래서 이 날

de abkai ejen be kundulere teile · hacin hacin i weilen weileci ojorakū ··
에는 하느님 을 경배할 뿐, 가지 가지 의 일을 해서는 안 된다.

[ni] beye sain i ici yabuki serakū bime · elemangga hūsun i ebsihe sain
자신이 선함 의 쪽에서 행하고자 하지 않고 있으며, 오히려 힘껏 착한

niyalma be ai hacin i weile de tuhebuki serengge · ere gesengge wang seci
사람들 을 온갖 종류의 죄 에 빠트리고자 하는 자, 이 같은 자가 왕 이라 할

ombio · ehe miosihūn hutu serakūn ··
수 있는가, 악하고 부정한 악마가 아닐지?

[no] yongkiyan wecen[47] i terkin i ninggude emu dufe enduri i arbun be
완전한 제사 의 단(壇) 위에 한 음란한 신 의 상(像)을

ilibuha bihe · bakcilame emu ajige mukdehun sahafi · ubade miosihon enduri ·
세웠던 것 인데, 맞은편에 한 작은 단을 쌓아 여기에서 부정한 신과

Antiyoko de wecembihe ·· Antiyoko enduri i adali · wecen dobocun[48] be aliki
안티오쿠스 에게 제사지냈다. 안티오쿠스가 신인 듯 제사 예물 을 바치고자

sembihe ··
하였다.

---

47 'yongkiyan wecen (완전한 제사)'는 '번제(燔祭)'를 번역한 말이다. 앞의 주 32) 참조.

48 'dobocun(예물)'은 과거 만주어 문헌에 없던 낱말로, 푸와로 신부가 'dobombi(바치다, 봉헌하다)'라는 동사 어간에 명사 형성 접미사 '-cun'을 붙여 만든 것이다. 만주어 사도행전에서 라틴어 'oblatio(봉헌, 선물, 예물, 봉헌물)'를 'dobocun'으로 번역한 예가 있다. 김동소 (2018: 275, 주24 참조).

[nu] ememu abkai ejen Israel i weilengge omosi be ushame ·   Antiyoko be
　　혹은　　하느님께서 이스라엘 의 죄지은　　자손들 을 나무라시어, 안티오쿠스 를

tookabure ba akū · imbe ere durun i oshodome yabubuha ·· ememu utala **/9a/**
지체하는 일 없이, 그를 이 모양 으로 잔인하게 행하게 하셨다. 혹은　　많은

nimecuke jobolon de Yason i hokisa be isebuhe ··
　병과　　　재앙 으로 야손 의 도당들 을 경계하셨다.

○ 𝕵𝕬𝕴𝕮𝕴 𝕱𝕴𝖁𝕰𝕷𝕰𝕹 ○
제 2　　　장

Tere inenggi[1] Yohangnes i jui ·　　Simehon[2] i omolo · Yoharib i boo i
그　　날　　　　　요한　 의 아들이며,　시므온　 의 손자이며,　요하립[3] 가문 의
[那時, 若翰的子, 西默翁的孫, 約哈里伯家出的]

wecen i da sai enen[4] Matatiyas Yerusalem ci tucime · Modin[5] alin de tehe · inde
제사장 들의 후손인　마따디아가　예루살렘 에서 나와　　모데인 산에서 살았다. 그에게
[瑪大弟亞斯離了日露撒冷城, 回本鄉莫頂山.]

sunja haha juse bihe · Yohangnes · i geli Gatis[6] seme gebulembihe · Simehon[7] · i
다섯 남자 아이들이 있었다;　요한,　그는 또　가띠　　라고　불렸다.　　　시몬,　그는
[他有五男 : 若翰, 別名加第斯 ; 西盟, 別名大西 ;

---

1 'tere inenggi (그날)'에 해당하는 라틴어는 'in diebus illis (그 날에, 그 때에, 그 무렵에)'이다.

2 'Simehon (시므온)'에 해당하는 라틴어는 'Simeon'이고, 이에 해당하는 프랑스어는 'Siméon'인데, 만주어에서 'h'를 적어 넣은 이유는 아마도 'e'와 'o'가 완전히 분절(分節)됨을 표현하려 한 듯하다. 이와 비슷한 표기의 예로 Charles Alévêque의 〈법한ᄌ뎐 *Petit Dictionaire Français-Coréen*〉(Seoul Press, Hodge & co., 1901)에서의 다음과 같은 한국어 표기 예이다. 버리오Pauriho, 글로 인ᄒ야Keullo hine h'ahia 등등.

3 '요하립'은 24조로 나뉜 사제들 가운데 제1조의 수장이었다. (역대기 1권 24장 7절, 느헤미야기 11장 10절, 12장 6절 참조). 정태현 (1999: 29)에서 인용. 이 'Yoharib'도 라틴어와 프랑스어 표기에서는 'h' 음이 들어 있지 않고, 칠십인역(Septuaginta) 성경의 그리스어 표기도 'h'음이 없는 Iωαριβ이다. 그러나《공동번역 성서》의 한국어 표기가 '요하립'인데, 아마도 히브리어 발음에 따른 것인 듯하다. 히브리어 표기는 יְהוֹיָרִיב Yehowyariyb {yeh-ho-yaw-reeb'}이다.

4 'Yohangnes i jui · Simehon i omolo · Yoharib i boo i wecen i da sai enen (요한의 아들이며, 시므온의 손자이며, 요하립 가문의 제사장들의 후손)'에 나오는 'jui(아들), omolo(손자), enen(후손)'에 해당하는 라틴어는 모두 'filius(아들)'이다.

5 'Modin(모데인)'은 예루살렘 북서쪽 28킬로미터에 있던 곳으로, 나중에 시몬이 이곳에 가족묘와 기념비를 세운다. 마카베오기 제1권 13장 27-30절 참조. 정태현 (1999: 29)에서 인용.

6 'Gatis'의 라틴어는 'Gaddis'이고, 그리스어는 Gaddi이다.《〈공동번역 성서〉》에서 이를 '가띠'로 표기한 것은 그리스어를 따른 것이다...

7 이곳의 'Simehon(시몬)'은 위 첫째 줄의 'Simehon(시므온)'과 만주어 표기가 같다. 그러나 라틴어 표기의 경우 이곳은 'Simon'이고 위쪽은 'Simeon'으로 서로 다르다.《공동번역 성서》의 한국어 표기도 서로 다르고, 칠십인역의 그리스어 표기도 Συμεων과 Σιμων으로 서로 다르다..... 푸와로 신부의 표기는 이러한 차이를 무시한 듯하지만, 어떤 불가타 라틴어 성경에서는 이 둘을 똑같이 표기하기도 한다...

geli Tasi sembihe · Yudas · terei colo Makabeo inu[8] · Elehadzar[9] · jai gebu
또 다시 라 하였다. 유다, 그의 별칭은 마카베오 이다. 엘르아잘은 다른 이름이
[如達斯, 此稱呼瑪加白阿；耶肋亞匝肋,]

Abaron · Yonatas · jai gebu Afus ·   ere gemu Yudeya ba · Yerusalem i ursei
아와란이고, 요나단은 다른 이름이 아푸스다. 이 모두   유다 땅 예루살렘 사람들의
[別名亞巴隆；約那大斯, 別名亞福斯. 他們都眼見如德亞地方, 日露撒冷城行的惡事.]

amba jobolon be yasai sabuhabi · [10]
큰   재난 을 눈으로 보았다.

Matatiyas hendume · ai · minde kesi akū[11] · bi banjifi ainambi · meni uksura i
마따디아가 말하기를, "아, 내게 은혜는 없다. 내가 살아 무엇 하랴? 우리 일족 의
[瑪大弟亞斯就說：「嗚呼! 我何必活在世, 看我支派的苦,]

mangga gosihon·enduringge hoton i efulen be tuwara jalin inu · jing hoton bata i
어려운 고통과 거룩한   도시 의 망함 을 보기 위함 인가? 막 도시가 적 의
[聖城的毁壞, 日露撒冷到了仇人的手?]

gala de sindaburede · elhei tubade indeme jendembio · encu mukūn enduringge
손 에 놓여지니 편안히 그곳에서 쉬며   견디랴?   다른 민족이 거룩한
[忍得安然在這裡住麼? 異端人霸佔了聖物,]

/9b/ deyen be ejelehe · Yerusalem i tanggin buya haha[12] i adali geren de
     전당 을 차지하고, 예루살렘 의 성전이 미천한 남자   처럼 많은 이 에게
[天主比如賤男, 人都輕視；]

---

8 'terei colo Makabeo inu (그의 별칭은 마카베오이다)'에 해당하는 라틴어는 'Iudas qui vocabatur Macchabeus (마카베오라고 불렸던 유다)'이다. 그런데 여기 나오는 다섯 형제들의 별칭을 소개할 때 다른 사람들은 'geli Gatis seme gebulembihe (또 가띠라고 불렸다), geli Tasi sembihe (또 다씨라 하였다), jai gebu Abaran (또 이름이 아와란), jai gebu Afus (또 이름이 아푸스)'라 되어 있는데 '유다'만은 'terei colo Makabeo inu (그의 별칭은 마카베오이다)'로 특별하게 되어 있다. 이 점은 라틴어에서부터 그러했다. 즉, 다른 형제들은 모두 'cognominabatur(별명이 붙어 있다)'로 표현하는데, '유다'만 'vocabatur(…라고 불리었다)'로 되어 있는 것이다.

9 'Elehadzar(엘르아잘)'의 라틴어식 표기는 'Eleazarus'이고 프랑스어식 표기는 'Eléazar'인데, 만주어 표기는 제3 음절에 'h'가 들어 있다. 그리스어 표기도 'h'가 없는 Eleazar이다.

10 'ere gemu Yudeya ba · Yerusalem i ursei amba jobolon be yasai sabuhabi · (이 모두 유다 땅 예루살렘 사람들의 큰 재난을 눈으로 보았다.)'에 해당하는 라틴어는 'hi viderunt mala quae fiebant in populo Iuda et in Hierusalem (이들은 유다 사람들 사이에서와 예루살렘에서 이루어진 불행을 보았다.)'이다.

11 'ai · minde kesi akū (아, 내게 은혜는 없다.)'에 해당하는 라틴어는 'væ mihi (아, 내 팔자야!)'이다. 프랑스어 번역은 'Malheur à moi (내게 재앙이다!)'이다.

fudasihūšabumbi · terei eldenggei tetun · bireme oljilaha ahasi i gese gamabuha ·
경멸당한다. 　그분의 영광의 그릇을 모조리 사로잡힌 종들 과 같이 가져갔다.
[堂內的寶器猶如小奴, 人都搶去 ;]

hoton i sakda sa amba giyai de wabuha · asihata geli loho de gisabuhabi · ya
도시 의 원로 들이 큰 길 에서 살해되고, 젊은이들 또한 칼 로 살해되었다. 어떤
[大街上殺了城裡的長老, 腰刀殺盡少年.]

gurun i niyalma meni gurun de dosirakū · tabcin i jaka be bahakūni[13] [a] · terei
나라 의 사람들이 우리 나라 에 안 들어왔고, 노획 물 을 안 얻었던가? 　그분의
[那國人不進我們的國, 不得搶擄的物呢?]

horonggo ambalinggū yooni gaibuha · beyei saligan salirengge · aha obuha · [14] ne
위엄 있고 당당한 것을 모두 빼앗겼고, 자신의 주장을 결정하는 이가 종이 되었다. 지금
[他的威嚴大方全沒了, 能自作主的變了不由己的小奴.]

meni enduringge · meni saikan gincihiyan hacin · gemu susubuha · encu demun i
우리의 거룩하고, 우리의 아름답고 화려한 것들이 모두 폐허가 되고, 　이단 　의
[如今我們的聖殿, 聖物, 所有的俊美光華都散了!]

urse terebe nantuhūraha kai · be kemuni banjici · ai tusangga ··
무리가 그것을 더럽힌 것 이다. 우리가 아직도 살면 무슨 이익인가?"
[都被異端人臟了! 活着何益?]

Matatiyas · ini haha juse beyei etuku be tatarame · kušun i etuku nerefi[15]
마따디아와 그의 남자 아이들이 자신의 옷 을 찢으며, 거친 옷을 걸치고
[瑪大弟亞斯同他衆子扯破自己的依, 穿上苦衣,]

ambarame gasaha ·
크게 　슬퍼했다.
[哭了又哭.]

---

12 'buya haha (미천한 남자)'에 해당하는 라틴어는 'homo ignobilis (지체 낮은 사람)'이다.

13 'ya gurun i niyalma meni gurun de dosirakū · tabcin i jaka be bahakūni (어떤 나라의 사람들이 우리나라
에 안 들어왔고, 노획물을 안 얻었던가?)'에 해당하는 라틴어는 'quae gens non hereditavit regnum eius et
non obtinuit spolia eius (어떤 민족이 그의 왕국을 손에 넣지 않았고, 그의 전리품을 차지하지 않았던가?)'
이다.

14 'beyei saligan salirengge · aha obuha · (자신의 주장을 결정하는 이가 종이 되었다.)'에 해당하는 라틴어
는 'quæ erat libera, facta est ancilla (자유로웠던 그녀가 여종이 되었다.)'이다.

15 'kušun i etuku nerefi (거친 옷을 걸치고)'에 해당하는 라틴어는 'operuerunt se ciliciis (고행용[苦行用] 털
옷을 스스로 입었고)'이다.

taka wang Antiyoko i takūraha hafasa　ubade jihe · Modin alin i hoton de[16]
그때 왕 안티오쿠스 가 파견한 관리들이 여기에 와서, 모데인 산 의 　성 으로
[暫且王安弟約渴差的官來到這裡,]

jailaha niyalma be ergeletei hafirabume · ūren i juleri wece ·　　hiyan dabu
　피한 사람들 을 협박하며 몰아대고 우상 앞에서 제사 지내고 향을 피우라
[要强逼莫頂城躱的人焚香祀祭邪神, 違陡斯的法度.]

serede · Israel i irgesei dolo ceni gūnin de acaburengge labdu bifi **/10a/** hanci
고 하자 이스라엘 백성들 중 그들의 　뜻 에 따르는 자가 많이 있어 　가까이
[依斯拉耶耳的民多有上前順他們的意,]

ibembihe · Matatiyas oci · terei juse teng seme ilifi · ojorakū sehe ·· Antiyoko de[17]
가서 바쳤다. 마따디아 는 그의 아이들을 굳건히 세우며 안 된다고 하였다. 안티오쿠스 에게서
[但瑪大弟亞斯及他的衆子堅志挺身不從.]

takūrabuha urse jabume · Matatiyas de hendume · si ere hoton i ujulaha niyalma ·
　파견된 무리가 대답하여 마따디아 에게 말하기를, "당신은 이 도시 의 으뜸가는 사람으로,
[安弟約渴的差官答瑪大弟亞斯說：「你是這城的首,]

gebu horon　sinde　bime · geli juse　　deote fulu bi · ere gese wesihun oci
명성과 위엄이 당신에게 있으며 또한 자식들과 아우들이 가득히 있소. 이 같이 　번성하 면
[大有名聲, 勢力, 又有多子, 多弟兄. 旣這樣尊貴,]

tetendere · neneme jio · wang i hese be daha · geren uksura · Yudas ba i irgese ·
　됐으니, 먼저 와서 왕 의 명령 을 따르시오. 많은 지파와 유다 땅 의 백성들과
[先來順王的旨, 衆支派, 如達斯地方民,]

Yerusalem de funcehele niyalma · gemu uttu yabuhabi · sini beye · sini juse
예루살렘 에 남은 사람들 모두 이렇게 행하였소. 당신 자신과 당신 자식들이
[凡日露撒冷剩下的人都這樣作,]

---

16 'Modin alin i hoton de (모데인 산의 성으로)'에 해당하는 라틴어는 'in civitatem Modin (모데인 도시 안으로)'이다.

17 'de'는 주로 '-에, -에서, -에게'의 의미를 갖는다. 그런데 이곳의 'Antiyoko de takūrabuha urse (안티오쿠스에게서 파견된)'에 해당하는 라틴어는 'qui missi erant ab Antiocho (안티오쿠스에게서 파견된)'으로 이 'de'가 '-에게서'의 의미를 갖는다. 이런 의미로는 흔히 'ci(-로부터, -에게서)'가 쓰이는데, 위의 예는 좀 특이한 경우로 보인다.

teni wang i gucuse ofi · aisin menggun· doroi jaka be labdukan i bahara dabala ··
그러면 왕 의 친구들이 되어 금과 은과　예물 을　많이　얻을 것이오."
[你, 你子纔是王的友, 也多得金, 銀, 禮物.」]

Matatiyas jabume · den jilgan i hendume · udu abkai fejergide bisirele
마따디아가 답하여　큰　소리 로 말하기를, "비록 하늘 아래에 있는 모든
[瑪大弟亞斯高聲答說 :「雖天下所有的人]

niyalma wang Antiyoko be dahaci · teisu teisu ceni mafari i fafun be jurceci ·
사람들이 왕 안티오쿠스 를 따르고,　각각　저들 조상들의 법 을 어기며,
[順王安弟約渴, 各人違他們祖的法度,]

wang i hese de acabucibe · mini beye · mini juse · mini deote · meni mafari i
왕 의 명령 에 따르더라도, 내 자신과 나의 자식들과 나의 아우들은 우리 조상들 의
[爲隨王的意, 我自己, 我的諸子, 弟兄]

Deus i fafun de acabure teile · Deus mende ijishūn ojoroo ·[18] Deus i fafun kooli be
주님 의 법 에　맞출 뿐이오. 주님은 우리에게 관대 하시기를! 주님 의　율법　을
[單遵我們祖的法度, 求陡斯助佑我們,]

waliyara baita · mende tusangga /10b/ baita waka · be wang Antiyoko i gisun
버리는　일은 우리에게 유익한　일이 아니오. 우리는 왕 안티오쿠스 의 말을
[悖陡斯的命令規誡於我們無益. 我們不聽王安弟約渴的話,]

donjirakū · wecen wecerakū · muse fafun i targacun be necirakū · fe jugūn be
듣지 않고 제사를 지내지 않겠소. 우리는 법 의　금함 을 범하지 않고, 옛 길 을
[也不祭神, 也不犯我們法度的規矩走左道.」]

halafi gūwa jugūn de yaburakū ··
바꾸어 다른　길 로 가지 않으리라."

gisureme wajiha manggi · Yudas i emu omolo geren i yasai juleri jifi ·
말하여 끝낸　후에　유다 의 한 자손이 여럿의 눈 앞으로 와서
[還未說完時, 如達斯的一孫當衆人面遵王旨,]

Modin hoton i dorgi iliha mukdehun de wang i hesei songkoi weceki sembihe·
모데인　성 의 안에 세운　제단 에서 왕 의 명령　대로 제사지내려 하였다.
[來在莫頂城內立的祭台祭邪神.]

---

18 'Deus mende ijishūn ojoroo (주님은 우리에게 관대하시기를!)'에 해당하는 라틴어는 'propitius sit nobis
　Deus (주님은 우리들에게 인자하시기를!)'이다.

Matatiyas emgeri tuwarade · absi nimeme · [19] terei juwe bosho šurgecehe · [20]
마따디아가 한번   보자   몹시 아파   그의 두 허리가 떨렸다.
[瑪大弟亞斯一見, 好傷心, 兩腰打顫,]

fafun i jurgan i ici ambula jilidame · nukcišūn i ibeme · terebe mukdehun i
법 의 뜻 에 따라 크게 노하여   격렬히 나아가 그를   제단 의
[按法度大義動怒, 勇行直前,]

ninggude waha · wang Antiyoko i unggihe · wece seme ergelere hafan be
위에서 죽이고, 왕 안티오쿠스 가 보내 제사 하라 고 강박하는 관리 를
[殺他在祭台上. 接着砍殺王安弟約渴差的强逼祭祀的官,]

emu ikiri sacifi · mukdehun be efulehe · jurcehe fafun i karu isibuha · yala
연이어 베고   제단 을 허물어 어긴   법 의 원수를 갚았다. 참말로
[拆毁祭台, 降了悖法度的報,]

Finahes Salomi i jui Zamri i baru ere durun i yabuha bihe **[e]** ·
비느하스가 살루 의 아들 지므리 에게 이런 식 으로 행했던 것이다.
[如當日費奈斯望撒落米的子藏必里這樣行了.]

Matatiyas teni hoton de amba jilgan i kaicame hendume · ya emke fafun be
마따디아는 그리고는 성 에서 큰 소리 로 외쳐   말한다. "누구 라도 법 을
[瑪大弟亞斯卽在城大聲說 :「若誰貴重法度,]

wesihuleme · abkai ejen i hūwaliyasun doro be tuwakiyaki seci · [21] mimbe dahalasefi ·
존중하고   하느님 의   화해   도리 를 지키고자 한다면   나를 따르시오."
[要遵守天主的和睦結約, 跟着我.」]

i beyei jusei emgi ukame · alin be tafaka · /**11a**/ hoton de bisire hacin hacin i
그는 자기의 아들들과 함께 도망하여 산 을 올랐는데,   성 에 있는 갖가지 의
[他同他的諸子逃上了山, 將城裡所有的物都留下.]

---

19 ʻabsi nimeme (몹시 아파)'의 라틴어는 ʻdoluit(아팠다, 괴로워했다. ←doleo)'이다.

20 ʻterei juwe bosho šurgecehe · (그의 두 허리가 떨렸다.)'에 해당하는 라틴어는 ʻcontremuerunt renes eius (그의 허리들이 떨렸다)'이다. 만주어 ʻbosho'와 라틴어 ʻrenes(허리들)'에는 다 함께 ʻ신장(腎臟)'과 ʻ허리' 라는 의미가 있다.

21 ʻabkai ejen i hūwaliyasun doro be tuwakiyaki seci (하느님의 화해 도리를 지키고자 한다면)'에 해당하는 라틴어는 ʻstatuens testamentum (계약을 고정시키다)'이다. 《古新聖經》은 ʻ要遵守天主的和睦結約 (하느님의 화목 결약을 준수하다.)'으로 되어 있고, 프랑스어 번역은 ʻveut demeurer ferme dans l'alliance du Seigneur (주님의 계약 안에 굳건히 머물러 있고자 하다.)'이다.

jaka be gemu bibuhe ·· tere erin ududu niyalma abkai ejen jurgangga targacun
물건을 모두 두었다. 그 때 많은 사람들이 하느님의 의로운 계율과
[那時, 許多人愿按天主的法度行,]

kooli i songkoi yabuki sere gūnin de alin i bigan de jailaha · ceni beye ·
법령 그대로 행하려 하는 생각 으로 산의 들 로 피하였고, 저들 자신과
[都跑到野外,]

ceni juse · sargata · ulha ubade tembihe · juwe ergide mangga jobolon de
저들의 아이들, 아내들, 가축이 이곳에 살았다. 양 쪽에서 어려운 재앙 에
[各帶本妻, 諸子, 特口住在那裡, 因爲見如德亞不拘甚麼城內, 免不得大災禍.]

hafirabuha ofi kai ·· Yerusalem i dolo · Taweit i hoton i dorgi bisire wang i
몰렸기 때문 이다. 예루살렘 안, 다윗의 성 안에 있는 왕의
[有人報了王的官, 也告訴曰露撒冷有的達味城的兵：]

hafasa · cooha de alame · emu udu haha wang i hese be fudarafi bigan tala de
관리들이 군사 에게 알리기를, "몇몇 사람들이 왕 의 명령 을 거역하고 들판 으로
[「多民背王旨到了野外,」]

genehe · cembe dahalahangge labdu bi serede ·· hasa jurame · tesebe amcafi
갔습니다. 저들을 따르는 자가 많이 있습니다." 하자 서둘러 출발해 그들을 추격해
[附從他們的人無數. 官兵立刻起身, 「撒罷多」日預備打仗,]

Sapato inenggi de afaki sembihe · tesei baru hendume · suwende kemuni temšere
안식일 에 공격하려 하였다. 그들을 향해 말하기를, "너희들에게 아직도 싸울
[給他們說：「你們還有爭鬥的膽麼?]

fahūn bio · tucinju · wang Antiyoko i hese be daha · teni banjici ombi ·· jabume ·
담력이 있느냐? 나와서 왕 안티오쿠스의 명령 을 따르라. 그러면 살게 되리라." 대답하기를,
[出來罷! 聽王安弟約渴的命纔得活.」答應：]

be tucirakū · wang i hese de acaburakū · Sapato inenggi be inu jurcerakū
"우리는 나가지 않고 왕 의 명령 에 따르지 않겠다. 안식일 을 또한 어길 수 없다."
[「我們不出來, 也不遵王旨, 不敢悖『撒罷多』爲抵退你們.」]

sehe ·· uttu ohode tesebe afaha · Israel i omosi heni sujara · wehe maktara ba
하였다. 그러자 그들을 공격했는데, 이스라엘 자손들은 조금도 버티며 돌을 던지는 일
[因此王的兵起了戰. 依斯拉耶耳後代不報怨, 不抛石,]

akū · alin i butu yeru i /**11b**/ angga²² be siburakū · hendume · be meni gulu
없고 산 의 숨은 동굴 의 　　입구 　를 막지 않고 말하기를, "우리가 우리의 성실하고
[也不堵藏身的穴口, 說 :「我們一齊在我們的純樸老實上死!]

nomhon de gemu bucekini · suwe jurgan akū²³ musebe gisaburengge abka na
충실함 에서 모두 죽으리라. 너희가 의로움 없이 우리들을 　죽인 것은 　하늘과 땅이
[你們不義殺滅我們, 天地作干證.]

siden ojorongge kai **[i]** ·· bata Sapato inenggide gala aššahai cembe · ceni
중인이 　될 것 이라." 　적이 안식일 　날에 　손을 움직여 저들과 저들의
[仇單在「撒罷多」日戰, 全殺他們, 他們的妻,]

sargata · juse · ulha be bireme waha · suntehe niyalma emu minggan de
아내들과, 자식들, 짐승들 을 모조리 죽였다. 전멸된 사람들이 일 　천 　에
[子, 女, 牲口, 殺的人大概有一千.]

isinambihe ·· Matatiyas · terei gucuse mejige donjifi · cembe ambarame
이르렀다. 　　마따디아와 그의 친구들이 소식을 　듣고 　그들을 크게
[瑪大弟亞斯及他的朋友聽見這信, 大哭.]

songgohobi · emke emken de²⁴ hendume · aika be meni deote yabuha songkoi
곡(哭)하였다. 한 명이 한 명 에게 　말하기를, "만약 우리가 우리의 아우들이 행한 대로
[他們彼此說 :「若我們照我們的弟兄行——]

yabufi · meni beye · meni fafun be karmara jalin afarakū oci · ne bata
행하고 　우리 자신과 우리의 법 을 　지키기 위해 싸우지 않으 면 즉시 원수가
[爲保我們的身體, 也保存聖教的禮儀, 異端仇來戰,]

hūdun hūdun i membe yooni mukiyere dabala · tere erin hebešeme toktofi ·
　서둘러 　　우리를 모두 　멸할 　것이다." 　그 때 　의논하여 정하기를,
[我們不對敵打仗——仇〔很〕快滅盡我們.」〔故〕那時議定 :]

yamaka Sapato inenggi membe afame jici · inde bakcilacina · be meni deote i
"만약 　안식일 날에 　우리를 공격하러 오더라도 그에게 대항합시다. 우리는 우리 아우들
[「凡『撒罷多』日仇來攻我們, 只管打仗,]

---

22 'butu yeru i angga (숨은 동굴의 입구)'에 해당하는 라틴어는 'loca occulta (비밀 장소)'이다.

23 'jurgan akū (의로움 없이)'에 해당하는 라틴어는 'iniuste (불의하게)'이다.

24 'emke emken de (한 명이 한 명에게)'에 해당하는 라틴어는 'proximo suo (그의 이웃에게)'이다. 프랑스어
　　는 'les un aux autres (서로에게)'이다.

adali somishūn bata²⁵ baibi bucerakū sehe ‥   Israel acin i dorgi hūsun etuhun
처럼   숨은   적에   헛되이 죽지 맙시다." 하였다. 이스라엘 교회 안에   힘이   센
[這樣都不能死如我們的弟兄死在山洞.依斯拉耶耳會內]

baturusa Assideo sere duwalingga²⁶ **[o]** gemu Matatiyas de acanjiha · Deus i
용사들인   하시딤 이라는   단체가   모두   마따디아 에게 만나러왔고, 하느님 의
[「亞西得阿」勁壯勇男都是願守法度的, 一齊團聚 ;]

targacun be cihanggai tuwayaki · jobolon ci /12a/ guweki serengge gemu isinjifi ·
  계명 을   기꺼이   지키고   재난 에서   벗어나려 하는 이들이 모두   와
[另外還有躱難的都來, 加他們的兵數,]

cooha i ton be ele nonggibuha · baksan meyen arame · tacihiyan be cashūlaha
군사 의   수 를 더욱 증가시켰다.   대오(隊伍)를   만들어   가르침 을   배반한
[增他們的勢力. 他們排成了隊伍, 動義兵擊壓惡黨 ;]

urse be jilidame · fudasi hala be ushame waha · funcehele encu demun i
무리 에게 분노하고, 반역한 일족 을 나무라며 죽였다. 남은 자는   이단   의
[動義兵擊壓惡黨 ;]

bade ergen karmara jalin genehebi ‥ Matatiyas · terei gucuse babade yabuhai ·
땅으로 목숨을 지키기 위해   갔다.   마따디아와   그의 친구들은 곳곳으로 가며
[惡黨爲免死, 逃到異端地方. 瑪大弟亞斯同他的友遍處走,]

mukdehun²⁷ be efulehe · Israel ba i jecen i dorgi ucaraha ajige juse · aika
    단(壇)   을 허물었다. 이스라엘 땅 의   경계   안에서   만난   어린 아이들이 만약
[仗勢力拆毁祭台. 凡依斯拉耶耳地方交界內遇見小孩,]

šurdeme faitahakū²⁸ oci · ce   tesebe šurdeme faitambihe²⁹ · teng sere arbun i
빙 둘러   자르지 않았 으면 저들이 그들을   빙 둘러   잘랐다.   굳센   기세 로
[若未割損, 他們就割損打們 ;]

---

25 'somishūn bata (숨은 적)'은 '기병(奇兵)'을 의미하는 듯하다. 그런데 이곳에 'de'가 들어와 'somishūn bata de (숨은 적에게)'처럼 되어야 문맥이 통한다. 아마도 실수로 'de'를 빠뜨린 듯하다.

26 'Assideo sere duwalingga (하시딤이라는 단체)'에 해당하는 라틴어는 'synagoga Asideorum (하시딤 모임)'이다.

27 'mukdehun(단)'에 해당하는 라틴어는 'ara(제단, 제대)'이다.

28 'šurdeme faitahakū (빙 둘러 자르지 않았다.)'에 해당하는 라틴어는 'incircumcisus(할례 받지 않은)'이다.

29 'šurdeme faitambihe (빙 둘러 잘랐다)'에 해당하는 라틴어는 'circumciderunt (포피[包皮]를 도려내다, 할례를 베풀다)'이다.

arbušaha kai · abkai ejen i baru coktolora uksurangga be fargaha · ai baita be
행동한 것 이며, 하느님 을 향해 교만한 족속 을 추격하였다. 어떤 일 을
[趕逐傲支派, 起的甚麼事都合他們的意.]

deribuci · ijishūn akūrangge akū · enduringge fafun[30] be encu demun i uksura ·
시작하면 순종하지 않는 자가 없어, 거룩한 법 을 이단 의 일족과
[從異端支派王的手顧保了聖法度,]

wang sai gala ci aitubuha · teni weilengge Antiyoko balai cihai kiyangdulaci
왕 들의 손 에서 구하였고, 그래서 죄 많은 안티오쿠스가 함부로 마음대로 강요할 수

ojorakū ·· [31]
없었다.
[阻暴虐安弟約渴濫權, 任意妄作.]

damu Matatiyas i dubere inenggi hamikade · i beye i juse de hendume ·
그러나 마따디아 의 죽을 날이 가까워지자 그는 자기 의 자식들 에게 말하기를,
[但瑪大弟亞斯死的日期將到, 他與親子說 :]

emderei cokto urse cingkai kiyangkiyašame etuhušeme bi · emderei abkai ejen i
"한편으로 교만한 무리들이 심히 강하게 요구하고 있고, 한편으로 하느님 의
[「如今惡人的驕傲到至極, 定不得天主的義怒]

jurgangga jili ushacun muse i weile i /12b/ turgun de muse be isebume gukubuki
의로우신 분노와 원망이 우리 의 죄 때문 에 우리 를 징벌하여 멸망하게
[因我們的罪重罰我們.]

sere ayoo · te mini juse · Deus i fafun be haira · suweni mafari i emgi
하실까 두렵다. 이제 나의 아들들아, 주님 의 법 을 사랑하라. 너희의 조상들 과 함께
[爲陡斯的法度奮勇, 爲你們祖的]

---

30 'enduringge fafun (거룩한 법)'에 해당하는 라틴어는 'lex (법)'일 뿐이다.

31 'teni weilengge Antiyoko balai cihai kiyangdulaci ojorakū ·· (그래서 죄 많은 안티오쿠스가 함부로 마음
대로 강요할 수 없었다.)'에 해당하는 라틴어는 'non dederunt cornu peccatori (죄인에게 [승리의] 나팔을
넘겨주지 않았다.)'이다. 이렇게 원문과 상당히 다른 만주어 번역은 이 구절의 프랑스어 번역에서 온 것이
다. 해당하는 프랑스어는 'et ils ne permirent point au pécheur, *à l'impie Antiocus*, d'abuser impunément
de son pouvoir. (그들은 불경건한 죄인 안티오쿠스에게 에게 벌주지 않고 자기의 권력을 넘김을 허락하
지 않았다.)'이다.,

toktobuha hūwaliyasun doroi jalin ergen šelekini · suweni mafari jalan jalan
정한   화해의   도를 위해 목숨을 바쳐라.   너희 조상들이 세대와 세대를
[和睦結約捨命! 記得你代代祖]

halame ai gungge ilibuha be ejeme gūniki · teni eldengge derengge · enteheme
바꾸어 어떤 공을 세웠는지 를 기억하고 생각하라. 그러면 빛나는 영광과   영원히
[更換立的甚麼功, 纔可得大榮,]

taksibure elgin gebu be bahaci ombi · abkai ejen Abraham be mangga baita de
살아남는 풍요의 이름 을 얻게 되리라. 하느님이   아브라함 을 어려운 일 로
[久遠的名聲 : 天主用難行的事試探亞巴拉哈母,]

cendefi · Abraham i akdun iletulebuhengge wakao · erei jalin abkai ejen i juleri
시험하여 아브라함 의 믿음이   나타난 것이 아니냐? 이로 인해   하느님   앞에서
[因爲他忠信, 故得了天主的寵愛 ;]

ele icangga ohobi [u] ·· Yosefe hafirabure erin de targacun be tuwaliyaha · uttu
더욱 마음에 들게 되었다.   요셉이 핍박당할   때 에   계명 을 지켰고   그리
[若瑟甫因難時嚴守誡,]

ofi Esido i ejen obuhabi [na] ·· meni mafa Finehes Deus i jurgangga jili i
하여 이집트 의 주인이 되었고,   우리 조상 비느하스는 주님 의 의로운 분노 의
[故做了厄日多國的主 ; 我們的祖費奈斯照陡斯義怒行,]

arbun i arbušafi · [32] dalaha wecen i da i tušan[33] ini boo de enteheme bisire be
기세로 움직여   으뜸 제사장 의 임무가 그의 가문 에 영원히 있을 것임 을
[得了永遠總祭職 ;]

donjiha[34] [ne] ·· Yesus abkai ejen i hese be akūmbume ofi · Israel i omosi i da
들었다.   여호수아는   하느님의   명령 을 극진히 하여서 이스라엘 자손들 의 지도자로
[若穌耶因爲盡天主的旨, 做了依斯拉耶耳後代的首 ;]

---

32 'Deus i jurgangga jili i arbun i arbušafi · (주님의 의로운 분노의 기세로 움직여)'에 해당하는 라틴어는 'zelando zelum Dei (주님에 대한 열망에 가득 차)'이다.

33 'dalaha wecen i da i tušan (으뜸 제사장의 임무)'에 해당하는 라틴어는 'sacerdotium(제관직, 사제직)'이다.

34 'dalaha wecen i da i tušan ini boo de enteheme bisire be donjiha (으뜸 제사장의 임무가 그의 가문에 영원히 있을 것임을 들었다.)'에 해당하는 라틴어는 'accepit testamentum sacerdotii aeterni (영원한 사제직의 약속을 받았다.)'이다.

ilibuha **[ni]** ·· Kalab Israel acin i juleri šusihiyere ursei gisun i waka babe
세워졌다.　　갈렙은 이스라엘 교회 앞에서 도발하는 무리의　말　의 잘못된 바를
[加肋伯因爲當依斯拉耶耳會的面說眞話,]

temgetuleme darirede ·³⁵ **/13a/** hethe be baha **[no]** ··
　증명하고　　짚어내어　　　가산 을 얻었다.
[証丂噯人們的錯, 得了產業 ;]

Taweit beyei mujilen i gosin jilan i turgunde · juse omosi de erin akū³⁶
다윗은 자기의　마음 의 자비로움 으로 인해　자식들과 자손들 에게 때 없이
　[達味因仁慈心 與子孫立了永遠的王位 ;],

tutara wang i soorin be alihabi **[nu]** ·· Iliyas enduringge fafun be eldembuki
머무를 왕 의 자리 를 받았다.　　엘리야는 거룩한　법 을 빛내고자
[厄里亞斯爲光榮陡斯的法度,]

seme · baturu mangga mujilen be jafarade · ³⁷abkai baru wesike **[ka]** ·· Ananiyas ·
하여 용감하고 굳센　마음 을 잡아서　하늘을 향해 올랐다.　　하나니야와
[剛毅勇果, 故得上天 ; 亞那尼亞斯,]

Azariyas · Misahel abkai ejen be akdame ofi · tuwa i dergi heni koro baharakū
이자리야와 미카엘은 하느님 을 믿으므로　불 위에서 조금도 상처를 받지 않았다.
[亞匝里亞斯, 米撒耳因篤信天主, 故在火不受微傷 ;]

[ga] ·· Daniyel beyei gulu nomhon i turgun de ·³⁸ arsalan i angga ci uksalabuha
　　다니엘이 자기의 순박함과 성실함 으로　인해　　사자 의　입 에서 벗어났다.
[達尼耶耳因純朴老實, 脫了獅口.]

---

35 'Israel acin i juleri šusihiyere ursei gisun i waka babe temgetuleme darirede · (이스라엘 교회 앞에서 도
발하는 무리의 말의 잘못된 바를 증명하고 짚어내어)'에 해당하는 라틴어는 'dum testificatur in ecclesia
(교회에서 증명하여, 교회에서 증언하는 동안)'이다.

36 'erin akū (때 없이)'에 해당하는 라틴어는 'in saecula (대대로, 영원히)'이다.

37 'enduringge fafun be eldembuki seme · baturu mangga mujilen be jafarade · (엘리야는 거룩한 법을 빛내
고자 하여 용감하고 굳센 마음을 잡아서)'에 해당하는 라틴어는 'dum zelat zelum legis (율법에 대한 열성
으로 가득 차 있는 동안)'이다.

38 'beyei gulu nomhon i turgun de (자기의 순박함과 성실함으로 인해)'에 해당하는 라틴어는 'in sua
simplicitate (그의 결백함에서)'이다.

[ha] ·· suwe nenehe jalan be amcame gūnikini³⁹ · eiterecibe abkai ejen de akdara
너희는 이전의 시대 를 회상하여 생각하라.   대개   하느님 께 믿고
[你們一代一代想；凡有依靠陡斯的,]

nikerengge bici · jociburengge emke inu akū seme bahafi sara · weilengge
의지하는 자 있다면 피해 받는 이는 하나 도 없다 고 능히 알리라. 죄 있는
[無一被人阿困. 勿怕罪人的話,]

niyalma i [ko] gisun de ume gelere ·   terei eldengge derengge uthai hukun ·
사람들 의   말 에 (말라) 두려워 말아라. 그의 빛나는 영광은   곧 먼지요
[因他的光榮如大糞蛆虫一樣,]

yeye inu⁴⁰ · enenggi mukdembi · cimari terei songko akū · da boihon de bederefi ·
구데기 이다. 오늘   흥하고   내일 그 자취는 없어 본래의 흙 으로 돌아가
[今日興旺, 明日無蹤跡, 因歸了本土,]

terei gūnigan gemu samsihabi ·· mini juse oci · suwe mangga mujilen be jafa ·
그의 생각이 모두 흩어지리라. 나의 자식들 은 너희가 굳센   마음 을 잡아
[他的想頭都散了. 論你們, 吾子! 堅定心志,]

Deus i fafun i turgun /13b/ hoo hio seme yabu⁴¹ · ere emu baita suweni gebu be
하느님 의 율법 을 위해   당당하게 행하라.   이 하나의 일이 너희의 이름 을
[爲陡斯的命令奮勇行, 惟獨此能光榮你們].

algimbure dabala⁴² · suweni deo⁴³ Simon ubade bi · mini sarangge · i hebei niyalma
떨치게 할 것이다.   너희의 아우 시므온이 여기에 있다. 내가 알기로 그는 지혜의 사람
[你們的兄西孟在這裡, 我知他是有謀畧的人]

---

39 'nenehe jalan be amcame gūnikini (이전의 시대를 회상하여 생각하라)'에 해당하는 라틴어는 'ita cogitate per generationem et generationem (부디 세대와 세대를 통해 생각해 보라)'이다.

40 'terei eldengge derengge uthai hukun · yeye inu (그의 빛나는 영광은 곧 먼지요 구데기이다.)'에 해당하는 라틴어는 'quia gloria eius stercus et vermis est (그의 영광은 똥이고 벌레이다.)'이다.

41 'Deus i fafun i turgun hoo hio seme yabu (하느님의 율법을 위해 당당하게 행하라)'에 해당하는 라틴어는 'viriliter agite in lege (율법 안에서 남자답게 행하라)'이다.

42 'ere emu baita suweni gebu be algimbure dabala (이 하나의 일이 너희의 이름을 떨치게 할 것이다.)'에 해당하는 라틴어는 'quia in ipsa gloriosi eritis (그것에 의해 너희가 영광스럽게 될 것이기 때문이다.)'이다.

43 'deo(동생)'에 해당하는 라틴어는 'frater(형제, 형, 동생)'이다.

ojorongge · daruhai ini gisun be donji · imbe ama i adali kundulekini · Yudas
인 것이다.　항상　그의　말　을　듣고　그를　아버지　처럼　공경하라.　유다
[你們常聽他的話, 該恭敬他如父.]

[go] Makabeo serengge asihan se ci hūsun etuhun ningge · suweni coohai
　　마카베오　는　　젊은 나이 부터　힘이　강한　자이니　너희　군대의
[如達斯瑪加自阿從少年力强胆壯, 做你們兵的將軍,]

jiyanggiyūn okini · i geren irgen i jalin afakini[44] · fafun be dahara niyalma be
장군으로　삼아라. 그가 많은 백성 을 위해 싸우리라.　법 을 따르는 사람들 을
[他爲衆民退敵. 請了守法度的人來,]

solinju · suweni uksura i bata kimungge de karula · encu demun i urse adarame
뽑아　너희　민족 의　원수　를 갚아라.　이단 의 무리가 어떻게
[一共替民報仇. 異端支派怎麼待你們,]

muse be jobobuha · suwe fafun i ici yabume · abkai ejen be eldembure gūnin i
우리 를 괴롭혔는가? 너희가 율법 에 따라 행하여　하느님 을 영광스럽게 할 뜻 으로
[你們照樣待他們；要緊的是不離開法度規誡. 」]

cembe inu jobobu · gisun wajinggala[45] cende hūturi baihanjifi[46] · elhei dubeme[47] ·
그들을 또한 괴롭혀라." 말을 끝내기 전에 저들에게 복을 얻게 하고　편안히 끝나
[話完, 與他們降福, 安然命終,]

da mafari de acabuha[48] [ho] ·· emu tanggū dehi ningguci aniya de akū oho · terei
자기 조상들 을 만났다.　1　백　4십　6　년 에 죽으니[49] 그의
[合了他的祖宗, 謝世的年是格肋詩亞國的一百四十六年.]

juse imbe Modin hoton i hanci ini mafari i eifu de umbuha · Israel i omosi
아들들이 그를 모데인 성　가까이 그의 조상들 의 무덤 에　묻었다. 이스라엘 자손들
[他子埋他在莫頂城他祖的墳內,]

---

44 'i geren irgen i jalin afakini (그가 많은 백성을 위해 싸우리라)'에 해당하는 라틴어는 'ipse aget bellum populi (바로 그가 백성들의 전쟁을 수행할 것이다)'이다.

45 'gisun wajinggala (말을 끝내기 전에)'에 해당하는 라틴어는 없다.

46 'cende hūturi baihanjifi (저들에게 복을 얻게 하고)'에 해당하는 라틴어는 'et benedixit eos (그리고 그들을 축복했다.)'이다.

47 'elhei dubeme (편안히 끝나)'에 해당하는 라틴어는 없다.

48 'da mafari de acabuha (자기 조상들을 만났다.)'에 해당하는 라틴어는 'adpositus est ad patres suos (그의 조상들에게 붙었다)'이다.

49 이 연대는 기원전 166년 봄이라 한다. 정태현 (1999: 36) 참조.

gemu ambarame gasahabi[50] ·· **/14a/**
모두   크게   슬퍼하였다.
[依斯拉耶耳衆後代大哭.]

○ SURE GISUN ○
풀이 말

[a] yala wang Antiyoko i cooha i dolo Kaldeya · Assiriya · Barsiya · Mediya ·
사실 왕 안티오쿠스의 군대 안에 칼데아, 아시리아, 페르시아, 메대,

Emmon · Mohob · Filistim jergi ba i niyalma bihe · ce gemu balai cihani Israel i
암몬, 모압, 필리스테 등등 땅 의 사람들이 있었는데, 저들은 모두 함부로 마음껏 이스라엘

omosi i ulin jaka be tabcilame gamambihe ··
자손들 의 재물 을 노략질하여 가져갔다.

[e] Zamri jing miosihon enduri de wecefi · encu demun i emu sargan jui de
지므리가 마침 사악한 신 에게 제사지내고 이단 의 한 여자 아이 에게

laturede · Finehes abkai ejen be šar seme gosime · enteke amba ujen weile be
간음하자, 비느하스가 하느님 을 극진히 사랑하고 이렇게 크고 무거운 죄 를

ubiyame · juwe weilengge niyalma i maikan de dosime · cembe lohoi tokofi waha ·
미워하여 두 죄지은 사람 의 장막 으로 들어가 저들을 칼로 베어 죽였다.

ini ere gungge be abkai ejen saišaha bime · geli šang isibuha bi ·· ton i nomon[51]
그의 이 공 을 하느님께서 칭찬하셨고, 또한 상을 주셨던 것이다. 수 의 경전

orin sunjaci fiyelen de ere baita bi ··
스물 다섯째 장 에 이 일이 있다.

[i] ubade gisurehe abkai na · uthai abkai na i ejen Deus inu ·   abkai na dade
여기에서 말한 하늘과 땅은 곧 하늘과 땅 의 주인이신 하느님 이다. 하늘과 땅이 원래

bucehe jaka ofi · adarame sabume · donjime · siden ome mutembini ··
죽은 물건 이니 어떻게 보고 듣고 증인이 될 수 있겠는가?

---

51 ‘ton i nomon (수의 경전)’은 구약성경의 민수기(民數記, Liber Numeri)를 말한다.

[o] abkai ejen i enduringge tacihiyan be karmara turgun · encu demun i ursei
　　하느님 의 거룩하신　　가르침 을 지키기 위해　　　　이단 의 무리

baru ergen waliyatala　afaki　sere　tondo　akdun niyalma · ere uthai Assideo
에게 목숨 잃을 때까지 싸우고자 하는 충성스런 믿음의 사람,　이를 곧 하시딤

sembihe ·　beye beyebe abkai ejen de alibuha gesengge inu ·· /14b/
이라 하였다. 자기 자신을　　하느님 께　바친 것 과 같은 자 이다.

[u] abkai ejen Abraham i　tondo　akdun erdemu be cendeki seme ·　ini baru
　　하느님께서 아브라함 의 충성스런 믿음의 덕　을 시험하고자 하시어 그를 향해

hendume · sini buyecuke jui be minde wece sehe · Abraham hese de acabume ·
말하시기를, "너의 사랑스런 아들 을 나에게 제사지내라." 하셨다. 아브라함이 명령 에 따라

beyei jui be waki serede · abkai ejen emu enduri be takūrafi ilinjaha ·　ton akū
자기 아들 을 죽이려 할 때 하느님께서 한　천사 를 시켜 멈추게 하시고, 수없는

juse omosi i ama ojoro be angga aljahabi ·· banjibun i　nomun⁵² i orin juweci
　자손들 의 아버지가 됨 을　허락하셨다.　창세(創世) 의 경전　스물 둘째

fiyelen de giyangnara gisun bi ··
　장 에　강론하는　말이 있다.

[na] boigoji hehe Yosefe be yarkiyame dufe de irubuki serede · i hūdun jailafi ·
　　주인 여자가 요셉 을 유인하여 음란 에 빠뜨리려고 할 때 그는 서둘러 피하여

naranggi gelhun akū abkai ejen i jakade weile neirakū · Deus i targacun
마침내　감히　　하느님　앞에서　죄 짓지 않고 주님 의　계명을

tuwakiyaha ofi · abkai ejen inde Esido gurun be kadalara amba toose be
지켰으 므로　　하느님은 그에게 이집트 나라 를 관할하는 큰　권력 을

salgabuha ·· ere baita banjibun nomun i dehi emuci fiyelen de tuwaci ombi ··⁵³
부여하셨다. 이 일은　　창세기　의 마흔 첫째 장 에서 보면 된다.

---

52 'banjibun i nomun (창세의 경전)'은 구약성경 창세기(Liber Genesis)를 번역한 말이다.
53 주인 여자가 요셉을 유혹하는 일은 창세기 39장에 나오고, 요셉이 감옥에 갇혔다가 파라오의 꿈을 해석하
　　여 파라오의 눈에 들게 되는 이야기가 41장에 나온다.

[ne] ereni tuwame ohode Matatiyas Finehes i mukūn ci tucike bime · geli
　　이로써　 보게　 되면　 마따디아가 비느하스 의　 일족 에서　 나왔던·것이며, 또한

dalaha wecen i da i tušan iningge kai ··⁵⁴ yala Antiyoko Oniyas be aifini waha
　으뜸　제사장 의　 임무가　 그의 것 이다.　실은 안티오쿠스가 오니아스 를 이미 죽였던 것

bihe · terei deo Yason wesihun tušan be durifi · abkai ejen i tacihiyan be
이고, 그의 아우 야손이 고귀한　 임무 를 빼앗아　하느님 의　가르침 을

jurcerede · ini cisui tušan ci nakabuha ··⁵⁵
거스르자　그 자기의 직책 에서　쫓겨났다.

[ni] Yesus uthai Yosuwe inu · i Kanan de hergime yabure · /15a/ babe
　　예수는 곧　여호수아 이다. 그가 가나안 에서　돌아　다니며　　　지방을

cincilame tuwara · jai Amalek uksura be dailara jergi hese be alifi · hūsun i
　자세히　 보고　또 아말렉　종족 을 정벌하라는 등의 명령 을 받고　힘 의

ebsihe kiceme faššame ofi · Moises dubehe amala geren irgen be salifi
끝까지 부지런히 노력하 여서, 모세가　죽은　후　많은　백성 을 주관하여

kadalaha ··
다스렸다.

[no] Kaleb i emgi Ganan ba i arbun · niyalma i banin be cincilame tuwanaha
　　갈렙 과 함께 가나안 지방 의 형세와 사람들 의　성향 을　자세히　관찰한

urse amasi marifi · hoton umesi beki · niyalma i beye jaci den · banin furu
무리가 뒤로 돌아와, 성이　매우 견고하고 사람들 의 몸이 몹시 크고 성향이 난폭하고

doksin seme anggai jalu gisurerede · Kaleb Israel i omosi fekun waliyabure
거칠다 고　입으로 전부　말하자,　갈렙은 이스라엘 후손들이　놀라　포기할까

ayoo · hokisai gisun be ashūme · geren irgen be nacihiyame torombuha · erei
하여 패거리의 말 을 물리치고 많은　백성 을　위로하며　진정시켰다.　이로

---

54 비느하스가 살루의 아들 지므리를 죽인 일은 구약성경 민수기 25장에 나온다. 비느하스는 모세 시대에 사
제였는데, 유다인 지므리가 하느님의 명을 거역하고 이민족인 미디안 여인을 데려온 것을 보고 그 여인과
지므리를 죽여 버렸다. 마따디아의 행동이 비느하스의 행동과 같았기에 푸와로 신부는 마따디아를 비느
하스의 후손으로 추정한 것이다.

55 이 오니아스와 야손의 이야기는 마카베오기 하권 3장과 4장에 나온다.

turgun · bahaci acara hethe i ubu ci tulgiyen · jai emu ubu be Keberon bade
인해 얻어야 할 가산의 몫의 외에 또 한 부분을 헤브론 지방에서

baha ·· ton i nomun i juwan duici fiyelen de baita narhūšame arahabi ··
얻었다. 수의 경전 의 열 넷째 장 에 일이 자세히 기록되었다.[56]

[nu] Taweit jai Saūl · jergi bata be wame mutecibe · heni koro arara ba akū
　　다윗이 또 사울 등의 원수를 죽일 수 있으나 조금도 해를 끼친 바가 없이

sere anggala · hono gosime cende baili isibuha · abkai ejen ini ere jilangga
할 뿐 아니라 오히려 사랑하여 저들에게 은혜를 주었다. 하느님께서는 그의 이 자비로운

mujilen de karulame wang i soorin be duin tanggū aniya otolo ini boo de bibuhe ·
마음 에 보답하여 왕 의 자리 를 4 백 년이 되도록 그의 가문 에 두셨다.

goidatala biburakū turgun · Taweit i omosi abkai ejen be cashūlafi /15b/
더 오래 머물지 못한 이유는 다윗 의 자손들이 하느님 을 배반하여

mioshūn enduri sabe kundulehe turgun inu···yala abkai ejen doigomšome cembe
사악한 신 들을 공경했기 때문 이다. 사실 하느님께서 미리 그들을

tafulahai uttu gisurehe bihe ··
말려 이렇게 말씀하신 것이었다.

[ka] Bahal nantuhūn ūren i wecen da sa Israel gurun i irgese be hūlimbufi ·
　　바알 더러운 우상의 제사장 들은 이스라엘 나라 의 백성들 을 선동하고,

Eliyas abkai ejen i gebu be eldembure jalin ere buya wecen da sai feniyen be
엘리야는 하느님 의 이름 을 빛내기 위해 이 미천한 제사장 들의 무리 를

jafaha yooni gisabuha · uttu ofi tuwai sejen de abkai baru wesike · gurun wang
잡아 모두 죽였다. 그러 고는 불의 수레 로 하늘을 향해 올라갔다. 나라 왕

sai nomun bithei ilaci debtelin i juwan jakūci fiyelen de · jai duici debtelin i
들의 경전 책의 셋째 권 열 여덟째 장 에, 또 넷째 권

---

56 이 사실은 민수기 14장 24절에 기록되어 있고, 헤브론을 차지한다는 이야기는 여호수아기 14장 13절에
　　기록되어 있다.

juweci fiyelen de baita · sure gisun gemu bi ··[57]
둘째   장   에 사실과 풀이 말이 모두 있다.

[ga] ere ilan mergen asihata wang Nabukodonosor i weileme araha arbun be
이 세 현명한 젊은이들은 왕   느부갓네살 이 지어   만든 우상 을

kunduleki serakū ofi · deijihe namuru[58] de maktabuha · ce abkai ejen i yongkiyaha
공경하고자 하지 않으 므로 불타는 화덕   에 던져졌다. 저들이 하느님 의   완전한

muten de akdame · tuwa i dolo elhe nugan[59] i ucun uculembime · emu funiyehe
능력 을 믿고   불 속에서 편하고 조용히 노래를   부르며   한   터럭

sehe seme inu fucihiyalara ba akū · jidere undengge be sara[60] Daniyel i nomun
조차   도   그슬린   바 없다. 오지 않은것 을 아는   다니엘 경전

bithei ilaci fiyelen de ere baita ejehebi ··
책 셋째 장 에 이 일이 기록되었다.

[ha] Mediya gurun i wang Dariyo gubci ba irgese de fafulame · gūsin inenggi i
메대   나라의   왕 다리우스가 전 지방 백성들 에게 금지하기를, "30   일

sidende gūwa enduri be /16a/ ume kundulere · ume jalbarime baire · damu mini
안에   다른 신 을 (말라) 경배하지 말며, (말라) 기도하여 구하지 말라. 오직 내

beye be kundule · minde jalbarime baisu · jurcerengge bici · arsalan de jembukini
몸 을 경배하고 나에게 기도하여 구하라.   어기는 자가 있다면 사자 에게 먹히리라."

---

57 'gurun wang sai nomun bithe (나라 왕들의 경전 책)'은 불가타 라틴어 구약성경의 열왕기(列王記, Liber Regum)를 말한다. 그러나 푸와로 신부의 만주어 구약성경의 이 책 제목은 'wang sai nomun (왕들의 경전)'이라고 되어 있다. 또 이 라틴어 구약성경의 열왕기는 전부 4권으로 되어 있으나, 《공동번역 성경》은 이 '열왕기 1, 2, 3, 4권'을 '사무엘 상, 사무엘 하, 열왕기 상, 열왕기 하'로 이름붙이고 있는데, 그것은 히브리어 구약성경의 마소라 판본(Massoretic text)에 의한 분류를 따랐기 때문이다. 따라서 이곳의 'gurun wang sai nomun bithe (나라 왕들의 경전 책)'의 3권은 《공동번역 성경》의 '열왕기 상권', 'gurun wang sai nomun bithe (나라 왕들의 경전 책)'의 4권은 《공동번역 성경》의 '열왕기 하권'이 된다.

58 'namuru(화덕)'은 과거의 만주어 문헌에서 찾아보기 힘든 낱말인데, 이 푸와로 신부의 만주어 성경에는 몇 번 보인다. 김동소 (2011; 145 각주 17, 또 같은 책 258, 259, 266) 참조. 우리말의 '아궁이, 화덕'의 의미인 듯하다.

59 'nugan(조용한)'은 전통 만주어 문헌에는 주로 'nuhan'으로 표기되었다.

60 'jidere undengge be sara (오지 않은 것을 아는)'은 '예언자(선지자)'를 뜻한다.

serede Dariyel an i songkoi ineggidari ilan mudan abkai ejen de jalbarime baire
했는데 다니엘이 평소 대로 날마다 세 번 하느님 께 기도하며 구하는

kicen be umai nakahakū ·· silhingga ambasa imbe habšafi · wang be ergelefi ·
일 을 전혀 멈추지 않았다. 시기하는 대신들이 그를 고소하고 왕 을 압박하여

Daniyel arsalan i kūwara de maktabuha · damu abkai ejen i cohotoi kesi de
다니엘이 사자 의 우리 에 던져졌다. 그러나 하느님 의 특별하신 은혜로

arsalan imbe nungnerakū · habšaha ursei yali giranggi be buliyame jeke ··
사자가 그를 해치지 않았고, 고소한 무리의 살과 뼈 를 삼켜 먹었다. [61]

[ko] ere weilengge niyalma · uthai Antiyoko inu ··
이 죄지은 사람이 곧 안티오쿠스 이다.

[go] dade Makabeo sere tukiyecun Yudas de neneme akū · amala niru de
원래 마카베오 라는 이름은 유다 에서 이전에 없었다. 후에 화살 에

araha gisun i ujui hergen ci baha ··
쓰인 말 의 머릿 글 에서 얻었다.

[ho] ini sure fayangga · da mafari i sure fayangga de acabuha ·· eici ini mafari i
그의 영혼이 자기 조상들 의 영혼 을 만났다. 혹은 그의 조상들 의

eifu de dosimbuha ··
무덤 에 들여졌다.

---

61 이 이야기는 구약성경 다니엘서 제6장에 나온다.

○ ꡯꡯꡭꡭꡪꡪ ꡤꡤꡭꡭꡮꡮꡡꡡꡭꡭꡩꡩ ○
제3   장

Yudas colo Makabeo terei jui   terebe siraha[1] · beyei   ahūta deote ·
유다는 별칭이 마카베오이며, 저이의 아들로서 저이를 계승하였다. 자신의 형들과 아우들,
[那時, 如達斯稱呼瑪加白阿, 替父總管義兵. 他的弟兄]

jai ini /16b/ ama be dahalaha niyalma · gemu inde aisilame amba urgun i
또 그의   아버지 를 따르는 사람들이 모두 그를 도와   큰 기쁨 으로
[兼隨瑪大弟亞斯的人相幫他, 心樂]

Israel i   geren omosi i jalin afambihe · i da uksura i eldengge derengge be
이스라엘 의 모든 자손들 을 위해 싸웠다. 그는 자기 일족 의 빛나는   영광 을
[爲保護依斯拉耶耳會打仗. 加本民的光榮就是如達斯,]

badarambuha · den beye haha i adali[2] uksin uksilehe · dain i bade coohai agūra be
확대하였다.   키 큰 몸의 남자 처럼 갑옷을 입고,   전쟁 터에서   무기   를
[如高身男一樣, 穿了甲, 手拿兵器,]

emgeri[3] baitalarade·loho de coohai baksan meyen[4] be karmambihe·yabuhala baita
일단   사용할 때는 칼 로 군대의 대오(隊伍) 를 보호하였다. 행하는   일
[腰刀, 護兵的隊伍.]

de arsalan i durun · ulha be amcame hamika arsalan i deberen i gesengge inu ··[5]
에는 사자 의 모습이고, 짐승 을 추격하여 다다른 사자 의 새끼 와 같은 것 이다.
[他所行的事如大獅貌, 也像獅犢見別類畜怒吼,]

---

1 여기 두 번 나오는 'tere(저이)'는 유다 마카베오의 아버지인 마따디아를 지칭한다.

2 'den beye haha i adali (키 큰 몸의 남자처럼)'에 해당하는 라틴어는 'sicut gigas (거인처럼)'이다.

3 'emgeri(일단, 한번)'에 해당하는 말은 라틴어 성경에는 없다.

4 'coohai baksan meyen (군대의 대오)'에 해당하는 라틴어는 'castra(진영, 병영)'이다.

5 'ulha be amcame hamika arsalan i deberen i gesengge inu (짐승을 추격하여 다다른 사자의 새끼와 같은 것
이다.)'에 해당하는 라틴어는 'sicut catulus leonis rugiens in venatione (사냥에서 포효하는 사자의 새끼와
같다.)'이다.

aburi ehe duwali be dacilame suweleme fargaha[6] · Israel i acin be facuhūrara
흥악한 동족 을 조사하고 뒤져내어 추격했고, 이스라엘 의 교회 를 혼란시키는
[要捕, 遍處尋殘害本民的惡黨,]

urse be[7] tuwa de deijihe · bata inde gelei ukaka · balai cihai arbušarangge absi
자들 을 불 에 태웠다. 원수가 그를 두려워 해 도망했고, 함부로 마음대로 행한 자가 얼마나
[也逐趕, 還火燒他; 仇都怕, 逃走了, 犯罪的人都嚇一跳,]

gūwacihiyalaha · ini gala geren irgen be aitubuha · ini ere wesihun gungge de
놀랐던가? 그의 손이 많은 백성 을 구하였고, 그의 이 높은 공덕 에
[他手救了衆民. 他這奇功傷多國王的心,]

tutala gurun i wang sa fancaha · Yakob i boo oci · urgunjeme · sebjelembihe · meni
허다한 나라 의 왕 들이 원망했다. 야곱 의 가문 은 기뻐하며 즐거워했으며, 우리
[單樂亞各伯的家,]

bade tumen jalan i niyalma ini gebu be ejefi saišarakūngge akū ·· Yudas ba i
땅에서 일만 세대 의 사람들이 그의 이름 을 기억하고 자랑하지 않는 자 없다. 유다 땅의
[依斯拉耶耳萬世的人記念他的名, 也讚美.]

hacingga hoton de dosifi · fudasi hala be bašame tucibuhe · Deus i /17a/
여러 성 에 들어가 패악한 무리 를 쫓아 내고 하느님 의
[他全走了如德亞諸城, 滅了悖逆人,]

jurgangga jili be Israel acin ci uksalabuha · ba na i goro jecen i ebsi[8] elgimbuha ·
의로우신 분노 를 이스라엘 교회 에서 풀어냈다. 온 땅의 먼 경계 이쪽에 전해져
[使依斯拉耶耳會得免陡斯的義怒. 他名傳到遠方,]

mangga jobolon de hafirabure urse be akdulafi isabuhabi ··
어려운 재앙 에 몰리는 사람들 을 보호하여 모이게 했다.
[被凶災禍困阨幾乎要死的人, 他也聚了, 也保了.]

---

6 'aburi ehe duwali be dacilame suweleme fargaha (흥악한 동족을 조사하고 뒤져내어 추격했고)'에 해당하는 라틴어는 'persecutus est iniquos perscrutans eos (나쁜 자들을 샅샅이 찾아 그들을 뒤쫓았다)'이다.

7 'Israel i acin be facuhūrara urse (이스라엘의 교회를 혼란시키는 자들)'에 해당하는 라틴어는 'qui conturbabant populum suum (그의 백성을 혼란시킨 자들)'이다.

8 'ba na i goro jecen i ebsi (온 땅의 먼 경계 이쪽에)'에 해당하는 라틴어는 'ad novissimum terrae (땅의 끝으로)'이다.

Abolloniyo erebe donjihade · Israel i cooha i baru afakini sere gūnin · udu
아폴로니우스가 이를 듣고　이스라엘 군대 를 향해 공격하려 는 생각으로 몇몇
[亞玻落尼約聽見這事, 要同依斯拉耶耳兵戰, 調多地方人,]

ba i niyalma be elbihe · Samariya golo ci inu amba cooha be jurambuha ·· **[a]**
지방 의 사람들 을 불렀고 사마리아 지역 에서 또한 큰 군사 를 출발시켰다.
[又從撒瑪里亞會齊大兵起身.]

Yudas mejige bahafi · okdome genehe · imbe gidame waha · coohai dolo feye de
유다가 소식을 받고 맞으러 가 그를 물리쳐 죽이니, 군사 중 부상 으로
[如達斯剛知, 就去截他, 打仗; 仇多有受傷,]

bucahengge labdu · funcehengge gemu burlaha · Yudas tabcin i jaka be gamaha ·
죽은 자가 많으며 남은 자는 모두 도망했다. 유다가 노획물 을 가졌는데,
[別的都跑了. 如達斯揀遺失的物,]

kemuni Abolloniyo i loho be gaifi · ini emu jalan de erebe baitalame afambihe ··
언제나 아폴로니우스의 칼 을 지니고 그의 한 평생 에 이것을 사용하여 싸웠다.
[還取了亞玻落尼約的刀, 一生用這打仗.]

Yudas enduringge tacihiyan unenggi gūnin i dahara niyalma be uhei acame ·⁹
유다가 거룩한 가르침을 진실한 뜻 으로 따르는 사람들 을 함께 모아

amba cooha ilihabi sere baita be Siriya i coohai jiyanggiyūn Seron de alahangge
큰 군사를 일으켰다 는 일 을 시리아 군대의 장군인 세론 에게 알린 자가
[西里亞兵的大將塞隆聽見如達斯會齊誠心守陡斯法度的人,]

bihe · i dolo hendume · aika bi Yudas be dailaci · terei emgi bisire · wang i
있었다. 그가 속으로 말하기를, '만약 내가 유다 를 토벌하고 그와 함께 있으며 왕 의
[心內說 :「若能戰敗如達斯及]

hese be fusihūlara urse be eteci · urunakū /17b/ gebu elgimbure · gurun i dorgi
명령 을 무시하는 무리 를 쳐 이기면 반드시 이름이 떨쳐지고 나라 안에서
[同他輕慢我王旨的人, 我在國內一定有大名大榮.」]

---

9 'Yudas enduringge tacihiyan unenggi gūnin i dahara niyalma be uhei acame · (유다가 거룩한 가르침을 진실한 뜻으로 따르는 사람들을 함께 모아)'에 해당하는 라틴어는 'congregavit Iudas congregationem et ecclesiam fidelium secum (유다가 신실한 사람들의 회중과 단체를 스스로 모았다.)'이다. 이 만주어 구절 속의 'unenggi(진실한)'는 'u'의 오른쪽에 점이 빠져 'onenggi'처럼 보이는데, 만주어에는 이러한 낱말이 없으므로 실수로 점이 빠진 것이라 생각하여 교정한다.

eldengge derengge ojoro dabala · ede cooha · jaka be sain i belhehe · tacihiyan be
영광되고 명예롭게 될 것이다.' (했다.) 이에 군대와 물건을 잘 준비하였다. 가르침 을
[爲此, 預備兵, 軍糧,]

fudaraka ehe urse kimun i karu Israel i omosi de isibuki seme · ¹⁰ dara cooha ·
거역하는 나쁜 무리가 원수 갚음을 이스라엘 의 자손들 에게 주고자 하여 원군과
[背敎的諸惡人要報依斯拉耶耳後代的仇,]

baturu kiyangkiyan hahasi be gaifi · Seron be dahalame jihe · Betoron de hanci bifi
용감하고 강한 남자들 을 데리고 세론을 따라 와서 벳호론에 가까이 있으며
[帶多勇男跟隨相幫他. 近柏托隆扎了營,]

ing iliha ·· Yudas tucifi okdonoho · terei cooha komso kai · ce ishun bisire bata be
진을 세웠다. 유다가 나와 맞이하니 그의 군사가 적었다. 저들이 마주 있는 적 을
[如達斯迎戰, 他的兵少. 他們一見面前無數的仇,]

emgeri saburede · Yudas i baru hendume · meni ton ajige ningge · adarame ton akū ·
한번 보고 유다 를 향해 말하기를, "우리의 수가 적습니다. 어떻게 무수하고
[向如達斯說：「我們人少,]

umesi etuhun bata be afame mutembini · ereci tulgiyen enenggi šayoo šayolaha
매우 강한 적 을 공격할 수 있겠습니까? 이 밖에도 오늘 재계(齋戒)하였
[怎能戰勝這無數强仇呢? 另外, 今日因爲我們守齋,]

ofi · mende hūsun akū¹¹ sehe ·· Yudas jabume · labdu be komso i gala
으므로 우리에게 힘이 없습니다." 하였다. 유다가 답하기를, "다수 를 소수 의 손으로
[無力作戰.」如達斯答說：「若 天主護救, 使多人落在少人手裡容易,]

tuheburede ja · abkai Deus aitubuki seci · cooha labdu ocibe · komso ocibe
쓰러뜨리기 쉽다. 하늘의 주님께서 구해주려 하신다면 군사가 많 든 적 든
[天主台前不論多少,]

gemu hūwanggiyarakū · etere gungge coohai amba ton i haran de waka ·
모두 관계치 않는다. 이기는 공적은 군사의 많은 수 때문 에가 아니다.
[勝功不在兵多,]

---

10 'kimun i karu Israel i omosi de isibuki seme · (원수 갚음을 이스라엘의 자손들에게 주고자 하여)'에 해당
하는 라틴어는 'ut facerent vindictam in filios Israhel (이스라엘의 자손들에게 복수를 하고자 하여)'이다.

11 'šayoo šayolaha ofi · mende hūsun akū (재계하였으므로 힘이 없습니다)'에 해당하는 라틴어는 'nos
fatigati sumus ieiunio (우리는 단식으로 피곤하다)'이다.

gungge mutebure hūsun abkai ejen i salgaburangge inu · ce kangsanggi cokto
공적을 이룰 수 있는 힘은   하느님 께서 정하신 것   이다. 저들은 교만하고 건방진
[得勝是從天主降的. 他們多調傲扭人的隊來,]

ursei baksan be /18a/ fulukan i isafi · meni beye · meni sargata · meni juse be
무리의 대열 을   많이   모아, 우리 자신과 우리 아내들과 우리 아이들 을
[矜誇自己, 要殺我們, 我們的妻, 子, 女,]

suntere · meni ulin jaka be gamara gūnin jimbi · muse oci · musei ergen · musei
멸하고 우리의   재물 을   가져갈 생각으로 온다. 우리들 은 우리의 생명과 우리의
[還搶我們的財物. 論我們, 去戰他門, 爲保我們的性命,]

fafun kooli be karmara jalin afaki sembi · abkai ejen esi   tesebe meni yasai
       율법 을 보호하기 위해 싸우고자 한다. 하느님께서 당연히 그들을 우리   눈
[我們的法度, 天主一定在我們眼前擊壓他們,]

juleri yooni gidaci · suwe ume cende gelere · gisun gisureme wajihade · hasa
앞에서 모조리 격파하시리니, 너희는 (말라) 그들을 두려워 말라." 말 하기를 끝내자 서둘러
[故你們不必怕他們.」說完,]

nukcishūn i bata be afame · Seron · terei cooha · gemu Yudas i jakade ambula
   격렬히   적 을 공격하여 세론과 그의 군대는 모두 유다   앞에서   크게
[即衝突上戰仇, 塞隆就敗, 他的兵 被如達斯擊壓；]

gidabuhabi · Betoron i eneshun ba i ici necin usin de isinatala terebe fargahai ·
   패했다.   벳호론 의   비탈진 땅 을 따라 평평한 밭 에 이르도록 그를   추격하니
[〔如達斯〕順柏托隆的漫坡直到平川, 追趕仇敵,]

bata i dolo tuhebuhengge jakūn tanggū niyalma bihe · funcehengge burlame
  적 중 쓰러진 자가   8   백   명 이었고, 남은 자는   도망하여
[殺了他們的八百男子, 剩下的跑人斐里斯定地方交界.]

Filistim bade genehe ·· šurdeme bisirele uksura teni Yudas · terei ahūta deote de
불레셋 땅으로 갔다.   주위에 있는 민족은 그때 유다와 그의 형들과 아우들 에게
[周圍有的國都驚怕如達斯兼他的弟兄.]

gelehe golohobi · Yudas i gebu wang de isinaha · geren ba i niyalma ini afara
겁먹고 두려워했다. 유다 의 이름이 왕 에게 이르고 많은 땅의 사람들이 그가 싸운
[如達斯的名到王的耳朵, 普地齊說他的戰功.]

baita gungge be ferguweme gisurenumbihe ·· wang Antiyoko ere gisun be donjifi ·
일과 공적 을 찬양하며   이야기했다.   왕 안티오쿠스가 이 말 을 듣고
[王安弟約渴聽這話大怒,]

ushame jilidame · gurun i yaya golo de unggifi · geren **/18b/** cooha be uhe
노여워 화내며   나라 의 여러 지방에 사람을 보내 많은   군사 를 한데
[遣人在他通國內調兵,]

acabuha · niyalma hon labdu bime · etuhun horonggo inu ·[12] ulin i namun be neifi ·
모았는데, 사람들이 매우   많았으며   강하고 위력이 있었다. 재물   창고 를 열어
[爲成大勢强力的隊伍. 開庫,]

emu aniya i caliyan be cooha de buhe · fafulame suwe juramburede saikan belhekini[13]
일 년 의 봉급 을 군사들 에게 주고 명하기를, "너희는 출발할때 잘 준비하라."
[給兵一年的錢糧, 分付說 : 「你們好好預俗現成等着.」]

sehe ·· damu alame   namun de menggun lakcaha sehe · yala i Yudeya baci
하였다. 그러나 보고하기를 창고에   은이   떨어졌다 하니, 사실 그가 유다 지방에서
[但覺本庫的銀少, 從如德亞地方來的錢糧都斷了,]

abkai ejen tacihiyan · fe kooli be geterembure turgun · amba facuhūn dekdebuhe be
하느님의 가르침과 옛 법 을 없애려는 이유로 큰 반란이 일어남 에
[因他禁止天主教, 那地方都亂.]

dahame · ba i albabun šulehen da an i adali akū · ne gaihangge komso ·· wang
따라 지방의 공물과 세금이   평소 만큼 없어 현재 가진 것이 적었다.   왕이
[自己怕一二次後不能有穀用的銀爲給兵餉,]

ulin da i gisun be donjifi ·[14] ainci bi nenehe wang sa ci   fulu fayaha songkoi
재무장의 말 을 듣고   "아마 내가 이전의 왕 들 보다 많이 쓴   만큼,
[也多作厚賞──本從前好多賞人, 超過先有的諸王]

---

12 ʻniyalma hon labdu bime · etuhun horonggo inu ·ʼ (매우 많았으며 강하고 위력이 있었다.)ʼ에 해당하는 라
  틴어는 ʻcastra fortia valde (군대는 매우 강했다.)ʼ이다.

13 ʻsuwe juramburede saikan belhekini (너희는 출발할 때 잘 준비하라)ʼ에 해당하는 라틴어는 ʻut essent
  parati ad omnia (모든 일에 준비해 있어라)ʼ이다.

14 ʻulin da i gisun be donjifi · (재무장의 말을 듣고)ʼ에 해당하는 라틴어는 없다. 단순히 ʻvidit quod defecit
  pecunia de thesauris (그의 금고에서 돈이 다 떨어졌음을 알았다)ʼ라고 되어 있다.

ereci julesi yabume · šangnaha doroi jaka be emgeri juwenggeri šangname muterakū
이 후로 행하여, 상줄 예물 을 한 번이나 두 번 상줄 수 없을

dere[15] sefi · dolo fathašame manggašambihe · holkonde albabun šulehen gaire ·
것이다." 하며 속으로 초조해 하며 곤란해 했는데, 문득 공물과 세금을 거두고
[──心裡大作難,]

menggun be labdukan i iktambure gūnin · Bersiya bade geneme toktoho · amasi
은 을 많이 축적할 생각으로 페르시아 땅으로 가기로 결정했다. 되돌아
[想到柏耳西亞國妝地方的錢糧, 聚多銀爲辦國事.]

marirede isitala Ūfarade ula ci Esito i birai ebsi gurun i baita icihiyara · ini
올 때 까지 유프라테스 강에서 이집트 강 이쪽의 나라 의 일을 처리하고, 그의
[於是從歐法拉得江直到厄日多的河,]

jui Antiyoko ujire /**19a**/ tacibure toose be Lisiyas de afabuha · Lisiyas serengge
아들 안티오쿠스를 기르고 가르칠 권력 을 리시아 에게 맡겼다. 리시아 라는 자는
[命王族的貴臣里西亞斯權朝, 也囑他教養親子安弟約渴到他回轉；]

wesihun amban bime · wang i uksun inu · coohai emu dulin · tutala sufan be inde
높은 대신 이며 왕 의 일족 이다. 군대의 절반과 많은 코끼리 를 그에게
[給他一半兵, 多象,]

buhe · oyonggo baita be adarame gamaci acara · Yudeya · Yerusalem i niyalma i
주었다. 중요한 일 을 어떻게 처리하면 마땅할지, 유다와 예루살렘 사람들
[告訴該怎要辦的事, 要怎待如德亞, 日露撒冷的人]

baru adarame yabuci ojoro babe alaha · hendume · Israel i cooha · Yerusalem i
에게 어떻게 행하면 되는 지를 알려 말하기를, "이스라엘 군대와 예루살렘
[──就是多發兵, 爲擊壓依斯拉耶耳會的勇兵, 日露撒冷剩的民,]

irgese be mukiyere · tesei gebu songko be yooni baci geterembure jalin unggine ·
백성들 을 멸하고 그들의 이름과 자취 를 모든 땅에서 없애기 위해 보내라.
[在那地方滅盡他們的踪跡；]

---

15 "ainci bi nenehe wang sa ci fulu fayaha songkoi ereci julesi yabume · šangnaha doroi jaka be emgeri juwenggeri šangname muterakū dere (아마 내가 이전의 왕들보다 많이 쓴 만큼 이 후로 행하여, 상 줄 예물을 한 번이나 두 번 상 줄 수 없을 것이다.)"에 해당하는 라틴어는 "et timuit ne non haberet ut semel et bis, in sumptus et donativa, quae dederat ante larga manu : et abundaverat super reges, qui ante eum fuerant (그리고 그는 전에 통 크게 주었던 경비와 하사품을 이제 한두 번밖에 주지 못할까 걱정하였다. 그런데 그는 이전의 왕들보다 더 풍성히 썼던 것이다.)"이다.

tere ba i geren jecen de encu mukūn i urse be tebufi · ba na be sibiya tatahai
그 땅의 여러 경계 에 다른 민족의 사람들 을 살게 하고, 온 땅 을 제비 뽑아
[遷異端支派來住他們地方, 衆交界內抽籤分地給他們.]

dendeme cende bukini sefi ·· wang cooha i tere gūwa emu dulin be gaiha ·
나누어 그들에게 주라." 하였다. 왕은 군대 의 저 다른 절반 을 이끌고
[衆交界內抽籤分地給他們. 王親領一半兵,]

emu tanggū · dehi nadaci aniya[16] de Antiyokiya gemun hecen ci tucike · Ūfarade
일 백 사십 칠 년 에 안티오쿠스 도성 에서 나와 유프라테스
[格肋詩亞國的一百四十七年出了安弟約旣亞京都, 渡過歐法拉得,]

ula be doofi · ula i cargi babe akūname yabumbihe ·· [17]
강 을 건너 강 저쪽 땅으로 넘어 갔다.
[盡江那邊地方行.]

Lisiyas uthai Dorimino i jui Tolemeo · Nikanore · Goršiyas sebe sonjoho ·
리시아는 즉시 도리메네스의 아들 프톨레매오와 니가노르와 고르기아 들을 뽑았는데,
[里西亞斯選了多里米諾的子托肋謀, 尼加諾肋, 郭耳詩亞斯,]

ere ilan niyalma wang i doshon baha bime · geli toose salimbihe ·[18] ceni emgi
이 세 사람은 왕의 총애를 받고 있었으며 또한 권력을 장악했다. 저들과 함께
[這三人是王寵愛的, 也是有權的,]

duin tumen yafagan · /19b/ nadan minggan moringga cooha be unggihe · wang i hese be
4 만 보병과 7 천 기마 병 을 보내며 "왕의 명령을
[付四萬步兵, 七千馬兵給他們,]

aname · suwe Yudeya bade gene · terebe susubu[19] sehe ·· ilan jiyanggiyūn sa
따라 너희는 유다 지방에 가서 그곳을 쓸어버려라." 하였다. 세 장군 들이
[爲到如德亞地方, 照王旨毀壞他,]

---

16 이 'emu tanggū · dehi nadaci aniya (일백사십칠 년)'은 서기 기원전 165년 봄이다. 정태현 (1999: 39) 참조.

17 'Ūfarade ula be doofi · ula i cargi babe akūname yabumbihe ·· (유프라테스 강을 건너 강 저쪽 땅으로 넘어 갔다.)'에 해당하는 라틴어는 'transfretavit Eufraten flumen et perambulabat superiores regiones (유프라테스 강을 건너 위쪽 지역을 돌아다녔다.)'이다.

18 'ere ilan niyalma wang i doshon baha bime · geli toose salimbihe · (이 세 사람은 왕의 총애를 받고 있었으며 또한 권력을 장악했다.)'에 해당하는 라틴어는 'viros potentes ex amicis regis (왕의 친구들 중에서 권력 있는 사람들이었다.)'이다.

19 'susubu(쓸어버려라)'에 해당하는 라틴어는 'disperdere(없애버리다, 몽땅 태워버리다, 탕진하다)'이다.

meimeni cooha be gaifi jurame · Engmaus hoton de isinjifi · necin bade ing iliha ·
각각의 군대 를 끌고 떠나 엠마오 성 에 이르러 평평한 땅에 병영을 세웠다.
[他們各領本兵起身, 恩冒城平地扎子了營盤.]

adaki gurun i hūdašara urse tesei gebu · jidere turgun be donjihade ·[20] utala
이웃 나라의 장사하는 사람들이 그들의 이름과 오는 이유 를 듣고 많은
[異端國的買賣人聽這信,]

menggun aisin · takūrsi[21] be gaime · coohai kūwaran de dosime · Israel i omosi i
은과 금과 일꾼 을 가지고 군대의 병영 으로 들어가 이스라엘 자손들
[都多帶金銀, 奴僕進了兵營,]

dorgici aha nehu sebe udaki sembihe ··[22] Siriya · jergi ba i cooha kemuni wang
중에서 남종과 여종 들을 사려고 했다. 시리아 등 지의 군대도 또 왕
[要買依斯拉耶耳後代的男女爲奴婢; 西里亞等國的兵都合攏一處助陳.]

Antiyoko i cooha de acabuhabi ··[23] Yudas · ini ahūta deote gemu jobolon ele
안티오쿠스 의 군대 에 합류했다. 유다와 그의 형들과 동생들 모두 재앙이 더욱
[如達斯及他弟兄看勢大險,]

nemebuhe be tuwaha · bata i cooha ceni ba i jecen de hanci bime · wang i
더해지는 것을 보았다. 적 의 군대가 저들 지방의 경계 에 가까이 있으며, 왕 의
[仇兵近他們地方交界;]

hese · Israel i geren irgese be suntere · Yudeya babe susunggiyara hese seme ·
명령은, 이스라엘 의 많은 백성들 을 전멸하고 유다 지방을 짓밟으라는 명령 이라고
[又知王旨要滅依斯拉耶耳民, 壞如德亞地方,]

---

20 'adaki gurun i hūdašara urse tesei gebu · jidere turgun be donjihade · (이웃 나라의 장사하는 사람들이 그
들의 이름과 오는 이유를 듣고)'에 해당하는 라틴어는 'et audierunt mercatores regionum nomen eorum
(지방의 상인들이 그들의 이름을 듣고)'일 뿐이다. 즉 '오는 이유'라는 말이 라틴어에는 없다.

21 'takūrsi(일꾼)'에 해당하는 라틴어는 'puer(아이, 소년, 종, 노예)'이다.

22 'Israel i omosi i dorgici aha nehu sebe udaki sembihe ·· (이스라엘 자손들 중에서 남종과 여종들을 사려
고 했다.)'에 해당하는 라틴어는 'ut acciperent filios Israhel in servos (이스라엘의 아들들을 종으로 받아
들이기 위해)'이다.

23 "Siriya · jergi ba i cooha kemuni wang Antiyoko i cooha de acabuhabi ·· (시리아 등지의 군대도 또
왕 안티오쿠스의 군대에 합류했다.)'에 해당하는 라틴어는 "additi sunt ad eos exercitus Syriae et terrae
alienigenarum (시리아와 외국 땅의 군대가 그들에게 합류했다.)"이다. 라틴어 'ad eos (그들에게)'를
'wang Antiyoko i cooha de (왕 안티오쿠스의 군대에)'로 의역한 것이다.

getuken i sembime · uttu ohode emke emken de hendume · muse uksura absi
분명히 하였으며, 그리 하여 한 명 한 명 에게 말하기를, "우리 민족이 너무나
[故彼此說:「我們一齊去,]

gidabuha kai · be terebe mukdembukini · meni ahūta deote · meni enduringge
억눌림 당하는구나. 우리는 그것을 일으키자. 우리 형제들과 우리의 거룩한
[教我們支派興旺, 爲我們的弟兄,]

deyen · tacihiyan i turgun afakini[24] /20a/ sehei · bata be sujara · abkai ejen i jakade
전당과 가르침 을 위해 싸우자." 하며 적 을 맞서고 하느님 옆에서
[我們的聖堂打仗罷!」]

jalbarime jalan i kesi be baire jalin uhei acaha · ai ocibe gemu en jen ningge ··[25]
기도하고 세상 의 복 을 청하기 위해 함께 모였는데, 무엇 이든지 모두 준비된 것이었다.
[都會合, 爲戰就現成, 又爲祈求天主憐恤助佑.]

"Yerusalem de tere niyalma akū · gobi de adališambihe · da irgesei dorgici
"예루살렘 에 저 사람들이 없어 사막과 같아졌고, 본 백성들 중에서
[那時無人住日露撒冷城, 像似野外,]

dosire tucirengge inu akū · abkai ejen i tanggin ehe duwali de fusihūšabure
들어가고 나가는 자 또한 없다. 하느님 의 전당은 나쁜 무리 에게 경멸당할
[本民內一人也不見出入 ; 天主堂受異端支派的侮辱,]

canggi · encu demun i urse Siyon akdun hoton de bifi ·[26] ubade hacin hacin i
뿐이며, 이단 의 무리가 시온 견고한 성채 에 있고 이곳에는 가지 가지 의
[各方異端人在西雍堅固城住 ;]

---

24 "muse uksura absi gidabuha kai · be terebe mukdembukini · meni ahūta deote · meni enduringge deyen · tacihiyan i turgun afakini sehei · (우리 민족이 너무나 억눌림 당하는구나. 우리는 그것을 일으키자. 우리 형제들과 우리의 거룩한 전당과 가르침을 위해 싸우자.)"에 해당하는 라틴어는 "et dixerunt unusquisque ad proximum suum. Erigamus deiectionem populi nostri et pugnemus pro populo nostro et sanctis nostris (그들은 각각 자기 이웃에게 말하였다. 우리 민족의 내던져짐을 일으키고, 우리 민족과 우리의 성소[聖所]를 위해 싸우자.)"이다. 원문의 'Erigamus deiectionem populi nostri (우리 민족의 내던져짐을 일으키자.)'를 'muse uksura absi gidabuha kai · be terebe mukdembukini · (우리 민족이 너무나 억눌림 당하는구나. 우리는 그것을 일으키자.)'로 번역한 것이다.

25 'ai ocibe gemu en jen ningge ·· (무엇이든지 모두 준비된 것이다.)'에 해당하는 말은 라틴어 성경에는 없다.

26 'encu demun i urse Siyon akdun hoton de bifi · (이단의 무리가 시온 견고한 성채에 있고)'에 해당하는 라틴어는 'filii alienigenarum erant in arce (외국인의 아들들은 성채에 있었다.)'이다.

mukūn acanjiha bihe ·²⁷ Yakob booi urgun sebjen   tubaci bašame tucibuhebi ·
민족이   모여와 있다.   야곱 가문의 기쁨과 즐거움이 그곳에서   쫓겨   나왔으며,
[亞各伯家的喜樂都散了,]

ficakū yatuhan²⁸ i jilgan bahafi donjirakū ·"
통소와   아쟁   의 소리를   능히   듣지 못한다."
[吹簫, 彈琴的音都不聽見.]

Yudas jergi gucuse uhei acame Masfa de jihe ·²⁹ yala julgei fonde Israel i
 유다 등 친구들이 함께 모여 미스바 에 왔는데, 실은 이전 시대에 이스라엘 의
[跟如達斯的衆人共同會齊, 來到日露撒冷對面的瑪斯法,]

omosi i jalbarime baire ba · Masfa ombihe ·   tere inenggi ambarame šayolaha ·³⁰
자손들 이 기도하며 구하는 곳이 미스바 였던 것이다. 그   날   크게   단식하며
[此處先是祈禱的地方. 那日, 守大齋,]

gosihon etuku etuhe ·³¹ uju de fulenggi be sisaha ·   beyei etuku be tataraha ·
 고행의   옷을   입고   머리 에   재 를 뿌렸으며, 자기의   옷 을   찢었다.
[穿了苦衣, 頭上撒灰, 扯破自己的衣,]

fafun i nomun bithe be neihe · encu demun i urse   ere bithe i dolo tesei
율법 의   경전 책 을 열어   이단 의 무리가 이   책 안에서 그들의
[展開《法度經》, 那時異端人在這經內]

---

27 'ubade hacin hacin i mukūn acanjiha bihe · (이곳에는 가지가지의 민족이 모여와 있다.)'에 해당하는 라
틴어는 'ibi erat habitatio gentium (거기에는 이민족의 거처가 있었다.)'이다.

28 'ficakū yatuhan (통소와 아쟁)'에 해당하는 라틴어는 'tibia et cithara (피리와 거문고)'이다.

29 'Yudas jergi gucuse uhei acame Masfa de jihe · (유다 등 친구들이 함께 만나 미스바에 왔다.)' 에 해당하
는 라틴어는 'et congregati sunt et venerunt in Masefat contra Hierusalem (그들은 모여서 예루살렘 맞
은편의 미스바로 왔다.)'이다. 즉, 만주어의 '유다 등 친구들'이란 말은 설명을 위해 덧붙인 것이고, 'contra
Hierusalem (예루살렘 맞은편의)'란 말이 만주어 번역에는 빠져 있다.

30 'ambarame šayolaha · (크게 단식하다)'에 해당하는 라틴어는 'ieiuno(단식하다, 금식하다)'일 뿐인데, 이
를 'ambarame šayolaha (크게 단식하다)'로 번역한 이유는 중국어 '大齋'의 영향인 듯하다. 즉 밥을 굶는
재계(齋戒)를 중국어로 '大齋'라 하였고, 금육(禁肉)하는 재계는 '小齋'라 하였던 것이다.

31 'gosihon etuku etuhe · (고행의 옷을 입다)'에 해당하는 라틴어는 'induerunt se ciliciis (고복[苦服]을 입
었다, 고행용 털옷을 입었다)'이다. 라틴어 'ciliciis(단수는 'cilicium')'는 고대 로마 시대 유럽의 소아시아
지역인 Cilicia에서 생산되는 염소털옷을 말하는데, 매우 거친 것이었기 때문에 속죄(贖罪)를 위해 고행
(苦行)할 때 입었다고 한다.

miosihūn enduri /20b/ sai emu muru be baicahai bahaki sembihe [a] ·[32] amala
사악한   신   들의 어떤 모양 을   찾으며   얻고자 하였다.   뒤에
[要查出有他們邪神的模樣.]

wecen i da sai etuku · nenden jaka[33] · yaya hacin i juwan ubui dorgici emu ubu[34] be
　제사장 들의 옷과   첫 물건과 여러 품목의 열 몫 중에서   한 몫 을
[依斯拉耶耳會的人拿來祭首的衣, 新物, 牲口, 糧食十分之一,]

benjime alibuha · inenggi be jaluka Nazareo saisa[35] be solime gajiha · abkai baru
보내어   바쳤다.   날 을 채운   나지르 현자들 을 모셔 데려와 하늘을 향해
[有滿日期的那匝肋阿人都請來, 望天高聲呼號：]

den jilgan i hūlame hendume · cembe icihiyarangge adarame[36] [i] · aibide beneci
큰 소리 로 외쳐   말하기를, "저들을 처리하는 것을 어떻게 할까요? 어디로 보내면
["怎辦他們? 那裡送他們呢?]

ombini · abkai ejen · sini enduringge deyen bocihe arbun i nantuhūrabuha · sini
됩니까? 하느님,   당신의 거룩하신   전당이 추한 모습 으로 더럽혀졌습니다. 당신의
[異端族又臟又侮辱了你的堂；]

wecen i da sai eldengge derengge gaibuha ofi · ce songgoro dade geli songgocombi·[37]
　제사장 들의   훌륭한   영광이 빼앗겼으 므로 그들은 우는 곳에서 다시 함께 웁니다.
[你的祭首如今單哭, 失了他們的體面.]

---

32 "fafun i nomun bithe be neihe · encu demun i urse ere bithe i dolo tesei miosihūn enduri sai emu muru be baicahai bahaki sembihe · (율법의 경전 책을 열어 이단의 무리가 이 책 안에서 그들의 사악한 신들의 어떤 모양을 찾으며 얻고자 하였다.)"에 해당하는 라틴어는 "et expanderunt librum legis, de quibus scrutabantur gentes similitudinem simulacrorum suorum (율법서를 펼쳤는데, 거기서 이교도들은 자기들의 우상들과 비슷한 것을 찾곤 하였다.)"이다. 이것은 율법서를 펼쳐서 눈에 띄는 한 구절을 하느님의 명령의 말로 이해하는 일종의 점술이다. 정태현 (1999: 41) 참조.

33 'nenden jaka (첫 물건)'에 해당하는 라틴어는 'primitiae(만물, 첫 열매, 최초의 수확물)'이다.

34 'yaya hacin i juwan ubui dorgici emu ubu (여러 품목의 열 몫 중에서 한 몫)'에 해당하는 라틴어는 'decima(10분의 1, 십일조)'이다.

35 'inenggi be jaluka Nazareo saisa (날을 채운 나지르 현자들)'에 해당하는 라틴어는 'nazaraeos qui impleverant dies (날들을 채운 나지르 인들을)'이다. 이들은 '하느님께 서원한 날들을 다 채워 완료함으로써 거룩한 몸이 된 사람들'이란 뜻이다.

36 'cembe icihiyarangge adarame (그들을 처리하는 것을 어떻게 할까요?)'에 해당하는 라틴어는 'quid faciemus istis (우리가 이것으로 무엇을 할까요?)'이다.

37 'sini enduringge deyen bocihe arbun i nantuhūrabuha · sini wecen i da sai eldengge derengge gaibuha ofi · ce songgoro dade geli songgocombi · (당신의 거룩하신 전당이 추한 모습으로 더럽혀졌습니다. 당

suwaliyata uksura³⁸ muse geren be mukiyere jalin · asandufi meni baru afaki
뒤섞인 민족들이 우리 여럿 을 멸하기 위해 모여 우리를 향해 공격하려
[雜支派爲滅我們, 衆人齊會合, 要戰我們 ;]

sembi · si meni bata i gūnin be sara dabala · Deus · aika si mende aisilarakū
합니다. 당신은 우리 원수 의 생각 을 아실 겁니다. 주님, 만약 당신이 우리를 돕지 않으시
[你知我們仇的惡心. 若陡斯不助我們,]

oci · adarame cembe sujaci ombini sefi · amba asuki de buren burdehebi · baita
면 어떻게 그들을 버텨야 합니까?" 하며 큰 소리로 나팔을 불었다. 일이
[我們怎能抵退他們呢? 大吹號.]

wajiha manggi³⁹ Yudas coohai jiyanggiyūn sa be toktobuha · sirame ememu minggan ·
끝난 후 유다가 군대의 장군 들 을 결정하고 이어 혹은 천,
[後如達斯定了兵的將軍——或千,]

ememu tanggū · ememu susai · ememu juwan niyalma da sabe sonjoho ·⁴⁰ boo be
혹은 백, 혹은 쉰, 혹은 열 사람의 으뜸 들을 뽑았는데, 집 을
[或百, 或五十, 或十兵的首 ; 又命盖新房的,]

ilire · sargan be /21a/ gaira · mucu moo be tebure · gelere mangga⁴¹ niyalma ·
세우고, 아내 를 얻고, 포도나무 를 심고, 겁먹기 잘하는 사람들은
[新婚的, 修葡萄的, 膽小的這幾等人]

meimeni boo de bederekini · fafun i songkoi yabukini sehe · Israel i cooha
각자의 집 으로 돌아가게 하여⁴² 율법 대로 행하고자 하였다. 이스라엘 의 군대가
[接法度回本家. 其餘無罣礙的兵起身,]

신의 제사장들의 훌륭한 영광이 빼앗겼으므로 그들은 우는 곳에서 다시 함께 웁니다.)'에 해당하는 라틴어는 'et sancta tua conculcata sunt et contaminata sunt et sacerdotes tui in luctu et humilitate (당신의 성소[聖所]들이 짓밟혀 더러워지고, 당신의 사제들이 비탄과 비천함에 있습니다.)'이다.

38 'suwaliyata uksura (뒤섞인 민족)'에 해당하는 라틴어는 'nationes(민족들, 이교도들)'이다.

39 'baita wajiha manggi (일이 끝난 후)'에 해당하는 라틴어는 'post hæc (이것 뒤에, 이 후에)'이다.

40 'Yudas coohai jiyanggiyūn sa be toktobuha · sirame ememu minggan · ememu tanggū · ememu susai · ememu juwan niyalma da sabe sonjoho · (유다가 군대의 장군들을 결정하고, 이어 혹은 천, 혹은 백, 혹은 쉰, 혹은 열 사람의 으뜸들을 뽑았다)'에 해당하는 라틴어는 'constituit Judas duces populi, tribunos, et centuriones, et pentecontarcos, et decuriones (유다가 인민의 지도자들, 천부장(千夫長)들, 백부장(百夫長)들, 50인 대장, 10인 대장들을 지정하였다.)'이다.

41 'gelere mangga (겁먹기 잘하는)'에 해당하는 라틴어는 'formidolosis(무서워하는, 벌벌 떠는)'이다.

42 구약성경 신명기 20장 5-9절의 다음 구절 참조. "다음으로 장교들은 군인들에게 이렇게 말하여라. '너희 가운데 새 집을 짓고 그 집을 아직 하느님께 봉헌하지 못한 사람이 있느냐? 그런 사람은 집으로 돌아가거

jurame · Engmaus i julergi ergi de jing ilifi · Yudas hendume · suweni agūra be
행진하여 엠마오 의 앞 쪽 에 진을 세우고 유다가 말하기를, "너희는 무기 를
[在恩冒南邊扎營. 如達斯說：「你們都穿盔甲,]

saikan belhe · fahūn amba · baturu hahasi oso · membe gidara · meni enduringge
잘 준비하여, 담이 크고 용맹한 남자들이 되라. 우리를 압박하고 우리의 거룩한
[大膽作勇男, 明日都該現成, 好戰這多支派]

tacihiyan be mukiyere gūnin i jihe hacingga uksura de cimari bakcilaci acambi ·
가르침 을 멸할 생각 으로 온 모든 민족 을 내일 대적해야 마땅하리라.
[——特來爲滅我們, 我們的聖教.]

meni geren irgesei amba jobolon · meni tanggin i efulen be beyei yasai
우리의 많은 백성들의 큰 재앙과 우리의 성전 의 붕괴 를 자기의 눈으로
[與其親眼看我們支派的禍患, 堂的毀壞,]

sabure anggala · dain de bucerede isirakū · abkai ejen oci · adarame baita be
보느니 차라리 싸움 에서 죽는 것만 못하리라. 하느님 께서 어떻게 일 을
[不如陣亡. 陞斯在天怎定我們,]

duhembuki seci · be terei gūnin de gingguleme acabukini sehe ··[43] [o]
끝내고자 하신다면 우리는 그분 뜻 에 삼가 맞추자." 하였다.
[我們敬謹合他的聖意.」]

라. 싸움터에 나갔다가 죽어, 남이 그 집을 봉헌하게 할 수야 있겠느냐? 포도원을 새로 가꾸어놓고 아직 맛도 보지 못한 사람이 있느냐? 그런 사람은 집으로 돌아가거라. 싸움터에 나갔다가 죽어, 남이 그 맛을 보게할 수야 있겠느냐? 약혼만 해놓고 아직 결혼하지 못한 사람이 있느냐? 그런 사람은 집으로 돌아가거라. 싸움터에 나갔다가 죽어, 남이 그 여자와 결혼하게 할 수야 있겠느냐?' 장교들은 또 이렇게 군인들에게 일러주어라. '두려워 겁나는 사람이 있느냐? 그런 사람도 집으로 돌아가거라. 그런 사람이 있으면 전우의 사기만 떨어진다.'"

43 "abkai ejen oci · adarame baita be duhembuki seci · be terei gūnin de gingguleme acabukini sehe ·· ('하느님께서 어떻게 일을 끝내고자 하신다면 우리는 그분 뜻에 삼가 맞추자.' 하였다.)"에 해당하는 라틴어는 "sicut autem fuerit voluntas in caelo, sic fiat (하늘에서 뜻이 이루어지듯이 그렇게 되어라.)"이다.

○ *SURE GISUN* ○
풀 이 말

[a] Abolloniyo Samariyo golo i uheri kadalara da[44] inu ··
아폴로니우스는 사마리아 지방 의 전체를 관할하는 으뜸 이다.

[e] encu demun i urse Israel i omosi i babe cuwangnarade tabcin i jaka i
　　　이단　 의 무리가 이스라엘 자손들 의 땅을 노략질할 때　　　노획물

dolo enduringge tacihiyan i bithe be baha[45] ·· ehe hutu i jalingga arga de · ce
중에서 거룩한　 가르침 의　 책 을 거두었다. 악한 귀신 의 교활한 계략 에 저들이

nomun /21b/ bithe be hūlahai getebure ayoo · miosihūn be waliyara · unenggi be
경전　　　 책 을 읽어 각성할까 두렵고, 사악함 을 버리고 진실 을

dahara ayoo seme olgofi · ere gūnigan be dekdebuhe · meni[46] enduri sai yabun be
따를까 두려워 하여 경계하며 이런 생각 을 떠올렸고, 우리　　 신 들의 행위 를

ere fe bithe de baikini ·· uttu ohode tesebe ele hūlimbuhabi ··
이 옛 책 에서 찾으려 했다. 그래서 그들을 더욱 속게 한 것이다.

[i] Nazareo serengge · beye beyebe abkai ejen de alibuhangge inu · ere gese
　　 나지르 라 함은 자기 자신을　　 하느님 께　　 바친 자 이다. 이 같은

saisa emu jalan de uju be fusirakū · nure arki jergi hacin omirakū ·　ceni
현자는 한 평생 에 머리 를 깎지 않고, 탁주와 소주 등의 종류를 마시지 않고, 저들의

unenggi gūnin be tutala inenggi de cendeme temgetulehe manggi · abkai ejen i
진실한 생각 을 많은 날 에 시험하여 증명한　　 후,　　 하느님 의

---

44 'uheri kadalara da (전체를 관할하는 으뜸)'이란 표현은 푸와로 신부의 만주어 마태오 복음서나 사도행전
　에서 라틴어 'proconsul(지방 총독, 주지사)'를 번역할 때 쓰였다.
45 이 'baha'는 'bahaha'로 적음이 옳다. 고전 만주어 문헌에서 이런 실수를 가끔 볼 수 있다.
46 이 'meni(우리의)'는 내용상 'ceni(저들의)'가 옳을 듯하다.

tanggin de dosifi · wecen wecefi takūršabumbihe⁴⁷ ·· ne udu cendere inenggi jalu
성전 에 들어가 제사 지내는 일을 담당했다.   지금은 비록 시험하는 날이 찼다

bicibe · tanggin encu demun i ursei gala de bihe ofi · Nazareo duwalingga dosime ·
하더라도 성전이   이단 의 무리의 손에 있으므로 나지르   부류가   들어가

weceme muterakū ··
제사지낼 수 없다.

[o] jobolon haminjirede · abkai ejen de gosiholome baifi · beyei hūsun be
     재앙이 다가올 때에   하느님 께   슬피   구하고, 자신의 힘   을

tucibufi · naranggi abkai ejen i hese de gingguleme acabuki sere oci · urukakū
다하며   끝내   하느님 의 명령에   삼가   맞추고자 한다 면, 반드시

jobolon ci bahafi guwere ··
재앙 에서 능히 벗어나리라.

---

47 'takūršabumbihe(일을 담당했다)'는 원문에는 '*takūrsabumbihe'로 되어 있다. 잘못으로 보아 교정한다.

○ 𝕯𝖀𝕴𝕮𝕴 𝕱𝕴𝖄𝕰𝕷𝕰𝕹 ○
제4   장

G oršiyas   sunja minggan yafahan · emu minggan siliha moringga cooha be
고르기아는   5   천   보병과   1   천의   정선된   기마병   을
[郭耳詩亞斯領了五千步兵, 一千選的馬兵,]

gaifi · dobori jurame · Yudeya ba i cooha be   gaitai afame gisabuki sembihe ·
데리고 밤에   출발해서   유다   땅의 군사 를   갑자기 공격하여 전멸하고자 하였다.
[夜裡走, 要突衝如達斯的營, 亂殺他的兵 ;]

Siyon akdun hoton de tehe urse [a] jugūn be jorime yarure gajarci ombihe ··¹
시온   요새   에 사는 사람이   길 을 가리켜 안내하는 길잡이가 되었다.
[西雍堅固城住的背逆人在前引路.]

Yudas mejige donjihade · ini beye · geren baturu sai emgi Engmaus de bisire
유다가 소식을 듣고서   그 자신이 많은 용사 들과 함께 엠마오 에 있는
[如達斯聽這信, 他親同衆勇男去戰恩帽城外]

wang i amba cooha be gidame genehe · dade ere cooha gelerakū ofi ·
 왕 의   대군   을 격파하러 갔다.   원래 이 군대는 겁이 없으 므로
[王有的大兵──這大兵還是散亂的.]

ing kūwaran ci aljafi · balai samsiha bihe ··² Goršiyas dobori erin Yudas i ing de
    진영   에서 떠나 멋대로 흩어져 있었다.   고르기아는   밤 시간에 유다 의 진 에
[郭耳詩亞斯到了如達斯營,]

---

1 "Siyon akdun hoton de tehe urse jugūn be jorime yarure gajarci ombihe ·· (시온 요새에 사는 사람이 길을
가리켜 안내하는 길잡이가 되었다.)"에 해당하는 라틴어는 "filii qui erant ex arce erant illi duces (성채에
있던 사람들이 그들에게 길잡이들이 되었다.)"이다.

2 "dade ere cooha gelerakū ofi · ing kūwaran ci aljafi · balai samsiha bihe ·· (원래 이 군대는 겁이 없으므로
진영에서 떠나 멋대로 흩어져 있었다.)"에 해당하는 라틴어는 "adhuc enim dispersus erat exercitus a castris
(아직도 군대는 진영으로부터 흩어져 있었던 것이다.)"일 뿐이다.

isinjiha · damu dolo niyalma akū · cembe alin de baimbihe · hendume menci
다다랐으나. 그러나 안에 사람이 없어 저들을 산 에서 찾았으며, 말하기를, "우리에게서
[不見一人, 在山找他們, 說 : 「躱我們.」]

jailambi sehe ·· abka gereke manggi · tuwaci · Yudas usin[3] i dulimbade ilihabi ·
도망쳤다." 했다. 하늘이 밝은 후 보니 유다가 밭 의 가운데에 섰는데,
[天明時, 見如達斯站在平地中,]

sasa bisire hahasi damu ilan minggan i teile · gūnin de acabure[4] kalka loho
함께 있는 남자들은 다만 3 천 명 일 뿐 생각 에 맞는 방패와 칼이
[只有一[5]千兵, 都無擋牌, 好刀.]

cende inu akū · yasalafi[6] · suwaliyata uksura i[7] ing akdun bime · geli afara
그들에게 또한 없었다. 바라보니, 뒤섞인 민족 의 진이 굳건 하며, 또한 싸움이
[如達斯的兵忽見異端支派步兵, 人也英勇,]

mangga · uksin uksilehe moringga cooha šurdeme dalirengge be /22b/ sabuha ·
능하고, 갑옷 입은 기마병이 빙 둘러 포위하는 것 을 보았다.
[披掛整齊, 又見周圍有的善戰馬兵保護.]

Yudas ini gucu sede[8] hendume · ume ceni ere amba ton de gelere · ceni
유다가 그의 친구 들에게 말하기를, "(말라) 저들의 이 큰 수 에 두려워 말고, 저들의
[如達斯望他的諸友說 : 「勿怕他們這大數目,]

felehun aššan arbun be ume dara ·[9] Farao i amba cooha jing muse mafari be
오만한 행동과 기세 를 상관하지 말라. 파라오 의 큰 군대가 바로 우리 조상들 을
[勿顧他們的猖獗. 你們記想, 法勞翁的大兵正追我們的祖,]

---

3 'usin(밭)'에 해당하는 라틴어는 'campus(들, 평야, 평지)'이다.

4 'gūnin de acabure (생각에 맞추다)'에 해당하는 라틴어는 없다. 다만 프랑스어 번역에 'telles qu'ils eussent voulu (그들이 기대했던 것만큼의)'이란 말이 들어 있다.

5 '一'은 '三'의 잘못인 듯하다.

6 원문에는 '*yasasalafi'로 되어 있지만 이런 말이 만주어에 없으므로 교정했다.

7 'suwaliyata uksura i (뒤섞인 민족의)'에 해당하는 라틴어는 'gentium(←gens 민족, 이방인)'이다.

8 'ini gucu sede (그의 친구들에게)'에 해당하는 라틴어는 'viris qui secum erant (자기와 함께 있는 사람들에게)'이다.

9 "ceni felehun aššan arbun be ume dara · (그들의 오만한 행동과 기세를 상관하지 말라.)"에 해당하는 라틴어는 "impetum eorum ne formidetis (그들의 공격을 무서워하지 말라.)"이다.

fargarade · Deus adarame tesebe fulgiyan mederi de aitubuhangge bici · suwe
추격할 때, 주님이 어떻게 그들을 　　붉은 　바다 에서 　구하셨던 것 인지 너희가
[陡斯在紅海怎麽救他們?]

ejeme 　　gūni · 　be abkai baru hūlakini · abkai ejen esi jilan i kesi be isibuci ·
기억하여 생각하라. 우리가 하늘을 향해 외치자. 하느님께서 응당 자비 의 은혜 를 주시면.
[如今望天呼號, 天主憐憫我們,]

i muse mafari i emgi toktobuha hūwaliyasun doro[10] ejefi · enenggi meni yasai
그분이 우리 조상들 과 함께 정하신 　　화합의 　　도를 기억하시어 오늘 　우리 　눈
[要記得同我們祖定的和睦結約,]

juleri ere tutala coohai baksan meyen be jocibure dabala · tereci Israel acin be
앞에서 이 많은 군사의 　　대오 　를 패퇴시킬 것이다. 거기서 이스라엘 교회 를
[今日在我們眼前擊壓這大衆兵的隊伍,]

karmara aituburengge bi · geren gurun i niyalma ya i bahafi sara ··
보호하고 구하는 이가 있음을 많은 　나라 의 사람들이 쉽게 능히 알리라."
[諸國纔知有救依斯拉耶耳會的」.]

encu mukūn i urse 　uju be tukiyeme ·[11] Yudas i niyalma ceni baru jidere be
다른 　민족 의 무리가 머리 를 　들어 　　유다 의 사람들이 저들 에게 오는것 을
[異端支派人拾頭看如達斯的兵直望他們來,]

sabufi · ing kūwaran ci tucime afaki sembihe · Yudas i cooha buren burehe ·
보고 　　진영 　에서 나와 싸우고자 하였다. 유다 의 군사가 나팔을 불고
[故出營要戰; 如達斯的兵吹號器.]

juwe ergide kūthūme afanurede · suwaliyata uksura ambula gidabuha · son son i
양쪽에서 　엉켜 　싸우는데, 뒤섞인 민족이 크게 　패하여 　뿔뿔이
[兩下一齊混戰, 大殺敗了異端支派,]

necin bade samsifi burulaha /23a/ burlara bata i uncehen de bisirngge · gemu
평지로 흩어져 도망갔다. 　　도망가는 적 의 꽁무니 에 있는자는 모두
[逃跳到了平地; 跑仇的尾都被刀殺,]

---

10 'muse mafari i emgi toktobuha hūwaliyasun doro (우리 조상들과 함께 정하신 화합의 도)'에 해당하는 라
　　틴어는 'testamentum(유언, 계약)'이다.

11 'encu mukūn i urse uju be tukiyeme · (다른 민족의 무리가 머리를 들어)'에 해당하는 라틴어는
　　'elevaverunt alienigenae oculos suos (외국인들이 그들의 눈을 들었다.)'이다.

Yudas i loho de wabuhabi · funcehengge be Zedzeron · Idumeya · Azoto · Yamniya
유다 의   칼 에 죽임 당했다.   남은 자 를 게젤과   에돔,   아조토,   얌니아
[剩下的直追到熟則隆, 還到耶東, 亞作托, 亞默尼亞三國的地方.]

jergi ba i usin de isinatala fargaha · ilan minggan bata be hono sacime waha ··
등지 의 평야 에 이르기까지 추격하여   3 천의   적 을 또한   베어 죽였다.
[他們內受殺的大概有三千人.]

Yudas · sasa bisire cooha amasi marifi · fejergi niyalma de[12] fafulame · suwe
유다가 함께 있는 군대   뒤로 되돌아와 아래   사람들 에게   명하기를, "너희는
[如達斯同跟他的兵回轉, 望他們說 :]

ume tesei jaka ulin be buyere · dain i baita kemuni wajire unde ·[13] Goršiyas terei
(말라) 그들의 재물 을 바라지 말라. 전쟁 의 일이 아직 끝나지 않았다. 고르기아와 그의
[「不可揀收仇的物, 因打仗還未完 :]

cooha menci goro akū alin de bi ·   ne meni bata de bakcilafi · cembe gidaha
군대가 우리에게서 멀지 않은 산에 있다. 이제 우리의 적 에게 대항하여 저들을 무찌른
[郭耳詩亞斯領他的兵在山上, 離我們不遠. 如今等我們的仇, 也戰他們以後,]

manggi · teni elhe sulfa tabcin i jaka be gamambi · Yudas ere gisun gisurerede ·
후   그때 안전하고 편안히 노획   물 을 가진다." 유다가 이 말을   할 때
[放心收他們物. 」說時,]

gaitai alin ci wasihūn i baru   karara   emu baksan cooha sabubuha · Goršiyas
문득 산 에서   아래 를 향해 망을 보는 한 무리의 군대가 보였고, 고르기아와
[忽有一隊仇從山望下看]

geli ini cooha aifini burulaha · ing kūwaran deijihe be serehebi · abka de
또 그의 군대가 이미 도망하였고,   병영이   불탔음 을 깨달았다. 하늘 로
[郭耳詩亞斯及他的兵, 都從如達斯兵的面前跑了, 也燒他的營,]

sucunara šanggiyan ere baita be temgetulembihe · erebe tuwafi ambula goloho ·
사무치는 흰 연기가 이 사실 을   증명하였다.   이것을 보고 크게 놀랐으며,
[本來出的火煙作大憑據. 他, 他的兵看這事狼怕,]

---

12 'fejergi niyalma de (아래 사람들에게)'에 해당하는 라틴어는 'ad populum (사람들에게)'이다.

13 "dain i baita kemuni wajire unde (전쟁의 일이 아직 끝나지 않았다.)"에 해당하는 라틴어는 "quia bellum contra nos est (전쟁이 우리를 향해 있기 때문이다)"이다.

jai usin i dolo Yudas · terei cooha afara de en jen ningge be /23b/ sabufi gemu
또 평야 안에서 유다와 그의 군대가 공격 에 준비된 것 을   보고 모두
[又見如達斯在平地排隊伍, 將要打仗,]

burlame encu demun i urse bade¹⁴ jailaha ··   Yudas batai ing kūwaran de bisire
도망하여   이단   의 무리의 지방으로 피하였다. 유다가 적의   병영   에 있는
[故郭耳詩亞斯同逃命的兵跳人別國. 如達斯回轉,]

jaka be gamaki sere gūnin amasi mariha · utala aisin menggun · fulaburu ·
물건 을 가지려 는 생각으로 뒤로 돌아가 많은 금과   은,   보랏빛과
[要收仇營有的財物, 得了極多金銀, 紅青,]

mederi i nimaha i senggi de icebuhe fulgiyan etuku¹⁵ · jergi ulin nadan be
 바다   물고기 의 피 로 물들인 붉은 옷   등의 재물 을
[海魚血染的紅衣等類.]

ambarame baha · tesu bade bedererede ucun uculehei · abkai ejen Deus be
 크게   얻었다. 고향으로 돌아올 때 노래 부르며   하느님   주 를
[回本地唱經, 感謝天主, 說 :]

saišame · yala sain · terei gosin jilan¹⁶ tumen tumen jalan de¹⁷ isinambi sembihe ·
찬양하기를, "참으로 선하시고 그 인자하심은 만만   세대 에 이르시리라." 하였다.
「主本是善好, 他的仁慈至於永遠.」

Deus tere inenggi Israel i omosi be amba kesi de aitubuha ··¹⁸
주께서 그 날 이스라엘 자손들을 을 큰   은혜 로 구하셨다.
[那日, 依斯拉耶耳的兵大得勝.]

---

14 'encu demun i urse bade (이단의 무리의 지방으로)'에 해당하는 라틴어는 'in campo alienigenarum (외국인의 영역으로)'이다.

15 'mederi i nimaha i senggi de icebuhe fulgiyan etuku (바다 물고기의 피로 물들인 붉은 옷)'에 해당하는 라틴어는 'purpura marina (바다의 자줏빛)'이다.

16 'gosin jilan (인자하심)'에 해당하는 라틴어는 'misericordia(자비, 동정심)'이다.

17 'tumen tumen jalan de (만만 세대에)'에 해당하는 라틴어는 'in saeculum (세대에, 영원히)'이다.

18 'Deus tere inenggi Israel i omosi be amba kesi de aitubuha ·· (주께서 그 날 이스라엘 자손들을 큰 은혜로 구하셨다.)'에 해당하는 라틴어는 'et facta est salus magna in Israhel in illa die (그 날 이스라엘에 큰 구원이 이루어졌다.)'이다.

burulaha encu mukūn i urse[19] genefi · baita be giyan giyan i Lisiyas de alaha ·
도망간   이민족 의 무리가 가서   사실 을   분명히   리시아 에게 알렸다.
[異端支派逃脫的人去見里西亞斯告訴這事.]

i emgeri donjirede · ini gūnin i cihai · wang i fafun i songkoi Israel i irgese be
그가 한번 듣고   그의 뜻 대로   왕 의 법 을 따라 이스라엘 백성들 을
[他一聽, 魂不附體, 散勁無力, 想他預儉的計謀]

sunteme mutehekū ofi · dolo kušulembihe[20] ·· jai aniya Lisiyas siliha cooha i
섬멸할   수없으 므로 마음이 불편하였다.   다음 해 리시아가   정예병
[──爲按王旨減依斯拉耶耳會── 都是徒勞, 沒效驗, 次年, 里西亞斯從選的兵內]

dorgici ninggun tumen yafagan · sunja minggan moringga be isabume · Israel i
중에서   6   만 보병과   5   천   기마병 을 모아 이스라엘
[聚了六萬步兵, 五千馬兵,]

omosi be geterembure turgun Yudeya bade benjihe · ce   jifi Betoron de ing
자손들 을   전멸하기   위해   유다 지방에 보냈는데, 저들이 와서 벳술 에 병영을
[爲除盡依斯拉耶耳後代. 他們來如德亞地方的柏托隆城外扎了營,]

/24a/ iliha ·· Yudas damu emu tumen hahasi be gaifi · okdome genehe · gemu
세웠다. 유다는 오직   1   만   남자들 을 데리고 대적하러   갔다.   모두
[如達斯帶一萬勇男去截他們 ;]

bata i cooha etuhun seme saburede · Yudas abkai ejen de baime hendume ·
원수 의 군사가   강하게   보이자   유다가   하느님 께 청하여 말하기를,
[一見仇兵那樣多, 如達斯求天主說 :]

Israel i   omosi be aitubure ejen Deus · absi saišacuka kai[21] · si seibeni sini aha
"이스라엘 자손들 을 구하시는 주 하느님, 가장 찬미 받으소서.   당신은 옛날 당신의 종
[「救依斯拉耶耳後代的主陡斯眞可讚美的! 你用過你奴達味,]

---

19 'encu mukūn i urse (이민족의 무리)'에 해당하는 라틴어는 'alienigena(외국인, 이방인)'이다.

20 'dolo kušulembihe (마음이 불편했다)'에 해당하는 라틴어는 'consternatus est animo deficiebat (놀라고 실망하였다)'이다.

21 'Israel i omosi be aitubure ejen Deus · absi saišacuka kai (이스라엘 자손들을 구하시는 주 하느님, 가장 찬미 받으소서.)'에 해당하는 라틴어는 'benedictus es salvator Israhel (이스라엘의 구원자이신 당신은 찬미 받으소서)'이다.

Taweit i gala be baitalafi horonggo bata i dabduri sukdun kiyangkiyan hūsun[22] be
다윗 의 손 을 사용하여 위력 있는 적의   재빠른 기세와   강력한   힘   을
[爲壓抑那凶橫惡人的強壯,]

gidaha **[e]** ·   jai encu uksura i ing kūwaran be Saūl i jui Yonatas · terei kalka
쳐부수셨습니다. 또 다른   민족 의   병영   을 사울 의 아들 요나단과 그의 방패를
[又把異支泒【派】的營放在撒烏耳的子約那大斯]

tukiyere asihan i gala de sindaha bihe **[i]** ·· bairengge ere cooha be sini irgese ·
  맨   젊은이 의 손 에 두었던 것입니다.   바라건대 이   군대 를 당신의 백성들과
[及他先鋒的手. 求使這兵落在你民]

Israel i omosi i   gala de tuhebureo · ere tutala yafagan moringga be girubureo ·
이스라엘 자손들 의 손 으로 쓰러뜨리고 이 많은 보병과   기병   을 욕보이소서.
[依斯拉耶耳後代的手! 求使他們羞辱這仇——仗自己馬步兵的數目.]

cembe gelebufi · ceni amba ton · mangga hūsun de bardanggilara coktoloro
저들을 두렵게 하고 저들의 큰 수와   강한   힘 을   자랑하는   교만한
[教他害怕, 減他的強傲]

mujilen be efulefi·ishunde batalahai gisabukini · simbe gosire niyalma i loho de
  마음 을 허물고, 서로   대적하여 전멸시키소서. 당신을 사랑하는 사람들 의 칼 로
[使他們自相殘害. 用愛你的人們的刀,]

geli mukiyebukini · sini gebu be sara urse teni sinde baniha bure jalin ucun
다시 멸하게 하소서. 당신의 이름 을 아는 무리가 지금 당신에게 감사 드리기 위해 노래
[爲滅他們, 這樣知你名的人纔謳唱感謝你. 」]

uculembi sehe ·· juwe cooha fumereme afandurede · **/24b/** Lisiyas i cooha ergide
부릅니다.” 하였다. 두 군사가   뒤섞여   싸우는데   리시아의 군대 쪽에서
[兩兵一齊混戰, 里西亞斯的兵內]

sunja minggan niyalma gaibuhabi · Lisiyas da coohai burulara be tuwame · Yudeya
  5   천   명이   전사했다. 리시아가 자기 군대의 도망침 을 보고   유다
[有五千被殺. 里西亞斯見本兵跑,]

---

22 'horonggo bata i dabduri sukdun kiyangkiyan hūsun (위력 있는 적의 재빠른 기세와 강력한 힘)'에 해당
하는 라틴어는 'impetum potentis (강력한 이의 공격)'이다.

ba i   coohai amba fahūn be sereme · yala ceni gūnin · ememu etefi banjire ·
지방 의 군대의   큰   담력 을   깨달았다. 사실 저들의 생각은,   혹   이겨서 살거나,
[如達斯的兵大膽捨命奮戰,]

ememu baturulame afafi bucere gūnin bihe ·   i Antiyokiya hoton de genehe ·
   혹   용기 내어 싸워 죽을 생각 이었다. 그가 안티오키아   성 으로 가서
[去到安弟約既亞京都,]

jai cooha be sonjome · niyalma · morin ele labdu ohode · dasame Yudeya bade
또 군사 를   뽑아   사람들과   말이 더욱 많게 되자   다시   유다 지방으로
[又調兵, 人馬更多, 要再進如德亞地方.]

dosiki sembihe · tere erin Yudas ini ahūta deote i emgi hebešeme hendume ·
들어가려 하였다.   그 때   유다가 그의 형들과 아우들 과 함께   의논하여   말하기를,
[那時, 如達斯同他弟兄商量說 :]

ne meni bata gidabuhabi · be enduringge tanggin be bolgobure dasatara gūnin i
"이제 우리의 적이 패하였으니 우리는 거룩한   회당 을   깨끗이   수습할 생각 으로
[「如今壓了我們的仇, 我們去潔淨, 修理聖堂. 」]

wesikini[23] ·· geren cooha uthai isafi Siyon alin be tafaka · tuwaci · enduringge
올라갑시다." 많은 군사가 곧 모여 시온 산 을 올라   보니,   거룩한
[衆兵即排成隊伍衝上西雍山, 見聖堂]

deyen waliyabuha · terkin nantuhūrabuha · duka i undehen deijibuhe · hūwa de
성전이 버려져,   제단은 더럽혀지고   문 의 판자는 불타고   뜰 에는
[棄捨如野外, 祭台臟了, 門燒了,]

bula moo alin bujan i adali banjiha · namun haša i boo gemu ulejehe bihe ·
가시 나무가 산과 수풀 처럼 자랐으며   창고 의 방은 모두 무너져 있었다.
[院內如山林滿荊棘, 庫房都倒塌,]

beyei etuku be tatarafi · ambarame songgocofi · fulenggi be uju de sisaha ·
자신의 옷 을 찢고   크게   울며   재 를 머리 에 뿌리고
[一共扯破自己的衣, 都大哭, 頭上撒灰,]

---

23 'be enduringge tanggin be bolgobure dasatara gūnin i wesikini (우리는 거룩한 회당을 깨끗이 수습할 생
각으로 올라갑시다.)'에 해당하는 라틴어는 'ascendamus nunc mundare sancta et renovare (이제 우리는
거룩한 곳을 깨끗하게 하고 수리하러 갑시다.)'이다.

na de hujume · geren be isabure buren burdeme · abkai baru hūlahabi · /25a/
땅 에 엎드리며, 사람들 을 모으는 나팔을 불고   하늘을 향해 외쳤다.
[伏在地下, 吹聚兵的號器, 望天呼號.]

aika Siyon akdun hoton de bisire encu demun i urse jici · Yudas udu cooha i
혹시 시온 견고한 성 에 있는   이단 의 무리가 와도 유다는 "몇몇 군대 의
[那時如達斯命多勇兵擋抵西雍堅固城住的異端人,]

baksan de afabume · be enduringge babe bolgobuhade isitala · suwe cembe
무리 에 공격하고, 우리가 거룩한 곳을 깨끗이 할 때 까지 너희는 저들을
[到潔淨完了聖地.]

sunja sehe · [24] eden jadahan[25] akū bime · geli Deus i fafun hing seme tuwaliyara
맞서라." 하였다. 흠과 장애가   없으며   또한 주님 의 법을   성실히   지키는
[選無殘病又誠心守陡斯法度的多祭首潔淨聖殿,]

wecen i da sabe sonjofi enduringge deyen be bolgo gincihiyan obuha[26] · nantuhūn
  제사장 들을 뽑아   성전   을 깨끗하고 화려하게 하였고   더러운

wehe be nantuhūn bade gurinehe[27] [o] · Yudas hono tathūnjame · ehe aburi hala de
돌 을 더러운 곳으로 옮겼다.   유다는 또   주저하며   악독한 무리 에게
[移贓石到贓地方. 如達斯又商量說 :]

nantuhūrabuha yongkiyan wecen[28] i terkin i baru yabuci acarangga ai ni serede ·
  더럽혀진   완전한   제사 의 제단 에 대해 해야 마땅한 것이 무엇 일까 하다가
[「被異端支派贓的那全祭的台, 該怎麼作呢?」]

---

24 'aika Siyon akdun hoton de bisire encu demun i urse jici · Yudas udu cooha i baksan de afabume · be enduringge babe bolgobuhade isitala · suwe cembe sunja sehe · (혹시 시온 견고한 성에 있는 이단의 무리가 와도 유다는 "몇몇 군대의 무리에 공격하고, 우리가 거룩한 곳을 깨끗이 할 때까지 너희는 그들을 맞서라." 하였다.)'에 해당하는 라틴어는 'tunc ordinavit Iudas viros ut pugnarent adversus eos qui erant in arce donec emundarent sancta (그 때에 유다는, 성소를 정화할 때까지, 성채 안에 있는 그들에 맞서 싸우기 위해 사람들에게 지시했다.)'이다. 라틴어 원문과 만주어 번역이 좀 다르다.

25 'eden jadahan (흠과 장애)'에 해당하는 라틴어는 'macula(흠결, 결점)'이다.

26 'enduringge deyen be bolgo gincihiyan obuha (성전을 깨끗하고 화려하게 하였다.)'에 해당하는 라틴어는 'mundaverunt sancta (거룩한 것을 깨끗하게 하였다)'이다.

27 'nantuhūn wehe be nantuhūn bade gurinehe (더러운 돌을 더러운 곳으로 옮겼다)'에 해당하는 라틴어는 'tulerunt lapides contaminationis in locum inmundum (더럽혀진 돌들을 깨끗지 않은 곳 [=부정한 곳]으로 옮겼다)'이다.

28 'yongkiyan wecen (완전한 제사)'에 해당하는 라틴어는 'holocaustum(번제[燔祭], 제수로 쓰는 동물을 완전히 태워서 바치는 제사)'이다.

ceni dolo ere emu sain gūnigan dekdehe · suwaliyata uksura²⁹ terkin be
저들 마음에 이 한 좋은 생각이 떠올랐다. '뒤섞인 족속이 제단 을
[他們心裡起了這好主意 :「拆了他, 因異端人贓那台,]

nantuhūraha be dahame · šuwe terebe efulecina · amagan inenggi muse be girubure
더럽혔음 을 따라³⁰ 바로 그것을 헐자. 뒷 날 우리 를 수치스럽게
[恐後來羞辱我們.」]

ayoo sefi · uthai terkin be efulahe · taka wehe be tanggin i alin i dorgi bolgo³¹
하리라.' 하고 곧 제단 을 헐고 잠시 돌 을 성전 의 산 속 깨끗한
[卽刻毀了祭台, 暫把這祭台的石放在堂的山內潔淨的地方,]

bade sindaha · baita be doigomšome hafure saisa³² jici · ere wehei baitalan be inde
곳에 두었다. 일 을 미리 아는 현자가 오면 이 돌의 사용처 를 그에게
[到出了先知, 問他這石的用處.]

fonjiki sembihe ·· fafun bithei songkoi gulhun³³ wehe be jafafi · /25b/ nenehe
물으려 한 것이었다. 법률 책에 근거해 완전한 돌 을 가져다 이전의
[他們照《法度經》拿了生來本樣的石,]

terkin i durun i adali ice terkin be sahaha · deyen i tule dolo efulehe babe
제단 의 모습과 같은 새 제단 을 쌓았다. 성전 의 밖과 안의 허물어진 곳을
[如先的祭台樣砌了新祭台. 修補殿內外破的地方,]

dasataha · tanggin · hūwa³⁴ be enduringge obuha³⁵ · ice tetun be weilefi
고치고 성전과 뜰 을 거룩하게 하였다. 새 용기(容器) 를 만들어
[殿與院都聖了. 做了新器皿,]

---

29 'suwaliyata uksura (뒤섞인 족속)'에 해당하는 라틴어는 'gens(민족, 이방인)'이다.

30 '더럽혔음을 따라'는 '더럽혔으므로'라는 의미이다.

31 'bolgo(깨끗한)'에 해당하는 라틴어는 'aptus(적합한, 정돈된)'이다. 그런데 이 라틴어 낱말을 프랑스어로는 'propre'로 번역하였는데, 이 낱말은 흔히 '알맞은, 적당한'의 뜻으로 사용되지만 사전의 그 첫 번째 의미는 '깨끗한, 청결한, 깔끔한'으로 되어 있다.

32 'baita be doigomšome hafure saisa (일을 미리 아는 현자)'에 해당하는 라틴어는 'propheta(예언자, 선지자)'이다.

33 'gulhun(완전한)'에 대한 라틴어는 'integer(온전한, 흠 없는, 깨끗한)'이다.

34 'hūwa(뜰)'에 해당하는 라틴어는 'atrium(현관, 안뜰)'이다.

35 'enduringge obuha (거룩하게 하였다)'에 해당하는 라틴어는 'sanctificare(축성[祝聖]하다, 성별[聖別]하다)'이다.

abkai ejen de alibuha · dengjan i dobokū · šugiri hiyan[36] i terkin · efen i dere[37]
　하느님 께 바쳤으며, 등잔 의 횃대와　　 유향　　의 제단과　 떡　 상을
[堂裡又送燈台, 乳香的祭台及桌子.]

da tanggin[38] de dosimbuha · terkin de šugiri hiyan be deijihe · dobokū de bisire
　본당　 에 들여놓았다. 제단 에　　 유향　 을 피우고　 횃대 에 있는,
[在祭台上燒「弟米亞瑪」,]

tanggin be eldembure dengjan dabuha · efen be dere de faidaha · wadan be duka de
　성전 을　 밝힐　 등잔을 켰으며,　떡 을　상 에 차리고　 휘장 을　문 에
[點了台上有的光照堂的燈. 桌上供饅頭, 又掛上幔帳.]

lakiyaja · deribuhele hacin be šanggame wajihabi ··
　걸어서　 시작한　 일들 을 완성하고　끝냈다.
[凡要作的, 都完全了.]

emu tanggū dehi jakūci aniya · Kaselo sere uyun biya i orin sunja de gemu
　일　 백 마흔 여덟째 해, 기슬레우 인　 구　 월　 이십 오일 에　 모두
[格肋詩亞國的一百四十八年「加斯樓」月——卽九月——二十五,]

gerere onggolo ilifi · arame weilehe ice yongkiyan wecen[39] i terkin de fafungga
　밝기　 전에 일어나, 만들어 모신　새　완전한　　 제사 의 제단 에서 엄정한
[天未明, 都起來, 在按法度立的新祭台上獻了全祭.]

kooli i songkoi wecen wecehe · encu demun i urse terkin be nantuhūraha erin
　율법 에 따라　 제사를 지냈다.　　 이단 의 무리가 제단 을　　 더럽힌　 시간과
[異端支派臟祭台是某,]

inenggi be ejefi [u] · uthai tere emu inenggi de ucun uculeme · kin yatuhan[40]
　날 을 기억하여, 즉시 그　 같은　 날 에 노래 부르며 거문고와 아쟁을
[他們也是那日唱經, 彈琴瑟,]

---

36 'šugiri hiyan (유향)'에 해당하는 라틴어는 'incensum(향, 유향)'이다.

37 'efen i dere (떡 상)'에 해당하는 라틴어는 'mensa(밥상, 식탁, 제상[祭床])'이다.

38 'da tanggin (본당)'에 해당하는 라틴어는 'templum(성전)'이다.

39 'yongkiyan wecen (완전한 제사)'에 해당하는 라틴어는 'holocaustum(번제[燔祭])'이다.

40 'kin yatuhan (거문고와 아쟁)'에 대한 라틴어는 'cithara et cinyra (거문고와 십현금[十絃琴])'이다.

fitheme · tungken⁴¹ forime erebe icemlehe · geren irgen na de hujufi abkai ejen i
타고　　　　북을　　　두드려 이를 새로이 했다. 많은 백성이 땅 에 엎드려　하느님　의
[打鑼, 擂鼓聖祭台. 衆民伏地,]

/26a/ juleri hengkišehei šangnaha jilan i kesi de baniha buhe · terkin dasame
　　　　앞에 머리 조아리며 내려주신 자비 의 은혜 에 감사 드렸다.　제단이　다시
[在天主台前叩頭謝賞的慈恩.]

ilibuha⁴² · enduringge kooli i ici abkai ejen de alibuha dorolon be jakūn inenggi de
세워졌고,　거룩한　율법 에 따라　하느님　께 바친　예식 을 팔　일　에
[八天行聖祭台的禮,]

dorolome · amba urgun i tutala⁴³ yongkiyan wecen⁴⁴ · elhe baire · baniha bure
행하며　큰　기쁨 으로 많은　완전한　제사와　평안을 빌고 감사 드리는
[大喜獻全祭並謝恩, 讚頌二祭.]

wecen⁴⁵ wecembihe · tanggin i julergi dere be muheren⁴⁶ · hithan⁴⁷ jergi
제사를　지냈다.　성전　앞　면 을 바퀴와　금속판　등의
[用金圈, 擋牌粧修堂的門面,]

miyamigan aisin ningge de miyamiha · tanggin i dukai dorolon ⁴⁸ be icihiyaha
　장식물　(금제품) 로 꾸미고　성전 의 문의 의장(儀仗) 을 정돈한
[行了聖堂門及諸禮庫門禮後,]

manggi · hacingga namun hašan i duka de undehen be acabuha · irgese gemu
　후　온갖　　　창고 의 문 에　판자 를 맞추었다. 백성들은 모두
[安上門扇. 民都大樂,]

---

41 'tungken(북)'에 해당하는 라틴어는 'cymbalum(바라, 심벌즈)'이다.

42 'terkin dasame ilibuha (제단이 다시 세워졌다.)'는 라틴어 성경이나 70인역 성경(Septuaginta)에는 들어
있지 않다.

43 'tutala(많은)'에 해당하는 라틴어는 없다.

44 'yongkiyan wecen (완전한 제사)'에 해당하는 라틴어는 'holocaustum(번제[燔祭])'이다.

45 'elhe baire · baniha bure wecen (평안을 빌고 감사드리는 제사)'에 해당하는 라틴어는 'sacrificium
salutaris et laudis (평안과 감사의 제사)'이다.

46 'muheren(바퀴)'에 해당하는 라틴어는 'corona aurea (황금 관)'이다.

47 'hithan(금속판)'에 해당하는 라틴어는 'scutulum(방패형 장식)'이다.

48 'tanggin i dukai dorolon (성전의 문의 의장[儀仗])'에 해당하는 라틴어는 'porta(대문, 문)'일 뿐이다.

alimbaharakū sebjelehe · encu demun i ursei girucun yooni geterembuhebi[49] [na] ·
참을 수 없이 즐거워했다.   이단   의 무리의 치욕이   모두 없어졌던 것이다.
[因脫退了異端人的羞辱.]

Yudas · ini ahūta deote · Israel i geren omosi i emgi toktobume · ereci julesi
유다가 그의 형과 아우들, 이스라엘 의 많은 자손들 과 함께 결정하기를,   이후 앞으로
[如達斯, 他的弟兄同依斯拉耶耳衆民]

da erin be amcafi · aniyadari jakūn inenggi i sidenderi Kasleo biya i orin sunja ci
그 때 를 맞추어   매년   팔   일   동안 기슬레우 달 의 이십 오일 부터
[定了從此往後每年趕這時, 從「加斯樓」的二十五,]

icemlehe terkin i dorolon[50] be urgunjere sebjelere arbun de gemu dorolocina sehe ··
새롭게 한 제단의 예절   을 기쁘고 즐거운 모습 으로 모두 지내자고 하였다.
[都欣喜八天作聖新祭台的瞻禮.]

suwaliyata uksura[51] jifi terkin be nenehe songkoi nantuhūrara /26b/ ayoo seme ·
    뒤섞인 민족이 와서 제단 을 먼저   처럼   더럽히지   않을까 하여
[恐異端支派再來照先贜祭台,]

tere ucuri Siyon alin be akdulaha · šurdeme den fu ·   beki subarahan be iliha ·
그 무렵에 시온 산 을 튼튼히 하고 주위에 높은 성벽과 견고한   탑   을 세워
[那時爲保西雍山, 周圍砌高墻, 堅固塔,]

ubade tuwakiyara cooha be tebuhe · ere akdun ba i cooha geli Betsura hoton be
이곳에   지키는   군사 를 머물게 했다. 이 견고한 곳 의 군사가 또   벳술   성 을
[安防守兵住那裡, 還教他們防守柏得穌拉城.]

karmambihe ofi · tuttu irgese Betsura de bifi   ja i Idumeya bata be sujame
  지켰으   므로 그래서 백성들이 벳술 에 있으며 쉽게 에돔   적 을 상대할
mutembihe ··
수 있었다.
[他的意是要依斯拉耶耳後代有這堅固地方, 能易抵耶東仇.]

---

49 'encu demun i ursei girucun yooni geterembuhebi (이단의 무리의 치욕이 모두 없어졌던 것이다)'에 해
당하는 라틴어는 'aversum est obprobrium gentium (이민족들의 치욕이 방향을 돌렸다, 치욕이 제거되었
다.)'이다.

50 'terkin i dorolon (제단의 예절)'에 해당하는 라틴어는 'dedicatio altaris (제대의 봉헌)'이다.

51 'suwaliyata uksura (뒤섞인 민족)'에 해당하는 라틴어는 'gentes(종족들, 이민족들)'이다.

○ 𝖘𝖚𝖗𝖊 𝖌𝖎𝖘𝖚𝖓 ○
풀이   말

[a] abkai ejen i tacihiyan be waliyaha Israel i   omosi   Antiyoko i coohai emgi
하느님 의   가르침 을   버린   이스라엘 자손들이 안티오쿠스 의 군대와   함께

Siyon hoton de tefi · kimun i karu gaire nashūn nashūlame · Goršiyas be
시온   성 에 살며 원수 갚음을 얻을 기회를   만나러   고르기아 를

yarumbihe · i yala jugūn be sarkū bihe ··
안내하였다. 그는 참된   길 을 모르는 것이었다.

[e] ere bata uthai beye umesi den Goliyat inu · Taweit se asihan bicibe ·
이 적이 곧 몸이 매우 큰 골리앗 이다. 다윗은 나이가 어렸 으나

abkai ejen de akdame terebe waha ··
하느님 에 의지해 그를 죽였다.

[i] Yonatas · terei aha Filistim   sei baru afame genehede · abkai ejen bata be
요나단과 그의 종이 불레셋 인 들을 향해 공격하러 갔을 때 하느님께서 적 을

hūlimbufi · ce ishunde wanumbihe · uttu ohode Yonatas · ini aha juwe ambarame
꾀어서 저들이 서로 죽이게 하셨다. 그리하여 요나단과 그의 종 둘이   크게

etehebi ··
이겼다.

[o] nantuhūn wehe serengge · miosihon enduri i   ūren · sahaha mukdehun i
더러운   돌 이라 함은 사악한   신 의 우상과 쌓아 올린   제단 의

wehe inu ··
돌 이다.

[u] encu demun i urse /27a/ yongkiyan wecen[52] i terkin de dufe enduri i
    이단   의 무리가   완전한   제사 의 제단 에 음란한 신 의

ūren be dobome · terkin be nantuhūraha bihe ··
우상을   바쳐   제단 을   더럽힌 것이었다.

[na] encu demun i urse Yudeya bade tutala ehe hutu   ūren · mukdehun be
     이단   의 무리가 유다 지방에 많은 악한 귀신 우상과   제단   을

iliha   bihe · ne yooni efulehede · Israel i omosi i girucun inu geterembuhebi ··
세웠던 것이다. 이제 모두 허물었으니 이스라엘 자손들 의   치욕 도   없어졌다.

---

52 ʼyongkiyan wecen (완전한 제사)ʼ는 ʼ번제(燔祭)ʼ를 의미한다.

○ *SUNJACI FIYELEN* ○
제5   장

urdeme bisire uksurangga abkai ejen i terkin iliha · enduringge deyen[1]
주위에   있는   민족들이,   하느님 의 제단을 세우고   거룩한   전당을
[周圍有的支派聽見立了天主的祭台,]

dasataha seme donjifi · umesi fancame · ceni   golo tehe Yakob i omosi be
수리했다   고   듣고   몹시 화가 나서 저들의 지역에 사는   야곱 의 자손들 을
[修補聖殿如起初, 大惱, 要滅盡他們地方住的亞各伯的子孫,]

sunteki sembihe · yala emu udu niyalma be wame deribuhe · geren   be
전멸하려   하여   정말로 몇몇   사람들 을 죽이기 시작하고   많은 이들 을
[起手殺了他們幾人, 也害別的.]

jobobumbihe ·· Yudas oci · Idumeya de Esau i mukūn i niyalma[2] · jai Akrabatane
    괴롭혔다.   유다 는   에돔 에서 에사오 일족 의 사람들과   또 아크라바테네
[論如達斯, 在耶東地方戰厄撒烏族的人, 也征亞加拉邑大奈地方人,]

ba i urse be dailambihe · ere gesengge[3] Israel i omosi be fitai kame ofi · tuttu
지방 의 무리 를 정벌하였고, 이 같은 자들이   이스라엘 자손들 을 단단히 포위하 므로 따라서
[因此方人緊圍依斯拉耶耳後代,]

i tesebe ambarame gisabuha[4] · i geli Behan i   jusei   ehe gūnin yabun ·
그가 그들을   많이   죽였다. 그가 또 바이얀 의 아들들의 나쁜 생각과 행동이
[故如達斯大殺他們. 還記得柏漢人的惡意,]

---

1 'enduringge deyen (거룩한 전당)'에 해당하는 라틴어는 'sanctuarium(성소[聖所], 성전[聖殿])'이다.

2 'Esau i mukūn i niyalma (에사오 일족의 사람들)'에 해당하는 라틴어는 'filios Esau (에사우의 아들들)'이다.

3 'ere gesengge (이 같은 자)'에 해당하는 라틴어는 표현되어 있지 않다. 다만 그 동사가 3인칭 복수 반과거형 'circumsedebant(포위했다)'으로 되어 있을 뿐이다.

4 'ambarame gisabuha (많이 죽였다)'에 해당하는 라틴어는 'percussit eos plaga magna (그들을 큰 타격으로 죽였다)'이다.

adarame Israel i   omosi de   oholjon tuhebuku[5] i adali ombime /27b/ hono cembe
어떻게 이스라엘 자손들 에게 올가미와   덫   처럼   되고,   또 저들을
[怎望依斯拉耶耳後代行──]

jugūn deri butui arga de   jocibuki sehe be ejefi ·   tesebe subargan de horibume
 길 에서 은밀한 계획 으로 해치고자 한 것 을 기억하여, 그들을   탑 에 가두어
[路上用暗計陷他們於罟網. 圈他們在塔內,]

tuwakiyabufi · abkai ejen i jurgangga jili de alibume · tuwa dabufi · subargan ·
 감시하고   하느님 의 의로우신 분노 에 맡겨서   불을 붙여   탑
[圍住罵詈, 用火燒塔及內有的罪惡黨.]

dorgi bisirele weilengge hokisa be deijihe [a] ·· tereci Ammon i uksura be afame
안에 있는   죄지은   무리들 을 태웠다.   그 후   암몬   일족 을 공격하러
[從此處又去戰安孟支派],

genehe · ubai cooha etuhun ningge · irgese labdu · Timoteo serengge ceni ejen
갔는데, 이곳의 군사는   강한 자들로 백성들이 많고 디모테오 라는 자가 저들의 주인이
[見他們的兵剛强人多, 弟莫頭是他們的主帥 ;]

inu · Yudas udunggeri cembe afafi · gidame waha · Gadzer hoton harangga babe[6]
다. 유다가 여러 번   저들을 공격하여 무찔러 죽였고, 야젤 성과   소속된 지방을
[如達斯幾次戰, 也擊壓他們, 得了加則耳城管的地方後]

baha manggi · Yudeya de bederehe ··
얻은   후   유다 로 돌아왔다.
[纏回如德亞.]

taka Galat i hacin hacin i mukūn[7] da jecen i dorgi tehe Israel i   omosi be
그때 길르앗 의   여러   종족들이 자기 경계   안에 사는 이스라엘 자손들 을
[暫且加拉得的各族長共同會合, 要滅界內住的依斯拉耶耳後代 ;]

---

5 'oholjon tuhebuku (올가미와 덫)'에 해당하는 라틴어는 'laqueus et scandalum (그물과 장애물)'이다.

6 'Gadzer hoton harangga babe (야젤 성과 소속된 지방을)'에 해당하는 라틴어는 'Gazer civitatem et filias eius (야젤 도시와 그의 딸들을)'이다. 소속된 도시를 '딸'이라고 표현하는 것은 히브리 말 식 표현이라 한다. 정태현 (1999) : 〈구약성서 새 번역 18. 마카베오 상 · 하〉 (서울, 한국 천주교 중앙 협의회) 47 참조.

7 'Galat i hacin hacin i mukūn (길르앗의 여러 종족들)'에 해당하는 라틴어는 'gentes quae sunt in Galaad (길르앗에 있는 민족들)'이다.

mukiyere gūnin uhei acaha · Israel i omosi ukame Dateman akdun hoton[8] de
　전멸할 생각으로 함께 모였다. 이스라엘 자손들은 도망하여 다데마의 견고한 성 으로
[依斯拉耶耳後代一知, 逃跑進了大得慢堅固城,]

dosika · Yudas · terei ahūta deote de jasigan jasifi hendume · duin hošo i mukūn
들어가 유다와 그의 형들과 아우들 에게 편지 부쳐 말하기를, “사 방 의 종족이
[送信給如達斯並他衆弟兄說 :「四方的族齊聚了,]

isanduha muse be sunteki sembi · be jailame akdun bade[9] dosika bicibe elhe
함께 모여 우리 를 섬멸하려 합니다. 우리가 피하여 견고한 곳에 들어와 있지만 안전은
[要滅盡我們, 還想來得我們進的堅固地方 ;]

akū ·　 tesei gūnin uthai jidere · meni babe gaire gūnin inu · Timoteo tesei
없습니다. 그들의 생각은 곧 와서 우리 땅을 가질 생각 인데, 디모테오가 그들의
[弟莫得阿是他們兵的將軍.]

coohai /28a/ jiyanggiyūn inu [e] · bairengge ne jidereo · membe tesei gala ci
병사의 　　　 장군 입니다. 　 바라건대 지금 오시어 우리를 그들의 손에서
[求你如今快來, 從他們手救我們!]

aitubureo · meni dorgici wabuhangge labdu kai · Tubin bade bisire deote[10] nisihai
구하소서. 우리 중에서 죽은 자가 많습니다. 　 튜비 지방에 있는 아우들을 모조리
[我們內被殺的狠多. 但圖賓等地方住的我們的弟兄都被殺,]

suntehebi · ceni sargata · juse be oljilaha · ulin jaka be gamaha · tubade bucebuhe
섬멸하고, 저들의 아내들과 아이들 을 노획하고 재물 을 가져갔습니다. 그곳에서 죽은
[擄了他們的妻, 子, 女, 搶了他們的財物,]

niyalma ainci emu minggan hahasi dere sehe ·· jasigan be hono hūlara undede ·[11]
사람들이 아마 1 천 남자들 일 것입니다.” 하였다. 편지 를 아직 읽기 전에
[那裡死的人大概有一千男子.」正念這書信,]

gaitai gūwa niyalma manaha etuku de Galileya ci jifi boolanjime · Tolemaida ·
갑자기 다른 사람들이 찢어진 옷 으로 갈릴래아 에서 와서 보고하기를, “프톨레메오와
[忽有從加里肋亞差來的人, 穿的是扯破的衣, 報說 :]

---

8 ʻakdun hoton (견고한 성)ʼ에 해당하는 라틴어는 ʻmunitio(요새, 성채)ʼ이다.

9 ʻakdun ba (견고한 곳)ʼ에 해당하는 라틴어는 ʻmunitio(요새, 성채)ʼ이다.

10 ʻdeote(아우들)ʼ에 해당하는 라틴어는 ʻfratres(형제들, 형들, 아우들)ʼ이다.

11 ʻjasigan be hono hūlara undede · (편지를 아직 읽기 전에)ʼ에 해당하는 라틴어는 ʻet adhuc epistulae
　　legebantur (아직 편지를 읽고 있었는데)ʼ이다.

Tiro · Simon jergi ba i uksura hūsun acabufi meni bade dosika · encu demun i
띠로, 시몬 등지 의 일족이 힘을 모아 우리 지방에 들어왔습니다. 이단 의
[從托肋麥大, 弟落, 西東三方人齊多兵來征我們,]

urse Galileya de jalutala bi · ce membe gisabuki sembi ·· Yudas · jai geren
무리가 갈릴래아 에 가득 차 있고 저들이 우리를 죽이려 합니다." 유다와 또 많은
[加里肋亞異端人滿了, 要滅我們.]

irgen ere gisun be donjiha manggi · ambarame isanduha · jobolon de tušabuha ·
백성이 이 말 을 들은 후 많이 모여, 재앙 을 만나
[如達斯與衆民聽了這話後, 都聚一處,]

encu demun i urse de hafirabuha deote i jalin yabuci acara babe hebešembihede ·
  이단 의 무리 에게 고통 받는 아우들 을 위해 해야 할 일을 의논할 때
[商量爲他們遭難的弟兄該行甚麼, 救他們從他們的仇.]

Yudas ini ahūn Simon de hendume · si cooha be sonjo · jurafi Galileya de
유다가 그의 형 시몬 에게 말하기를, "형님은 군사 를 뽑아 출발하여 갈릴래아 에
[如達斯向他兄西孟說:「你選兵起身, 救加里肋亞有的弟兄;]

bisire deote be aitubu · mini beye · mini deo /28b/ Yonatas oci · Galot de genembi
있는 아우들 을 구하시오. 내 자신과 나의 아우 요나단 은 갈르앗 으로 갑니다."
[論我及我弟約那大斯, 往加拉得去.」]

sehe · Zakariyas i jui Yosefe · Azariyas sebe geren irgen i da ilime ·
하고, 즈가리야의 아들 요셉과 아자리야 들을 많은 백성 의 으뜸으로 세우고
[暫立匝加里亞斯的子若瑟甫並亞匝里亞斯做民首,]

cooha be Yudeya babe tuwakiyara turgun bibuhe · juwe da de[12] fafulame · suwe
군대 를 유다 땅을 지키기 위해 두었다. 두 으뜸 에게 명하기를, "너희는
[交剩下兵給他們保護如德亞地方, 命他們:]

irgese be kadala · meni amasi marire onggolo ume suwaliyata uksura[13] i baru
백성들 을 다스리고 우리가 되 돌아오기 전에는 (말라) 뒤섞인 일족 을 향해
[「管這民到我們回來, 不可戰異端支派.」]

---

12 'juwe da de (두 으뜸에게)'에 해당하는 라틴어는 'illi(그들에게)'이다.
13 'suwaliyata uksura (뒤섞인 일족)'에 해당하는 라틴어는 'gentes (민족들, 이방인들, 외국인들)'이다.

coohalara sefi ·· cooha be faksalame dendefi · Galileya de genere Simon de ilan
진군하지 말라." 하고 군사 를   갈라   나누어, 갈릴래아 로 가는   시몬 에게 3
[分開兵, 給了往加里肋亞去的西孟三千兵,]

minggan niyalma be buhe · Yudas Galat de geneme ofi · jakūn minggan niyalma be
　　천　　　인　을 주었고, 유다는 길르앗 으로 가므로　 8　　천　　　인 을
[如達斯去加拉得, 領八千兵.]

gaiha ·· Simon Galileya de isinafi ududu mudan encu uksura[14] be afame · cembe
거느렸다. 시몬이 갈릴래아 에 이르러 여러 차례   다른   일족 을 공격하여 그들을
[西孟到加里肋亞多次戰異端支派, 亂殺他們；]

gidahai · Tolemaida hoton i dukai ebsi fargahabi · bata i dolo gaibuha niyalma
무찌르며 프톨레매오　성 의 문 까지 추격하였다. 적 의 가운데 죽은   사람이
[逃跑的追趕至托肋麥大城門, 仇兵大概死了三千,]

ilan minggan otolo · Simon tesei ulin jaka be bireme gamaha · Galileya · Arbatis
　3　천에 이르고, 시몬은 그들의   재물 을 모조리 가져갔다. 갈릴래아와 아르바티
[西孟將他們的財物全拿去, 又喜悅帶加里肋亞, 亞耳巴得]

sere bade tehe irgese be · meimeni sargata · juse · hacingga jaka be kamcime
라는 곳에 사는 백성들 을   각자의 아내들과 아이들과 온갖   물건 을   모아서
[二方住的弟兄兼妻, 子, 女, 財物]

amba urgun i Yudeya de benjihe ·· Yudas Makabeo · terei deo Yonatas se
큰 기쁨 으로 유다 에 돌아왔다. 유다 마카베오와 그의 아우 요나단 들이
[回到如德亞地方. 如達斯瑪加白阿, 他的弟約那大斯]

Yordane /29a/ bira be olome · ilan inenggi i sidende gobi deri yabuha[15] · Nabuteo
요르단　　　강 을 건너 3　일 사이에 사막 으로 갔다.　 나바테야
[過若耳當河, 三天走壙野.]

mukūn i niyalma cembe okdofi · elhe i[16] da maikan de dosimbufi · ceni ahūta
　일족 의 사람들이 저들을 맞아 편히 자기 장막 으로 들이고, 저들의 형들과
[那布得阿支派人迎接他們, 安然請進帳房,]

---

14 'encu uksura (다른 일족)'에 해당하는 라틴어는 'gentes (민족들, 이방인들, 외국인들)'이다.

15 'ilan inenggi i sidende gobi deri yabuha(3일 사이에 사막으로 갔다)'에 해당하는 라틴어는 'abierunt viam
trium dierum per desertum (사막으로 3일 길을 갔다)'이다.

16 'elhe i (편히)'에 해당하는 라틴어는 'pacifice(평화로이, 평온히)'이다.

deote Galat bade ai mangga jobolon de tušabuha be giyan giyan i alame[17]
아우들이 갈르앗 땅에서 어떤 어려운 재앙 을 만나게 됐는지 를 분명히 알리어
[將他們弟兄在加拉得地方遭甚麼大禍, 件件告訴,]

hendume · bata tesebe Barasa · Busor · Alim · Kasfur · Mašet · Karnaim sere
말하기를, "적이 그들을 보스라, 보소르, 알레마, 가스포, 마케드, 카르나임 이라는
[說：「仇圍困他們在巴拉撒, 玻索耳, 加鮋斐耳, 瑪蛇得, 加耳奈意默等大堅固城,]

akdun amba hoton de haha · kemuni Galat i gūwa hoton de suweningge be
견고하고 큰 성 에서 남자와, 또 길르앗의 다른 성 에서 당신편들 을
[還在加拉得別的城內監圈了他們,]

yaksitai kafi · cimari urunakū geren cooha be gaiki · ere jergi hoton be emu
결단코 포위하여 내일 반드시 많은 군대를 데리고 이 들 성 을 한
[定主意望這些城帶多兵,]

inenggi bahaki seme toktohobi sehede · Yudas ini harangga coohai emgi Bosor i
날에 얻자 하고 정하였습니다." 하자 유다가 그의 휘하의 군사와 함께 보스라
[一日之間拿依斯拉耶耳後代全殺. 」如達斯與他管的兵繞柏素耳(亦譯：玻索耳)野道行,]

bigan tala i ici mudalime yabuha · holkonde jifi hoton be ejelehe · bisirele
들판 길 을따라 돌아 나아가 홀연히 와서 성 을 점령하였다. 남아있는
[忽得城, 刀刃殺所有的男,]

hahasi be lohoi jeyen de sacime · ulin jaka be gamaha manggi · tuwa sindame ·
남자들 을 칼날 로 베고 재물 을 가져간 후 불을 놓아
[搶他們的財物, 火燒城.]

hoton be deijihe · terei dobori ilime · Dateman akdun bade[18] isinaha ·
 성 을 태웠다. 그 밤에 일어나 다데마 요새에 이르러
[於是夜裡起來, 去到大得慢堅固地方,]

---

17 'giyan giyan i alame (분명히 알리다)'에 해당하는 라틴어는 'narrare(이야기하다, 서술하다, 설명하다)'이
다.

18 'Dateman akdun bade (다데마 요새에, 다데마 견고한 땅에)'에 해당하는 라틴어는 'ad munitionem (요새
로, 성채로)'로서 '다데마'라는 지명이 없다. 그리스어 성경인 Septuaginta에도 다음과 같이 '다데마'란 말
이 없다. ἐπορεύοντο ἕως ἐπὶ τὸ ὀχύρωμὰ. (요새 안으로까지 가다.)). 다만 Septuaginta의 마카베오기 1권
5장 9절에 εἰς Δάθεμα τὸ ὀχύρωμα (다데마 요새 안으로))라는 말이 있어서 이를 참조한 것이다.

gerendere erin uju tukiyefi · tuwaci · ton akū urse¹⁹ akdun babe /**29b**/ gaire · tehe
날이 밝을 때 머리 들어　보니　무수한 무리가　요새를　　뺏고, 사는
[天剛明時, 抬頭見無數人負梯背架,]

niyalma be afara gūnin · wan · jergi giyase²⁰ be meihereme benjimbihe ··
사람들 을 공격할 생각으로 사다리와 층층의 발판 을　메고　　왔다.
[爲强佔堅固地方.]

Yudas oci · dain i baita deribuhe be sabufi · afara durgen²¹ · buren i jilgan i adali
유다 는　전쟁 의 사건이 시작된 것 을 보고, 전투의 소란함이　나팔　소리 처럼
[如達斯見起了戰, 聽見戰的聲勢振動,]

abka de sucunara · hoton i dorgici kaicara amba asuki²² be donjifi · ini cooha de
하늘 에 사무치며,　성　안에서 외치는　큰 소리 를 듣고 그의 군사들 에게
[如號音從城沖上天, 望他的兵說：]

hendume· suwe enenggi suweni deote i jalin afakini · ilan baksan obufi · bata i
말하기를 "너희는 오늘　너희의 아우들 을 위해 싸우라."(하고) 세 부대를 만들어 적 의
[「你們今日爲你們弟兄戰.」分三隊在仇背後打仗,]

amargide jihe · buren burdeme · abkai ejen de jalbarime baiha · Timoteo i cooha
　뒤로　와서 나팔을 불며　　하느님 께　기도하며 구하였다. 디모테오 의 군사가
[吹號, 祈求天主. 弟莫得阿的兵]

terebe takafi · Makabe jihe sehei · geleme golome burulaha ·· Yudas i cooha
그것을　알고 마카베오가 왔다고 하자 두려워　놀라　도망했다.　유다 의 군대가
[認得他是瑪加白阿, 驚惶跑了 ; 如達斯上前亂殺,]

bata be ambula gidaha · tere inenggi bata i dorgide gaibuha niyalma jakūn
적 을 크게 무찔렀다. 그 날　적　중에서　죽은　사람이　8
[那日殺的仇兵有八千.]

---

19 'ton akū urse (무수한 무리)'에 해당하는 라틴어는 'populus multus cuius non erat numerus (그 수가 없이 많은 사람)'이다.
20 'jergi giyase (층층의 발판)'에 해당하는 라틴어는 'machina'인데 이 라틴어 어휘에는 '기계, 도구, 장치, 발판, 무기, 대포, 파성추(破城槌)' 등 많은 의미가 있어, 여기서는 만주어 'giyase'를 '발판'으로 번역해 둔다. 프랑스어로는 'machine', 영어로는 'engines'으로 번역되어 있다.
21 'afara durgen (전투의 소란함)'에 해당하는 라틴어는 'clamor belli (전쟁의 함성)'이다.
22 'asuki'는 '기척, 동정'과 같은 작은 소리를 뜻하는데, 이에 해당하는 라틴어는 'clamor (고함소리, 함성)'이다. 프랑스어도 'cri (함성, 고함)'이다.

minggan otolo bihe · Yudas dahanduhai Masfa[23] i baru genehe · afahai terebe baha ·
천이 되도록 있었다. 유다가   이어서   알레마 를 향해 가서   공격해 그것을 얻고
[如達斯隨那去瑪斯法打仗, 得了那城,]

geren hahasi be wafi · tabcilame cuwangnaha manggi · hoton be deijime gilgabuha ·
많은 남자들 을 죽이고 강제로   약탈한   후   성 을 태워 재로 만들었다.
[殺了衆男, 搶物後燒了城.]

ere baci jurame · Kasbol · Mašet · Bosor · Galat i gūwa hoton be gaiha ·· ere
이 곳에서 행군하여 가스포와 마케드, 보소르, 갈르앗 의 다른   성 을 빼앗았다. 이
[從這裡起身, 又得了加斯奔, 瑪蛇得, 柏索耳, 加拉得的別城.]

baita i amala Timoteo jai cooha be **/30a/** acabume · ing kūwaran be mukei turakū[24] i
사건 후 디모테오가 또 군사 를   모아   병영 을 물 폭포
[完了這事, 弟莫得阿又調兵]

cargi Rafun i ishun ilihabi ·· Yudas bata i cooha be cincilame tuwara emu udu
저쪽   라폰 맞은편에 세웠다. 유다가 적 의 군사 를   자세히   볼   많은
[在拉峰對面, 亞玻克旱河那邊扎了營.]

niyalma be unggihe · ce amasi marifi alame · šurdeme bisire ai ai uksura · gemu
사람 을 보냈다. 저들이 되돌아와 알리기를, "주위에 있는 여러 민족이 모두
[如達斯差人查探仇兵的數, 他們回來說 : 「周圍所有的各支派都歸了弟莫得阿,]

Timoteo de   acanjiha · ini cooha jaci fulu · hono Arabiya ba i urse be cende
디모테오 에게 와서 만나 그의 군사가 매우 많고 또 아라비아 지방 의 사람들 을 그들에게
[成了大軍, 還僱了亞拉必亞地方人來肋他們,]

ailsilakini   sere jalin   turihebi · gemu turakū cargi ing iliha · ne belhefi ·
도와달라고 하기 위해 고용했는데,   모두   폭포 쪽에 진을 세우고 이제 준비하여
[在旱河那邊札了營, 如今要來戰你.」]

sini baru afame jiki sembi ··   Yudas ere gisun be donjifi · bata be okdome
당신을 향해 공격해 오려 합니다." 유다가 이   말 을 듣고   적 을 맞으러
[如達斯聽了這話, 去截仇.]

---

23 'Masfa'에 해당하는 원어 성경의 말은, 그리스어 성경인 Septuaginta의 이본에 따라 Alema 또는 *Μααφα*로
표기된다........ Robert Hanhart (2006) : *Septuaginta*. Deutsche Bibelgesellschaft, Stuttgart. 1056.
24 'mukei turakū (물 폭포)'에 해당하는 라틴어는 'torrens(급류, 분류[奔流][])이다.

genehe ‥ Timoteo ini harangga coohai da²⁵ sade hendume · aika Yudas · terei
갔다. 디모테오가 그의 휘하 군대의 대장 들에게 말하기를, "만약 유다와 그의
[弟莫得阿望他兵的諸首說：]

cooha mukei turakū de hanci isinafi · i neneme meni ubade dulenjici · be imbe
군대가 물 폭포 에 가까이 와서 그가 먼저 우리의 이곳으로 지나면 우리는 그를
[如達斯連他的兵近了旱河, 若他先過,]

sujame muterakū · menci horonggo kai · membe gidara dabala · aika i gelihun akū
맞설 수 없고 우리보다 위세가 있어 우리를 물리칠 것이다. 만약 그가 감히
[望我們來, 一定不能抵擋他, 因他們比我們英勇, 要敗我們；]

dulerakū · bira i cargi ing ilici · be muke olofi · imbe etembi sehe ‥ Yudas
지나지 못해 강 저쪽에 진을 세우면 우리가 물을 건너가 그를 이긴다." 하였다. 유다가
[若怕, 不敢過來, 在河那邊扎營, 我們只管過河, 一定勝他.]

muke i turakū de hanci ome hamika · coohai bithesi be [i] mukei turakū i dalin de
물 폭포 에 가까이 가 이르러 군대의 서기들 을 물 폭포 연안에
[如達斯將近旱河, 把記兵册的官放在旱河沿,]

/31a/ sindame hendume · suwe emu haha be ubade biburakū · geren be dain i bade
두며 말하기를, "너희는 한 남자 를 이곳에 두지 말고 여럿 을 전쟁 터로
[命他們說：「此處不可留一人, 全都來打仗.」]

unggikini sefi · i uju de muke olome · cooha gemu imbe dahalaha · kūthūme
보내라." 하고, 그가 선두 에서 물을 건너니 군사들 모두 그를 따랐다. 뒤엉겨
[他在前過河, 兵都跟他,]

afarade · suwaliyata uksura ambula gidabuhabi · coohai agūra be maktame waliyafi ·
싸우는데, 뒤섞인 일족이 크게 패해 군기 를 던져 내버리고
[大擊壓了衆異支派, 仇都棄捨兵器,]

burulahai Karnaim hoton de bisire juktehen²⁶ i dolo jailame dosika · Yudas tere
도망하여 카르나임 성 에 있는 사당 안으로 피해 들어갔다. 유다가 그
[逃跑進了加耳奈意默城有的廟內躲避.]

---

25 'coohai da (군대의 대장)'에 해당하는 라틴어는 'princeps exercitus (군대의 으뜸)'이다.
26 'juktehen(사당)'에 해당하는 라틴어는 'fanum(성역, 신전, 사당)'이다. 영어와 프랑스어의 번역은 'temple(성전)'이다.

hoton be gaiha · tuwa sindame juktehen · dorgi bisirele urse be biretei deijihe ·
성 을 빼앗아 불을 놓아   사당과   안에 있는 사람들 을 모조리 태웠다.
[如達斯取了那城, 放火燒廟並內所有的人,]

Karnaim   Yudas i hūsun de bakcilame muterakū ofi · tuttu susubuhabi ··
카르나임은 유다 의 힘 에 대적할   수 없기에   그렇게 붕괴되었다.
[因加耳奈意默不能擋如達斯的力, 故被毀壞.]

Yudas Galat bade tehe   Israel i geren omosi   ajige ci sakda de isitala ·
유다가 길르앗 지방에 사는 이스라엘 의 많은 자손들을, 어린이 부터 노인 에 이르기까지
    [如達斯把加拉得地方住的依斯拉耶耳後代從小到老,]

meimeni sargata   juse be isabume baksan meyen arame · Yudeya bade
  각자   아내들과 아이들 을 모이게 하여 대오(隊伍)를 만들어   유다 지방으로
[他們的妻, 子, 女聚成隊伍, 爲領到如德亞地方.]

gurinere turgun sasa juraka · Eferon de   isinjiha · ere uthai amba hoton bime ·
옮기기 위해 함께 길 떠나 에브론 에 이르렀다. 이는 곧   큰   성   이며
[他們一同來到厄斐隆, 這城又大又固,]

umesi akdun inu · jugūn i dulimbade bifi · umainaci ojorakū hoton deri yabuci
매우   견고 하며, 길   가운데 있어서   부득이   성을 통해 가야
[在路當間, 左右無別道,]

acambihe · hashū ici juwe ergide gūwa jugūn akū · /31a/ hoton i urse dolo bifi ·
  했고,   왼쪽 오른쪽 두 쪽에   다른 길이 없다.   성 의 사람들이 안에 있어
[不得已要從城當中走, 城內人閉了門,]

duka be wehe de sibuha · Yudas tesei baru niyalma be unggime hūwaliyasun
문 을   돌 로 막았다. 유다가 그들을 향해   사람 을 보내어   화해하는
[還用石堵塞. 如達斯望他們差人講和,]

gisun i baime ·   be   meni bade bedereki · suwe membe suweni hoton deri
 말 로 청하기를, "우리가 우리 땅으로 돌아가니 당신들은 우리를 당신들 성을 통해
[說:「我們回本地, 求你們許我們從你們地方過;]

dulebureo ·   heni   koro suwende ararakū · damu šuwe yabure teile sehe ··
지나게 하시오. 조금의 해를 당신들에게 끼치지 않고, 다만 곧장 갈 것이오." 하였다.
[無人傷損你們, 但直走.」]

ce naranggi duka be neiki serakūde · Yudas coohai kūwaran i dorgi selgiyeme ·
저들이 끝내   문 을 열려고 하지 않자 유다가   군영   안에   고하기를
[他們總不肯開門. 如達斯傳諭衆兵 :]

niyalma tome tehe baci hoton be afacina sehe ·· baturu sa uthai fu be
   사람 마다 머문 곳에서 성 을 공격하라 하였다. 용사 들이   곧   담을
[每人從在的地方攻城. 多勇卒手脚齊力上了墻,]

wardašame tafaka · geren oci · emu inenggi · emu dobori hoton be afahai · teni
     힘써   올랐다. 많은이 는   하루 낮과   하루   밤   성 을 공격하여 겨우
[剩下的兵一日一夜攻破了城.]

terebe baha · hahasi be gemu loho i jeyen de gisabuha · hoton be yooni efulehe ·
그것을 얻고, 남자들을 모두   칼   날 로 전멸했다.   성 을 모두 허물고
[如達斯得了那城, 命全殺內有的男, 也毁壞城,]

tabcin i jaka be gamafi · hoton deri[27] faha ursei giran be fehume duleke ·· Betsan de
  노획   물 을 가지고 성 을질러 죽인 사람들의 시체 를 밟고 지나갔다. 벳산 에
[還搶物, 從城中間殺的死屍上過.]

bakcilara[28] amba necin bade Yordane bira be dooha ·· Yudas jugūn de amarilara
마주한   크고 평평한 땅에서 요르단 강 을 건넜다. 유다가 길 에서 뒤떨어지는
[在柏得三城對面的大平地過若耳當河. 如達斯路上]

urse be isabume · geren nacihiyame Yudeya bade dosinatala huwekiyembihe [o] ·
사람들 을 모아   모두를 위로하며   유다 지방으로 들어갈 때까지 격려했다.
[在末隊中安慰衆兵, 直到進如德亞,]

teni urgunjeme sebjeleme Siyon alin de wesifi · /31b/ gemu elhei amasi
그리고 기뻐하고 즐거워하며   시온   산 에 올라   모두 편히 뒤로
[上西雍山, 喜樂獻全祭謝恩,

marinjiha · ceni dorgici emke inu gaibuhakū sere turgun tutala yongkiyan wecen[29]
되돌아왔다. 저들 중에서 한명 도   빼앗기지 않은   때문에 그렇게 완전한 제사를
[因他們內無一人被殺, 都平安回來.]

---

27 'hoton deri (성을 질러)'에 해당하는 라틴어는 'per totam civitatem (모든 도시를 통하여)'이다.

28 'Betsan de bakcilara (벳산에 마주한)'에 해당하는 라틴어는 'contra faciem Bethsan (벳산 정면을 마주해)'
    이다.

29 'yongkiyan wecen (완전한 제사)'에 해당하는 라틴어는 'holocaustum(번제[燔祭])'이다.

alibuhabi ·· Yudas · Yonatas juwe nofi Galat babe dailara · ceni ahūn Simon
바쳤다. 유다와 요나단 두 명이 갈르앗 땅을 정벌하고 그들의 형 시몬이
[如達斯, 約那大斯二人征討加拉得地方, 他們的兄西孟]

Galileya de Tolenaida hoton i ishun bisire erin · Zakariyas i jui Yosefe · coohai
갈릴래아 에서 프톨레매오 성 의 맞은편에 있을 때 즈가리야 의 아들 요셉과 군대의
[在加里肋亞對托肋麥大城時, 亞匝里亞斯的子若瑟甫]

jiyanggiyūn Azariyas se tesei coohalara baita · wesihun gungge be donjifi
장군인 아자리야 들이 그들의 정복한 일과 훌륭한 공 을 듣고
[及兵的將軍亞匝里亞斯聽見如達斯, 西孟行兵立的大功,]

hendume · be kemuni meni gebu be algimbukini · šurdeme tehe uksura be
말하기를, "우리 또한 우리 이름 을 날리고 주위에 사는 일족 을
[彼此說 :「我們去戰周圍的異端的支派, 也顯揚我們的名.」]

afanakini sehede · harangga cooha be gaime · Yamniya i baru genehe · Goršiyas
공격합시다." 하며 휘하의 군사 를 데리고 얌니아 를 향해 갔다. 고르기아가
[帶本兵望亞默尼亞去. 郭耳詩亞斯]

ini cooha be gaifi · hoton ci tucifi cembe afaki seme okdohobime · geli Yosefe ·
그의 군사 를 데리고 성 에서 나와 저들을 공격하고자 하여 대적했고, 그리해 요셉과
[領兵出城, 要戰他們.]

Azariyas sebe Yudeya ba i jecen de isitala burulabuha · tere inenggi Israel i
아자리야 들을 유다 땅 의 경계 에 이르기까지 도망하게 했다. 그 날 이스라엘
[若瑟甫及亞匝里亞斯逃跑, 到如德亞交界 ; 彼日,]

omosi i dorgici tuhebuhengge juwe minggan niyalma otolo bihe · ce baturulame
자손들 중에서 쓰러진 자가 2 천 명에 이르렀다. 저들이 용감하게
[依斯拉耶耳後代內被殺的有二千, 別的都散了.]

yabuki seme gūnihai · Yudas · terei ahūta deote i gisun be donjirakū ofi · tuttu
행동 하려고 생각하면서 유다와 그의 형제들 의 말 을 듣지않았 기에 그렇게
[依斯拉耶耳會受傷遭禍, 皆因不聽如達斯及他弟兄的話, 妄想立功, 能舊勇爭戰.]

Israel i /32a/ cooha ambarame gidabuha · Yosefe · Azariyas serengge · Israel i
이스라엘 군대가 크게 패하였다. 요셉과 아자리야 라는 자는 이스라엘 의
[若瑟甫, 亞匝里亞斯]

irgese be aitubuhe tere baturu sai omosi waka kai · elemangga[30] Israel i irgese
백성들 을 구한　그　용사 들의 자손이 아닌 것이다. 반면에　이스라엘 백성들은
[本不是救依斯拉耶耳的會那些勇男的後代. 反倒]

Yudas i cooha be ambula saišambihe · ya ba i　uksura ceni gebu be donjici ·
유다 의 군대 를 크게　찬양했고, 모든 지방 의 일족이 저들의 이름 을 들으면
[如達斯的兵在依斯拉耶耳衆民前大有榮耀, 又那地方的支派聽他們的奇功,]

cembe wesihulerakūngge akū ·　geren　cembe acafi · urgun i jilgan i hacingga
저들을 존경하지 않는 자가 없으며, 많은 이가 저들을 만나 기쁨 의　소리 로　온갖
[都護美, 民都迎如達斯兵, 也誇獎,]

hūturi alikini sehe ·· Yudas · terei ahūta deote kemuni tucime · julergi ergide
복을 드리고자 하였다. 유다와 그의　형제들이　또　나가서　남 쪽에
[求主與他們賜福. 如達斯領他的弟兄又去征南邊有的]

bisire Esau i mukūn i urse be dailanaha · Keberon hoton · hanciki gašan tokso be
있는 에사오 족속 의 사람들 을 정벌하여　헤브론　성과　가까운 시골 마을 을
[厄撒烏族的人, 取了克柏隆城運管的鄉村,]

gaifi · hoton i fu · subarhan[31] be tuwa de deijihe · ing kūwaran be nukteme ·
빼앗아 성 의 담과　탑　을 불 에 태웠다.　병영　을 이동하여
[火燒城墻周圍的塔. 移營又往異端支派去,]

suwaliyata uksura i ba na[32] de genekini Samariya babe akūname yabuha[33] ·· tere
뒤섞인　일족 의 본 땅 으로 가고자 사마리아 지방을　두루　다녔다.　그
[走遍了撒瑪里亞.]

inenggi ududu wecen i da sa[34] cisu gūnin i hoo hio seme dain de dosifi ·
날　많은　제사장 들이 무분별한 생각 으로 거리낌 없이 전투 에 들어와서는
[那日, 多祭首私意逞强上陳, 被仇殺死.]

---

30 'elemangga(반면에)'에 해당하는 라틴어는 'et(그리고, 그러나)'이다.

31 'subarhan(탑)'에 해당하는 라틴어는 'turris(탑, 요새[要塞])'이다. 여기서는 '요새(要塞)'의 뜻일 듯하다.

32 'suwaliyata uksura i ba na (뒤섞인 일족의 본 땅)'에 해당하는 라틴어는 'terra alienigenarum (외국인 땅, 이방인의 땅)'이다.

33 'Samariya babe akūname yabuha (사마리아 지방을 두루 다녔다)'에 해당하는 라틴어는 'perambulabat Samariam (사마리아를 배회[徘徊]했다, 사마리아를 돌아다녔다)'이다.

34 'wecen i da sa (제사장들)'에 해당하는 라틴어는 'sacerdotes(사제들)'이다.

bata de wabuhabi **[u]** ‥ Yudas mudalime · Filistim sei Azoto hoton de   jihe ·
적 에게 죽임 당했다. 유다는 길을 돌아   불레셋 들의 아조토   성 으로 와서
[如達斯繞走到斐里斯定的亞作托城,]

tesei mukdehun be efulehe · miosihon enduri i coliha arbun be /**32b**/ gemu
그들의   제단 을 허물고 사악한   신 을 새긴   상(像) 을   모두
[拆毀他們的祭台, 火燒他們的邪神像,]

tuwa de gilgabuha · geren hoton be cuwangname tabcilafi Yudeya bade
 불 에 태웠으며, 많은   성 을   약탈하여 빼앗고서 유다 지방으로

bederehe ‥
돌아왔다.
[搶掠諸城後纏回如德亞.]

○ 𝔖𝔘𝔕ℭ 𝔊𝔌𝔖𝔘ℜ ○
풀이   말

[a] Beha uthai Amorreo uksurangga i hoton inu · terei niyalma ainci jugūn de
바이얀은 곧 아모레오   지파 의 성 이다. 그곳의 사람들은 아마 길 에

buksifi Israel i omosi be hetureme jafambihe dere ··
매복하여 이스라엘 자손들 을 가로막고   잡았을 것이다.

[e] ere encu emu niyalma bihe ··
  이는 다른 한 사람 이었다.

[i] ere bithesi coohai gebu be dangse de araha ofi ·   we genere · we
  이 서기관들이 군사의 이름 을   서류 에 적었 으므로 누가 가고 누가

generakū be getuken i same mutembihe ··
안 가는지 를 분명히   알 수 있었다.

[o] coohai uncehen de hehesi · ajige jusei tutala baksan bici · Yudas gosingga
   군사의   뒤끝 에 여자들과 작은 아이들의 많은 무리가 있으면 유다는 인자한

ama i mujilen be hefeliyefi · giljame gūnime · cooha de manda oso · hehesi
아버지 의 마음 을 품어   관대하게 생각하며 군사 에게 천천히 하라 하고, 여자들과

buya suse de heni jobocun kirime tosokini · uhei acakini sehei · geren be
어린이들 에게 좀 고통을 참아 대비하고 함께 모이자고 하면서 많은 이 를

huwakiyembihe ··
 격려했다.

[u] ere neneme gisurehe ci encu emu   baita bi ·   wecen i da sa gebu
　　이 이전에   말한 것 외에 다른 한 가지 일이 있다.   제사장 들이 이름을

algimbure cokto gūnin i   coohalaki serede · abkai ejen tesebe batai gala de
날리려는 교만한 생각 으로 행군하려 하므로 하느님께서 그들을 적의   손 에

tuhebuhe ··
빠뜨리셨다.

○ *NINGGUCI FIYELEN* ○ /33a/
제 6 장

Wang Antiyoko Ūfarade ula i cargi bade yabuhai ·[1] Bersiya gurun de
왕 안티오쿠스가 유프라테스 강 저쪽 지방에 갔을 때,　페르샤　나라 에

emu hoton seme donjiha · hoton i gebu Elimaida ·　umesi wesihun · menggun
한　성 이라고 전해진 (성 의 이름) 엘리마이스는 매우 귀한　은과

aisin inu jaci fulu · dolo kemuni emu juktehen[2] colgoropi bayan ningge ·
금 이 몹시 많았다. 그중 일찍이 한 사당이 특별히 풍부한 것으로서,

yala Kerešiya i sucungga wang Filipo[3] i jui Aledzander ubade tutala aisin i
사실은 그리스 의 첫째 왕인 필립보 의 아들 알렉산더가 여기에 많은 금

wadan · uksin · kalka be doboho bihe ·· i genefi · hoton be gaiki · tabcin i jaka be
휘장과 갑옷과 방패 를 헌납해 둔 것이었다. 그가 가서 성 을 빼앗고 노획 물품을

gamaki sembihe · damu muterakū oho · hoton i urse arbun be serefi · tucime ·
가지고자 했는데, 그러나 할 수 없게 되었다. 성 의 사람들이 상황 을 알고 나와서

ini baru afaki serede · i uthai burulaha ·ališame jobošome · Babilon de amasi
그를 향해 공격하려 하여 그가 곧 도망한 것이다. 번민하고 심란해 하며 바빌론 으로 되

marihabi ·· i Bersiya de bisirele · niyalma jifi alame · Yudeya ba i urse wang i
돌아갔다. 그가 페르샤 에 있을 때 사람이 와서 말하기를, "유다 땅 의 무리들이 왕 의

---

1 'Wang Antiyoko Ūfarade ula i cargi bade yabuhai (왕 안티오쿠스가 유프라테스 강 저쪽 지방에 갔을 때)'
에 해당하는 라틴어는 'rex Antiochus perambulavit superiores regiones (안티오쿠스 왕이 윗 지역을 순방
하고 있었다.)'이다. 즉 라틴어 원문에는 '유프라테스 강'에 해당하는 말이 없다. 만주어 성경이 이렇게 번역
된 이유는 이 부분의 프랑스어 번역이 'Cependant Antiochus, parcourant les hautes provinces qui étaient
au delà de l'Euphrate (그런데 안티오쿠스가 유프라테스 저쪽에 있는 위쪽 지방을 돌아다닐 때에)'이기 때
문이다.

2 'juktehen(사당)'에 해당하는 라틴어는 'templum(성전, 사원)'이다.

3 'Filipo'는 원문에는 'Filibo'로 되어 있으나 잘못 표기된 것으로 보고 교정한다.

cooha be burulabuha · Lisiyas amba etuhun cooha be isafi · cembe dailame
군대 를 패주시켰고, 리시아가 크고 강한 군사 를 모아 저들을 정벌하러

genehede · Israel i omosi naranggi terebe gidaha bime · geli meni ing be
갔으나 이스라엘 자손들이 결국 그를 무찔렀 으며 또 우리의 병영 을

ejelehe · coohai agūra · ulin jaka be labdukan i baha ofi · ele horonggo hūsungge
차지했습니다. 군기와 재물 을 많이 얻었으므로 더 위엄 있고 강한 자가

/33b/ oho · Yerusalem i terkin i ninggude iliha enduri i arbun⁴ be efulehe ·
되었습니다. 예루살렘 의 제단 위에 세운 신 의 형상 을 허물고

nenehe songkoi tanggin · ceni hoton Betsura be den fu i kūwaran de akdulaha
이전 대로 성전과 저들의 성과 벳술 을 높은 담의 병영 에서 지키라

sehe ·· wang ere gisun be donjirede bektereke gese · dolo ambula farfabuha ·
했습니다." 왕이 이 말 을 듣고 실신한 듯이 마음이 크게 어지러웠다.

baita ini gūnin de acabuhakū ofi gingkahai · cira boco wasifi · oori hūsun eberefi ·
일이 그의 뜻 에 맞지않 아 답답하여 얼굴 빛이 변하고 정신과 힘이 지치니,

beye yadalinggū ohode · beserhen de deduhebi utala inenggi ubade [a] indehe⁵ ·
몸이 허약해 져 침상 에 누워 여러 날 여기서 쉬었다.

damu ini ališacun⁶ erindari ele ujen mangga ojorade · urunakū bucembi seme
그러나 그의 번민이 시간 마다 더 무겁고 심해 지자 반드시 죽으리 라

gūnimbihe · geren gucu sebe hūlame gajifi hendume · amu mini yasa ci aljaha ·
생각해서 여러 친구 들을 불러 가지고 말하기를, "잠이 내 눈 에서 떠났고

amtan tuheke · dabali jobome ofi · mujilen uthai musekebi · mini dolo
즐거움이 사라졌다. 너무 걱정해 서 마음이 곧 꺾였다. 내가 속으로

---

4 'enduri i arbun(신의 형상)'에 해당하는 라틴어는 'abominatio(혐오, 증오, 가증스러운 것)'이다. 이 낱말의
프랑스어 번역은 'l'idole abominable (가증스러운 우상)'이다.

5 'beserhen de deduhebi utala inenggi ubade indehe (침상에 누워 여러 날 여기서 쉬었다)'에 해당하는 라틴
어는 'decidit in lectum (침대에 쓰러져 누웠다)'일 뿐이다. 즉 'utala inenggi (여러 날)'이란 말과 'ubade(여
기서)'라는 말이 라틴어 성경에는 없다.

6 'ališacun'은 현존 만주어 문헌과 사전에서 찾아볼 수 없는 어형이다. 그러나 'ališabu-(고민하게 하다, 번민
하게 하다, ališacuka(고민스러운, 번민스러운), ališa-(고민하다, 번민하다), ališata-(깊이 번민하다)' 등의
낱말이 있으므로 이 'ališacun'도 충분히 사용되었으리라 생각된다. 혹은 푸와로 신부가 이 낱말을 처음 만
들어 사용했을 수도 있다. ,

hendurengge · bi neneme amba soorin toose de absi selambihe · geren inu
말하는 바는, 내가 이전에는 큰 옥좌와 권력 에서 몹시 즐거워했고, 많은 이들 도

mimbe haji gosimbihe · ne adarame ere emu manggašara bade isibuha · ere
나를 사랑했으나, 이제 어떻게 이 한 어려운 처지로 보내져 이

tutala kušun i boljon de aššabuhai · Yerusalem de yabuhala /**34a**/ ehe baita be
많은 언짢음 의 물결 에서 흔들리며, 예루살렘 에서 행한 나쁜 일 을

ejeme bi · hoton tanggin be susubume aisin · menggun tetun jaka be gamaha ·
기억하고 있는가? 도시와 성전 을 파괴하고 금과 은 그릇 들 을 가져갔고,

turgun akū bicibe ba i irgese be mukiyere jalin cooha be unggihe · meni
이유 없음 에도 지방 의 백성들 을 멸하기 위해 군대 를 보냈다. 내가

sarangge enteke jobolon ere ci banjinjihangge · ne hairaka weri niyalma i bade ·
아는 바로는 이런 재앙이 여기 서 생긴 것이다. 이제 불쌍한 다른 사람들 의 땅에서

amba kušun de mohobufi bucembi sehe manggi · doshon ambasi dorgici[7] emu
큰 슬픔 으로 지쳐서 죽는다." 한 후, 총애하는 대신들 중에서 한

gucu Filibo be solinjime[8] · taka[9] da gurun i baita icihiyara toose be inde afabuha
친구 필립보 를 선택하여 잠시 본 국 의 일을 처리하는 권력 을 그에게 맡기며,

wang i mahala · etuku · guifun be ini gala de sindafi [e] · mini beyei jui Antiyoko be
왕 의 모자와 옷과 반지 를 그의 손 에 두고 "내 자신의 아들 안티오쿠스 를

ubade benju · terebe ujime hūwašabu · i mini soorin de tekini sehe · emu
여기에 데려와 그를 길러 교육시켜, 그가 나의 자리 에 앉게 하자." 하였다. 일

tanggū dehi ujuci aniya wang Antiyoko tubade akū oho ··
백 사십 구 년 왕 안티오쿠스는 그곳에서 죽었다.

---

7 'doshon ambasi dorgici (총애하는 대신들 중에서)'에 해당하는 라틴어는 'de amicis suis (자기 친구들 중에서)'이다.

8 'emu gucu Filibo be solinjime (한 친구 필립보를 선택하여)'에 해당하는 라틴어는 'vocavit Philippum unum de amicis suis (자기 친구들 중에서 하나인 필립보를 불렀다)'이다. 이곳의 'Filibo'도 아마 'Filipo'의 잘못된 표기일 가능성이 크다.

9 라틴어 원문에는 이 낱말이 들어있지 않다.

Lisiyas wang dubehe sere mejige be donjifi · ini ujihe ajige jui Antiyoko be
리시아가 왕이 죽었다 는 소식 을 듣고 그가 기른 어린 아들 안티오쿠스 를

amai funde wang ilibuha · terei gebu be Ūbator seme gebulehe [i] ··
아버지 대신 왕으로 세우고, 그의 이름을 유파톨 이라 불렀다.

Siyon beki hoton[10] de bisire fudasi[11] /34b/ hala[12] enduringge tanggin de tuhenere
시온 견고한 성 에 있는 패악한 일족이, 거룩한 성전 에 이르는

yaya jugūn be kafi · Israel i omosi be heturembime · duruhai cende koro isibumbihe ·
모든 길 을 막아 이스라엘 자손들 을 차단하고 늘상 저들에게 해를 입혀서

geren bata i fulehe da ojoro dabala ··[13] Yudas kimcime gūnime · tesebe
많은 적들 의 근본이 될 뿐이었다. 유다가 곰곰히 생각하고, 그들을

geterembure jalin · geren cooha be isandufi · cembe afaki sembihe · yala emu
제거하기 위해 많은 군사 를 모아 저들을 공격하고자 했는데, 바로 1

tanggū susaici aniya gemu uhei acame cembe kaha · wehe maktara jergi dain i
백 50 년에 모두 함께 모여 저들을 포위했다. 돌 던지는 등의 전쟁

giyase be weileme arahabi · damu emu udu niyalma kaha baci tucime · Israel i
기구 를 만들어 내었으나, 그러나 몇몇 사람들이 포위한 곳에서 나와 이스라엘

omosi i dorgici aburi ehe hahasi i emu baksan tesebe guilefi · wang i jakade
자손들 중에서 지극히 악한 남자들 의 한 무리가 그들을 만나 왕 앞에

genefi hendume · wang · ai erin de isitala meni baita be tondoi beideme
가서 말하기를, "폐하, 어느 때 에 이르도록 우리의 일 을 공정히 조사하여

lashalarakū · meni deote i kemun de karularakūni · be sini ama be uileme ·
결단하지 않고 우리 아우들 의 원수 를 갚지 않으십니까? 우리가 당신의 아버지 를 섬기고

ini fafun be dahame · hese de acabume toktoho ofi · tuttu meni mukūn i urse
그분 법 을 따르며 명령 에 맞추기로 결정하였 기에, 그래서 우리 일족 사람들이

---

10 'beki hoton (견고한 성)'에 해당하는 라틴어는 'arx(요새[要塞], 성채[城寨])'이다.

11 원문에는 'futasi'로 되어 있으나 만주어에 그런 낱말이 없으므로 잘못으로 보고 교정한다.

12 'Siyon beki hoton de bisire fudasi hala (시온 견고한 성에 있는 패악한 일족)'에 해당하는 라틴어는 'hii qui erant in arce (성채에 있던 그들이)'이다.

13 'duruhai cende koro isibumbihe · geren bata i fulehe da ojoro dabala ·· (늘상 그들에게 해를 입혀서 많은 적들의 근본이 될 뿐이었다.)'에 해당하는 라틴어는 'quaerebant eis mala semper ad firmamentum gentium (이민족들의 결속을 위해 항상 그들에게 악행을 꾀하였다.)'이다.

membe ubiyame · membe ucaraci wambihe · hethe be ejelembihe · meni baru ere
우리를 미워하고, 우리를 만나면 죽이고, 재산 을 차지하였습니다. 우리를 향해 이런

durun i yabure anggala meni geren /**35a**/ jecen i bade etuhušeme kiyangdulame
모양 으로 행할 뿐 아니라 우리의 여러 변경 지방에서 멋대로 강악히 굴며

yabuha · enenggi Yerusalem i beki hoton be kai · terebe gaiki sembi · Betsura be
행동했습니다. 오늘 예루살렘 의 견고한 성채 까지도 그것을 빼앗으려 하고, 벳술 을

inu akdulahabi · aika si hūdun i neneme jiderakū oci ce genehei ele amba
또한 지켰습니다. 만약 폐하께서 서둘러 먼저 오시지 않으면 저들이 가서 더 큰

baita be deribufi · cembe dahabure arga akū sehe ·· wang erebe donjifi jili
일 을 시작하여 저들을 항복시킬 계책이 없습니다." 하였다. 왕이 이를 듣고 화를

banjime · geren gucu · yafagan · moringga cooha jiyanggiyūn hafasa be isabuha · [14]
내며 많은 친구들과, 걷고 말 타는 군사와 장군과 관리들 을 모았는데

encu gurun · mederi i tun ci turihe cooha kemuni jihengge labdu · eiterecibe
다른 나라와 바다 의 섬 에서 고용한 군사 또한 온 자가 많다. 대개

terei cooha i ton · juwan tumen yafagan · juwe tumen moringga niyalma de
그의 군사 의 수가 10 만 보병과 2 만 기병 에

isinambihe · jai dain de urebuhe sufan gūsin bihe · Idumeya deri yabume ·
이르렀고, 또 전투 에 익숙한 코끼리가 서른 있었다. 에돔 을 거쳐 가서

Betsura be kaha · utala inenggi afame · hono jergi giyase[15] be weileme araha ··
벳술 을 포위하고 여러 날 공격하며 또 층층의 발판 을 만들어 내었다.

Betsura i cooha emgeri hoton ci tucirede · ere giyase be deijifi · hoo seme[16]
벳술 의 군대가 일단 성 에서 나오면 이 발판 을 불태우고 격렬하게

---

14 'geren gucu · yafagan · moringga cooha jiyanggiyūn hafasa be isabuha · (많은 친구들과, 걷고 말 타는 군사와, 장군과 관리들을 모았다.)'에 해당하는 라틴어는 'convocavit omnes amicos suos et principes exercitus sui (자기의 모든 친구들과 자기 군대의 장군들을 불러 모았다.)'이다.

15 'jergi giyase (층층의 발판)'에 해당하는 라틴어는 'machina'인데 이 라틴어 낱말에는 '기계, 도구, 장치, 발판, 무기, 대포, 파성추(破城槌)' 등 많은 의미가 있어, 여기서는 만주어 'giyase'를 '발판'으로 번역해 둔다. 프랑스어로는 'machine', 영어로는 'engines'으로 번역되어 있다.

16 'hoo seme (격렬하게)'에 해당하는 라틴어는 'viriliter(남자답게, 씩씩하게)'이다.

afaha ·· Yudas Siyon akdun baci[17] aljame · da cooha i emgi Betzakaram i baru ·
싸웠다. 유다가 시온 견고한 곳에서 떠나 자기 군대 와 함께 벳즈가리야 를 향해

wang i ing kūwaran de bakcilame genehe · wang /35b/ farhūn suwaliyame[18] ilifi ·
왕 의 병영 에 마주해 갔다. 왕은 어둠에 섞여 일어나

ekšeme saksime cooha be Betzakaram i jugūn i ici jurambuha · juwe ergi i
서둘러 군대 를 벳즈가리야 길 을 따라 떠나게 했다. 양 쪽 의

cooha ishunde afame hamika · buren burdembihe · afara sukdun yendebure jalin
군대가 서로 싸우게 되어 나팔을 불었다. 싸울 기운을 북돋우기 위해

mucu · nimalan moo i tubihei senggi be [o] sufan tuwabuha manggi · baksan baksan i
포도와 뽕 나무 열매의 피 를 코끼리에게 보인 후, 무리 무리 로

niyalma sufan be faksalaha · meni meni sufan de sele i futa de yashalame araha
사람과 코끼리 를 나누어 각각의 코끼리 에 쇠 사슬로 얽어 만든

uksin · teišun i saca be eture minggan yafagan cooha adambihe · sunja tanggū
갑옷과 놋쇠 의 투구를 입은 천 명의 걷는 군사가 배치되었고, 5 백 명

moringga hahasi cohome emu sufan be dalimbihe ·[19] sufan aibide bici · ce hasa
말 탄 남자들을 뽑아 한 코끼리 를 몰았다. 코끼리가 어느 곳에 있으면 저들이 서둘러

tubade genembihe · sufan ya geneci · ce inu dahalambihe · sufan ci heni aljara
그곳에 갔으며, 코끼리가 어디 가면 저들도 뒤쫓아서, 코끼리 에게서 조금도 떠난

ba akū · sufan tome emu akdun moo i subarhan be tukiyefi · ede terei darama
일이 없다. 코끼리 마다 한 단단한 나무 탑 을 올려 메고 여기서 그 허리를

karmaha bihe ·[20] subarhan i dolo hacingga giyase bime · afara mangga gūsin juwe
지키고 있었고, 탑 안에 여러 기구가 있으며, 싸울 힘 있는 서른 둘의

---

17 'Siyon akdun baci (시온 견고한 곳)'에 해당하는 라틴어는 'arx(요새[要塞], 성채[城塞])'이다. 즉 'Siyon'
   이란 말이 없고, 만주어에서는 '요새(要塞)'를 'akdun ba (견고한 곳)'으로 번역하고 있다.

18 'farhūn suwaliyame (어둠에 섞여)'에 해당하는 라틴어는 'ante lucem (미명[微明]에, 해뜨기 전에)'이다.

19 'sunja tanggū moringga hahasi cohome emu sufan be dalimbihe · (5백 명 말 탄 남자들을 뽑아 한 코끼리
   를 몰았다.)'에 해당하는 라틴어는 'quingenti equites ordinati unicuique bestiae electi erant (정리되고 출
   중한 5백 명의 기병들이 동물을 위해 뽑혔다.)'이다.

20 'sufan tome emu akdun moo i subarhan be tukiyefi · ede terei darama karmaha bihe · 코끼리마다 한
   단단한 나무 탑을 올려 메고 여기서 그 허리를 덮고 있었다.)'에 해당하는 라틴어는 'sed et turres ligneas
   super eos firmae protegentes super singulas bestias (또한 각각의 동물들 위에는 그 위에 견고한 나무 탑
   을 숨겨 놓았다.)'이다.

baturu sa tembihe · Indiya ba i emu haha · emu sufan be yarumbihe · buren i
용사 들이 앉아 있었고, 인디아 땅 의 한 남자가   한 코끼리 를 이끌었다.   나팔

jilgan de yafahan ursei   fahūn nonggibure ·²¹ ceni baksan meyen emke /36a/
소리 로 보병 무리의 담력을 더하고,   저들의   대열   하나

emken de fitai nikebure turgun · funcehe moringga cooha be hashū ici
하나 에 단단히 의지하기 위해   남은   말 탄 군사 를   좌우

juwe ergide sindaha · šun i fosoko elden aisin teišun i kalka de isinjifi · alin
두 쪽에   두었다. 해 가 비추어 빛이 금과 놋쇠 의 방패 에 이르니 산이

uthai dabuha dengjan i adali gerišehe · wang i amba cooha i emu ubu de alin be
곧   불컨   등잔 처럼 빛났다.   왕 의 큰 군대의 의 한 무리 에게 산 을

biturame ·   emu ubu   necin bade yabume · gemu seremšeme teksin teksin i
따라가게 하고 한 무리는 평평한 땅으로 가게 했다. 모두   방어하며   가지런히

ibenjimbihe · ba na de tehe niyalma · ere tutala coohai surere jilgan · yabure
나아갔다.   온 땅 에 사는 사람들이 이 많은 군사의 외치는 소리와 걷는

asuki · dain i agūra i hishacun be donjime · absi gelembihe · yala cooha umesi
기척과   병기 의 스침 을 듣고 아주 놀랐다. 사실 군사가 매우

labdu hūsungge inu bihe ·· Yudas ini coohai uju de hanci ibeme afarade ·²² wang
많고   힘센 자 도 있었다. 유다가 그의 군사 대장 에게 가까이 다가가 싸우니   왕

i coohai dorgici ninggun tanggū niyalma gaibuha · Saūra i jui Elehadzar taka
의 군사 중에서   6   백   명이 사망하였다. 사우라 의 아들 엘르아잘이 그때

wang i uksin i   uksilehe · geren ci den ningge emu sufan be sabufi · gūnime
왕 의 갑옷 으로 무장하고, 여럿 보다 큰 것인   한 코끼리 를 보고 생각하기를,

urunakū wang ere sufan i dergi bi serede · ini uksura be aitibure · beyei
반드시 왕이 이 코끼리 위에 있다 하고, 그의 민족 을 구하고 자기의

gebu be tumen jalan de tutabure turgun · ergen šeleki /36b/ sehe [u] · sujuhei ·
이름 을 만 대 에 남기기 위해 목숨을 바치고자   하였다.   달려가서

---

21 ‘yafahan ursei fahūn nonggibure · (보병 무리의 담력을 더하다)’에 해당하는 라틴어는 ‘exercitum
   commovere (군대를 격동하다)’이다. ,

22 ‘Yudas ini coohai uju de hanci ibeme afarade (유다가 그의 군사 대장에게 가까이 다가가 싸우니)’에 해당
   하는 라틴어는 ‘adpropiavit Iudas et exercitus eius in proelium (유다와 그의 군대가 싸우러 가까이 갔다.)’
   이다.

fafuršame bata i faidan i dulimbaderi duleme · hashū ici ergide bisire cooha be
용기 내어 적 의 진지 가운데를 지나 좌우 쪽에 있는 군사 를

sacime · ce ing ubade tubade tuherede · i sufan i fejili dosifi · sufan i hefeli be
베고 저들이 병영 여기 저기에 있을 때 그가 코끼리 아래로 들어가 코끼리 의 배 를

tokofi · terebe waha · sufan na de tuheme · Elehadzar be gidaha ofi · tuttu   i ere
찔러 그것을 죽였다. 코끼리가 땅 에 쓰러지며 엘르아잘 을 눌렀으 므로 그래서 그가 이

bade bucehe ·· Yudas terei cooha wang i cooha jaci fulu · etere de mangga
곳에서 죽었다. 유다는 그의 군사와 왕 의 군사가 매우 많아 이기기 에 어렵다

seme tuwafi ·[23] cenci jailaha **[na]** · wang i cooha i amba dulin[24] tesebe afara
고 보고 저들로부터 피하였다. 왕 의 군대의 태반이 그들을 공격할

gūnin Yerusalem de genehe · Yudeya i jecen de dosifi · Siyon alin i hanci ing
생각에 예루살렘 으로 가서 유다 의 경계 로 들어가 시온 산 가까이 진을

iliha · wang i coohai gūwa emu dulin Betsura be kame afahai · Betsura i irgese
세우고, 왕 의 군대의 다른 반은 벳술 을 포위하여 공격하자, 벳술 의 백성들이

hoton be waliyaki seme bairede · wang ceni gisun de acabuha · yala Sapato
성 을 버립시다 하고 청할 때 왕이 저들의 말 에 따랐다. 사실 안식

aniya ofi · ucin **[ne]** tarihakūde · kaha hoton i dorgi jeku fuhali akū ·   geren
년 이어서 밭에 씨 뿌리지 않아 포위한 성 안에 곡식이 전혀 없었다. 사람들이

gemu tucifi · wang Betsura be ejelehe · tuwakiyara cooha be ubade tebuhebi ··
모두 나와 왕은 벳술 을 차지하였고, 지키는 군사 를 여기에 두었다.

tereci wang geren /**37a**/ cooha be enduringge tanggin i baru jurambuha · ubade
거기서 왕이 많은 군사들 을 거룩한 성전 을 향해 떠나게 하고, 여기서

inenggi goidatala indehe · ubade inu fu be cunggūšara · tuwa sindara · sirdan
날이 오래도록 머물렀다. 여기에 또 담 을 들이박고, 불을 놓고, 화살을

---

23 'Yudas terei cooha wang i cooha jaci fulu · etere de mangga seme tuwafi · (유다는 그의 군사와 왕의
군사가 매우 많아 이기기에 어렵다고 보고)'에 해당하는 라틴어는 'videntes virtutem regis et impetum
exercitus eius ([유다인들은] 왕의 강함과 그의 군대의 열정을 보고)'이다.

24 'wang i cooha i amba dulin (왕의 군대의 태반이)'에 해당하는 라틴어는 'castra regis (왕의 진영)'일 뿐이
다. 그러나 이의 프랑스어 번역은 'une grande partie de l'armée du roi (왕의 군대의 대부분)'으로 되어 있
다.

fithebure · wehe maktara · nu beri · hūngsire uše jergi giyase agūra be weileme
쏘고,   돌을 던지고, 궁노(弓弩)를 던지는 끈 등의 기구와 무기 를 일해

araha [ni] ·· Israel i omosi kemuni bata i giyase de bakcilara giyase be araha ·
만들었다.   이스라엘 자손들 또한   적의 기구 에 대항할   기구 를 만들어

ududu inenggi afahabi · damu hoton de jemengge akū · ere aniya uthai nadaci
여러   날 싸웠으나 그러나 성 에 음식이 없었다. 이 해는 곧   일곱째

aniya inu[25] · geli Yudeya bade bisire encu mukūn i urse asaraha jeku be
해 이고, 또한 유다 지방에 있는 다른 지파 의 사람들이 저장한 곡식 을

wacihiyame baitalaha bihe · yuyun ohode · enduringge deyen be tuwakiyara niyalma
모조리   사용했던 것이다. 기근이 되자   거룩한 전당 을 지키는   사람들이

komso · teisu teisu samsifi · da bade bederembihe ··
줄고   각각   흩어져 자기 땅으로 돌아갔다.

taka Filibo ·   terei emgi genehe cooha Bersiya · Medeiya ci amasi mariha ·
잠시 후 필립보와, 그와 함께 간   군대가 페르샤와   메대 에서 되 돌아왔다.

wang Antiyoko banjire fonde · mini ajige jui Antiyoko be hūwasabu · mini
왕 안티오쿠스가 살아있을 때 "나의 어린 아들 안티오쿠스를 키워   나의

soorin de tebu seme inde cohome afabuha ofi · tuttu i gurun i baita be
제위 에 앉히라." 고 그에게 특별히   맡겼 으므로 그래서 그가 나라 의 일 을

beye aliki sere mejige /37b/ Lisiyas i šan de isinjihade · hahilame juraka · wang ·
자신이 맡고자 한다는 소식이   리시아의 귀 에 이르자,   서둘러 출발하여 왕과

coohai jiyanggiyūn sabe acafi hendume · meni niyalma i ton inenggidari
군대의   장군   들을 만나 말하기를, "우리 사람들 의 수가 매일

ekiyembume bi · jeku mende komso · ne kaha ba geli akdun beki · be
줄어들고 있습니다. 곡식도 우리에게 적고 지금 포위한 지방 또한 견고하니 우리는

naranggi gurun i dasan de kiceci acambi · ishunde gala be bukini[26] [no] ere jergi
결국 나라의 통치 에 힘써야 합니다. 서로 손을 주어   이 들

---

25 'ere aniya uthai nadaci aniya inu (이 해는 곧 일곱째 해이다.)'에 해당하는 라틴어는 'eo quod septimus annus esset (일곱째 해[=안식년]이었으므로)'이다.

26 'ishunde gala be bukini (서로 손을 주자)'에 해당하는 라틴어는 'nunc itaque demus dextras hominibus (그래서 이제 저 사람들에게 호의를 주자)'이다.

urse · ceni uksura i emgi hūwaliyasun doro be toktobukini · ce nenehe songkoi
무리가 저들의 일족 과 함께 화친의 도리 를 정하고, 저들은 이전 처럼

ceni fafun kooli i ici yabucina · muse gurun tesei fafun kooli be fusihūlaha ofi ·
저들의 율법 에 따라 행하게 합시다. 우리 나라가 그들의 율법 을 경멸하였으므로

ce jilidame · ere utala koro mende isibuha sehe · ere gisun wang · jiyanggiyūn
저들이 노하여 이 많은 손해를 우리에게 주었소.” 하였다. 이 말이 왕과 장군

sade icangga ofi · niyalma be takūrame · hūwaliyasun doroi acaki seme gisurehe ·
들에게 마음에 들 므로 사람들 을 시켜 화친의 도리에 따르자 고 말하였다.

Israel i omosi cihanggai acaha · wang · jiyanggiyūnsa ceni baru gashūme
이스라엘 자손들이 기꺼이 따랐고, 왕과 장군들은 저들을 향해 맹세하여

hūwaliyasun be akdulaha manggi · ce teni bekilehe baci tucike ·· wang Siyon
화친 을 보증한 후 저들이 그제야 지키던 곳에서 나왔다. 왕은 시온

alin de wesifi · ba yala akdun seme tuwafi · nergin de gashūn i gisun aifume ·
산 에 올라 땅이 참으로 굳건하다 고 보고 즉시 맹세 의 말을 위반하고,

/38a/ hese i šurdeme bisire fu i kūwaran be efulebufi · hahi cahi bedereme
칙명 으로 주위에 있는 담의 병영 을 허물고서 급히 돌아와

Antiyokiya de genehe · Filibo hoton ejelehe be donjime · imbe afahai hoton be
안티오쿠스 에게 갔는데, 필립보가 성을 차지했음 을 듣고 그를 공격하여 성 을

dasame baha ··
다시 찾았다.

○ 𝔖𝔘ℜ𝔈 𝔊𝔍𝔖𝔘ℜ ○
풀이   말

[a] ere ba uthai Bersiya gurun i Tabis hoton inu · ere baita Makabeo i jaici
이 지방이 곧   페르샤 나라의 타비스 성 이다. 이 일은 마카베오의 둘째

nomun bithei uyuci fiyelen de ele narkūšame ejehebi ··
경전 책   9   장 에 더 자세히 기록되어 있다.

[e] ere jaka be bufi   emderi   ini gūnin yala uttu seme temgetuleki ·
이 물건 을 주어 한편으로는 그의 생각이 정말 이렇 다고   보증하고,

emderei   jui de   šangnaki sembihe ··
한편으로는 아이 에게 상을 주고자 한 것이었다.

[i] Ūbator serengge sain   ama i   sain jui inu ··
유파톨 이라 함은 선한 아버지 의 선한 아들 이다.

[o] duibuleme gisurefi · mucu nimala tubihei šugi fulgiyan ofi · senggi sehe ··
비유해   말하여   포도 나무   과일 즙이   붉으 므로 피 라고 했다.

[u] ere Elehadzar uthai Matatiyas i   duici jui inu · Saūra geli Matatiyas i gūwa
이 엘르아잘이 곧 마따디아 의 넷째 아들 이다. 사우라 또한 마따디아 의 다른

emu gebu bihe ··
한   이름 이었다.

[na] Yudas abkai ejen i yarure be dahame · jailafi enduringge tanggin i akdun
유다가   하느님 의 인도 를   따라   피하여   거룩한   전당 의 군건한

kūwaran²⁷ de dosika ··
병영   으로 들어갔다.

[ne] abkai ejen i fafun de Israel i omosi nadaci aniya be Sapato aniya seme
하느님 의 법 에서 이스라엘 자손들은 일곱째 해 를   안식년   이라고

gebulembihe · ere aniya de usin be sulabume gelhun akū tarirakū · /38b/ nenehe
불렀다.   이   해 에는 밭 을 버려두어   감히 씨 뿌리지 않고   지난

aniya ci funcebuhe jeku be baitalambime · geli usin de ini cisui banjiha hacin i
해 에   남은   곡식 을   사용하며,   또한 밭 에 저절로   생긴   종류 의

jaka be bargiyambihe ··
것 을   거두었다.

[ni] Antiyoko Yudas i baturu bodohon erdemu be safi · kimcime seoleme baita
안티오쿠스는 유다 의 용기와 지모와   덕 을 알아, 곰곰히   생각하여 일

be sain i belhembihe ··
을   잘   준비하였다.

[no] hūwaliyasun doro be toktorode · juwe gurun i ejete ·   eici juwe ergi i
화친의   도리 를 정할때   두   나라 의 주인들이나, 혹은 양 쪽 에서

takūraha elcisa ishunde ici gala be jafafi gucu arambihe · julgei fon i dorolon
보낸   사신들이 서로 오른 손 을   잡고 친구 삼았다.   이전 시대 의 예절이

uttu ··
이렇다.

---

27 ´akdun kūwaran (굳건한 병영)´은 ´요새(要塞)´를 의미한다.

○ 𝕹𝕬𝕯𝕬𝕮𝕴 𝕱𝕴𝖄𝕰𝕷𝕰𝕹 ○
제7 장

E mu tanggū susai emuci aniya de   Seleokūs i   jui   Demetiriyus Roma
일 백   오십 일   년 에 셀류큐스 의 아들 데메드리오가 로마
[格肋詩亞國的一直五十一年, 塞樓戈的子德默弟出了落瑪京都,]

gemun hecen ci tucifi [a] · niyalma i ajige baksan i emgi[1] mederi i dalin de
도성 에서 나와   사람들 의 작은 무리 와 함께 바닷 가 에
[同一小隊人去倒海沿上有的一座城,]

bisire emu hoton de isinaha · ubade wang i doroi dasan dasame deribuhe[2] [e] ·
있는 한 성 에 이르러 여기서 왕 의 자격으로 통치하기 시작했다.
[在這裡行王道.]

amala da mafa   ama i gemulehe hoton i baru genehede · cooha [i] Antiyoko ·
후에 자기 조상과 아버지 의   도성   을 향해 갔을때 군사들이 안티오쿠스와
[後望本祖的京都去, 初到,]

Lisiyas sebe jafafi terei jakade beneki sembihe · mejige baha hendume · suwe
리시아 들을 잡아 그의 옆에 보내려고 한다는   소식을 얻고 말하기를, "너희는
[衆兵拿了安弟約渴並里西亞斯, 要送到他前. 他得信說 :]

ume   ceni cira be minde tuwabure sefi /39a/ cooha uthai cembe waha ·
(말라) 저들의 얼굴 을 나에게 보이지 말라. " 하여   군사가 즉시 저들을 죽였다.
[「你們毋使我見他們的臉.」兵卽殺他們,]

Demetiriyus teni da gurun i soorin de tehe · taka Israel i mukūn i ehe aburi
데메드리오는 그래서 본국 의   제위 에 앉았다. 그후 이스라엘 민족 의 악독한
[德默弟畧纏坐了本國的位. 暫且依斯拉耶耳族的一夥壞人來見王,]

---

1 ʻniyalma i ajige baksan i emgi (사람들의 작은 무리와 함께)ʼ에 해당하는 라틴어는 ʻcum paucis viris (소수
의 사람들과 함께)ʼ이다.

2 ʻubade wang i doroi dasan dasame deribuhe (여기서 왕의 자격으로 통치하기 시작했다.)ʼ에 해당하는 라틴
어는 ʻregnavit illic (여기서 다스렸다)ʼ일 뿐이다.

urse wang be acame jihe · tesei uju Alšimo bihe · i dalaha wecen i da oki
무리가 왕 을 만나러 왔는데, 그들의 우두머리가 알키모 였다. 그가 대제사장이 되려
[亞耳詩莫是他們的首, 他意要王封他爲總祭首,]

sembihe · ere fudasi hala ceni uksurangga be wang i jakade habšame hendume ·
했는데, 이 패악한 무리가 저들의 지파 를 왕 앞에서 고발하여 말하기를,
[他們在王前誣告本支派],

Yudas · terei ahūta deote wang i geren gucu sebe mukiyefi · musebe geli meni
"유다와 그의 형제들이 임금님 의 많은 친구 들을 멸망시키고 우리들을 또한 우리
[說：「如達斯同他衆弟兄滅了王的諸友,]

baci bašame tucibuhe · bairengge mujilen i niyalma³ be unggireo · i genefi ·
땅에서 쫓아 내었습니다. 바라건대 마음 의 사람 을 보내소서. 그가 가서
[又從我們地方趕出我們. 今求王遣心腹人去看],

Yudas ai okson de⁴ musebe muribuha · wang i golo be susunggiyaha be tuwafi ·
유다가 어떤 발길로 우리를 억누르고 임금님 의 지역 을 짓밟았는지 를 보고,
[如達斯寃屈我們到甚麼地步, 怎麼拆毀了王的多城,]

terei gucu hoki⁵ sebe isebukini serede ·· wang ini doshon ambasai dorgici
그의 동료와 도당 들을 경계하소서." 하자 왕이 그의 총애하는 대신들 중에서
[看後卽罰他並附從他的夥黨.」王從寵臣內選了巴旣得]

Bakides be sonjoho · ere uthai Ūfarade bira i cargi babe⁶ kadalambihe · wang i
바키데스를 뽑았고, 이자는 곧 유프라테스 강의 저쪽 지방을 관할했는데, 왕 의
[——歐法拉得江那邊彼時就是此人管,]

jakade umesi tondo niyalma inu · Yudas i isibuha koro be yargiyalakini sere
앞에서 매우 공정한 사람 으로, 유다 가 끼친 원한을 밝혀내고자 하는
[又在王前是至忠的人——命他去看如達斯妄爲的事;]

---

3 'mujilen i niyalma (마음의 사람)'에 해당하는 라틴어는 'vir cui credis (당신이 믿으시는 사람)'이다.

4 'ai okson de (어떤 발길로)'에 해당하는 말은 라틴어 성경에는 없다.

5 'hoki(도당)'에 해당하는 라틴어는 'adiutor(협력자, 후원자)'이다.

6 'Ūfarade bira i cargi ba (유프라테스 강의 저쪽 지방)'에 해당하는 라틴어는 'trans Flumen magnum (큰 강
을 건너서)'이다. 그러나 이의 프랑스어 번역은 'au delà du grand fleuve *de l'Euphrate* (유프라테스라는 큰
강 저쪽에)'로 되어 있어 푸와로 신부는 이 번역을 따른 듯하다.

gūnin erebe ungginehe · fudasi ehe Alšimo be dalaha wecen i da ilibuha · jai si
생각에 이를 보냈다. 패악하고 나쁜 알키모스 를 대제사장으로 세워 "또 너는
[還立惡人亞耳詩莫爲總祭首,]

/39b/ dahashūn akū Israel i irgese be fafun i gama sehe ·· ce amba cooha be
순종치 않는 이스라엘 백성들 을 법 으로 처치하라." 하였다. 저들이 대군 을
[又令他征討不歸順的依斯拉耶耳民. 他們帶大兵起身,]

gaime jurafi Yudeya bade isinjiha · niyalma be takūrafi · Yudas terei ahūta
데리고 출발해 유다 지방에 이르렀고, 사람 을 시켜 유다와 그의 형들 ·
[來到如德亞地方, 遣使望如達斯及他弟兄]

deote be hūbišaki sere gūnin elhe taifin gisun be tesei baru gisurehe · ce amba
아우들 을 속이려 는 생각으로 평화의 말 을 그들 에게 했으나, 저들이 많은
[說平安話, 爲詿哄他們；]

coohai emgi jihe ofi · Yudas se ceni gisun be fuhali daburakū · enduringge fafun i
군사와 함께 왔으므로 유다 들은 저들의 말 을 전혀 따르지 않았다. 거룩한 법 의
[但如達斯〔因〕見他們領着大兵, 不聽使者的話.]

nomun bithe be sume giyangnara saisa[7] isafi · Alšimo · Bakides sebe acaha ·
경전 책 을 풀어 강론하는 현자들이 모여 알키모스와 바키데스 들을 만나
[深明《法度經》的諸賢齊來見亞耳詩莫及巴旣得,]

baita be jurgan i ici šanggaki sembihe · Assideo sere mergese[8] · Israel i acin de
일 을 정의 의 쪽에서 이루자고 했는데, 하시딤 이라는 현인들로 이스라엘 교회 에서
[要按公義了事. 依斯拉耶耳後代內亞西得阿會的盛德人也同他們來,]

gebungge niyalma tesei uju de bihe · damu ishunde hūwaliyambukini seme
이름있는 사람들이 그들의 선두 에 있으며, 다만 서로 화친하자 고
[求他們彼此和好.]

huwekiyebure dabala · dade ce dolo gūnime · emu wecen i da Aron i omolo
주장하는 것이었다. 원래 저들은 속으로 생각하기를, '한 제사장 아론의 후손이
[他們心內想：「望我們來的是亞隆族的一祭首,]

---

7 'enduringge fafun i nomun bithe be sume giyangnara saisa (거룩한 법의 경전 책을 풀어 강론하는 현자들)'
에 해당하는 라틴어는 'congregatio scribarum (율법학자들의 모임)'이다.

8 'Assideo sere mergese (하시딤이라는 현인들)'에 해당하는 라틴어는 'Asideus(하시딤)'일 뿐이다.

jihe‧ i urunakū mende eiterere ba akū sehe bihe‧‧ Alšimo elhe taifin gisun be
왔으니, 그는 필경 우리를 속일 일이 없다.' 하였던 것이다. 알키모스가 평화의 말 을
[定不哄我們.」〔故亞耳詩莫〕同他們講太平,]

cende gisurehe bime‧ hono gashūme suweni beye‧ suweni gucu sebe joboburakū
저들에게 말했던 것 이며 또 맹세하기를, "당신들 자신과 당신들의 친구 들을 괴롭히지 않겠소."
[還發誓說:「不傷害你們並你們的朋友.」]

sefi‧ ce ini gisun be akdaka‧ /40a/ i ceni dorgici ninju niyalma be jafabume‧
하여, 저들이 그의 말 을 믿었다.   그가 저들 중에서 예순 명 을   잡아
[亞西得阿等信他的話.〔亞耳詩莫竟〕拿了他們六十人,]

emu inenggi i sidende biretei waha‧ teni enduringge nomun i gisun‧ enduringge
     하루   사이에 모두 죽였다. 바로 거룩한   경전 의 말,   '거룩한
[一天全殺了, 那時《經》內寫的這話驗了:]

saisa i beye be jocibuha‧ tesei senggi be Yerusalem i šurdeme eyebuhe‧ giran be
현자들 의 몸 을 살해하여 그들의 피 를 예루살렘   주위에 흘렸고,   시신 을
[「殺聖人在日露撒冷的周圍, 流他們的血,]

umbure niyalma inu akū sehengge tob seme acabuha‧‧ Israel i irgese gemu
매장할   사람 도 없다.' 라 한 것이   꼭   맞았다.   이스라엘 백성들이 모두
[也無人埋他們.」衆民一見都驚惶,]

geleme golome‧ cende yargiyan‧ jurgan akū‧ jakan toktobuha gisun be jurcehe‧
두렵고 놀라워하며, "저들에게는 성실과 의리가 없다. 갓   결정한   말 을 거스르고
[說:「這些人說話不眞, 行的不義, 背了纏定的言,]

gashūha gashūn be necihe seme ishunde hendumbihe‧ Bakides cooha Yerusalem ci
맹세한   서약 을 위배했다."고   서로   말하였다.   바키데스가 군대를 예루살렘에서
[犯了誓的誓.」巴旣得領兵從日露撒冷起身,]

jurambufi‧ Bedzeka hoton i hanci ing   iliha‧ cooha be unggime‧ imbe waliya
출발시켜   벳자잇   성   가까이 진을 세우고, 군대 를   보내어   그를   버린
[近柏則加城扎了營, 差兵拿了背他逃跑的多男,]

ududu hahasi be jafabuha‧ geli utala irgese be wafi‧ amba hūcin de maktaha‧
많은   남자들 을 잡고,   또한 무수한 백성들 을 죽여   큰   우물 에 던졌다.
[還殺許多民, 抛人大井,]

ba na be Alšimo de afabume · aisilara cooha⁹ be sasa bibume · ini beye wang be
영토 를 알키모스 에게 맡기고   구원병   을 함께 두고,   그 자신은 왕 을
[將地方交付亞耳詩莫, 也給他兵保護他, 〔後〕巴旣得回去見王.]

acame genehe ·· Alšimo muterei teile ini dalaha wecen i da i tušan be karmara
만나러 갔다. 알키모스는 할 수 있는 한 그의   대제사장 의   임무 를 지키기
[亞耳詩莫盡心竭力堅穩總祭的本職；]

jalin absi faššambihe · da irgese be jobobure fudasi /40b/ hala · gemu imbe baime
위해 가장 힘썼고, 자기 백성들 을 괴롭히는 반역의   족속은 모두 그를 찾아
[凡有欺良霸道人都去尋他,]

genehe · Yudeya bade dosifi ·   Israel i   omosi be ambarame waha · Yudas oci ·
갔다.   유다   땅에 들어와서 이스라엘 자손들 을 엄청나게 죽였다. 유다 는,
[〔他們〕佔了如德亞地方, 大殺依斯拉耶耳後代.]

Alšimo ·   terei hoki sai Israel i omosi de isibure jobolon · suwaliyata uksurai¹⁰
알키모스와 그의 도당 들이 이스라엘 자손들 에게 준   고통이,   이방인들이
[如達斯看亞耳詩莫及他夥黨殘害依斯拉耶耳民比異端仇更凶虐,]

isibuha jobolon ci ele nimecuke seme gūnifi · Yudeya i ai ai bade genefi
   준   고통 보다 더 악독하다 고 생각하여 유다 의 여러 곳으로 가서
[去如德亞各邊界征討了惡逆,]

facuhūn urse be ujeleme isebuhede · teni Alšimo i   hokisa gelhun akū babe
반란의 무리 를 엄중히 징벌하니, 비로소 알키모스 도당들이   감히   지방을
[亞耳詩莫的夥黨纔不敢犯界搶掠.]

cuwangname tabcilarakū · Alšimo Yudas · terei coohai hūsun ini beyei hūsun ci
노략질하지 않았다.   알키모스가, 유다와 그의 군대의 힘이 자기 자신의 힘 보다
[亞耳詩莫見如達斯的兵勢力大, 反自己的兵懦弱,]

fulu · cembe sujame muterakū seme tuwafi · wang i jakade amasi marime · ceni
많아 저들을 맞설   수 없다 고   보고   왕 의 옆으로 되 돌아가 저들의
[不能抵勝, 他回見王,]

---

9 ʻaisilara cooha (구원병, 도우는 군사)ʼ에 해당하는 라틴어는 ʻauxilium in adiutorium ipsi (자신을 돕기 위
한 구원자)ʼ이다.

10 ʻsuwaliyata uksura (뒤섞인 일족, 이방인)ʼ에 해당하는 라틴어는 ʻgens(씨족, 종족, 이방인)ʼ이다.

utala weile be laidame jorifi habšahabi · wang uthai ujui jergi amban[11] Nikanor be
많은 죄 를 뒤집어씌워 억지로 고발하였다. 왕은 즉시 첫째 등급의 대신 니가노르 를
[捏多罪告如達斯並他的人. 王卽差頭等大臣]

unggime · tere uksura be mukiye seme fafulaha · dade Nikanor Israel i omosi de
보내어 그 일족 을 멸하라 고 명령하였다. 원래 니가노르는 이스라엘 자손들 에게
[——素與依斯拉耶耳後代爲仇的尼加諾肋, 命他全滅依斯拉耶耳民.]

kimulembihe · Nikanor amba coohai emgi Yerusalem de isinjiha manggi · jali arga de
원수였다. 니가노르가 큰 군대와 함께 예루살렘 에 이른 후 간교한 계략 으로
[如此, 尼加諾肋帶大兵來日露撒冷, 設奸計,]

Yudas · terei ahūta deote i /41a/ baru niyalma be takūrafi elhe taifin gisun i
유다와 그의 형제들 을 향해 사람 을 시켜 평화의 말 로
[差人望如達斯及他弟兄說太平話：]

hendume · meni juwe nofi coohalarakū · bi emu udu niyalma gaifi · suweni cira be
말하기를, "우리 두 명은 파병하지 않고, 내가 몇 사람을 데리고 당신들 얼굴 을
[何必兩下動兵？我帶數人爲看你們的面,]

sabure turgun genembime · hūwaliyasun be ishunde gisureme toktobumbi sehe ·
보기 위해 가서 화친 을 서로 말하여 결정하리라." 하였다.
[也講和.」]

yala Yudas i jakade jifi ishunde nesuken arbun i doroloho · jai emu mudan
과연 유다 옆으로 와서 서로 온화한 모습 으로 인사하고, 또 한 편으로는
[本到如達斯前彼此溫柔禮見；]

Yudas be tuwanjiki serede · bata tere mudan Yudas be jafame belhehe bihe ·
유다 를 보러오고자 하는데, 적은 다른 편으로는 유다 를 잡을 준비를 했다.
[仇已預備要忽暗拿他.]

Yudas Nikanor ni[12] ehe gūnin be sereme · gelehe golohoi jailame · terei cira be
유다는 니가노르 의 나쁜 생각 을 알아채고 놀랍고 무서워 피하면서 그의 얼굴 을
[如達斯知曉尼加諾肋的惡意, 驚躲,]

---

11 'ujui jergi amban (첫째 등급의 대신)'에 해당하는 라틴어는 'unus ex principibus suis nobilioribus (자기의 더 고귀한 제후 중의 한 명)'이다.

12 'Nikanor' 뒤에 속격 조사 'ni'가 붙은 것은 의외이다. 다른 곳에는 모두 'i'가 붙어 있다.

sabuki serakū **[u]**   Nikanor   ini bodoho argan iletulehe be safi · tucime
보려 하지 않았다. 니가노르는 그의   계략이   드러난것 을 알고   나와서
[後不肯再見他的面. 尼加諾肋覺他計謀已洩露,]

Kafarasalama ba i hanci Yudas be afame genehe · fumereme afarade · Nikanor i
카파르살라마 지방 가까이 유다 를 공격하러 갔다.   엉켜   싸우는데 니가노르 의
[去近加法耳撒拉瑪地方戰如達斯. 一戰,]

cooha i ergide sunja minggan otolo niyalma gaibuha · funcehele gemu burulame ·
군대 쪽에   5   천에 이르는 사람이 죽었고 남은자는 모두 도망하여
[尼加諾肋敗了, 他的兵大槪被殺的有五千,]

Taweit i hoton de dosika ·· ere baita i amala Nikanor Siyon alin de wesike ·
다윗   성 으로 들어갔다. 이 일   후, 니가노르는   시온 산 에 올랐는데,
[別的都跑進達味城. 此事後, 尼加諾肋上了西雍山;]

emu udu wecen i da¹³ imbe elhei okdome doroloho manggi · wang i jalin alibure
몇몇 제사장이   그를 편히 맞아   인사한 후,   왕 을 위해 바칠
[數祭首安然迎接他, 行禮後, 敎他看爲王獻的全祭.]

yongkiyan /41b/ wecen¹⁴ be inde tuwabuha **[u]** · i tesebe basume nantuhūn obuha¹⁵
완전한   제사 를 그에게 보였더니,   그가 그들을 비웃으며 더럽혔고
[他譏誚, 臟汚他們,]

[na] · geli cokto gisun gisurehe · jai jilidara arbun i   gashūme ·   aika Yudas ·
     또 교만한 말을 하였다. 그리고 화난 모습 으로 맹세하기를, "만약 유다와
[狂傲話待他們, 還大怒詠誓;]

terei cooha mini gala de afaburakū oci · bi elhei bederenjihede · ilihai tuwa
그의 군대가 나의 손 에 맡겨지지 않으 면 내가 편안히 돌아왔을 때   즉시 불을
[「若不把如達斯並他的衆兵交我手裡, 我平安回去,]

sindame · ere tanggin be deijiki sefi · ambula ushame tucike ·· wecen i da sa
 놓아   이 성전 을 태우리라." 하며 크게   성내며 나갔다.   제사장 들이
[立刻放火燒這堂. 」生氣離他們.]

---

13 'emu udu wecen i da (몇몇 제사장)'에 해당하는 라틴어는 'sacerdotes populi (백성들의 사제들)'이다.
14 'yongkiyan wecen (완전한 제사)'에 해당하는 라틴어는 'holocautomata(번제[燔祭]들, 희생물을 완전히 태워 바치는 제사들)'이다. 그런데 여기서 'wecen(제사)'는 제사 행위가 아니고 '제사의 봉헌물(奉獻物)'로 봄이 문맥에 맞겠다.
15 'nantuhūn obuha (더럽히다)'에 해당하는 라틴어는 'polluit(모독했다)'이다.

dosime · terkin i juleri · tanggin i ishun ilicafi · songgome hendume · abkai ejen ·
들어가 제단 앞에서 성전 을 마주해 서서 울며 말하기를, "하느님,
[諸祭首進去在祭台前, 望堂一齊哭說 ;]

si ere tanggin be sini gebu eldembure turgun · sini irgese de jalbarime baire
당신은 이 성전 을, 당신 이름을 빛내시기 위해 당신의 백성들 에게 기도하며 청하는
[我主! 你爲光榮你名, 又爲你民有祈禱所,]

boo okini sere gūnin sonjoho · ne ere niyalma · ini cooha be isebureo ·
집이 되고자 하실 생각으로 택하셨습니다. 이제 이 사람과 그의 군대 를 징벌하십시오.
[選了這堂. 如今求你罰這人並他的兵,]

loho de tuhebureo · ceni aburi ehe gisun be ejefi · ceni beye taksiburakū
칼 로 쓰러뜨리십시오. 저들의 극악한 말 을 기억하여 저들 몸이 살아남지 않게
[還使他們落於腰刀! 請記他們的大逆無道話, 不許這等人久生在世!]]

ojoroo sehe ·· Nikanor Yerusalem ci aljaha · Betoron hoton i tule ing iliha ·
하십시오." 하였다. 니가노르는 예루살렘 에서 떠나 벳호론 성 밖에 진을 세웠고,
[尼加諾肋離了日露撒冷, 在柏托隆外扎了營,]

Siriya i cooha ubade inu acanjiha · Yudas kemuni ilan minggan cooha be gailme ·
시리아 군대가 여기 또 합세하였다. 유다는 또한 3 천 군사 를 데리고
[西里亞的兵也來合他. 論如達斯, 領三千人進亞達耳撒城,]

Adarsa hoton i hanci ing ilihabi · /42a/ Yudas abkai ejen i baru jalbarime
아다사 성 가까이 진을 세웠다. 유다가 하느님 을 향해 기도하여
[扎了營. 如達斯望天主祈求說 :]

hendume · ejen · seibeni wang Sengnakerib i takūrabuha jiyanggiyūn sa simbe
말하기를, "주님, 예전에 왕 산혜립 이 보낸 장군 들이 당신을
[僧那克里伯遣過使臣,]

firume toome ofi · emu abkai enduri[16] enggelenjime tesei cooha ci juwan jakūn
저주하고 욕하 므로 한 하늘의 영이 내려와 그들의 군대 에서 십 팔
[因這使臣敢咒你, 有一天神降來,]

---

16 'abkai enduri (하늘의 영)'에 해당하는 라틴어는 'angelus(천사)'이다.

tumen · sunja minggan niyalma be waha · bairengge si enenggi ere songkoi ere
만 오 천 명 을 죽이셨습니다. 바라건대 주님은 오늘 이 처럼 이
[殺王軍內十八萬五千人. 求你今日[在]我們眼前也擊壓這大軍,]

cooha be meni yasai juleri gidarao · i ini felehun[17] gisun de sini enduringge
군대 를 우리 눈 앞에서 물리치소서. 그가 그의 모독하는 말 로 당신의 거룩한
[衆人纔得知尼加諾肋狂妄大言,]

deyen be fusihūlaha be geren teni bahafi sara · si imbe beideme · ini
전당 을 모욕했음 을 많은 이가 그제야 능히 알 것입니다. 주님은 그를 심판하셔서 그의
[蔑你聖殿, 求你按他大惡審他!]

ehe gūnin de acabure karu be isibureo sehe ·· Adar biya i juwan ilan de [ne]
나쁜 생각 에 알맞은 갚음을 주소서." 하였다. 아달 월 십 삼일 에
[「亞大耳」月的十三日,]

juwe cooha kūthūme afanurede · Nikanor i cooha gidabuha bime · geli dain de
양 군대가 뒤섞여 싸우자 니가노르 의 군대가 격파되었으며 또 전쟁 에서
[兩軍混戰, 敗了尼加諾肋的兵,]

neneme wabuhangge Nikanor inu · bata Nikanor tuhebuhe be tuwafi · teisu teisu
먼저 죽은 자가 니가노르 인데, 적군이 니가노르가 쓰러진 것 을 보고 각자
[尼加諾肋是首先被殺的. 仇見尼加諾肋被砍倒地,]

coohai agūra be maktame burulahe · Yudas i cooha cembe Adazer ci Gazara de
군기 를 던지고 도망했다. 유다 의 군대는 저들을 아다사 에서 게젤 에
[各撒兵器跑了. 如達斯的兵從亞大則耳到加匝拉,]

isinatala emu inenggi hūsime fargaha · bata be /42b/ fargarade temgetu buren[18]
이르기까지 하루 종일 추격했다. 적군 을 추격할 때 신호 나팔을
[一天路趕了他們, 追仇砍, 據號,]

burdembihe [ni] · Israel i omosi Yudeya i geren gašan tokso[19] ci tucime ihan
불었다. 이스라엘 의 자손들이 유다 의 여러 시골 마을 에서 나와 소
[要衆人都出來相助. 故從如德亞周圍村莊出來的依斯拉耶耳後代,]

---

17 'felehun(모독하는, 주제넘은)'에 해당하는 라틴어는 'male(나쁘게, 악하게)'이다.

18 'temgetu buren (신호 나팔)'에 해당하는 라틴어는 'tuba ……cum significationibus (신호를 가진 나팔)'이다.

19 'gašan tokso (시골 마을)'에 해당하는 라틴어는 'castellum(촌락, 산동네)'이다.

uju i šukilara gese tesebe gidalame · sacime · tokome wambihe · bata fisa be
머리로 치받는 것 처럼 그들을 칼로 찌르며 베고   창으로 찔러 죽였다. 적군이 등 을
[齊擁衝趕, 戳殺他們,]

maribufi · Yudas i cooha de tunggalame · ele   ukcara de mangga · gemu loho i
돌려   유다 군대 에   맞부딪혀   더욱 도망치기 에 어려워 모두 칼

jeyen de gisabuha · emke inu guwere ba akū · tabcin i jaka be ambarame baha ·
날 에 전멸되어 한 명 도 피한 바가 없고, 노획한 물건 을   엄청나게 얻었다.
[不剩一人. 揀他們的遺物,]

Nikanor i uju ·   ici ergi i gala be faitaha · i dade enduringge tanggin be cokto
니가노르 의 머리와 오른 쪽   손 을 베었는데, 그가 원래   성전   을 교만한
[割了尼加諾肋的首, 右手]

gisun i fusihūlara turgun ere gala be saniyaha bihe ·   uju gala be gamafi ·
말 로 모독하기 위해 이 손 을   폈던 것이다. 머리와 손 을 가져와
[——爲他先狂言慢堂伸此手, 掛他頭,]

Yerusalem de bakcilame terebe lakiyahabi ·· irgese alimbaharakū urgenjeme · tere
예루살렘 에 마주하여 그것을 내걸었다. 백성들은 참을 수 없이 기뻐하며   그
[手在日露撒冷對面衆民大樂,]

inenggi damu sebjelere teile · Adar biyai juwan ilan de ere inenggi be aniyadari
날을 오직 즐거워할 뿐이었다. 아달 월 십 삼일 에 이   날 을 해마다
[慶賀那一天, 定了每年「亞大耳」月的十三日也當行這禮.]

doroloci acambi seme toktobuha · emu udu inenggi ba na de taifin oho[20] ··
경축해야 마땅하다 고 결정하였다.   약간의 날, 온 땅에 평화가 왔다.
[數日, 地方太平.]

---

20 'emu udu inenggi ba na de taifin oho (약간의 날, 온 땅에 평화가 왔다.)'에 해당하는 라틴어는 'siluit terra Iuda dies paucos (소수의 날 동안 유다 땅은 평온하였다.)'이다.

○ 𝕾𝖀𝕽𝕰 𝕲𝕴𝕾𝖀𝕹 ○
풀이   말

[a] ere Demetiriyus beyei eshen · eshen i /**43a**/ jui juwe nofi ini soorin be
이   데메드리오는, 자신의 숙부와 숙부 의   아들 두 명이 그의 자리 를

durime ejelehe seme donjifi · jenduken i Roma ci ukame tesu gurun de bederehe ·
빼앗아 차지했다 고   듣고   몰래   로마 에서 벗어나 원래 나라 로 돌아왔는데,

terebe amasi gaiki sembihe ··
그것을   되 찾고자 한 것이다.

[e] ere hoton i gebu Tiriboli inu ·   ba i   niyalma imbe unenggi ejen obufi
이   성 의 이름이 트리볼리 이다. 그 땅 의 사람들이 그를   정성껏 주인으로 삼아

uilehebi ··
섬겼다.

[i] Antiyokiya gemun hecen i cooha Demetiriyus i jidere mejige be baha
안티오키아   수도 의 군대는 데메드리오 가 온다는 소식 을 얻은

manggi · imbe solime hoton de dosimbuha · Antiyoko be jafame · Lisiyas i emgi
후   그를   초청해 성 으로 들게 하였고, 안티오쿠스를 잡아   리시아 와 함께

waha ··
죽였다.

[o] Yudas cihanggai hūwaliyambi seme Nikanor be tuwame maraeakū · damu
유다가   기꺼이   화친한다 고 하여 니기노르를   보고 거스르지 않았다. 다만

bodohonggo saisai songkoi šurdeme buksibuha cooha be belhehe bihe · Alsimo
꾀 많은 선비들을 따라   주위에   매복한   군대 를 준비하고 있었다. 알키모스는

juwe jiyanggiyūn sa elhei acaha be sabufi · Nikanor be wang i jakade habšaha ·
두   장군 들이 편안히 만난 것 을 보고 니가노르를 왕   에게 고발하였다.

wang Nikanor be ciralame wakalahade · Nikanor teni Yudas be jai emu mudan
왕이 니가노르 를 엄하게 꾸짖자   니가노르는 그제야 유다 를 또   한번

tuwanara nashūn de · imbe jafabuki sembihe · Yudas serefi jailaha ··
보러갈   기회 에 그를 잡으려 하였고, 유다는 알아채고 피하였다.

[u] eici wang i jalin alibure wecen i dangse · eici tere wecen i ulha be
  혹은 왕 을 위해 바칠 제사의 문서,   혹은 그 제사 의 짐승을

tuwabuha ··
보게 하였다.

[na] ememu ergeleme bolgo akū jaka be cende bišubuha · ememu hafirame ·
  혹 강제로 깨끗지 않은 물건 을 저들에게 만지게 하거나 혹 협박하여

eihen indahūn jergi /43b/ nantuhūn ulha be wecen seme fafulaha ··
나귀와 개   등   더러운 짐승을 제사 하라고 명령하였다.

[ne] Adar biya uthai jorgon biya inu ··
  아달 월은 곧   12 월 이다.

[ni] niyalma buren burdere durun be donjime · burulara bata be fargaci acambi
  사람이 나팔 부는 방식 을 듣고 도망하는 적 을 추격해야 한다

seme bahafi sara ··
고 알 수 있었다.

○ 𝕵𝕬𝕶𝖀𝕮𝕴 𝕱𝕴𝖄𝕰𝕷𝕰𝕹 ○
제8   장

Yudas Roma gurun i niyalma i algin gebu be donjiha · ce horonggo
유다가 로마 나라 사람들의 소문과 명성을 들었는데 , 저들은 위엄 있고
[那時, 如達斯聽落瑪國人的聲名 :]

hūsungge bime · geli ai hacin be cende baici · cihanggai acabumbi · ceni toose
힘 있는 자 이며, 또 어떤 물건 을 저들에게 구하면 기꺼이 맞춰주며, 저들의 권력이
[他們有威嚴大力, 凡有望他們求甚麼都准. 他們的權雖大,]

udu amba bicibe · ya emu uksura tese emgi hūwaliyambuki seci · ce uthai
비록 크다 해도 어느 한 일족이 그들과 함께 화합하고자 하면 저들은 곧
[若那一支派同他們和盟, 他們就結盟.]

hūwaliyasun doro be toktobumbi¹ · undunggeri coohalafi · Galaziya bade wesihun
화합의   도(道) 를 정한다.   여러 번 진군하여   갈리아 땅에서 훌륭한
[又聽他們多次動兵, 還在加拉漆亞地方行的善事,]

gungge ilibuha · tere ba i urse be etefi · albabun jafabuhangge inu · Isbaniya
공을   세웠고,   그 지방의 사람들 을 쳐 이겨 공물을 받게 한 것 이다. 스페인
[勝了那地方人, 故進貢 ;]

gurun de oci · ceni yabuha baita ferguwecuke kai ·² bade bisire aisin menggun i
나라 에서 는 저들이 행한 일이 놀라웠는데,   그 땅에 있는 금과   은 의
[依西巴尼亞國立大功勞, 還拿那裡有的金, 銀等礦 ;]

---

1 'ya emu uksura tese emgi hūwaliyambuki seci seci · ce uthai hūwaliyasun doro be toktobumbi (어느 한 일족이 그들과 함께 화합하고자 하면 저들은 곧 화합의 도를 정한다.)'에 해당하는 라틴어는 'quicumque accesserunt ad eos, statuerunt cum eis amicitias (그에게 가까이 온 자는 누구든지 그들과 우호 관계를 맺었다.)'이다.

2 'Isbaniya gurun de oci · ceni yabuha baita ferguwecuke kai · (스페인 나라에서는 저들이 행한 일이 놀라웠다.)'에 해당하는 라틴어는 'quanta fecerunt in regione Hispaniae (그들은 스페인 지역에서 얼마나 많은 일을 했던가?)'이다.

gung be ejelehe · ceni bodoro mergen arga · kirire erdemu de hacingga golo be
광산 을 차지했고, 저들이 짜낸 지혜로운 계획과 인내하는 덕 으로 여러 성 을
[他們的計謀, 忍讓得了諸省,]

baha ·[3] cenci sandalabuhangge /44a/ umesi goro babe harangga obuha · na i emu
얻었다. 저들에게서 떨어진 매우 먼 곳을 영토로 삼았고, 땅의 한
[將離他們極遠的地方做爲屬下;]

ujan ci cembe afame jihe wang sabe gidame · tesei cooha be ambarame waha ·
경계 에서 저들을 공격해 온 왕 들을 물리치고 그들의 군사 를 엄청나게 죽였다.
[殺敗盡頭來戰他們的諸王並領的兵,]

gūwa gurun i ejete aniyadari cende albabun benjime bi · Šetim gurun i wang sa
다른 나라 의 주인들이 매년 저들에게 공물(貢物)을 보냈다. 기띰 나라 의 왕 들인
[別國王每年與他們進貢;]

Filipo · Berseo jergi ceni baru batalarade · ce tesei cooha be gisabume ·
필립보와 페르시우스 등이 저들을 향해 대적할 때 저들은 그들의 군대 를 전멸하고
[擊壓蛇弟默國, 斐里伯, 柏耳塞二王; 望他們結仇的, 他們全殺敗, 取地方.]

ba na be gaiha · Asiya i gebungge wang Antiyoko emu tanggū orin sufan · ton
온 땅 을 가졌다. 아시아의 이름난 왕 안티오쿠스가, 1 백 스물 코끼리와, 수
[亞西亞有名的王安弟約渴敢來戰他們, 帶一百二十象,]

akū yafahan · moringga cooha · sejen de ceni emgi temšerede · ce imbe efulefi ·
많은 보병과, 말탄 군사와, 수레 에서 저들과 함께 다투는데, 저들은 그를 쳐부수고,
[無數車, 馬, 步兵,]

hono weihun jafame · ini beye · ini soorin sirara juse omosi ujen albabun be
또 산채로 잡아, 그 자신과 그의 자리를 계승하는 아들들과 자손들이 묵직한 공물 을
[還活拿, 也盟定他並接他位的子孫每年進重貢,]

benere · niyalma be damtun bure de ergelehe · jai toktobuha songkoi Indiya ·
보내고, 사람들 을 인질로 주기 를 강박하였다. 또 정한 대로 인도와,
[還送人作質當,]

---

3 'ceni bodoro mergen arga · kirire erdemu de hacingga golo be baha · (저들이 짜낸 지혜로운 계획과 인내
하는 덕으로 여러 성을 얻었다.)'에 해당하는 라틴어는 'possederunt omnem locum consilio suo et patientia
(그들은 자기들의 지혜와 인내심으로 모든 지역을 차지했다.)'이다.

Mediya · Lidiya sere sain babe ini gurun ci meitefi · Eūmene wang de
메대와   리디아 의 좋은 지역을 그의 나라 에서 잘라   유미네스 왕 에게
[又從他國裁了他當日佔的印第亞, 默弟亞, 里弟亞三國好省, 賞給王歐默奈.]

šangnaha · Kerešiya i uksurangga geneki · cembe jocibuki seme · ce ere mejige be
상 주었다.   그리스   민족이   가서   저들을 해치고자 하니, 저들이 이 소식 을
[聽見格肋詩亞支派要去侵犯他們,]

donjifi · emu jiyanggiyūn be unggihe · i tesebe dailame · wahai · tesei sargata ·
듣고   한   장군 을 보냈다. 그가 그들을 공격해 죽이며, 그들의 아내들과
[卽遣一將去征勦 ; 一戰就勝,]

/44b/ juse be olji gamaha · babe cuwangname tabcilaha manggi · yooni ejelehe ·
자식들 을 포로로 데려가고, 지방을 약탈해 빼앗은   후 모두 차지했으며,
[擄他們的妻, 子, 女, 搶得了地方,]

hoton i fu be garjaha · irgese be aha obuha · ertele kemuni ceni ahasi ojoro
성   벽 을 깨뜨리고 백성들 을 종으로 삼았으니, 지금까지 여전히 저들의 종들이 될
[拆毀城墙, 民到今爲他們的奴.]

dabala · cende bakcilaha ai ai gurun · mederi i tun be susunggiyame · teni baha ·
뿐이다. 저들에게 대항한 여러 나라와 바다 의 섬 을   짓밟아   바로 획득했다.
[凡有國並海島, 一惹他們就被滅, 地亦被佔.]

ceni emgi guculere · hūwaliyamburengge bihede · ce gucu · hūwaliyasun i doro be
저들과 함께 친하고   화합함이   있으면 저들과 친구는 화합 의 도(道) 를
[同他們相好的, 依仗他們的實心固守結盟 ;]

hing seme tuwakiyaha · ceni gebu be donjirede niyalma · cende gelembihe ofi ·
성실히   지켰다.   저들의 이름을 들은 사람들은 저들을 두려워하 므로
[共總遠近國皆投順他們, 因爲凡聽他們的名都驚惧.]

tuttu hanciki goroki gurun cende dahahabi · ya emu wang i soorin be karmaki
그래서 가깝고 먼 나라가 저들을 따랐다. 어느 한 왕 의 자리 를 지키고자
[若要庇佑那一王, 他就爲王 ;]

seci · aisilame karmambihe · ya emu wang⁴ i⁵   nakaki   seci · nakarade ja ·
하면 도와서   지켰고,   어느 한   왕 을 폐위하고자 하면 폐위하기 쉬워,
[若不要那個爲王, 就革他.]

eiterecibe ceni gurun ambula mukdeke · ⁶ ceni dolo wang i mahala · wang i
 대개   저들의 나라는 크게 번성하였다.   저들 중   왕 의 관과   왕 의
[他們的權至大.]

fulgiyan etuku eturengge emke inu akū · geren ci wesihun seme iletulebure ayoo ·⁷
 붉은   옷을 입는자는 하나 도 없어, 많은 이 보다 귀하다 고   드러날까 두려워한다.
[他們內無戴王帽, 穿紅衣的, 恐顯比衆尊 ;]

damu acan i babe arafi · inenggidari ilan tanggū orin mergen sakda sa de fonjime ·⁸
 다만 모임 의 장소를 만들어 매일 3 백 스무 명의 현명한 노인 들 에게 묻고,
[但立一公所爲商議, 每日問三百二十賢德長老,]

urui geren irgen i baita be hebešeme icihiyambihe · /45a/ ceni eldengge
항상 많은 백성들의 일 을 상의해   처리하여   저들의 훌륭한
[爲秉公辦民事, 要對他們的榮耀體面.]

derengge de acarara durun i yabuki sembihe · aniya tome gurun i gubci irgese be
  명예 에 맞는 규범 으로 행하고자 하였다. 해 마다 나라의 전체 백성들을
[每年把管全國的權交付一人,]

kadalara tušan be emu niyalma de afabufi [a] · geren tere emu niyalma be dahara
관할하는 임무 를   한 사람 에게 맡겨   모든 이가 그 한   사람 을 따를
[衆人都聽他的命;]

gojime · silhidara buhiyere gūnin   cende fuhali akū ··
뿐이고, 시기하고 의심하는 마음이 저들에게 전혀 없었다.
[他們內並無忌妬猜疑.]

---

4 'wang(왕)'에 해당하는 라틴어는 'regnum(왕권, 왕위, 왕국)'이다. 앞의 'wang i soorin (왕의 자리)'도 마찬
 가지이다.

5 이 'i'는 아마도 'be(-을/-를)'의 잘못인 듯하다. '

6 'eiterecibe ceni gurun ambula mukdeke · (대개 저들의 나라는 크게 번성하였다.)'에 해당하는 라틴어는
 'exaltati sunt valde (크게 높여졌다)'이다.

7 'geren ci wesihun seme iletulebure ayoo · (많은 이보다 귀하다고 드러날까 두려워한다.)'에 해당하는 라틴
 어는 'nemo ……ut magnificaretur in ea (아무도 그들 중에서 존경받지 않도록 하였다.)'이다.

8 'inenggidari ilan tanggū orin mergen sakda sa de fonjime · (매일 3백 스무 명의 현명한 노인들 에게 묻고)'
 에 해당하는 라틴어는 'cotidie consulebant trecentos viginti (매일 320명에게 조언을 청했다.)'이다.

Yudas ere baita be donjifi ·9 Yohangnes i jui ·   Yakob i omolo Ūbolemo ·10
유다가 이   사실 을   듣고   요한 의 아들이며, 야곱 의 손자인 유폴레모스와
[因此, 如達斯選若翰的子亞各伯的孫歐玻肋莫,]

Elehadzar i jui Yason sebe sonjome · Roma gurun i emgi hūwaliyasun doro be
엘르아잘 의 아들 야손 들을 뽑아,   로마 국 과 함께   화합의   도(道)를
[並耶肋亞匝肋的子亞宋, 差他們去落瑪定結盟,]

toktobuki · Kesešiya i wang sai jobolon ci uksalabukini sere jalin ungginehe ·
정하고   그리스 의 왕 들의 고통 에서 벗어나도록 하기 위해 보냈다.
[爲脫格肋詩亞國諸王的委屈,]

tuwaci · yala Kerešiya i wang sa   Israel gurun be dabali muribumbihe ··
살펴보면, 실로 그리스   왕 들은 이스라엘 나라 를 지나치게 핍박했던 것이다.
[那王本把依斯拉耶耳國民當作奴.]

juwe nofi goro jugūn yabuhai · Roma gemun hecen de isinjifi · acan i bade
두 사람이 먼 길을 가서   로마   도성 에 이르러 만남의 장소로
[使者遠行到了落瑪, 進了議事廳,]

dosifi hendume · Yudas Makabeo · terei ahūta deote · jai Yudeya ba i irgese
들어가 말하기를, "유다 마카베오와 그의 형들과 아우들, 또 유다 지방 의 백성들이
[說:「如達斯瑪加白阿, 他的弟兄同如德亞國衆民遣我們到這裡,]

gemu suweni emgi hūwaliyasun doro toktobuki · suweni gucu oki seme ·
모두 당신들과 함께   화합의   도(道)를 정하여 당신들의 친구가 되고자 하여
[要同你們定結約, 彼此爲友.」]

cohome membe suweni baru unggihe serede · /45b/ ere gisun geren sakda sade
특별히 우리들을 당신들 에게 보냈소." 하자,   이 말이 모든 원로 들에게
[因這話合諸長老意,]

icangga ofi · tuttu karu bithe be teišun i undehen de folobume · taifin ·
마음에 들 고, 그래서 대답 편지 를 구리   판   에 새기게 하여 평화와
[故把回文刻在銅板,]

---

9 'ere baita be donjifi · (이 사실을 듣고)'는 라틴어 성경에는 없다.

10 'Yohangnes i jui · Yakob i omolo Ūbolemo · (요한의 아들이며, 야곱의 손자인 유폴레모스)'에 해당하는
라틴어는 'Eupolemum filium Iohannis filii Iacob (야곱의 아들인 요한의 아들 유폴레모스)'이다.

hūwaliyasun i temgetu cende bikini · terebe Yerusalem de benebuhe · bithei
화합   의 증거가 저들에게 있도록 그것을   예루살렘 으로 보내게 했다. 편지의
[送到日露撒冷, 爲作太平和好的憑證.]

gisun entekengge · Roma gurun i irgese · Yudeya i uksurangga mederi i dorgi ·
말은 이런 것이었다. "로마 나라의 백성들과 유다   민족은   바다 안쪽과
[板上的話是這樣 : 「落瑪的民, 如德亞的支派, 海內全地永遠得福安,]

na i babade jabšan hūturi be alireo · loho · bata tesei jecen ci aldangga ojoroo ·
육지 곳곳에서 행운과 복을 받으소서. 칼과 전쟁이 그들의 영역에서 멀어지게 되소서.
[仇刀離他們的邊界!]

aika neneme Roma gurun i geren bade ememu da irgese · ememu ceni gucuse
만약 먼저   로마 나라의 여러 곳에서, 혹 자기 백성들이나, 혹 저들의 친구들이
[倘落瑪民的諸地方或他們的友先遭兵災,]

coohai jobolon de tušabuci · Yudeya i uksurangga erin de acaname · hing seme
전쟁의 고통에 만나면 유다   민족은 때에 맞추어   성실한
[如德亞支派按力實心助陣 ;]

mujilen i aisilambi · Roma gurun Yudeya i dara cooha[11] de maise[12] · dain i agūra[13] ·
마음으로 돕는다. 로마 나라는   유다 의 구원 병 에게 밀과, 전쟁의 도구와,
[落瑪國不給如德亞的救兵麥, 軍噐, 銀, 船,]

menggun[14] · jahūdai be bure ba akū · Roma gurun i toktobuhangge uttu · Yudeya i
은과,   배를 주는 일이 없겠고, 로마 나라가   정한 것은   이렇다. 유다 의
[落瑪國定的就是這樣,]

dara cooha Roma i jiyanggiyūn i fafun be dahafi · ser sere šang be erere ba inu
구원병은 로마의   장군의 법을 따르며, 작은 보상을 바랄 일도
[如德亞的救兵守落瑪帥的令, 也不望些微賞.]

akū · **/46a/** aika neneme Yudeya i uksurangga de coohalara baita bici · Roma
없으리라. 만약 먼저   유다   민족에게 전쟁할   일이 있으면, 로마
[若如德亞先有行兵事,]

---

11 'dara cooha (구원병)'에 해당하는 라틴어는 'proelians(전투원, 전사[戰士])'이다. 따라서 만주어 'dara
　 cooha'는 이상한 번역으로 생각되어 이를 'dain cooha (군대, 적병)'으로 수정하면 어떨까 한다.
12 'maise(밀)'에 해당하는 라틴어는 'triticum (곡식)'이다.
13 'dain i agūra (전쟁의 도구)'에 해당하는 라틴어는 'arma(도구, 무기, 전쟁)'이다.
14 'menggun(은[銀])'에 해당하는 라틴어는 'pecunia(돈)'이다.

gurun erin be tuwame[15] · unenggi gūnin[16] · muterei teile cende aisilambi ·
나라는   때 를   보아   성실한 마음으로   할 수 있는 만큼 저들을   돕고,
[落瑪國按力盡心助他們,]

Yudeya ba aisilara cooha de maise · dain i agūra · menggun · jahūdai be burakū kai ·
유다 쪽은 돕는 군사 에게, 밀과, 전쟁 의 도구와, 은과,   배 를 주지 않는다.
[如德亞人也不給救兵的麥, 軍器, 銀, 船,]

Roma gurun i toktobuhangge uttu · Roma i cooha kemuni Yudeya i jiyanggiyūn i
로마 나라 가   정한 것이 이렇다. 로마 군대는   또   유다 의   장군   이
[落瑪國定的如此, 落瑪兵亦遵如德亞帥的令.]

fafulara gisun de tondoi acabumbi · Roma i ambasa irgese ere durun i Yudeya
명하는   말 에 충성스럽게 맞추리라. 로마 의 대신들과 백성들이 이 양식 으로 유다
[落瑪國的臣民同如德亞支派這樣定了.]

ba i uksurangga i emgi toktobuhabi · amaga inenggi ememu Roma i ergide ·
땅의   민족 과 함께   정하였다.   뒷   날,   혹   로마 쪽에서나,
[後來或落瑪人,]

ememu Yudeya i ergide yamaka hacin be meiteki · nonggiki seci · ishunde
혹   유다   쪽에서   어떤   사항 을 삭제하거나 더하고자 하면 서로
[或如德亞人要添減甚麼,]

hebšefi · cihai meitekini nongikini · ere inu akdun ojoro dabala · [17]
의논하여 기꺼이 삭제하고   더하자.   이 또한 약속이 될 것이다.
[彼此商議就添減, 這添減也要牢守].

wang Demetiriyo Yudeya i uksurangga be jocibuha ofi · be inde bithe arafi
왕 데메드리오가 유다   민족   을 해쳤으 므로 우리가 그에게 편지를 써서
[論王德默弟署——先傷害如德亞支派次,]

---

15 'erin be tuwame (때를 보아)'에 해당하는 라틴어는 'prout eis tempus permiserit (시간이 그들을 허락하는
  만큼)'이다.

16 'unenggi gūnin (성실한 마음으로)'에 해당하는 라틴어는 'ex animo (마음으로부터)'이다. 이의 프랑스어
  번역이 'de bonne foi (성실히, 성의로)'이다.

17 'ere inu akdun ojoro dabala (이 또한 약속이 될 것이다)'에 해당하는 라틴어는 'rata erunt (유효할 것이다)'
  이다.

hendume · si ainu meni gucuse Yudeya ba i niyalma be muribuhani[18] ·
말하기를, '너는 왜 우리 친구들인 유다 지방   사람들 을 괴롭혔는가?

aikabade ce jai emu mudan membe acame · simbe habšaci · be cembe karmara
혹시   저들이 또   한번   우리를   만나   너를 고발하면 우리가 저들을 보호하기
[我們爲護他們,]

turgun /46b/ mukei jugūn · olhon jugūn deri simbe   dailanaki   sehengge inu ··
위해   물의 길과   뭍의 길 로 너를 정벌하러 가리라." 한 것 이다.
[水旱二路去征勦你.』]

---

18 'muribuhani(괴롭혔다)'에 해당하는 라틴어는 'gravasti(짐 지웠다, 괴롭혔다)'이다.

○ 𝔖𝔘ℜ𝔈 𝔊𝔌𝔖𝔘ℜ ○
풀이 말

[a] dade juwe da sa bihe · emke hoton de tefi baita be icihiyambihe · emke
원래 두 지도자 들이 있었다. 한 명은 성 에 머물며 일 을 처리하였고 한 명은

cooha be gaifi an i bata be afambihe ··
군대 를 데리고 항상 적 을 공격하였다.

○ 𝕌𝕎𝕌ℂ𝕀 𝔽𝕀𝕐𝔼𝕃𝔼ℕ ○
제9 장

Taka[1]　Nikanor　dain de　gaibuha · terei cooha yooni gisabuhe sere
그런데　니가노르가　전쟁 에서　패하고　그의　군대는　모조리 몰살되었다 는
[暫且, 德默弟畧聽尼加諾肋及他的兵全被殺在陣上,]

mejige　wang　Demetiriyo de　isinjifi · i　Bakides · Alšimo sebe dahūme Yudeya i
소식이　왕　데메드리오 에게 이르자, 그는　바키데스와 알키모스 들을　다시　유다 로
[他又遣巴旣得, 亞耳詩莫二人徃如德亞,]

baru　unggihe · ici ergide afara mangga cooha[2] be sasa jurambuhabi ·· ce
향해　보내며　오른 편에서 싸울　군센　군대　를 함께 떠나게 했다. 저들이
[付自己的右翼勇兵給他們.]

Galgala[3] de tuhebure[4] jugūn deri yabuhai · Arbella de bisire Masalot hoton i
갈릴래아 로　굽어진　길을 따라 가서　아르벨라 에 있는 메살롯　성
[走通加耳加拉的路, 近亞耳柏拉有的瑪撒落得城扎了營,]

hanci　ing iliha manggi · tere hoton be gaifi · utala niyalma be waha · emu
가까이 진을 세운 후　그　성 을 빼앗아 많은 사람들 을 죽였다. 일
[取了那城, 也殺了多人.]

tanggū susai juweci aniya i　aniya biya de　amba cooha be　gaime · Yerusalem de
백　오십 이　년　정월 에　대군 을 데리고　예루살렘 으로
[格肋詩亞一百五十二年正月, 帶大兵來到日露撒冷,]

---

1 'taka(그런데)'에 해당하는 라틴어는 'interea(그 사이에, 그 동안에)'이다.

2 'ici ergide afara mangga cooha (오른편에서 싸울 굳센 군대)'에 해당하는 라틴어는 'dextrum cornu (오른쪽 뿔, 우익[右翼])'이다.

3 'Galgala'가 어디인가에 대해서는 학자들에 따라 의견이 다른 듯하다.《공동번역 성서》에는 갈릴래아로 되어 있다.

4 'tuhebure(굽어진)'에 해당하는 라틴어는 'quae ducit (향하는, 인도하는)'이다.

jihe · **/47a/** tereci juwe tumen yafagan · juwe minggan moringga cooha fakcafi
왔고, 거기서 2 만 보병과 2 천 말탄 군사를 분리해
[遣二萬步兵, 二千馬兵去柏肋哈村.]

Bereha gašan i baru genehe **[a]** · Yudas oci Laisa hoton de ing ilifi ·
베레아 촌 을 향해 갔다. 유다 는 엘라사 성 에 병영을 세우고
[論如達斯, 在賴撒城扎營,]

ilan minggan siliha cooha ini emgi bisire teile · bata i amba ton be sabume
3 천 정예군이 그와 함께 있을 뿐이라, 적 의 큰 수 를 보고
[同他有三千選的兵, 見仇兵衆多,]

absi gelehe · ududu geli coohai kūwaran ci jailafi · funcehengge damu jakūn
몹시 두려워했다. 많은 이가 또 군대의 진영 에서 도망하여 남은 자가 겨우 8
[驚惶, 本營又有多兵逃跑, 只剩八百男.]

tanggū hahasi inu · Yudas emderei ini cooha ambula ebereke · emderei
백 남자들 이었다. 유다는 한편으로 그의 군대가 크게 지쳤고, 한편으로
[如達斯看自己兵減少, 又見立刻要戰,]

bata i cooha imbe hafiraha be tuwafi · amtan tuheke[5] · samsiha hoki sabe uhei
적 의 군사가 그를 핍박함 을 보고 입맛이 떨어졌다. 흩어진 동료 들을 다 함께
[心散了, 因無暇招回逃跑兵,]

acabure šolo akū ofi · fekun waliyabure gese[6] · funcehe cooha de hendume · be
모을 겨를이 없으므로 놀라 토하는 것 처럼 남은 군대 에 말하기를 "우리가
[如心慌失意. 但望剩下兵說:]

nukcishūn i dosifi · meni bata de bakcilame mutere ayoo seme cendekini ·· ce
격렬히 들어가 우리의 적 에게 대항할 수 있을 것이다." 하고 시도하려 했다. 저들이
[望仇去罷! 看能勝他否.]

imbe tafulame hendume uttu waka[7] · ne jailafi · beye be karmafi · muse
그를 말리며 말하기를, "그렇지 않습니다. 지금은 피하여 몸 을 보호하고 우리
[兵勸他說：「定不能勝! 今救我們的命!]

---

5 'amtan tuheke (입맛이 떨어졌다, 낙담했다.)'에 해당하는 라틴어는 'confractus est corde (마음이 꺾어졌다, 마음이 깨뜨려졌다)'이다.

6 'fekun waliyabure gese (놀라 토하는 것처럼, 놀라 정신이 아득한 것처럼)'에 해당하는 라틴어는 'dissolutus est (기가 죽었다, 정신을 잃었다)'이다.

7 'uttu waka (그렇지 않습니다)'에 해당하는 라틴어는 'non poterimus (우리는 할 수 없을 것입니다.)'이다.

ahūta deote be acacina   teni   bata be   afara   dabala ·   muse komso kai
형제들   을 만납시다. 그리고서 적 을 공격해야 할 것입니다. 우리는   적습니다."
[只有找着我們的弟兄纔能戰, 因我們人狠少.」]

sehede ·· Yudas jabume ·   be   ukame bata ci   jailaci /**47b**/ ojorakū · aika
하자   유다가 대답하기를, "우리가 달아나 적 에게서 피해서는   안 된다.   만약
[如達斯答應：「不可逃走躲我們的仇.]

meni dubere inenggi isinjiha oci[8] · hoo hio seme afafi musei   deote i   jalin
우리가 죽는   날이   이르렀다 면   당당히   싸워 우리의 아우들 을 위해
[若我們的死期要到, 爲我們弟兄挺强死戰罷！]

bucekini · meni algin gebu be gūtuburakū okini sehe ·· taka   Bakides i cooha
죽고,   우리의   명성   을 욕되게 하지 말 자." 하였다.   잠시 후 바키데스의 군대가
[不要玷辱我們的名.」暫且巴旣得的兵出了營,]

ing ci tucime · Yudas i cooha i ishun iliha · moringga cooha faksalabufi juwe
병영 에서 나와 유다 의   군대 를 마주해 섰다.   말 탄 군사가   나뉘어   두
[站在如達斯兵的對面, 馬兵分開兩隊,]

meyen obuha · wehe hūngsire · sirdan gabtarangge coohai juleri yabumbihe ·
패가   되어,   돌을 던지고   활을   쏘는 자들이   군대 앞으로 갔는데,
[摔石, 弓箭二等兵在前行,]

uju de bisire hahasi · gemu hūsungge inu · Bakides oci ici ergi baksan de
선두 에   있는 남자들은 모두   힘센 자 였다. 바키데스 는 오른쪽   무리 에
[後跟的兵都是勁男, 論巴旣得, 在右隊內.]

tembihe · juwe meyen i cooha ibenjirede buren burdembihe · Yudas i cooha
섰다.   두   패 의 군대가 전진해 가며 나팔을   불었고,   유다 의   군대
[兩隊兵前進吹號器, 如達斯的兵也吹號.]

kemuni buren burehe · ba na coohai agūra i jilgan de[9] durgeke · erde ci yamjitala
또한 나팔을 불었다. 온 땅이 군대 무기 의   소리 로 진동했고, 아침 부터 저녁까지
[兵勢闇闃振地方, 從早到晚,]

---

8 'meni dubere inenggi isinjiha oci (우리가 죽는 날이 이르렀다면)'에 해당하는 라틴어는 'si appropiavit
tempus nostrum (우리의 때가 가까워졌다면)'이다.

9 'coohai agūra i jilgan de (군대 무기의 소리로)'에 해당하는 라틴어는 'a voce exercituum (군사의 [함성]
소리로)'이다.

faršatai afanduhabi · Yudas gūniname · Bakides i ici ergi i cooha umesi akdun
목숨 걸고 싸웠다.   유다가 생각하기를 바키데스 의 오른 쪽 군대가 매우 강하다
[兩兵捨命死戰. 如達斯看巴旣得右隊兵比別隊更堅壯,]

seme tuwafi · i ele baturu sebe gaifi[10]   ere ergi i cooha be afahabi · cembe
고   보고,   그가 많은 용사 들을 데리고 이   쪽의 군사 를 공격하여 저들을
[他領更勇的人盡力戰此隊兵, 就打敗了他們,]

gidabuha bime · geli Azoto i alin i ebsi[11] burulara bata be fargaha · hashū ergide
   무찔렀으며   또한 아조토   산 쪽으로 도망한 적 을 추격하였다. 왼 쪽에
[又追到亞作托山.]

/48a/ bisire cooha ici ergi i meyen efulehe be saburede · Yudas · terei coohai
       있는 군대가 오른쪽 패가 무너진 것 을 보고   유다와 그의 군대
[左隊兵見破了右隊兵,]

fisa i amargide feksihei sujuhei · cembe amcafi · [12] afara baita ele ujen ohode ·
  등   뒤로   달려 뛰어가 저들을 추격하니 싸우는 일이 더 위중해 졌고,
[突衝在如達斯兵隊後要戰, 戰勢更凶,]

juwe ergide waha niyalma labdu · Yudas inu gaibuha · ini cooha gemu burulaha ·
   양 쪽에   죽은 사람들이 많았다. 유다 또한 죽고 그의 군대는 모두 도망했다.
[兩邊死多人, 如達斯也被殺, 他兵都跑了.]

Yonatas · Simon se ceni deo Yudas i giran be gamafi · terebe da mafari i eifu i
요나단과   시몬 들이 저들의 아우 유다 의 시신 을 가져가   그를 자기 조상들 의 무덤
[約那大斯及西孟取了他們弟兄如達斯屍去,]

dolo Modin hoton de umbuha[13] ·· Israel i   geren omosi imbe kidume ambula
안, 모데인 성 에 묻었다.   이스라엘 의 많은 자손들이 그를 그리며   크게
[埋他在莫頂城本祖墳內. 依斯拉耶耳後代想他,]

---

10 'i ele baturu sebe gaifi (그가 많은 용사들을 데리고)'에 해당하는 라틴어는 'cum ipso omnes constantes
   corde (모든 마음 굳건한 이들이 그와 함께)'이다.

11 'Azoto i alin i ebsi (아조토 산 쪽으로)'에 해당하는 라틴어는 'usque ad montem Azoti (아조토 산까지)'
   이다.

12 'fisa i amargide feksihei sujuhei · cembe amcafi · (등 뒤로 달려 뛰어가 저들을 추격하니)'에 해당하는 라
   틴어는 'secuti sunt ······ a tergo (······ 등 뒤에서 추격했다)'이다.

13 'ceni deo Yudas i giran be gamafi terebe da mafari i eifu i dolo Modin hoton de umbuha (저들의 아우
   유다의 시신을 가져가 그를 자기 조상들의 무덤 안 모데인 성에 묻었다.)'에 해당하는 라틴어는 'tulerunt
   Iudam fratrem suum in Modin (자기들의 형제인 유다를 모데인으로 옮겼다.)'일 뿐이다.

gasaha · tutala inenggi songgome hendume · enteke horonggo · Israel i irgese be
슬퍼했다. 여러 날   울며   말하기를, "이렇게 위엄 있고 이스라엘 백성들 을
[大哭多日, 哭說 : 「這樣威武救依斯拉耶耳民的,]

aituburengge[14] adarame tuhebuhe ni sembihe ·· Yudas i gūwa dain i baita · ilibuha
구하는 자가   어떻게 쓰러졌는 가?" 하였다.   유다 의, 다른 전쟁 의 일과, 세운
[怎死了呢?」如達斯別的軍功,]

ferguwecun gungge · terei mujilen i šumin bodohon funiyaha[15] · ubade araha ba
   놀라운   공과, 그의 마음 의 깊은 계략과 분별심은   여기 쓸 것이
[行的奇事, 神算妙計, 因太多, 太大, 這裡未記.]

akū · jaci fulu · amba ofi kai ·· Yudas dubehe amala fudasi hala Israel i geren
없다. 너무 많고 크기 때문 이다. 유다가 죽은 후 패악한 족속이 이스라엘 의 많은
[如達斯死後, 逆人在依斯拉耶耳衆交界內明出,]

jecen de iletu tucike · ehe be yabure urse gemu dekdehebi **[a]** · tere erin kemuni
경내 에 나타났고 악을 행하는 무리가 모두 일어났다.   그 때   또
[行惡人都起了 ;]

haji /48b/ aniya bifi · ba na i niyalma bireme[16] Bakides de dahaha · Bakides
흥년이   되어 온 땅 의 사람들이 모두 바키데스 에게 항복했다. 바키데스는
[那時地方大凶荒,]

aburi ehe hokisa be sonjome · cembe ba i ujulaha da sa ilibuha · Yudas i
지극히 악한 도당들 을 뽑아 저들을 지방 의 으뜸가는 지도자 들로 세워서 유다 의
[故民把自己連地方交付巴旣得選立暴虐夥黨管地方 ;]

gucu sebe baicame bahafi · Bakides i jakade benembihe · i tesebe derakūlaha
친구 들을 조사하여 잡아 바키데스 앞으로 데려갔다. 그는 그들을 모욕한
[此人查得了如達斯之友, 送到巴旣得,]

manggi · kimun de karulambihe · eiterecibe Israel i acin ambula jobobuha ·
   후   원수 를 갚았는데,   대체로 이스라엘 교회가 크게 고통 받았다.
[羞辱他們後報仇. 共總大害依斯拉耶耳會到至極,]

---

14 'aituburengge (구하는)'에 해당하는 라틴어는 'salvum faciebat (구원을 주었다. 구원했다)'이다.

15 'terei mujilen i šumin bodohon funiyaha (그의 마음의 깊은 계략과 분별심)'에 해당하는 라틴어는
    'magnitudinis ejus (그의 위대함)'이다.

16 'ba na i niyalma bireme (온 땅의 사람들이 모두)'에 해당하는 라틴어는 'omnis regio eorum cum ipsis (그
    들의 모든 지방은 그들과 함께)'이다.

jidere unde baita be sara saisa¹⁷ Israel i dolo   yendehekū¹⁸   tere erin ci ebsi
오지 않은   일 을 아는 현자가 이스라엘 안에서 일어나지 않은 그 때 부터 이후로
[自從依斯拉耶耳會內未出先知以來,]

ere gese mangga jobocun umai akū ·· Yudas i geren gucuse teni¹⁹ uhai acafi ·
이 같은 어려운   고난은 전혀 없었다. 유다 의 많은 친구들이 그때   함께 모여
[沒受這大災禍. 如達斯的衆友聚一處,]

Yonatas de hendume · sini ahūn Yudas bucehe ci ere inenggide isitala inde
요나단 에게 말하기를, "당신의 형 유다가 죽은 이래 이 날에 이르기까지 그와
[望約那大斯說：「從你兄如達斯死, 沒有與他相等的,]

teherere · meni bata · Bakides jergi kimungge urse be dailame afarangge akū ·
비슷하게 우리의 적 바키데스 등의   원수   무리 를 정벌하여 싸울 자가 없소.
[去戰我們的仇及巴旣得並嫌惡我們支巡派的惡人.]

uttu ofi ne²⁰ simbe ini funde meni da · meni jiyanggiyūn ilibufi · sasa kafur seme
이러 하니 이제 당신을 그분 대신에 우리의 지도자, 우리의 장군으로 세워 함께 결단하여
[故如今替他立你爲我們的首, 我們兵的將軍,]

afakini²¹ sehe ·   Yonatas tere erin de ejen i toose²² be aliha · ini ahūn Yudas i
싸웁시다." 하였다. 요나단이 그 때 에 주인의 권력 을 맡아 그의 형   유다
[一齊去戰.」釣那大斯那時受國權, 替他兄如達斯理政.]

funde cooha be kadalaha · Bakides erebe donjifi · /49a/ argadame imbe waki
대신에 군대 를 통솔하니 바키데스가 이를 듣고   계략을 써서 그를 죽이려
[巴旣得聽這信, 定計要殺他.]

sembihe · Yonatas · terei ahūn Simon · emgi bisire cooha mejige be bahade ·
하였다.   요나단과 그의 형 시몬, 함께 있는 군대가 소식 을 얻고서
[約那大斯, 他兄西孟兼跟他的兵都得信,]

---

17 'jidere unde baita be sara saisa (오지 않은 일을 아는 현자)'에 해당하는 라틴어는 'propheta(예언자, 선지자[先知者])'이다.

18 'yendehekū(일어나지 않은)'에 해당하는 라틴어는 'non est visus (보이지 않은, 인식되지 않은)'이다.

19 'teni(그 때)'에 해당하는 말이 라틴어 성경에는 없다.

20 'ne(이제)'에 해당하는 라틴어는 'hodie(오늘, 현재)'이다.

21 'sasa kafur seme afakini (함께 결단하여 싸웁시다.)'에 해당하는 라틴어는 'ad bellandum bellum nostrum (우리의 전쟁을 수행하기 위해)'일 뿐이다. 즉 'kafur seme (결단하여)'에 해당하는 직접적인 말이 없다.

22 'ejen i toose (주인의 권력)'에 해당하는 라틴어는 'principatus(수위[首位], 패권, 최고 권력)'이다.

jailame Tekuwa i gobi de genehe · Asfar mukei omo i hanci[23] tehe · ememu
피해 드고아 사막 으로 가 아스팔 물의 못 가까이 머물렀다. 어떤
[躲到特庫娃野外, 近亞穌法肋湖止歇.]

niyalma Bakides de alame ofi · i geren cooha be gaime · Sapato inenggi
사람이 바키데스 에게 알리 니 그가 많은 군대 를 데리고 안식일에
[因有人告訴巴旣得, 他領衆兵,「撒罷多」日來到若耳當河那邊.]

Yordane bira i cargi jihe ·· Yonatas ini gucuse Nabudeo i tutala cooha · dain i
요르단 강 저쪽으로 왔다. 요나단은 그의 친구들인 나바테야 의 많은 군대와 전쟁 의
[約那大斯差他兄同一隊人望他友那布得阿支派求借多兵及軍器.]

agūra be juwen gaire turgun · beyei ahūn be emu baksan niyalma i emgi ceni
무기 를 빌리기 위해 자신의 형 을 한 무리의 사람들 과 함께 저들을

baru unggihe[24] · damu Yambiri i juse Madaba hoton ci tucime · Yohangnes be
향해 보냈다. 그러나 얌브리 의 아들들이 메드바 성 에서 나와 요한 을
[[但羊必里的子出了瑪大巴, 拿了若翰,]

jafafi · inde bisirele jaka be hūlhame gamafi genehe [i] · ere baita i amala
잡아 그에게 있는 물건 을 빼앗아 가져 갔다. 이 일 후
[搶他所有的物回本地. 此事後,]

niyalma Yonatas terei ahūn Simon de boolame hendume Yambiri i juse niyaman
사람들이 요나단과 그의 형 시몬 에게 알려 말하기를, "얌브리 의 아들들이 사돈을
[人報約那大斯及他兄西孟說:「羊必里的子孫要成婚,]

jafambi · Ganan ba i emu ejen[25] i sargan jui be sargan gaifi · Madaba ci kumungge
맺는데, 가나안 지방 의 한 주인 의 여자 아이 를 아내로 얻어 나다밧 으로부터 떠들썩한
[娶了加南地方的一世家女, 大歡榮貌,]

---

23 'Asfar mukei omo i hanci (아스팔 물의 못 가까이)'에 해당하는 라틴어는 'ad aquam lacus Asphar (아스
팔 못 물 가까이에)이다.

24 'beyei ahūn be emu baksan niyalma i emgi ceni baru unggihe (자신의 형을 한 무리의 사람들과 함께 저
들을 향해 보냈다.)'에 해당하는 라틴어는 'misit fratrem suum ducem populi (백성들의 지도자인 자기의
형제를 보냈다.)'이다. 라틴어 원문의 'ducem populi (백성들의 지도자)'를 왜 'emu baksan niyalma i emgi
(한 무리의 사람들과 함께)'로 번역했는지 더 연구가 필요하다.

25 'emu ejen (한 주인)'에 해당하는 라틴어는 'unius de magnis principibus (큰 군주들 중의 한 명)'이다.

arbun i²⁶ fudembi sehede · juwe nofi beyei ahūn i senggi be ejefi **[o]** ·
모습 으로 전송합니다." 하자 두 사람은 자기의 형 의 피 를 기억하고
[迎妻到瑪大巴城.」兩個記得親兄流的血,]

geneme · alin i meifehe i amala buksibuha · **/49b/** yasa be tukiyeme tuwaci · jidere
가서 산 비탈 뒤에 매복하였다. 눈 을 들어 보니 오는
[去埋伏在山後. 抬頭一看來的人衆,]

niyalma absi geren · jilgan i asuki amba yangse derengge · eigen juleri yabume ·
사람들이 몹시 많아 소리 의 기척이 크고 모습이 호화로웠다. 신랑이 앞에 가는데
[華美光彩, 新婚郎同他友,]

terei gucuse · deote imbe okdome · tungken forire · kumun arara · coohai agūra be
그의 친구들과 아우들이 그를 맞으며 북을 치고 음악을 연주하고, 군대의 무기 를
[弟兄迎接新婦, 打皷作樂,]

jafara meimeni baksan dahalambihe ·· ce somiha baci bireme tucifi · tesebe
잡은 제각각의 무리가 뒤따랐다. 저들이 숨은 곳에서 모두 나와 그들을
[後隨多兵. 約那大斯, 西孟立刻從埋伏突出, 亂殺他們,]

wahai · bucebuhe urse kejine labdu · gūwa gemu alin i baru feksime ukaka ··
죽이니 죽게 된 사람들이 허다히 많았고 다른 자들은 모두 산 을 향해 뛰어 도망갔다.
[死的人狠多, 別的望山逃跑,]

Yonatas Simon se tesei jaka be gamafi bederehe · sargan gaire baita²⁷ gasacun de
요나단과 시몬 들은 그들의 물건 을 가지고 돌아갔고, 아내 얻는 일은 한탄 으로
[伏兵揀遺失物. 娶妻的樂事變了憂苦,]

kūbulika · tesei kumun i jilgan songgocun²⁸ i mudan de wajiha · Yonatas Simon
변하여 그들의 풍악 소리는 통곡 의 가락 으로 끝났다. 요나단과 시몬은
[樂聲成了哀怨音.]

---

26 'kumungge arbun i (떠들썩한 모습으로)'에 해당하는 라틴어는 'cum ambitione magna (굉장한 화려함으로)'이다.

27 'sargan gaire baita (아내 얻는 일)'에 해당하는 라틴어는 'nuptiae(결혼식, 혼인 잔치)'이다.

28 'songgocun(통곡)'은 동사 'songgo-(소리 내어 울다, 울부짖다)'에 명사 형성 접미사 '-cun'이 붙어서 된 명사이지만, 과거의 어떤 사전에도 등재되어 있지 않은 어형이다.

beyei ahūn i senggi karu gaiha manggi [u] Yordane bira i dalin de amasi mariha ‥
자기의 형 의 피의 원수를 갚은 후   요르단 강 가 로 되돌아갔다.
[〔約那大斯及四孟〕報了親兄流血仇後, 回若耳當河岸上.]

Bakides erebe donjifi · Sapato inenggi amba coohai uju de Yordane i cikin i baru
바키데스가 이를 듣고 안식일 날에   대군의   선두 에서 요르단 물가 를 향해
[巴旣得聽這信,「撒罷多」日帶大兵來若耳當河沿.]

jihe ‥ Yonatas da cooha de hendume · be fafuršame meni bata be afakini ·
왔다. 요나단이 자기 군대 에게 말하기를, "우리는 분발하여 우리 적 을 공격하자.
[約那大斯望本兵說 :「我們上前戰仇,]

enenggi oci · sikse cananggi i adali waka · kimungge urse /50a/ juleri bi ·
  오늘 은 어제 그제 와 같지 않다. 원수의 무리가   앞에 있다.
[今日比不得前日. 昨日前有仇兵,]

hashū ici ergide · fisai amala · damu Yordane bira i muke · dalin i hali · bujan
왼쪽과 오른 쪽, 등 뒤는 오직 요르단 강 물과 강가 의 웅덩이와 수풀이
[左, 右, 背後三方有若耳當河水, 陷泥坑, 稠樹林,]

bisire teile · jailara ba fuhali akū · ne abkai ejen i baru hūlame · membe bata i
있을 뿐, 피할 곳은 전혀 없다. 이제 하느님 을 향해 외쳐 '우리를 적 의
[無躱身處. 今望天主呼號, 爲從仇手救我們.」]

gala ci uksalabureo se · gisun wajinggala · juwe cooha afanurede · Yonatas gala
손에서 벗어나게 하소서."하라." 말을 마치기 전에 두 군대가 일제히 싸우는데 요나단이 손을
[話未完, 兩兵齊戰. 約那大斯伸手將幾砍巴旣得,]

tucike Bakides be sacime hamika · Bakides jabšan de bedercehe · Yonatas uthai
내밀어 바키데스를 베려 할 때 바키데스가 운 좋게 물러났다. 요나단이 즉시
[巴旣得後退幸免. 約那大斯及近跟他的人跳下若耳當河,]

Yordane de fekufi · sasa bisire cooha imbe dahalafi · selbime Yordane bira be
요르단(강) 에 뛰어들고 함께 있는 군대가 그를 따라 헤엄쳐 요르단 강 을
[一 { 正 } 巴旣得兵看〔他們〕過河那邊.]

dooha · bata gelhun akū cembe fargarakū ·   tere inenggi Bakides i cooha ci
건너니 적이 감히 저들을 추격하지 못했다. 그 날 바키데스의 군대 에서
[那日巴旣得的兵受殺的有一千.]

emu minggan niyalma gaibuha ofi · i Yerusalem de amasi mariha · geli Yudeya de
　1 　 천 　 명이 　 죽었으므로 그가 예루살렘 으로 되돌아왔다. 　 또한 유다 에서
[他回了日露撒冷,]

utala beki hoton be dasataha · Yeriko · Ammahūs · Betoron · Betel · Tamnata ·
많은 견고한 성 을 수리하고, 예리고, 엠마오, 　 벳호론, 베델, 딤나다,
[又補修如達亞(亦譯 : 如德亞)多堅固城, 還在耶里郭, 安瑪烏斯, 柏托隆, 柏得耳, 大麥那他,]

Fara · Tobo jergi hoton i ai akdun babe den fu · duka i undehen[29] · yoose de
바라돈, 데폰 등 　 성 의 모든 튼튼한 곳을 높은 담과 문 　 짝과 　 자물쇠 로
[法拉, 托玻等城立高墙, 安門, 上鎖爲堅帮,]

ele akdulabuha · dolo kemuni babe tuwakiyara · Israel i omosi be necire cooha be
더욱 단단히 하고, 그 안에 또 　 땅을 　 지키고 　 이스라엘 자손들 을 침범할 군대 를
[還放巡守兵爲侵害依斯拉耶耳後代.]

tebuhe ·　　jai Betsura · Gadzara · /50b/ Siyon alin i hoton be bekileme[30] · anfu
머물게 했다. 또 벳술과 게젤, 　　　 시온 산 의 성 을 지키려 　 수비
[又堅固柏得穌拉, 〔還〕加匝拉, 西雍山的城,]

cooha be bibufi · hacin hacin i jeku be fulukan i terei calu de asaraha · ujui jergi[31]
군대 를 두고, 　 가지가지 의 음식 을 가득히 　 그 창고 에 저장했으며, 첫째 계급
[每城留看守兵, 多存糧;]

boo i juse be damtun gaifi · tesebe Yerusalem i akdun hoton[32] de tuwakiyabuha
집 의 아들들 을 인질로 잡아 그들을 　 예루살렘 의 견고한 성 　 에서 감시받게 했다.
[取世家子作當頭, 圈他們在西雍城.]

[na] ·· emu tanggū · susai ilaci aniya i juwe biya de Alšimo fafulame · enduringge
　　　　　1 　 백 　 쉰 셋째 해 의 　 2 　 월 에[33] 알키모스가 명하기를, "거룩한
[格肋詩亞一百五十三年二月, 亞耳詩莫分付拆聖堂內的墙]

---

29 'duka i undehen (문짝)'에 해당하는 라틴어는 'porta(대문, 성문)'이다.
30 'bekileme(지키러)'는 'bikileme'처럼 보이는데, 만주어에는 이런 낱말이 없어서 교정한 것이다.
31 'ujui jergi (첫째 계급)'에 해당하는 라틴어는 'prineps regionis (지역의 지도자, 지역 유지)'이다.
32 'akdun hoton (견고한 성)'에 해당하는 라틴어는 'arx(요새[要塞], 성채[城砦]'이다.
33 '1백5십3년의 2월'은 기원전 159년 4-5월이라 한다. 정태현 (1999) : 〈마카베오 상 · 하〉. 70 참조.

tanggin[34] i dolori hūwa de sahaha fu · baita be doigomšome hafure saisa[35] i
　전당　　　안의　뜰에　쌓은 담과, 일을　미리　　통달한 현자 의
[――二先知造的,]

weilen[36] be fule sehe [ne] · yala efuleme deribuhe · tere erin abkai ejen
시설물　을 허물라.” 하여,　정말 허물기 시작하였다. 그 때 하느님께서
[眞動了手. 天主罰他,]

Alšimo be isebume ofi · ini fafulaha hacin gemu tookabuhabi · terei angga fitai
알키모스 를 징벌하시 어 그가 명령한　것이　모두 지연되었다.　그의 입은 단단히
[所分付的都止住, 閉了他口,]

yaksifi · gubci beye aššaci ojorakū nimeku[37] de tušabuha · dubetele gisun gisureme ·
닫히고　온 몸이 움직이지 못하는 병　　에 걸려 죽을 때까지 말을　하여
[得了渾身不能動的病, 到死不能言語,]

da booi baita be icihiyame mutehekū · Alšimo tere erin manggašame · nimehei
자기 집의 일 을　처리할　수 없었다. 알키모스는 그 무렵　힘들어 하며　앓다가
[不能辦本家務. 亞耳詩莫那時內外憊疼, 死的最苦.]

bucehe · Bakides Alšimo i bucen be sabufi · wang be aname genehe · ba na[38]
죽었다. 바키데스가 알키모스의 죽음 을 보고　왕을　향해　갔다.　온 땅이
[巴旣得見亞耳詩莫死, 去見王,]

teni juwe aniya i otolo ergehebi ··
그래서 2　년 이 되도록 평안했다.
[地方二年安靖.]

aburi ehe duwali dolo gūniname ·　ne Yonatas /51a/ terei emgi bisire
　극악한　무리가 속으로 생각하기를, ‘지금 요나단이　그와　함께 있는
[惡黨心內想 : 「如今約那大斯同他的人安生無慮,]

---

34 ‘enduringge tanggin (거룩한 전당)’에 해당하는 라틴어는 ‘domus sancta (거룩한 집)’이다.

35 ‘baita be doigomšome hafure saisa (일을 미리 통달한 현자)’에 해당하는 라틴어는 ‘propheta(예언자)’이다.

36 ‘weilen(시설물)’에 해당하는 라틴어는 ‘opus(업적, 성과)’이다.

37 ‘gubci beye aššaci ojorakū nimeku (온몸이 움직이지 못하는 병)’에 해당하는 라틴어는 ‘paralysis(마비, 반신불수)’이다.

38 ‘ba na (온 땅)’에 해당하는 라틴어는 ‘terra(땅, 나라)’이다.

niyalma elhe sulfa banjime bi · Bakides be solicina · i   emu dobori cembe
사람들과 편하고 안락히 살고 있다. 바키데스 를 부르자. 그가 하루 밤에 저들을
[請巴旣得罷! 他一夜能全拿他們. 」]

biretei jafambi sehede · genefi · Bakides de   ere gūnin bahabuha · yala amba
모두 잡으리라.' 하며   가서   바키데스 에게 이 생각을 갖게 하니 과연 큰
[去露這意與巴旣得. 他領大兵未來之先,]

cooha be gaifi jihe · jenduken i Yudeya bade tehe hoki sade   bithe unggihe ·
군대 를 데리고 왔다.   몰래   유다 지방에 사는 도당 들에게 편지를 보내
[暗發札給如德亞地方住的夥黨,]

Yonatas · terei cooha be argadame jafa seme afabuha · damu jafame muterakū ·
요나단과 그의   군대 를 계략으로 잡으라 고 명령했는데 그러나 잡을 수 없었다.
[囑他們拿約那大斯連他的人 ; 但不能拿,]

Yonatas ceni   ehe gūnin be ulhihede · koimali bodon i   ujulaha da sai[39] susai
요나단이 저들의 나쁜 생각 을 알아채고 교묘한   계책 으로 으뜸가는 머리 들인 쉰 명의
[因約那大斯懂他們的惡意, 拿了奸謀首的五十人,]

hahasi be jafafi waha ·· Yonatas · Simon · dahalara niyalmai[40] emgi gobi de bisire
남자들 을 잡아 죽였다. 요나단과 시몬은   따르는 사람들과   함께 사막 에 있는
[殺了. 約那大斯, 西孟同他們的人望壙野有的栢得栢僧城去,]

Betbessen hoton i baru genehe · garjabuha fu be dasatafi · hoton be akdun
   벳바시   성 을 향해 가서   황폐해진 담 을 고치고   성 을 튼튼히
[修破壞的墙, 堅固了城.]

obuha · Bakides   erebe safi · geren cooha be isabume · Yudeya baingge de geli[41]
하였다. 바키데스가 이것을 알고 많은 군대 를 모으고,   유다   지방 에 다시
[巴旣得知這事, 聚衆兵, 又命如德亞兵都起身,]

alafi · gemu juraka · Betbessen i dergide ing   iliha · hoton be ududu ienggi
알리며 모두 길 떠나   벳바시   위쪽에 진영을 세웠으며, 성 을   여러 날
[同到近柏得柏僧扎了營, 多日攻城,]

---

39 'ujulaha da sai (으뜸가는 머리 들의)'에 해당하는 라틴어는 'princeps(군주, 제안자, 주모자)'이다.
40 'dahalara niyalma (따르는 사람들)'에 해당하는 라틴어는 'qui cum eo erant (그와 함께 있던 자들)'이다.
41 'geli(다시)'에 해당하는 말은 라틴어 성경에는 없다. 사실 이 말은 불필요한 말인 듯하다.

kaha ·　dain i giyase[42] be weileme arahabi · Yonatas oci · beyei ahūn[43] Simon be
포위하고 전쟁 의 선반　을 작업해 만들었다.　요나단 은　자기의 형　　시몬 을
[做了戰架. 約那大斯留親兄西孟在城,]

hoton de bibufi · ini beye /**51b**/　tule tucifi · utala coohai i uju de afanjime ·
　성 에 있게 하고 그 자신은　　바깥에 나와 많은 군사 의 선두 에서 싸우며
[他親帶兵出城,]

Odares ·　terei deote be kamcime Faseron i　juse be　meni meni maikan de
오도메라와 그의 아우들 과　아울러 바시론의 아들들 을　각각의　장막 에서
[把阿大冷兼他的弟兄, 又法塞隆的諸子一共殺在各帳房.]

waha [**ni**] · Bakides i cooha be sacihai ini gebu · horon ele elgimbuha · Simon ·
죽였다.　바키데스의 군사 를　베어 그의 이름과 위엄이 더욱 떨쳤고,　시몬과
[屢殺巴旣得的兵, 因此名揚大了.]

inde aisilara cooha[44] hoton ci tucime · dain i giyase be deijihe · ahūn deo juwe
그를 도울 군대는　성 에서 나와 전쟁 의 선반 을 태웠다. 형과 아우 두
[暫且西孟同他的兵出城, 燒了仇的戰架,]

nofi[45] Bakides be afame · imbe ambula gidabuha · Bakides i　alimbaharakū
명은　바키데스를 공격하여 그를 크게 무찔렀다. 바키데스의　감당 못할
[還同巴旣得打仗, 擊壓他的兵.]

jobošorongge ·　uthai ini bodoho arga · belhehe amba cooha　· gemu untuhuri de
　곤경,　　곧 그가 꾸민 계략과 준비한　대군이　　모두 속절 없음 에
[巴旣得見自己的計謀, 調的多兵都是徒勞,]

isibuhangge inu · imbe Yudeya bade solime jibuhe tere ehe urse i baru jilidafi ·
이르게 된 것 이라, 그를　유다 지방에 불러 오게 한 그 나쁜 무리들 을 향해 화내어
[大惱, 起意請他來如德亞地方的那惡人,]

---

42 'dain i giyase (전쟁의 선반)'에 해당하는 라틴어는 'machina(기계, 도구, 파성추[破城鎚])'이다. 라틴어에
　　서 이 낱말의 의미는 아마도 '파성추'인 듯하다.

43 'ahūn(형)'에 해당하는 라틴어는 'frater(형제, 형, 동생)'이다.

44 'inde aisilara cooha (그를 도울 군대)'에 해당하는 라틴어는 'qui cum ipso erant (그와 함께 있던 자들)'이
　　다.

45 'ahūn deo juwe nofi (형과 아우 두 명)'에 해당하는 말이 라틴어 성경에는 없고, 다만 라틴어 문장에서 그
　　서술어가 'pugnaverunt(그들이 싸웠다)'처럼 3인칭 복수형으로 되어 있을 뿐이다.

ceningge utala niyalma be bucebuhe manggi · funcere da coohai emgi tesu bade
저들의 많은 사람들 을 죽인 후 남은 자기 군대와 함께 고향으로
[殺了他們內多人, 定意領剩下的兵回本地.]

bedereki sembihe ·· Yonatas terei gūnin be serehe · ishunde hūwaliyasun doroi
돌아가려 하였다. 요나단이 그의 생각 을 알고 서로 화해의 예로
[約那大斯知他意, 望他遣使講和,

acakini · oljisa be halakini sere jalin elcin be terei baru ungginehe · Bakides
만나 포로들 을 교환하려 하기 위해 사신 을 그를 향해 보냈다. 바키데스가
[也送擄人給他.]

cihanggai hūwaliyambiki · Yonatas i gisun be dahaha · jai emu /52a/ jalan i
기꺼이 화해하려 해서 요나단 의 말 을 따랐고, 또 한 평생
[巴旣得願和, 遵約那大斯的話,]

ebsihe heni koro inde ararakū seme gashūha · hono Yudeya ba ci
동안 조금도 해를 그에게 끼치지 않겠다 고 맹세하였다. 또 유다 지방 에서
[又發誓一生不些須傷他,]

neneme gamaha oljisa be amasi buhe · teni Yudeya be waliyame · da bade
먼저 빼앗은 포로들 을 되돌려 주었다. 그리고 유다 를 버리고 자기 지방으로
[從如德亞擄的人也還他, 纔離如德亞回了本地 ;]

bederehe · ereci julesi gelhun akū Yudeya i jecen de dosirakū ··
돌아갔다. 그 이후로 감히 유다 경계 에 들어오지 않았다.
[從此往後不敢進如德亞邊界.]

loho i jobolon Israel i omosi i dolo nakaha ··
칼 의 재앙이 이스라엘 자손들 안에서 사라졌다.
[依斯拉耶耳地方止了刀災.]

Yonatas Makmas hoton de tehe · Yonatas geli ubade geren irgen i baita be
요나단은 미그맛 성 에서 살았고, 요나단은 또 여기서 많은 백성 의 일 을

beideme deribuhe · fudasi hala be Israel i acin ci geterembuhebi ··
심판하기 시작하여 패악한 일족 을 이스라엘 교회 에서 사라지게 했다.

○ 𝔖𝔘𝔯𝔢 𝔊𝔦𝔰𝔲𝔫 ○
풀이   말

[a] Yudas be Yerusalem de baha akū ofi ·   Bereha sere gašan de genehe ··
유다 를 예루살렘 에서 찾지 못했으므로   베라아 라는 시골 로 갔다.

[e] ere gese aburi ehe urse Yudas i banjire fonde sain niyalma i arbun i
이 같이   극악한 무리가 유다 가 살아 있을 때 착한 사람 의 모습 으로

arbušambihe · Yudas akū ohode · cihalan buyenin i ici yabume deribuhe ··
행동했는데,   유다가 죽자   욕심과   정욕 에 따라 행동하기 시작했다.

abkai ejen tutala jobolon gasga de Yudeya babe isebure turgun · Israel i /52b/
하느님께서 많은   재앙과   재난 으로 유다 지방을 징계하시는 까닭은. 이스라엘 의

fudasihūn omosi inu ··
거역하는   자손들 때문이다.

[i] Yambiri uthai Bakides i hoki bihe ··
얌브리는 곧 바키데스의 도당 이었다.

[o] ahūn be waha · terei senggi be   eyebuhe be amcame gūnifi · jurgan de
형 을 죽이고 그의   피 를 흘리게 한 것을 추후에 생각하고, 정의 에

acabume isebuki sehe · Yonatas Israel i omosi i   da ofi ·   fafun i
따라   징벌하려 하였다. 요나단은 이스라엘 후손들 의 지도자 이므로 법 으로

gamara toose ini gala de bihe ··
처리할 권리가 그의 손 에 있었다.

[u] karu be gairede beyei tusa be baire ba akū · geren i   tusa · abkai ejen i
원수 를 갚을 때 자신의 이익 을 구하는 바 없이, 많은 이 의 이익과   하느님 의

eldengge be baiha   teile ··
　　영광 을 구했을 뿐이다.

[na] ere ududu bayan wesihun boo amaga inenggi fudarara ayoo seme
　　　　이 여러 　부귀한 집들이 뒷 날 　반역 할까 하여

olhošofi · boo i   asihata be damtun gaiha ··
조심해서 집 의 젊은이들 을 인질로 데려갔다.

[ne] ere fu wecen i da sebe · gūwa niyalma ci faksalambihe ·   abkai ejen yala
　　　　이 담이 제사장 들을 다른 사람들 에게서 구분했던 것이다. 하느님은 참말로

uttu   toktoho bihe ··
이렇게 정하셨던 것이다.

[ni] ere gemu Bakides i cooha da sa inu ··
　　　　이 모두 바키데스의 군대 장 들 이다.

○ *JUWANCI FIYELEN* ○
제10   장

E mu tanggū ninjuci aniya[1] de · colo wesihun sere[2] Antiyoko i jui
　1 백 예순째 해 에, 별명이 '고귀함'이라는 안티오쿠스 의 아들
[格肋詩亞一百六十年, 尊貴安弟約渴的子]

Aledzander jifi · Tolemaida hoton be ejelehe[3] · irgese inde dayaha be dahame ·
알렉산더가 와서 프톨레마이스 성 을 점령하였고, 백성들이 그에게 의지함 에 따라
[亞立山來佔托肋麥大城, 城內入附從他,]

i ubade /53a/ dasan dasame deribuhe [a] · wang Demetiriyo ere mejige baha ·
그가 여기에서 통치하기 시작했다. 왕 데메드리오가 이 소식을 얻자
[城內入附從他, 王德默弟畧得這信,]

nergin de cooha be ambarame isabufi · terebe dailame genehe · Demetiriyo
즉시 군대 를 크게 모아 그를 정벌하러 갔다. 데메드리오가
[立卽調大兵去勦他.]

kemuni[4] hūwaliyasun gisun i emu bithe be Yonatas de araha · dolo imbe
또 화친하는 말로 한 편지 를 요나단 에게 썼는데, 안에는 그를
[德默弟畧還給約那大斯一札],

---

1 'emu tanggū ninjuci aniya (160년)'은 기원 전 153년 9월에서 152년 10월 사이이다. 정태현 (1999) : 〈마카
베오 상 · 하〉72 참조.

2 'colo wesihun sere (별명이 '고귀함'이라는)'에 해당하는 라틴어는 'qui cognominatus est Nobilis ('고
귀함'이라고 별명이 붙은)'이다. 그런데 칠십인역(Septuaginta)에는 이에 해당하는 말이 Ἀλέξανδρος ὁ
τοῦ Ἀντιόχου ὁ Ἐπιφανὴς (안티오쿠스의 알렉산더 에피파네스)'로 되어 있는데, 이름처럼 되어 있는 ὁ
Ἐπιφανὴς (유명한, 뚜렷한, 고귀한)'을 라틴어 성경에서는 의역하여 별명으로 처리한 것이다..

3 'Tolemaida hoton be ejelehe (프톨레마이스 성을 점령하였다)'에 해당하는 라틴어는 'occupavit
Ptolomaidam (프톨레마이스를 차지하였다)'이다.

4 'kemuni(또, 여전히)'에 해당하는 말은 라틴어 성경에는 없다. 그러나 프랑스어 역 성경에 'en même temps
(동시에)'라는 말이 들어있는데, 만주어는 이 프랑스어 역 성경을 따라 'kemuni'를 집어넣은 듯하다.

saišara dabala · ini ambasa de hendume · Yonatas meni koro de Aledzander be
칭찬할 뿐이었다. 그의 대신들 에게 말하기를, "요나단이 우리의 원한 으로 알렉산더 를
[內多溫言, 獎他, 望他臣說 :「不等他同亞立山爲友,]

dahara onggolo · be hasa terei emgi hūwaliyambukini · muse ini beye · ini ahūn ·
따르기 전에 우리가 빨리 그와 함께 화친하자. 우리가 그 자신과 그의 형과
[攻我們先, 我們就早同他和好.]

ini uksura de isibuha hacingga jobolon be esi ejeci⁵ sembihe · tuttu ofi cooha be
그의 일족 에게 준 온갖 고통 을 응당 기억하면." 하였다. 그리 하여 군대 를
[他一定記得我們怎麽傷害他, 他兄, 他的支派.」]

isabure · coohai agūra be weilere toose buhe · imbe wang i gucu seme tukiyecehe ·
모으고 군기 를 만드는 권력을 주어 그를 왕 의 친구 라고 추켜세우며,
[故給他調兵, 造軍器的權, 稱他是王的助友,]

Siyon i akdun hoton de bisirele damtun i asihata be ini gala de afabuha ··
시온 의 요새 에 있는 인질 의 젊은이들을 그의 손 에 맡겼다.
[命西雍堅固城所有當的少年都交付他.]

Yonatas Yerusalem de jifi · jing geren irgen · Siyon akdun hoton i urse
요나단이 예루살렘 으로 와서 마침 많은 백성과 시온 요새 의 무리가
[約那大斯收王札後卽來日露撒冷, 當衆民立西雍堅固城人的面念王札.]

donjirede · wang i bithe be hūlaha · wang cooha isara toose be Yonatas de
듣는 데서 왕 의 편지 를 읽었는데, 왕이 군대 모을 권력 을 요나단 에게
[因王給了約那大斯調兵的權,]

buhe ofi · ambula golohobi · /53b/ damtun i juse Yonatas de afabuha · i geli
주었으 므로 크게 놀랐다. 인질 의 아들들이 요나단 에게 맡겨졌고, 그는 또
[都驚懼, 作當的少年交付了約那大斯,]

cembe meimeni niyamangga de bederebuhe · Yonatas Yerusalem de tehe ·
저들을 각각의 부모들 에게 돌려보냈다. 요나단은 예루살렘 에 머무르며
[他卽退還與本父母. 約那大斯住在日露撒冷,]

---

5 'ejeci(기억하면)'에 해당하는 라틴어는 'recordabitur(생각나게 할 것이다, 기억하게 될 것이다)'이다. 즉 미
래 수동형으로 되어 있다.

hecen be sahame · icemleme deribuhe · weilen weilere faksisa de hendume hoton ·
성 을 쌓고 수리하기 시작했다. 일 하는 일꾼들 에게 말하기를, "성과
[起修城墻, 令諸匠說 :]

Siyon alin i šurdeme hošonggo wehei akdun fu be ili sehede · yala fafun i
시온 산 주위를 모난 돌로 튼튼히 담 을 세우라." 하여 과연 명령
[「用方石堅修西雍山的周圍墻.」眞照令行.]

songgoi yabuha · encu mukūn i niyalma Bakides i bekilehe[6] babe waliyafi ukaka ·
대로 행하였다. 다른 민족 의 사람들은 바키데스가 지키던 곳을 버리고 도망갔다.
[異族人棄了巴旣得修的堅固地方, 逃走,]

Yudeya ci aljame · teisu teisu da bade genehe[7] · damu Deus i targacun kooli be
유다 에서 떠나 각자 고향으로 간 것이다. 그러나 주님 의 계명과 율법 을
[離如德亞, 各回本地, 但悖陡斯規戒的]

cashūlaha ududu hahasi Betsura de bifi · gūwabsi gurinerakū · ce tere emu
배반한 여러 남자들이 벳술 에 있으면서 다른 곳으로 옮기지 않고, 저들이 그 한
[那多男在柏得穌拉留下,]

hoton de beye be karmambihe ·· [8]
성 에서 몸 을 보호하고 있었다.
[這就是保他們身的城.]

Demetiriyo ai hacin be Yonatas de angga aljaha be wang Aledzander safi · jai
데메드리오가 어떤 것 을 요나단 에게 허락했는지 를 왕 알렉산더가 알고, 또
[王亞肋山聽德默弟畧所許約那大斯的,]

---

6 'bekilehe(지키던)'에 해당하는 라틴어는 'aedificaverat(지었다, 만들었다)'이다.

7 'Yudeya ci aljame · teisu teisu da bade genehe (유다에서 떠나 각자 고향으로 간 것이다.)'에 해당하는 라틴어는 'et reliquit unusquisque locum suum et abiit in terram suam (각자는 제 자리를 버리고 자기 땅으로 갔다.)'이다.

8 "damu Deus i targacun kooli be cashūlaha ududu hahasi Betsura de bifi · gūwabsi gurinerakū · ce tere emu hoton de beye be karmambihe ·· (그러나 주님의 계명과 율법을 배반한 여러 남자들이 벳술에 있으면서 다른 곳으로 옮기지 않고, 저들이 그 한 성에서 몸을 보호하고 있었다.)"에 해당하는 라틴어는 "tantum in Bethsuram remanserunt aliqui, et his qui reliquerant legem et praecepta Dei erat ; enim haec eis ad refugium (다만 벳술에는 하느님의 율법과 규칙을 포기한 자들만이 머물고 있었는데, 이곳은 그들에게 피난처였기 때문이다.)"이다.

Yonatas · terei ahūta i afara baita · ilibuha gungge · alihala jobocun be donjifi ·
요나단과 그의 형들 의 싸운 일과,   세운   공과,   받은   고통 을 듣고
[本有人把約那大斯弟兄等大軍功, 受過大險告訴亞立山,]

hendume · Yonatas de teherere niyalma be bahaci ombio ·⁹ hasa terei emgi
말하기를, "요나단 에게 상응하는   사람 을 얻을 수 있을까? 서둘러 그와 함께
[他說 :「我們豈能得與他相等的人麼? 速與他爲友,]

guculecina · imbe aisilara hoki obukini · /54a/ bithe arame inde unggihe · bithei
친구하여   그를 돕는 동무가 되자."   편지를 써서 그에게 보내니, 편지의
[好作我們的副帮!」寫札與他, 札言就是 :]

gisun uthai wang Aledzander deo Yonatas de elhe fonjime bi ·   donjici¹⁰ · si
말이 곧, "왕   알렉산더가 아우 요나단 에게 평안을 묻고 있습니다. 들으니 당신은
[「王亞立山問兄約那大斯安!]

horonggo hūsungge inu · gucui doro i meni emgi falici acarangge kai · enenggi
위엄 있고 힘있는 분 이오. 친구의 예 로 우리와 함께 사귐이 마땅할 것 입니다. 오늘
[聽你是大能力人, 正可與我爲友.]

simbe sini uksura i dalaha wecen i da¹¹ ilibumbime · [e] geli wang i gucu seme
당신을 당신 민족의 수석 제사장으로   세우고   또한   왕 의 친구 라고
[因此我今日立你爲你支派的總祭首, 又賞稱你爲王友,]

tukiyecebuki sembi¹² · si hing seme minde dayafi¹³ · mini baru gucu i doro
천거하고자 합니다. 당신이 성실히 나에게 의지하고 나를 향해 친구 의 예를
[要你盡友道, 實心向我. 」]

---

9 'Yonatas de teherere niyalma be bahaci ombio · (요나단에게 상응하는 사람을 얻을 수 있을까?)'에 해당하는 라틴어는 'numquid inveniemus aliquem virum talem (우리가 또 다른 저런 사람을 도대체 찾아낼 수 있을까?)'이다.

10 'elhe fonjime bi · donjici (평안을 묻고 있습니다. 들으니)'는 차라리 'elhe fonjime · bi donjici'처럼 문장 부호인 가운뎃점 ' · ' (만주어로 tongki)를 앞으로 옮겨 '평안을 묻습니다. 내가 들으니'로 번역함이 더 자연스러운 것 같다.

11 'dalaha wecen i da (수석 제사장)'에 해당하는 라틴어는 'summus sacerdos (대제관, 대사제)'이다.

12 'wang i gucu seme tukiyecebuki sembi (왕의 친구라고 천거하고자 합니다.)'에 해당하는 라틴어는 'ut amicus voceris regis (왕의 친구로 불리도록)'이다.

13 'si hing seme minde dayafi (당신이 성실히 나에게 의지하고)'에 해당하는 라틴어는 'et quae nostra sunt sentias nobiscum (당신이 우리 일에서 우리와 함께 느끼기를)'이다.

akūmbukini sehe · gisun i amala[14] · hono fulgiyan etuku · aisin i muheliyengga
다하시기를” 라고 했다.   말   뒤에   또   붉은   옷과   금 의   둥근
[說後, 送紅衣, 金王帽]

mahala[15] be Yonatas de unggihe [i] ·· emu tanggū ninjuci aniya i nadan biya de
    관   을 요나단 에게 보냈다.   1   백   예순째   해   7   월 에
[與約那大斯. 格肋詩亞一百六十年七月,]

cacari i kumungge dorolon i inenggi[16] [o] Yonatas uju i jergi wecen i da i
  천막의   성대한   예절 의   날,   요나단은 최고   지위   제사   장 의
[凉棚大慶瞻禮日, 約那大斯穿了總祭首的聖衣,]

enduringge etuku etuhebi[17] · cooha be fulukan isanduha · dain i agūra be
   거룩한   옷을 입고서   군대 를 많이   모으고   군기   를
[招多兵, 廣造軍器.]

weilehe ·· taka Demetiriyo ere baita be donjiha · dolo ambula jobome hendume ·
만들었다. 얼마 후 데메드리오가 이   일   을 듣고   마음이 크게   아파서 말하기를
[暫且德默弟畧聽這事, 心中憂悶說:]

meni bodogon ai bodogon ni · Aledzander menci neneme Yudeya i uksurangga be
‘우리의 계략이 어떤 계략 인가? 알렉산더가 우리보다 먼저   유다   민족   을,
[「我們作的是甚麼呢? 許亞立山比我們先同如德亞支派和好,]

inde aisilakini sere /54b/ gūnin · tesede gucu i doro i acaha · bi inu bithe araki ·
저에게 도움 받고자 하는   생각으로 그들에게 친구 의 예 로 만났다.   나 도 편지를 쓰고
[爲堅硬他們的勢? 我也與他們修札,]

doroi jaka be beneki · wesihun jergi tušan be cende šangnaki · minde aisilarao
   예물   을 준비하여   높은   지위와   임무 를 저들에게 상 주어   나를   도와달라
[封他們貴職, 送禮, 求他們助我.」]

---

14 ‘gisun i amala (말 뒤에)’에 해당하는 라틴어는 ‘et(그리고)’일 뿐이다.

15 ‘aisin i muheliyengga mahala (금의 둥근 관)’에 해당하는 라틴어는 ‘corona aurea (황금 왕관)’이다.

16 ‘cacari i kumungge dorolon i inenggi (천막의 성대한 예식의 날)’에 해당하는 라틴어는 ‘in die sollemni Scenopegiae (장엄한 초막절[草幕節]의 날에)’이다.

17 ‘Yonatas uju i jergi wecen i da i enduringge etuku etuhebi (요나단은 최고 지위 제사장의 거룩한 옷을 입었다.)’에 해당하는 라틴어는 ‘et induit se Ionathas stolam sanctam (요나탄은 거룩한 망토를 입었다.)’이다. 따라서 라틴어 성경에는 ‘uju i jergi wecen i da i (최고 지위 제사장의)’에 해당하는 말이 없다.

sembi · yala ere durun i bithe unggihe · wang Demetiriyo Yudeya i uksurangga de
하리라.' 실제 이런 식 으로 편지를 보냈다. "왕 데메드리오는 유다   민족 에게
[眞寫札與他們說：「王德默弟畧問候如德亞支孤派！]

sain be fonjime bi · suwe mini emgi toktobuha hūwaliyasun doro be tuwakiyaha ·
안부 를 묻고 있습니다. 당신들이 나와 함께 정한   화친의   예 를 지키고
[聽你們忠心奉我, 固守我們定的結約,]

mini emgi guculeme · meni bata de dayanaha akū ofi **[u]** · bi emgeri donjire de ·
나와 함께 사귀어   우리 적 에게 의지한 일이 없으므로   내가 한번   듣고서
[不肯二意順我們的仇, 故心中慰樂.]

ambula urgunjehe · suwe ereci julesi tondo akdun oso · bi suweni sain gūnin
크게 기뻐했습니다. 당신들은 이제부터 앞으로 충성되게 되시오. 내가 당신들의 착한 생각과
[今我所願的就是要你們好好保存你們歸順我的眞心,]

yabun de esi karulaci ·   udu hacin i albabun be anahūnjambime[18] · geli šang[19]
행동 에 응당 보답하리니, 여러 종류의 공물(貢物) 을   면제하고   또한 상을
[我必厚報, 不能枉勞：免幾樣貢, 還多賞你們.]

suwende isibure · Yudeya ba i geren irgen ci[20] caliyan · dabsun i cifun · aisin i
당신들에게 주고,   유다 지방 의 많은 백성 에게서 조공과,   소금 의 세금과,   금
[從今以後, 如德亞民的錢糧, 鹽稅,]

muheren[21] **[na]** · usenehe jeku i ilan ubui dorgici emte ubu[22] · tubihei hontoho
고리와,   씨 뿌린 곡물 의 세 부분 중에서 한 부분과,   과일의   반
[金環, 撒種的三分之一, 論菓的十分之五——]

---

18 'udu hacin i albabun be anahūnjambime (여러 종류의 공물을 면제한다)'에 해당하는 라틴어는
   'remittemus vobis praestationes multas (많은 채무를 너희들에게서 면제한다)'이다.

19 'šang(상[賞])'에 해당하는 라틴어는 'donatio(기증, 선물, 증여)'이다.

20 'Yudeya ba i geren irgen ci (유다 지방의 많은 백성에게서)'에 해당하는 라틴어는 'vos et omnes Iudaeos
   (너희와 모든 유다인들을)'이다.

21 'aisin i muheren (금 고리)'에 해당하는 라틴어는 'corona(왕관, 왕관세)'이다. "고대 그리스와 로마 제국에
   서는 싸움에 진 나라는 이긴 나라 사령관에게 황금관을 바치는 관습이 있었다. 이것이 후에는 싸움의 승리
   여부와 관계없이 받아들이는 조공(朝貢)의 하나가 되고, 관 대신 돈을 바치는 경우가 많았다. 이것이 왕관
   세이다." 바르바로 (1988) 〈구약성서 주해집 4〉, 144. 참조.

22 'usenehe jeku i ilan ubui dorgici emte ubu (씨 뿌린 곡물의 세 부분 중에서 한 부분)'에 해당하는 라틴어
   는 'tertias seminis (씨앗의 삼분의 일)'이다.

ubu · mini ufihi ojorongge be bi enenggi ci fuhali gairakū · Yudeya ba sere anggala ·
분으로 내 몫 되는것 을나는 오늘 부터 전혀 가지지 않고, 유다 땅 뿐만 아니라
[本該我收的, 從今我都不取, 讓與你們.]

kemuni Samaraya · Galileya juwe /55a/ golo ci ekiyembuhe Yudeya de unggiha
항상 사마리아, 갈릴래아 두 주에서 빼어 유다 에 보내진
[還命我的官 : 自今到永遠, 不單如德亞, 連撒瑪里亞, 加里肋亞二省]

ilan hoton ere jergi hacin be amaga inenggi enteheme burakū · Yerusalem oci
세 성은 이들 물건 을 훗 날 영원히 주지 않으리다. 예루살렘 은
[裁了的三城, 添在如德亞所出的菓賦都不敢收. 論日露撒冷,]

enduringge hoton okini · hoton i dalaha da hoton i irgese · jase be cihai
거룩한 도시가 되어, 도시 의 지도자와 도시 의 백성들은 지역 을 마음대로
[做爲聖城, 城首隨便管他們界內的民,]

kadalakini · jeku i juwan ubui dorgici tere emu ubu · caliyan be suwaliyame
관할하고, 곡물의 열 부분 중에서 저 한 부분과 군량 을 모아
[各物的十分之一並錢糧也是他收.]

cingkai bargiyakini · Yerusalem de bisire akdun babe waliyafi · terebe wecen i
완전히 거두시오. 예루살렘 에 있는 요새를 포기하고 그것을 제사 의
[我賞日露撒冷內有的西雍堅固地方給總祭首,]

dalaha da[23] de šangname bi · i niyalma be sonjome tuwakiyabucina · Yudeya ci
우두머리 에게 상급하여 두고, 그가 사람들 을 뽑아 지키게 하시오. 유다 에서
[他只管排人看守.]

oljilame gamaha urse · mini gurun i gubci bade tehengge oci · bi tesebe caliyan ci
포로 되어 끌려온 사람들로 나의 나라 의 전 지역에 머무르는 자 는 내가 그들을 세금 에서
[論我國住的從如德亞擄的人, 放他隨便,]

guwembi · ceni beye · ceni ulhai turgunde alban jafarakū · hūsun tucirakū · [24]
면제하고, 저들 자신과 저들 짐승 때문에 세금을 바치지 않아 힘을 쓰지 않을 것입니다.
[免他們完糧並牲口的差役.]

---

23 'wecen i dalaha da (제사의 우두머리)'에 해당하는 라틴어는 'summus sacerdos (대사제, 대제관, 제관장)'
이다.

24 'ceni beye · ceni ulhai turgunde alban jafarakū · hūsun tucirakū · (저들 자신과 저들 짐승 때문에 세금
을 바치지 않고, 힘을 쓰지 않으리라.)'에 해당하는 라틴어는 'relinquo liberam gratis ut omnes a tributis
resolvantur etiam pecorum suorum (나는 모든 이가 세금에서 해방되도록 그들과 그들의 가축들에게도

eiten kumungge dorolon inenggi²⁵ · Sapato tome · biya i ice²⁶ · gūwa hacin i
모든　성대한　　예절의　날과　　안식일 마다, 달 의 첫날과,　다른 종류 의
[一切大慶瞻禮, 每「撒罷多」日, 每月初一,]

toktobuha dorolon · kumungge dorolon inenggi i juleri ilan inenggi · amala inu
정해진　예절과,　성대한　　예절의　날　전　3　일,　　후　또한
[另外別的瞻禮, 凡大禮日前三天, 後三天,]

ilan ienggi · gemu mini gurun i dorgi bisire Yudeya ba i niyalma de guwebure
3　일은,　모두 나의　나라　안에 있는　유다　지방 사람들 에게 면제 받는
[都給我國有的如德亞人做爲寬免大赦日,]

inenggi · še i inenggi²⁷ okini · /55b/ ere jergi inenggi de ya emke ai turgun ocibe
날이요, 사면 의 날이 될 것입니다.　　이 들 날 에는 누구 하나 어떤 이유 로도
[這些日不許有人爲事故控告他們,]

gelhun akū cembe habšarakū · heni koro ararakū ·²⁸　　wang i coohai ton de
감히　　저들을 고발하거나,　조금도 해 끼치지 못합니다. 왕 의 군대의　수 에
[些微傷他們. 我又要我軍內有三萬如德亞兵,]

ilan tumen hahasi Yudeya baingge dosimbukini · beye ujire mengghun jiha be
3　만　명의　유다 지방인이 들어가게 하고, 몸을 양육할　은　돈 을
[給他們如別衆兵的錢糧；]

wang i geren coohai adali cende bumbime · ²⁹ hono ceni dorgici ememu
왕 의　많은 군사와 똑같이 저들에게 주며,　　또　저들 중에서　혹
[還從他們內選,]

공짜로 자유를 준다.)'이다. 따라서 만주어 번역은 상당히 의역된 것인 듯하다.

25 'kumungge dorolon inenggi (성대한 예절의 날)'에 해당하는 라틴어는 'dies solemnes (성대한 날들, 축일
들)'이다.

26 'biya i ice (달의 첫날)'에 해당하는 라틴어는 'neomenia(초승달)'이다.

27 'še i inenggi (사면의 날)'에 해당하는 라틴어는 'dies immunitatis (면제의 날, 사면의 날)'이다.

28 'gelhun akū cembe habšarakū · heni koro ararakū · (감히 저들을 고발하거나, 조금도 해 끼치지 못한
다)'에 해당하는 라틴어는 'et nemo potestatem agere aliquid habeat et movere negotii adversus aliquem
eorum (아무도 누구를 소송하거나 그들 중 누구를 상대해서도 골치 아픈 일을 할 권리를 갖지 못한다.)'이
다.

29 'beye ujire mengghun jiha be wang i geren coohai adali cende bumbime · (몸을 양육할 은 돈을 왕의
많은 군사와 똑같이 저들에게 주며)'에 해당하는 라틴어는 'et dabuntur illis copiae ut oportet omnibus
exercitibus regis (왕의 모든 군대에게 합당하도록 저들에게 풍성히 주어질 것이다)'이다.

amba wang i beki hoton be tuwakiyarade · ememu gurun i oyonggo baita be
　대왕　의　　요새　를　지키거나,　　　혹　　나라의　중요한　일　을
[或守大王的堅固城, 或辦國的緊要事,]

icihiyara de sonjobumbi · enteke tušan akdun tondo amban i tušan ofi ·　tuttu
처리하는 곳에　뽑습니다.　이러한　임무는 신실하고 충직한 대신 의 임무 이므로 따라서
[因這些是忠信臣的職；]

ce　　turulara dabala · ce　　ceni kooli be dahacina ·　　Israel i　geren omosi
저들이　앞장설　것이고, 저들은 저들의 율법 을 따르게 됩니다. 이스라엘 의 여러 자손들은
[故單用他們爲首, 他們只管隨他們的法度,]

Yudeya bade wang i hesei ne dahara adali kai ·　Samariya golo ci ekiyeniyehe
　유다　지방에서 왕의　명령으로 지금 따르는 것과 같습니다. 사마리아 성 에서　빼서
[照王分付如德亞的依斯拉耶耳後代作爲. 再者, 定那三城從撒瑪里亞, 加里肋亞二省
裁下,]

Yudeya bade nonggiha tere ilan hoton ·[30] bireme Yudeya ba sembi · emu ejen de
　유다 지방에　더한　　그　세　성은　　모두　유다 지방 이라 하여　한　주인 에
[添在如德亞, 作如德亞地方, 是一主所管,]

dahafi · wecen i dalaha da[31] terebe kadalara teile · Yerusalem de bisire enduringge
따르며　제사 의 으뜸 머리가 그것을　관할할 것입니다. 예루살렘 에　있는　　거룩한
[單邀總祭首的命. 爲預備日露撒冷有的]

tanggin i tetun agūra · oyonggo jaka belhebukini sere jalin · bi Tolemaida hoton ·
　전당 의　기구와　　필요한　것을　준비하려　하기 위해 나는 프톨레마이스 성과
[聖堂的器, 要緊物, 我把托肋麥大城兼]

terei jase be kamcime /56a/ tanggin de bai šangname bi · wang i alban menggun[32] ci
그　주변 을　합하여　　　　성당 에 공짜로 상급할 것이고 왕 의 공급인　은　에서
[他管的地白賞給堂, 從王應收的錢糧]

---

30 ʻSamariya golo ci ekiyeniyehe Yudeya bade nonggiha tere ilan hoton · (사마리아 성에서 빼서 유다 지방
에 더한 그 세 성)ʼ에 해당하는 라틴어는 ʻtres civitates quae additae sunt Iudaeae ex regione Samariae (사
마리아 지역에서 유다에 덧붙여진 세 도시)ʼ이다.

31 ʻwecen i dalaha da (제사의 으뜸 머리)ʼ에 해당하는 라틴어는 ʻsummus sacerdos (대제관, 대사제, 제관장)ʼ
이다.

32 ʻwang i alban menggun (왕의 공급인 은)ʼ에 해당하는 라틴어는 ʻratio regis (왕의 계정[計定], 왕의 출납
부)ʼ이다.

emu tumen sunja minggan Sikilo menggun **[ne]** be aniyadari bumbi · geli Yudeya bade
1 만 5 천 세겔 은 을 매년 주겠습니다. 또한 유다 땅에
[每年給一萬五千「四其落」銀.]

bisire mini ulin i da sade fafulame · aika nenehe aniya enduringge tanggin i
있는 나의 재산 책임자 들에게 명령하여, 만약 이전 해에 거룩한 전당 의
[又命在如德亞管我庫的首, 爲天主堂的工程,]

weilen de baibure hacin be ejelefi · kemuni jai aniyadari enduringge deyen i
일 에 쓸 물건 을 차지하고 또 다시 해마다 거룩한 궁전 의
[這多年前未給的銀, 今都要給.]

namun ci gaiha sunja minggan Sikilo menggun be ce ereci julesi tanggin i
창고 에서 가져온 5 천 세겔의 은 을 저들은 이후 앞으로 성당 의
[再將每年從聖殿的庫取的五千「西其落」, 他們從此往後]

baita be icihiyara wecen i da Leweida sade yooni bibukini sehe · [33] ya emke eici
일 을 처리하는 제사장인 레위 들에게 모두 갖게 하라 했고, 누구 하나 혹
[全留下給辨聖事的祭首並肋未子孫.]

wang i menggun be funtuhuleme edelehede · eici gūwa waka ba bihede ·
왕 의 은 을 모자라고 부족하게 하거나, 혹은 다른 잘못한 일이 있을 때,
[我要凡有該王的甚麼銀或物,]

beye karmara jalin Yerusalem i tanggin · terei jase de dosici · ini beye sulakan
몸을 보호하기 위해 예루살렘 의 성당과 그 근처 로 들어가면 그의 몸은 편하게
[爲保身進日露撒冷堂或在他邊界, 都安然在那裡住,]

ombime · ini boihon hethe mini gurun i dolo geli koro baharakū · enduringge
되고, 그의 땅과 가산은 나의 나라 안에서 또한 손해를 입지 않으며, 거룩한
[他們的產業在我國不受傷.]

---

33 'kemuni jai aniyadari enduringge deyen i namun ci gaiha sunja minggan Sikilo menggun be ce ereci julesi tanggin i baita be icihiyara wecen i da Leweida sade yooni bibukini sehe · (또 다시 해마다 거룩한 궁전의 창고에서 가져온 5천 세겔의 은을, 저들은 이후 앞으로 성당의 일을 처리하는 제사장인 레위들에게 모두 갖게 하라 하였다.)'에 해당하는 라틴어는 'et ego singulis annis dabo quindecim milia siclorum argenti de rationibus regis, quae me contingunt : (그리고 나도 해마다 나와 친한 자들에게 왕의 계좌에서 1만5천 세겔의 은을 줄 것이다.)'이다. 따라서 만주어 번역은 상당히 의역된 것임을 알 수 있고, 또 왕이 주겠다는 은의 수량이 1만5천 세겔인데 만주어 번역에서는 5천 세겔로 된 것은 잘못된 번역인가?

tanggin be dasatarade · Yerusalem · Yudeya i geren hoton i fu be šurdeme
전당 을 고치고 예루살렘과 유다 의 많은 성 의 담 을 주위에
[修理聖堂, 堅固日露撤冷及如德亞諸城周圍的墻,]

ilibure akdularade · fayaci acara /56b/ menggun · gemu wang i namun ci tucibukini
세워 튼튼히 할때 써야 할 은은 모두 왕 의 창고 에서 낼 것입니다."
[該費的銀都出於王庫. 」]

sere gisun be arahabi ·· Yonatas · jai geren irgen erebe donjifi akdahakū ofi ·
라는 말 을 썼다. 요나단과 또 여러 백성들이 이것을 듣고 믿지 않았 으므로
[約那大斯與衆民聽這札的話, 不信,]

dahaha ba inu akū · i ai mangga jobolon Israel i acin de isibuha be gemu
따르는 일 또한 없고, 그가 온갖 힘든 고통과 이스라엘 교회 에 미친 것 을 모두
[也不遵, 因記德默弟畧的惡意,]

amcame gūnimbihe · yala Dematiriyo cembe jaci muribuha bihe ·· Aledzander
돌이켜 생각하였다. 사실 데메드리오는 저들을 매우 힘들게 했던 것이다. 알렉산더가
[也怎麼苦害依斯拉耶耳會.]

neneme ceni emgi hūwaliyambuki sehe ofi · tuttu ini gūnin de acabume inde
먼저 저들과 함께 화친하고자 하였 으므로 그렇게 그의 생각 에 맞추어 그를
[衆人願合亞立山的意, 因亞立山是先同他們結盟,]

urui aisilahabi ·· wang Aledzander cooha be ambarame isafi · Demetiriyo be dailame
늘 도왔다. 왕 알렉산더가 군대 를 크게 모아 데메드리오를 정벌하러
[本常助他. 王亞立山聚大兵去伐德默弟畧,]

jihe · juwe wang sa kūthūme afanurede · Demetiriyo i cooha burulaha · Aledzander
와 두 왕 들이 뒤섞여 싸우는데, 데메드리오 의 군대가 도망갔다. 알렉산더가
[二王混戰, 德默弟畧的兵都跑,]

fargame · tesebe hafirabufi · dain i baita ele nimecuke oho · šuntuhule wahai ·
추격하여 그들을 몰아넣어 전쟁 의 일이 더욱 심하게 되었고. 해질 때까지 싸웠는데,
[亞立山追困他們. 二軍戰勢更凶猛, 到日沒盡殺,]

tere inenggi Demetiriyo gaibuha ·· Aledzander teni Esito gurun i wang Dolemeo de
그 날 데메드리오가 죽었다. 알렉산더가 그때 이집트 나라 의 왕 프톨레매오 에게
[那天也殺了德默弟畧. 亞立山纔遣使望厄日多國王多肋默阿說:]

elcisa be takūrame hendume · bi mini gurun de bederenjihe · mini mafari i
사신들 을 시켜 말하기를, "내가 나의 나라 에 돌아와 나의 조상들 의
[「我旣回我國, 也坐我祖的位, 復得王權,]

soorin de tehe · Demetiriyo be gidafi /57a/ wang oho · mini ba na be dasame
자리 에 앉았소. 데메드리오 를 무찌르고 왕이 되어 나의 영토 를 다시
[殺我仇德默弟畧, 地方都是我的;]

baha · Demetiriyo i emgi afahai imbe etehe · ini cooha be efulehe · terei soorin be
얻었소. 데메드리오 와 함께 싸워 그를 이기고 그의 군대 를 허물었소. 그의 자리 를
[我同他戰, 勝了他連他的衆兵, 佔他的位.]

ejelehe ci tetendere · ne juwe nofi guculecina · sini sargan jui be minde sargan
차지했 으니 됐고, 이제 두 사람이 친구 됩시다. 당신 여자 아이 를 나에게 아내로
[我們定結約, 把你女給我作妻,]

bureo · bi sini hojihon ofi · sini derengge de acanara doroi jaka be sinde alibumbime ·
주시오. 내가 당신의 사위가 되어 당신 체면 에 맞는 예물 을 당신에게 드리며
[我作你婿, 給他, 給你送對你體面的禮物.」]

geli sini sargan jui de tutala hacin be šangnaki sehe ·· wang Dolomeo jabume ·
또한 당신 여자 아이 에게 많은 물건 을 드리지요." 하였다. 왕 프톨레매오가 대답하기를,
[多肋默阿答應:]

si sini mafari i gurun de amasi jihe · wang mafari i soorin be baha[34] tere
"당신이 당신 조상들 의 나라에 돌아와서 왕과 조상의 자리 를 얻은 그
[「你回你祖的國, 得王祖位的那日眞是有福的日!]

inenggi yala hūturingga inenggi kai · bi sini bithei gisun i songkoi esi yabuci ·
날이 참으로 복있는 날 이오. 내가 당신 편지의 말 대로 당연히 행하겠소.
[我一定照你札內話行,]

damu ishunde cira be sabukini sere turgun · si mimbe Tolemaida hoton de
다만 서로 얼굴 을 보려 하기 위해 당신이 나를 프톨레마이스 성 으로
[但爲彼此見面, 你到托肋麥大城迎我,]

---

34 'wang mafari i soorin be baha (왕과 조상의 자리를 얻었다)'에 해당하는 라틴어는 'sedisti in sede regni
eorum (그들의 왕국의 옥좌[玉座]에 앉았다)'이다.

okdome jio · teni sini gisun de acabume sadun i baita be icihiyara³⁵ dabala sefi ·
맞으러 오시오. 그때 당신 말 에 맞추어   사돈의 일 을 처리할 것이오." 하자
[給合你話辦親事.」]

Dolemo Esito ci tucime · emu tanggū ninju juweci aniya ini beye · ini sargan jui
프톨레매오가 이집트 에서 나와 일 백   육십   이   년 그 자신과 그의 여자 아이
[多肋默阿於格肋詩亞一百六十二年,]

Keleobatara   Tolemaida hoton de /57b/ isinjiha · wang Aledzander imbe okdome
클레오파트라가 프톨레마이스 성 에   이르렀다.   왕   알렉산더가 그를 맞으러
[引親女克肋阿巴大拉. 出厄日多來托肋麥大城 ; 王亞肋山迎他,]

genehede · i beyei sargan gaire urgun i baita³⁶ be Tolemaida hoton de wang sai
갔는데   그가 자신의 아내 얻는 기쁨의 일 을 프톨레마이스 성 에서   왕 들의
[多肋默阿就給他本女克肋阿巴大拉.]

kooli i songkoi absi kumungge yangsangga arbun i³⁷ icihiyahabi ·
의례   대로 가장 호화롭고   아름다운   모습 으로 처리하였다.
[二王按他們的爵位, 體面熱鬧畢姻.]

wang Aledzander kemuni Yonatas be solime gajire turgun inde bithe unggifi ·
  왕 알렉산더가   또   요나단 을 불러 데려오기 위해 그에게 편지를 보내니
[王亞立山還給約那大斯寫札, 爲請他來,]

i uthai eldengge   arbun i³⁸ Tolemaida de genehe · ubade juwe wang sabe
그는 곧 위풍당당한 모습 으로 프톨레마이스로 갔다.   여기서   두   왕 들을
[因此約那大斯體面樣去托肋麥大城見二王,]

acame · menggun aisin doroi jaka be cende fulukan i³⁹ aliburede · ceni yasai
만나   은과   금과 예물 을 저들에게 넉넉히   바치니 저들의 눈
[又送他們多金銀, 禮物, 得了他們的寵.]

---

35 'sadun i baita be icihiyara (사돈의 일을 처리할 것이다)'에 해당하는 라틴어는 'spondeam tibi (당신과 약
속하겠다, 약혼하겠다)'이다.

36 'i beyei sargan gaire urgrn i baita (그가 자신의 아내 얻는 기쁨의 일)'에 해당하는 라틴어는 'nuptiae eius
(그의 결혼식, 그의 혼인 잔치)'이다.

37 'absi kumungge yangsangga arbun i (가장 아름답고 호화로운 모습으로)'에 해당하는 라틴어는 'in magna
gloria (큰 영광 안에서)'이다.

38 'eldengge arbun i (위풍당당한 모습으로)'에 해당하는 라틴어는 'cum gloria (영광과 함께, 영광스럽게)'
이다.

39 'fulukan i (넉넉히)'에 해당하는 라틴어는 'multum (많이, 다수)'이다.

juleri doshon baha · Israel i omosi i dorgici udu fudasi hala[40] · geren i ebderen
앞에서 총애를 얻었다. 이스라엘 자손들 중에서 몇몇 패악한 일족과 많은 해 끼치는
[那時依斯拉耶耳後代內有幾壞人]

serengge jifi · Yonatas be wang i jakade habšaki sembihe · damu wang tesebe
자들이 와서 요나단 을 왕 앞에서 고발하려 하였다. 그러나 왕은 그들을
[在王前要誣告約那大斯, 王不理他們,]

donjire ba akū · elemangga hanciki ambasa de fafulame ini da etuku be sufi
듣는 일이 없고 오히려 가까운 대신들 에게 명하여 그의 본래 옷 을 벗기고
[反命脫約那大斯的衣,]

fulgiyan etukui etubu sehe · ce hese de dahame yabuha manggi · wang /58a/
붉은 옷으로 입히라 하였다. 저들이 명령 에 따라 행한 후 왕은
[使他穿紅衣 ; 穿後,]

Yonatas be ini ashan de tebuhe · hono gurung i ujulaha ambasai[41] baru hendume ·
요나단 을 그의 옆 에 앉혔다. 또 궁궐 의 수석 대신들 에게 말하기를,
[王教坐在他傍, 又命自己的大臣說 :]

suwe terei emgi hoton i dulimbade gene · den jilgan i selgiyeme · ai niyalma
"너희가 그와 함께 성 가운데로 가서 큰 소리 로 전하기를 '어떤 사람
[「你們去城當中傳給衆民 :]

ocibe ai baita i turgun de Yonatas be habšaci · heni jobobuci ojorakū se ··
이라도 어떤 일 때문 에 요나단 을 고발하거나 조금도 괴롭히면 안 된다.' 하라."
[不許甚麼人爲何故告約那大斯, 或些微儸瑣他.」]

Yonatas be habšaki sere urse Yonatas be eldembure jalin selgiyehe gisun
요나단 을 고발하려 하는 무리가, 요나단 을 빛나게 하기 위해 반포한 말을
[要告約那大斯的人聽這榮美約那大斯的話,]

donjifi · ini etuhe fulgiyan etuku be sabufi · gemu ukakabi · wang imbe umesi
듣고, 그가 입은 붉은 옷 을 보고, 모두 도망갔다. 왕이 그를 매우
[又見他穿紅衣, 都逃跑了. 王狠尊貴他,]

---

40 'fudasi hala (패악한 일족)'에 해당하는 라틴어는 'viri pestilentes (페스트를 일으키는 사람들, 해독을 끼
치는 사람들)'이다.

41 'gurung i ujulaha ambasa (궁궐의 수석 대신)'에 해당하는 라틴어는 'princeps(군주, 으뜸, 제후)'이다.

wesihulembi · wang i ujui jergi gucuse i ton de dosimbuha · Yudeya ba i uheri
존대하고　　왕 의 일등 지위 친구들 의 반열 에 넣었으며,　유다 지방 의 전체를
[進在王的頭等友數內, 立他總管如德亞,]

kadalara da[42] ilibuha · tere ba i ilhi ejen obuha ·· Yonatas urgunjeme elhei
관할하는 수장으로 세워　그 지방 의 부(副) 주인이 되었다. 요나단은 기뻐하며　편히
[爲那地方的副主. 約那大斯滿樂平安回日露撒冷.]

Yerusalem de bederenjihe ·· emu tanggū ninju sunjaci aniya de Demetiriyo i jui
예루살렘 으로 돌아왔다.　일 백　예순 다섯째　해 에 데메드리오 의 아들
[格肋詩亞一百六十五年, 德默弟畧的子]

Demetiriyo [ni] Kereta tun ci ini mafari i bade jihe · wang Aledzander mejige be
데메드리오가　그레데 섬 에서 그의 조상들 의 땅으로 왔다. 왕 알렉산더가　소식　을
[德默弟畧從克肋大島回他祖的地方. 王亞立山聽信,]

donjifi ambula jobošome · Antiyokiya gemun hecen de amasi mariha · /58b/ wang
듣고　크게 근심하며 안티오키아　수도 로 되돌아갔다.　　　　왕
[狠悶, 歸安弟約旣亞.]

Demetiriyo oci Šelesiriya babe kadalara Abolloniyo be jiyanggiyūn i tušan de
데메드리오 는　시리아 지방을 관할하는 아폴로니우스를　장군　의 직책 에
[王德默弟畧立管蛇肋西亞省的亞玻落尼約爲大兵的師,]

sindaha[43] · i cooha be ambarame isafi · Yamniya hoton i hanci jifi ·
두었다.　그가 군대 를　크게　모아　얌니아 성　가까이 와서
[此人調了多兵望亞默尼亞城來,]

wecen i dalaha da[44] Yonatas de niyalma be unggime hendume · si emhun beye
제사 의 우두머리　요나단 에게 사람 을 보내어　말하기를, "너　혼자
[差人向總祭首約那大斯說 :「獨你一人抗違我們,]

---

42 'uheri kadalara da (전체를 관할하는 수장)'에 해당하는 라틴어는 'dux(지휘자, 지도자, 지배자)'이다.

43 'wang Demetiriyo oci Šelesiriya babe kadalara Abolloniyo be jiyanggiyūn i tušan de sindaha (왕 데메드리오는 시리아 지방을 관할하는 아폴로니우스를 장군의 직책에 두었다.)'에 해당하는 라틴어는 'constituit Demetrius rex Apollonium ducem, qui præerat Cœlesyriae (데메드리오 왕이 아폴로니우스를 시리아를 다스리는 장군으로 세웠다.)'이다. 'Šelesiriya(시리아)'에 해당하는 라틴어는 'Cœlesyriae'이다.

44 'wecen i dalaha da (제사의 우두머리)'에 해당하는 라틴어는 'summus sacerdos (대사제, 대제관)'이다.

mende   ijishūn   akū ·   si alin de akdame menci etuhun ofi · mimbe basume
우리에게 순종하지 않는다. 너는 산 을 믿고 우리보다 강하다 하여 나를 비웃으며
[因你靠山勢, 比我們强, 衆人都羞辱我.]

giruburakūngge akū⁴⁵ · aika si sini horon hūsun be iletu   tucibuki seci ·
모욕하지 않는 일이 없다. 만약 네가 너의 위세와 힘 을 분명히 드러내고자 한다면,
[若你明出你的威力,]

necin bade wasinju · teni ishunde etere anabure be cendekini⁴⁶ · afara bengsen
평평한 땅에 내려와 거기서 서로 이기고 지는것 을 시험하자.   싸우는 기술과
[下在平地, 纔看我們彼此的勝負,]

erdeme minde bisire teile⁴⁷ · cingkai fonji · we serengge ai niyalma⁴⁸ · minde
재주가 내게 있을 뿐이다.   잘 물어 보라. 누구 라는 자가 어떤 사람인가? 나를
[因爲單我有戰的本領. 只看問得知我是甚麼人,]

aisilara cooha geli ai haha seme si bahafi sara ·   mini coohai gisun uthai
돕는 군사가 또 어떤 사람 인지 너는 능히 알리라. 나의 군사의 말은 곧,
[帮我的又是何男.]

suweni bethe meni dere i juleri ilime muterakū · suweni mafari tesu bade
당신들의 발이 우리 얼굴 앞에 설 수 없음이다. 너희 조상들이 고향땅에서
[他們齊說你們的脚在我們前站不住, 本來你們的祖在他們地方不能敵我們,]

juwenggeri gidabufi⁴⁹ burlaha seme gisurenumbi · uttu ohode si ne ajige amba
 두 번   패배하여 도망갔다 고 서로 말한다.   그러므로 너는지금 작고 큰
[都逃跑了 ; 你今在無大小石的平地,]

---

45 'si alin de akdame menci etuhun ofi · mimbe basume giruburakūngge akū (너는 산을 믿고 우리보다 강하다 하여 나를 비웃으며 모욕하지 않는 일이 없다,)'에 해당하는 라틴어는 'tu solus resistis nobis : ego autem factus sum in derisum, et in obprobrium, propterea quia tu potestatem adversum nos exerces in montibus. (너만이 우리에게 대항한다. 그래서 나는 비웃음을 사고 모욕을 당한다. 네가 산 속에서 우리에 맞서서 위세를 부리기 때문이다.)'이다.

46 'teni ishunde etere anabure be cendekini (거기서 서로 이기고 지는 것을 시험하자)'에 해당하는 라틴어는 'comparemus illic invicem (거기서 서로 견주자)'이다.

47 'afara bengsen erdeme minde bisire teile (싸우는 기술과 재주가 내게 있을 뿐이다.)'에 해당하는 라틴어는 'mecum est virtus bellorum (전쟁의 능력이 나와 함께 있다)'이다.

48 'we serengge ai niyalma (누구라는 자가 어떤 사람인가?)'에 해당하는 라틴어는 'qui sim ego (나는 누구인가?)'이다.

49 'gidabufi(패배하여)'는 원전에는 '*gitabufi'로 되어 있지만 실수로 권점(圈点)이 빠진 것으로 보고 교정한다.

wehe⁵⁰ akū necin usin i dolo · jailara somire /59a/ arga inu akū bade bifi ·
돌이 없는 평평한 밭 속에서, 몰래 감춰둔 전술 도 없는 곳에 있으니,
[也無處逃跑,]

adarame mini ere ton akū moringga yafahan cooha be sujaci ombi sehede ··
어떻게 나의 이 무수한 기병과 보병 군대 를 맞서면 되랴? " 하자
[怎能敵過我這無數馬步兵呢?」]

Yonatas i mujilen Abolloniyo i gisun i turgun aššabume · emu tumen niyalma be
요나단 의 마음이 아폴로니우스 의 말 때문에 흔들려 1 만 사람들 을
[約那大斯聽亞玻落尼約的話, 動怒,]

sonjofi · Yerusalem ci tucike · ini ahūn Simon geli inde aisilame jihe · Yopa
불러 예루살렘 에서 나왔다. 그의 형 시몬이 다시 그를 도우러 왔다. 요빠
[挑一萬人出了日露撒冷, 他兄西孟又來助他.]

hoton i hanci coohai ing ilihabi · hoton i urse imbe dosimburakū · Abolloniyo
성 가까이 군대의 진을 세웠는데, 성 의 사람들이 그를 들이지 않았다. 아폴로니우스가
[近約伯城扎了營; 城內人不許他進去,]

neneme tuwakiyara cooha be Yopa de tebuhe bihe ofi kai · ede Yonatas hoton be
먼저 감시하는 군사 를 요빠 에 머물러 있게 했기 때문이다. 이에 요나단이 성 을
[因約伯城有亞玻落尼約安的看守兵. 爲此, 約那大斯攻城,]

afarade · hoton i niyalma golohoi duka be neifi · Yonatas Yopa hoton be baha ··
공격할 때 성 의 사람들이 두려워 문 을 열어 요나단이 요빠 성 을 얻었다.
[城內人驚恐, 開了門, 約那大斯得了約伯城.]

Abolloniyo erebe donjihade · ilan minggan moringga · jai udu minggan yafahan
아폴로니우스가 이를 듣고 3 천의 기병과 또 몇 천의 걷는
[亞玻落尼約聽這信, 帶三千馬兵兼無數步兵,]

cooha be gaifi · jugūn yabure gese Azoto i genehe · gaitai necin bade ebuhebi ·
군사 를 데리고 길을 지나가는 듯이 아조토 로 가서 홀연히 평평한 땅에서 멈췄다.
[如行路貌去到亞作托, 卽下在平地,]

---

50 'ajige amba wehe (작고 큰 돌)'에 해당하는 라틴어는 'lapis saxumque (돌과 바위)'이다.

ini moringga cooha labdu ofi · tesede inu umesi akdara dabala · Yonatas imbe
그의 말 탄 군사가 많으므로 그들을 또한 매우 믿은 것이다. 요나단이 그를
[因他馬兵多, 也狠仗他們.]

dahalame Azoto i baru genehe · /59b/ juwe ergide afame deribuhe[51] · dade
추격하여 아조토 를 향해 가서 양 쪽에서 싸우기 시작했다. 처음에
[約那大斯去亞作托追他, 在此混戰.]

Abolloniyo jenduken i Israel i coohai amargide emu minggan moringga cooha be
아폴로니우스가 몰래 이스라엘 군대 뒤로 1 천 말 탄 군대를
[亞玻落尼約暗留一千馬兵在約那大斯兵後 ;]

ing i dolo bibuhe bihe · Yonatas ini fisai amala bata buksibuha be safi
진 안에 머물게 했다. 요나단이 그의 등 뒤에 적이 매복했음 을 알고
[約那大斯知仇埋兵在他背後,]

harangga cooha de fafun selgiyehe · Abolloniyo i moringga cooha Yonatas i coohai
휘하 군대 에게 명령을 전하였다. 아폴로니우스의 말 탄 군대가 요나단 의 군대
[傳諭他兵如此如此. 亞玻落尼約的馬兵圍了約那大斯的兵,]

šurdeme feksihei erde ci yamjitala sirdan gabtara canggi · Yonatas i cooha
주위로 뛰어가 아침 부터 저녁까지 활을 쏠 뿐이고, 요나단 의 군대는
[從早到晚常周圍跑着射箭.]

terei fafun de acabume kalka i beye be dalifi ·[52] baci heni aljarakū · bata i
그의 명령에 따라 방패로 몸 을 가리고 땅에서 조금도 떠나지 않았다. 적 의
[約那大斯的兵照令, 擋牌遮身, 不些離他地方,]

morin absi šadahabi · taka Simon ini cooha be nushume tucibufi geren yafahan
말(馬)이 몹시 지쳤다. 마침 시몬이 그의 군대 를 돌격해 나오게 하여 많은 걷는
[仇的馬狠乏. 暫且西孟的兵衝出戰步兵,]

cooha be afaha · moringga cooha cukuhe de · yafahan cooha Simon i cooha de
군대 를 공격하였다. 말 탄 군대가 지치자 걷는 군대가 시 몬 의 군대 에
[因馬兵大乏, 步兵又不能擋西孟的兵,]

---

51 'juwe ergide afame deribuhe (양쪽에서 싸우기 시작했다)'에 해당하는 라틴어는 'proelium commiserunt (전투를 벌였다)'이다.

52 'kalka i beye be dalifi · (방패로 몸을 가리고)'에 해당하는 라틴어는 없다. 다만 프랑스어 번역에 'ayant formé un bataillon carré (방진[方陣]을 만들어서)'란 말이 있는데, 이 프랑스어 번역을 의역한 것인가?

bakcilame muterakūde · ambula gidabufi burulaha · usin deri samsihala bata Azoto de
대적할   수 없자   크게 패하여 도망갔다.   들판 으로 흩어진 적들이 아조토 로
[亞玻落尼約的兵就大敗, 跑了, 平地內散,]

jailame · beye be aitubure gūnin · ceni miosihon enduri Bet Dagon[53] i juktehen de
피하여   몸 을   구할   생각으로 저들의 사악한   신   베트 다곤 의 사당 으로
[躲人亞作托爲救命, 進了他們邪神柏得大宮廟裡.]

dosika · Yonatas Azoto · šurdeme bisire harangga hoton be deijihe **/60a/** tabcin i
들어갔다. 요나단이 아조토와 주위에 있는   소속   성 을 불태우고   약탈 의
[約那大斯火燒了亞作托連周圍諸城, 搶他們的諸物;]

jaka be gamaha · Dagon i juktehen · dolo ukame dosika geren urse be gemu
물품 을 가져갔다. 다곤 의 사당   안으로 도망하여 들어간 많은 무리 를 모두
[燒了大宮廟, 連逃入那廟的人也都燒了；]

tuwa de gilgabuha · ede lohoi wabuha · tuwa de bucebuhengge uheri jakūn minggan
불 에 태워 없앴다. 여기서 칼로 피살되고 불 에 죽게 된 자가 모두 8   천이
[刀殺的及那火燒的大概有八千.]

otolo bihe ·   tereci Yonatas jurame · Askalon hoton i ishun coohai ing iliha ·
되도록 있었다. 거기서 요나단은 출발하여 아스칼론 성 을 마주해 군대의 진을 세웠다.
[從此約那大斯起身, 近亞斯加隆扎了營,]

irgese hoton ci tucifi gungnecuke arbun i imbe okdome jihe · Yonatas harangga
백성들이 성 에서 나와 공경하는   모습 으로 그를 맞으러 왔고, 요나단은 휘하의
[城內出來恭敬厚禮迎他, 也投順.]

cooha i emgi Yerusalem de amasi mariha · geren i baha ulin jaka dembei labdu ··
군대 와 함께 예루살렘 으로 되돌아왔다.   많은 이 가 얻은 재물이 매우 많았다.
[約那大斯同他兵回日露撒冷, 衆人得了多財物.]

wang Aledzander ere baita be donjifi · ele Yonatas be wesihuleme · wang i
왕   알렉산더가 이 사실 을 듣고 더욱 요나단 을 존중하고   왕 의
[王亞立山聽這事, 更榮約那大斯：]

---

53 'Bet Dagon'에 해당하는 라틴어는 'Bethdagon(다곤 신전)'이다. 그리스어로는 τò ἱερòν Δαγων (다곤 신
전)'이다..

hūncihisa de šangnaci ojoro tabukū aisin ningge[54] be Yonatas de unggihe · geli
친족들 에게   상급해야 마땅한   걸쇠 (금으로 된 것) 를   요나단 에게 보냈다.   또한
[送他的金環扣是只可賞王戚的,]

Akaron hoton · šurdeme bisire babe ini beyei cisu hethe obufi šangnahabi ··
에크론 성과   주위에   있는 땅을 그 자신의 개인 재산으로 만들어 시상 하였다.
[還將亞加隆及他的邊界賞他爲私産.]

---

54 ʼtabukū aisin ningge (걸쇠 [금으로 된 것])ʼ에 해당하는 라틴어는 ʻfibula aurea (황금 걸쇠, 황금 버클)ʼ이
다.

○ 𝕾𝖀𝕽𝕰 𝕲𝕴𝕾𝖀𝕹 ○
풀이   말

[a] irgese wang Demetiriyo i oshon /60b/ banin be ubiyame · cikanggai[55]
백성들이 왕   데메드리오의 포악한   성격 을 싫어하여   기꺼이

Aledzander de dahaha ·· Demetiriyo dade Israel i omosi be jaci muribuha bihe ofi ·
알렉산더 에게 항복했다. 데메드리오가 원래 이스라엘 자손들 을 매우 핍박하 였으 므로

tuttu   abkai ejen imbe tondo isebure   gūnin Aledzander be baitalambi ··
그렇게 하느님께서 그를 공정히 징계하실 생각으로 알렉산더 를 이용하신다.

[e] Yonatas aifini ere wesihun tušan be aliha bihe ·   damu Yerusalem de teci
요나단은 이미 이 귀한   임무 를 받은 바 있다. 그러나 예루살렘 에 머물면

ojorakū ofi · da tušan i baita be icihiyame muterakū · ne wang Aledzander i
안 되 므로 본 임무의 일 을   처리할 수 없었다. 이제 왕   알렉산더 가

fungnere kesi bihede · encu demun i urse · Israel i   acin i fudasi hala · gemu
봉작(封爵)한 은혜가 있어서 이단(異端) 의 무리와 이스라엘 교회 의 패악한 일족은 모두

imbe ilinjame muterakū ··
그를 저지할 수 없다.

[i] fuliyan etuku · aisin i mahala uthai wang i doshon baha amba   temgetu
붉은 옷과 금 관은 곧 왕 의 총애를 얻은 큰   증거

inu ··
이다.

---

55 'cikanggai'는 과거 만주어 문헌에 'cihanggai로 표기되는데, 실수로 권점이 빠진 것인지, 아니면 이런 어형
도 있었던 것인지에 대해서는 더 연구가 필요하다.

[o] Israel i omosi Esido gurun ci tucifi · dehi aniya gobi de yabuhai cacari i
이스라엘 자손들이 이집트 나라 에서 나와 40 년 사막 에서 다니며 천막

dolo tatara canggi · ce ere baita be jalan jalan de ejekini · cacari i
안에서 머물 뿐이었다. 저들이 이 일 을 대대 로 기억하고자 천막 의

dorolon[56] toktobuhabi · ·
예절을 정하게 하였다.

[u] koimali arga de baita be sarkū donjihakū seme arbušambi · ·
간교한 계략 으로 '사실 을 모른다, 듣지 않았다.' 고 꾸민다.

[na] Yudeya i meimeni golo Siriya ba i wang de emu aisin i muheren[57]
유다 의 각 고을은 시리아 땅의 왕 에게 한 금 의 원형 귀고리

mahala i gesengge be aniyadari alibumbihe · ·
(관 같은것) 을 매년 바쳤다.

[ne] emu Sikilo menggun emu **/61a/** jiha menggun udu fuwen be salimbihe · ·
1 세겔의 은(銀)은 '1 전 은 몇 푼(分)' 을 값한다.[58]

[ni] dain de gaibuha Demetiriyo i jui inu · i ama i fonde Kereta mederi i
전쟁 에서 죽은 데메드리오 의 아들 이다. 그는 아버지 의 시절에 그레데 바다 의

tun de bifi · mergen saisa gebu Lasdene i boo de ujime hūwašabuha bihe · ·
섬 에 있으면서 지혜로운 학자 (이름 라스데네) 의 집 에서 양육되어 성장하였던 것 이다.

---

56 'cacari i dorolon (천막의 예절)'은 유다교의 3대 축일 중 하나인 초막절(草幕節, Feast of tabernacle)을 의
미한다. 이 예절은 곡식 추수의 의미도 있다. 앞의 주 16) 참조.

57 'muheren(원형 귀고리)'는 옆의 권점(圈点)이 빠져서 '*mukeren'처럼 보이는데, 이런 만주어 낱말은 없으
므로 교정한다.

58 이 구절의 한문역(漢文譯)은 '一西其落銀三錢三分四厘'로 되어 있다.

○ JUWAN EMUCI FIYELEN ○
제 11   장

E sido i   wang [a] mederi i dalin de bisire yonggan i adali labdu
이집트 의 왕이   바닷 가 에 있는   모래 와 같이 많은
[厄日多的王聚兵多如海沙,]

cooha be isabume · hono jahūdai be fulukan i belheme · Aledzander i gurun be
군사 를 모으고   또   배 를 많이 준비하여   알렉산더 의 나라 를
[又預備多船, 要謀取亞立山的國,]

arga i   bahaki · ini da gurun de nonggiki sembihe ·   elhe hūwaliyasun arbun
계략 으로 얻어 그의   본국 에 합하고자   하였다. 평안하고 온화한   모습을
[添在本國. 平安勢態進了西里亞地方,]

arbušame Siriya bade   dosika · hoton i   hafasa duka be neimbime · geli imbe
    하고 시리아 땅으로 들어가니. 성 의 관리들이 문 을   열었고   또 그를
[城內官開門也迎他,]

okdombihe · wang i amha ofi · Aledzander uttu cende fafulaha bihe ·· Tolemeo
  맞았다.   왕 의 장인 이므로 알렉산더는 이렇게 저들에게 명령했던 것이다. 프톨레매오가
[亞立山本這樣命他們, 因爲是他岳父.]

ya emu hoton de dosici ·[1] tere hoton de tuwakiyara cooha be tebumbihe ··
어느 한   성 에 들어가면 그   성 에   감시하는 군사 를 머물게 했다.
[托肋默阿進某城, 某城卽他的兵看守.]

Azoto de hanci ohode   ba i urse Dagon i juktehen tuwa de deijibuhe · Azoto
아조토 에 가까이 되었을 때, 지방 사람들은 다곤 의 사당이 불 로 태워졌고, 아조토
[迎近了亞作托, 地方人請他看火燒的大宮廟,]

---

1 'Tolemeo ya emu hoton de dosici · (프톨레매오가 어느 한 성에 들어가면)'에 해당하는 라틴어는 'cum
  autem introiret civitatem Ptolomæus (한편 프톨레매오가 성에 들어갔을 때)'이다. 즉, 'ya emu (어느 한)'에
  해당하는 말이 라틴어에는 표면에 나타나 있지 않다.

hoton yooni efulehe · /61b/ waliyame maktabuha giran · dain de wabuha irgesei
성이   모두   허물어졌으며,   버리고   던져진   시체와   전쟁 에서 죽은 백성들의
[拆毀的亞作托城及周圍的村, 又教看遍地抛的死屍,]

eifu i buktan jugūn i unduri arahangge be wang de sabuhabi · Yonatas be
무덤   더미가   길   가를   만든것 을   왕 에게   보이고   요나단 을
[沿路埋的陣亡兵的墳,]

ubiyabure gūnin hendume ·   ere baita be Yonatas gemu yabuhabi sehe · damu
미워하게 할 생각으로 말하기를, "이   일 을   요나단이 모두 행하였소." 하였다. 그러나
[爲唆托肋默阿憎他, 告訴王這些事都是約那大斯作的,]

wang fuhali jaburakū ··   Yonatas eldengge arbun i Yope hoton de Tolemeo be
왕은   전혀   답하지 않았다. 요나단은   당당한   모습으로 요빠   성 에서 프톨레매오를
[但王竟不答應. 約那大斯光輝貌到約玻城,]

okdome jihe · dere acafi · ishunde dorolome · emu doroi ubade indehe · Yonatas
맞으러 왔고, 얼굴을 마주해 서로 인사하고   하룻 밤을 여기서 묵었다. 요나단이
[來迎托默肋阿, 見面, 彼此行禮, 在這裡宿了一夜.]

wang be Eleūdero sere bira i ebsi fudehe manggi · teni Yerusalem de amasi
왕 을 엘류데로스 라는 강 이쪽으로 보낸   후   바로 예루살렘 으로 되
[約那大斯直陪王到厄樓得落河纔回日露撒冷.]

marinjihe ·· wang Tolemeo oci jugūn yabuhai[2] · mederi i cikin de tehe
돌아왔다.   왕 프톨레매오 는 길을 다니며   바닷   가 에 있는
[論王托肋默阿, 只是走路到塞樓詩亞,]

Seleūšiya[3] de isitala bisire geren hoton be ejelehe · jai Aledzander be beleki
셀류기아 에 이르도록 있는   많은   성 을 점령하였고, 또 알렉산더 를 해치고자
[在海邊上諸城都覇佔了. 因他想害亞立山,]

seme · elcisa be Demetiriyo i baru ungginefi hendume · hasa jio ·[4] juwe nofi
하여   사신들 을 데메드리오 에게   보내어   말하기를, "서둘러 오시오. 두 사람이
[遣使向德默弟畧說 : 「你來,]

---

2 'jugūn yabuhai (길을 다니며)'에 해당하는 라틴어는 없다. 다만 프랑스어 번역에 *continua son chemin* (여
정[旅程]을 계속했다.)'이라는 구절이 들어 있다.

3 'Seleūšiya'의 라틴어 표기는 'Seleucia'이다. 만주 문자 표기에서 왜 'ū'를 썼는지 알 수 없다.ⅰ

4 'hasa jio ·(서둘러 오시오)'에 해당하는 라틴어는 'veni (오라, 오시오)'일 뿐이다.

hūwaliyasun be toktokini · bi mini sargan jui · Aledzander i sargan be sinde bufi ·
화친　　을 결정합시다.　내가 나의 여자 아이인 알렉산더 의　아내 를 당신에게 주고,
[我們定和盟, 亞立山所有我的女給你爲妻,]

si　uthai sini ama i gurun be bahara dabala · bi mini sargan jui be Aledzander de
당신은 바로 당신 아버지 의 나라 를 얻을 것이오. 나는 내　여자 아이 를　알렉산더 에게
[你如此能得你父的國. 因後悔付他爲妻,]

/62a/ buhe ofi aliyame jabcambi · i mimbe waki sehe · Tolemeo Aledzander i
　　　주었기 때문에 뉘우치고 후회하오. 그는 나를 죽이려 하였소." 프톨레매오가 알렉산더 의
[他要謀殺我. 」]

gurun be gamaki sembihe ofi · tuttu terebe wakalame laidaha [e] · beyei sargan
나라 를 가져가려 하였으 므로 저렇게 그를　나무라며 중상하고,　　자기　여자
[因托肋默阿眞要佔亞立山的國, 故這樣誣他.]

jui be jafame · imbe Demetiriyo i sargan obuha · Aledzander ci aljahade · terei
아이 를 잡아　그녀를 데메드리오 의 여자가 되게 했다. 알렉산더 로부터 멀어져　그의
[將他親女收回另給德默弟畧, 那時明露作亞立山的仇.]

kimun teni iletu oho ·　　Tolemeo Antiyokiya gemun hecen de dosika · Esito ·
원수로 그때 분명히 되었다. 프톨레매오가 안티오키아　도성　　에 들어가 이집트와
[托肋默阿又進安弟約旣亞城,]

Asiya juwe gurun i wang i mahala be etuhebi · wang Aledzander tere erin Šilišiya
아시아 두 나라의　　왕　관 을　썼다.　왕　알렉산더가 그 때 시리아
[戴了厄日多, 亞西亞二國的王帽. 彼時,]

bade coohalame genehe bihe · tere ba i urse　ubašaha ofi kai ·　Aledzander
지방으로 행군하여　갔었는데,　그 지방 사람들이 반역했기 때문 이다.　알렉산더는
[王亞立山在詩里詩亞省, 因那省人興亂.]

Tolemeo i fudashūn baita be donjifi · imbe dailame jihe · wang Tolemeo amba
프톨레매오 가 배반한　사실 을 듣고　그를 정벌하러 왔다. 왕　프톨레매오는 큰
[亞立山聽這事來征討他,]

cooha be gaime · hūsutuleme afahai · Aledzander be gidabuha · Aledzander gurun ·
군대 를 데리고　　힘써　싸워　알렉산더 를 무찔렀다. 알렉산더는 나라와
[王托肋默阿領大兵盡力戰敗了亞立山 ;]

beye be karmara jalin Arabiya de burulame genehe ·5 ede wang Tolemeo
자신 을 지키기 위해 아라비아로 도망쳐 갔고, 이에 왕 프톨레매오가
[〔亞立山〕逃到亞拉必亞爲求救, 因此王托肋默阿狠興旺.]

ambula mukdekebi · Arabiya ba i uksuranggai da Zabdiyel6 Aledzander i uju be
크게 번성했다. 아라비아 지방 의 일족의 지도자 잡디엘이 알렉산더 의 머리 를
[亞拉必亞地方的王匝伯弟耳割了亞立山的首,]

faitame · terebe Tolemeo de unggihe · /62b/ Tolemeo wang geli ilan inenggi i
베어 그것을 프톨레매오 에게 보냈다. 프톨레매오 왕 또한 3 일
[送與托肋默阿. 托肋默阿三天後也死了,]

amala bucehe **[i]** · geren hoton de bibuhe Tolemeoi cooha Demetiriyo i cooha de
뒤에 죽었다. 여러 성 에 있던 프톨레매오의 군대가 데메드리오 의 군사 에게
[托肋默阿留在衆城的兵都被德默弟畧的兵殺了.]

wabuhabi · emu tanggū ninju nadaci aniya Demetiriyo wang i soorin de tehe ·· tere
살해되었고, 1 백 예순 일곱째 해 데메드리오가 왕 의 자리 에 앉았다. 그
[格肋詩亞一百六十七年, 德默弟畧復得王位.]

ucuri Yonatas Yudeya ba i cooha be nisihai isame · Yerusalem de bisire Siyon i
즈음 요나단이 유다 지방 의 군대 를 모두 모아 예루살렘 에 있는 시온의
[彼此時, 約那大斯全聚如德亞兵,]

akdun hoton7 be afame gaiki sembihe · erei turgun tutala giayase be weileme
견고한 성 을 공격하여 빼앗고자 했는데, 이 때문에 많은 선반 을 주조해
[攻取日露撒冷有的西雍堅固地方, 爲此做了多架.]

araha ·8 da uksura be ubiyara emu udu fudasihūn hala wang Demetiriyo i
만들었다. 자기 민족 을 미워하는 몇몇 반역한 도당이 왕 데메드리오 의
[厭嫌本支派的數逆人報德默弟畧 :]

---

5 'Aledzander gurun · beye be karmara jalin Arabiya de burulame genehe · (알렉산더는 나라와 자신을 지키기 위해 아라비아로 도망쳐 갔다.)'에 해당하는 라틴어는 'fugit Alexander in Arabiam ut ibi protegeretur (알렉산더는 아라비아로 피해서 거기서 숨었다)'이다.

6 'Arabiya ba i uksuranggai da Zabdiyel (아라비아 지방의 일족의 지도자 잡디엘)'에 해당하는 라틴어는 'Zabdiel Arabs (아라비아 사람 잡디엘)'일 뿐이다. 다만 프랑스어 번역에는 'Zabdiel, prince des Arabes (아라비아의 우두머리, 왕자)'라고 되어 있다.

7 'Yerusalem de bisire Siyon i akdun hoton (예루살렘에 있는 시온의 견고한 성)'에 해당하는 라틴어는 'arx quae est in Hierusalem (예루살렘에 있는 요새)'이다.

8 'tutala giayase be weileme araha · (이 때문에 많은 선반을 주조해 만들었다)'에 해당하는 라틴어는

jakade genefi · Yonatas Siyon i beki hoton be afambi seme alanggiyaha ·⁹
앞에   가서   요나단이 시온의 견고한 성 을 공격한다 고   보고했다.
[「約那大斯攻西雍堅固城. 」]

Demetiriyo emgeri · donjirede · jili banjifi · uthai Tolomaida hoton de   jihe ·
데메드리오가 한번   듣고   화가 나서   곧 프톨레마이다 성 으로 와서
[德默弟畧一聽動氣, 卽來托肋麥大城,]

Yonatas de ume akdun hoton be   afara seme fafulaha · bithe arafi hasa mini
요나단 에게 (말라) 견고한 성 을 공격하지 말라 고 명하는 편지를 써서 어서 나와
[寫扎令約那大斯:「勿攻堅固城,]

emgi hebšeme jio sehe ··   Yonatas wang i hese be donjifi · harangga cooha de
함께 상의하러 오라 하였다. 요나단이 왕 의 명령을 듣고   휘하   군사 에게
[快來同我商量. 」約那大斯看王旨, 勸勉屬兵攻城,]

hoton be   afa seme huwekiyebuhe · Israel i acin i   sakda sa · wecen i da sa be
성 을 공격하라고   부추겼다.   이스라엘 교회 의 원로 들과   제사장 들 을
[從依斯拉耶耳會的長老, 祭首挑幾個,]

sonjome · /63a/ tuksicuke babe herserakū · tesei emgi afame genehe · jai aisin ·
선발해   두려운 바를 개의치 않고 그들과 함께 싸우러 갔다. 또 금과
[同捨身入險, 拿多金銀,]

menggun · etuku · gūwa hacin i jaka be labdukan i gaime wang be Tolemaida de
은,   옷과 다른 종류의 물건 을   많이   가지고 왕 을 프톨레마이다 에서
[衣服, 別物, 在托肋麥大城見了王,]

acaha · terei juleri doshon baha · Israel i   mukūn ci tucike emu baksan ehe
만나 그의 앞에서 총애를 얻었다. 이스라엘 민족 에서 나간   한 무리의 나쁜
[他在王前得愛. 依斯拉耶耳族出了一夥惡人妄告他,]

ursei imbe   habšambihe ·¹⁰ damu wang nenehe wang sai songkoi Yonatas be
사람들이 그를 고발하였으나   그러나 왕은 앞선   왕 들에 따라   요나단 을
[但王照先王厚待約那大斯,]

'fecerunt contra eam machinas multas (이것에 맞서 많은 기계들을 만들었다)'이다.

9 'Yonatas Siyon i beki hoton be afambi seme alanggiyaha · (요나단이 시온의 견고한 성을 공격한
다고 보고했다.)'에 해당하는 라틴어는 'renuntiaverunt ei quod Ionathas obsideret arcem (요나탄이 요새를
포위했다고 그에게 보고한다.)'이다.

10 'Israel i mukūn ci tucike emu baksan ehe ursei imbe habšambihe · (이스라엘 민족에서 나간 한 무리의

jiramilame tuwaha[11] · ini geren doshon ambasai juleri terebe mukdembuhe · dalaha
후하게 보았고, 그의 많은 총애하는 대신들 앞에서 그를 치켜세웠으며, 으뜸
[在他諸臣前榮耀他,]

wecen i da i tušan[12] · onggolo baha hacin hacin i wesihun jergi be dasame
제사 장의 임무와 전에 얻은 가지 가지의 높은 지위를 다시
[又堅定他的總祭職及先得的樣樣貴品,]

toktobufi · wang i ujui jergi gucu obuhabi ·· Yonatas wang de baime · Yudeya ·
결정하여 왕 의 으뜸 지위의 친구가 되었다. 요나단이 왕 에게 구하기를, "유다와
[爲王的上友. 約那大斯求王]

ice nonggiha ilan golo[13] · Samariya hoton · terei jase be alban jafara be
새로 합한 세 성과, 사마리아 성과, 그 변방이, 공물 바치는 것을
[免如德亞及新添的三省, 並撒瑪里亞同他的邊界不進貢,]

guwebureo sehe · ere kesi i jalin[14] ilan tanggū Dalento inde buki seme
면해주소서." 하였다. 이 은혜 대신에 3 백 달란트를 그에게 주겠다 고
[口許給王三百「達楞多」.]

angga aljaha ·· wang terei baire gisun de acabume · ere geren baita i temgetu
약속했다. 왕이 그가 청하는 말 에 따라 이 여러 일 의 증거로
[王允他求的話, 付約那大斯這樣的旨:]

bithe arafi Yonatas de afabuha · bithei durun entekengge inu · /63b/ wang
편지를 써서 요나단 에게 맡겼다. 편지의 모습은 이런 것 이다. "왕

Demetiriyo deo Yonatas · jai Yudeya ba i niyalma de sain be fonjime bi ·
데메드리오는 아우 요나단과 또 유다 땅의 사람들 에게 안부 를 묻습니다.
[「王德默弟罷問兄約那大斯及如德亞人好!]

나쁜 사람들이 그를 고발하였다)'에 해당하는 라틴어는 'et interpellabant adversus eum quidam iniqui ex
gente sua (자기 민족의 어떤 악한 사람들이 그를 거슬러 이의를 제기했다.)'이다.

11 'jiramilame tuwaha (후하게 보았다)'에 해당하는 라틴어는 'fecit ei (그를 지지했다)'이다.

12 'dalaha wecen i da i tušan (으뜸 제사장의 임무)'에 해당하는 라틴어는 'principatus sacerdotii (사제직의
으뜸, 수석 사제직)'이다.

13 'ice nonggiha ilan golo (새로 합한 세 성)'에 해당하는 라틴어는 'tres toparcias (세 지방 통치 구역)'일 뿐
이다. 이 구절의 프랑스어 번역과 주석은 'trois toparchies, *dont Lyda, Ramatha et Aphéréma étaient les
capitale* (세 통치 구역, 그 수도는 리다와 라마다임과 아파이레마이다.)로 되어 있다.

14 'ere kesi i jalin (이 은혜 대신에)'에 해당하는 라틴어는 없다. 다만 이 프랑스어 번역에는 'une fois payés
(일단 치루어지면)'이란 말이 들어 있다.

suweni turgun meni ama Lastene de [o] araha bithei emu durun be suwende
당신들을 위해 나의 아버지 라스데내스 에게 쓴 편지의 한 모습 을 여러분들께
[我們先給父拉斯得奈提讚他們寫的札,]

tuwame unggihe · da bithe uthai wang Demetiriyo ama Lastene de   elhe
보이러 보냅니다. 이 편지는 곧   왕 데메드리오가 아버지 라스데내스 에게 평안을
[如今謄下來送與你們看, 本文是這樣:『王德默弟畧請父拉斯得奈安!』]

bairengge ·[15] Yudeya ba i uksurangga meni gucuse · meni baru tondoi yabume ·
구하는 것입니다. 유다 지방 의 민족은 우리의 친구이며, 우리를 향해 충실히 행하며,
[如德亞地方的支派——我們的友——因望我們行忠,]

geli mini beye be haji gosime ofi · tuttu be   cende   kesi isibuki sembi ·[16]
또한 내   몸 을 매우 사랑하 므로 그래서 우리가 저들에게 은혜를 내리고자 합니다.
[也親愛我們, 故定志要施恩與他們,]

Yudeya ba i geren jecen be cende bibume · jai Samariya ci ekiyembuhe
유다 지방 의 많은 영역 을 저들에게 주고 또 사마리아 에서 떼어내어
[把如德亞衆交界留給他們, 又把從撒瑪里亞裁下的,]

Yudeya de nonggiha Lida · Ramata · Aferem sere ilan [u] hoton · harangga babe
유다 에 더한 리따, 라다마임, 아파이레마 라는 세 성과 관하 지방을
[添在如德亞的里大, 拉瑪大, 亞斐肋瑪三城並囑管的,]

kamcime · gemu Yerusalem i wecen i da sade afabume toktobuha · uttu nenehe
합하여   모두 예루살렘 의 제사장 들에게 맡기기로 정했습니다. 따라서 지난
[一共交付日露撒冷的總祭首,]

aniya giyan akū gaiha hacin · usin i jeku · moo tubihe de niyeceme fangkabure
해 이유 없이 뺏은 것은 밭의 곡물, 나무 열매 로 갚아 반환할
[如此可補先年無理取的類, 地糧, 樹菓.]

---

15 ʻda bithe uthai wang Demetiriyo ama Lastene de elhe bairengge (이 편지는 곧 왕 데메드리오가 아버지 라스데내스에게 평안을 구하는 것입니다.)ʼ에 해당하는 라틴어는 ʻrex Demetrius Lastheni parenti salutem (왕 데메드리오는 부모이신 라스데내스께 인사합니다.)ʼ이다.

16 ʻYudeya ba i uksurangga meni gucuse · meni baru tondoi yabume · geli mini beye be haji gosime ofi · tuttu be cende kesi isibuki sembi · (유다 지방의 민족은 우리의 친구이며, 우리를 향해 충실히 행하며, 또한 내 몸을 사랑하므로, 그래서 우리가 저들에게 은혜를 내리고자 합니다.)ʼ에 해당하는 라틴어는 ʻgenti Iudaeorum, amicis nostris, et conservantibus quae iusta sunt apud nos, decrevimus benefacere, propter benignitatem ipsorum, quam erga nos habent (우리는 우리의 친구이며 우리에게 가지고 있는 그들의 호의 때문에, 우리와 함께 올바른 일을 수호하는 유다 민족에게 호의를 베풀기로 결정했습니다.)ʼ이다.

dabala · meni gaici acara juwan ubui dorgici emu ubu[17] · caliyan šulehen[18] oci
것입니다. 우리가 가져야 할   열 부분 중에서   한 부분과   녹봉   세   는
[論我們該收的十分之一正賦錢糧,]

ere inenggi ci guwebumbime · geli dabsun i ba · mende alibure aisin i muheren[19] be
이 날 부터 면제하고   또한 소금 의 땅과 내게 바칠 금 귀고리 를
[從今日免了；又把出塩的地並應獻我的金圈都讓了.]

yooni /64a/ cende anahūnjambi · mini hesei toktobuha hacin tome ereci julesi
모두   저들에게 양보합니다. 나의 명령으로 정한   것 마다 이후 앞으로
[爲永遠保存, 我旨定的.』]

enteheme akdun okini ··   ne kicefi da bithe be songkolome ara · tere afaha be
영원히 확실해 질 것입니다.' 이제 열심히 이 편지 를   그대로   써서 그 문서 를
[你今記入册內, 交與約那大斯,]

Yonatas de bu · Siyon enduringge alin i kumungge[20] bade lakiyabucina sehe ··
요나단 에게 주어 시온   거룩한   산 의 번화한   곳에 걸게 하시오." 하였다.
[掛在西雍聖山的熱鬧地方.』]

wang Demetiriyo tuwaci ba na elhe taifin · ini emgi temšere bakcilangge akū ·
왕 데메드리오가 보니 온 땅이 평화롭고 자기와 함께 다투어 대적할 자가 없어
[王德默弟畧見地方太平, 無同他爭敵的,]

geren cooha be meimeni boo de bederebuhe · Kereta jergi mederi i tun ci gajiha[21]
많은 군사들을 각자의 집 으로 돌려보냈고, 그레데 등 바다 의 섬 에서 데려온
[放兵各回本地, 單留從克肋大等島招來的兵;]

cooha be bibure teile · ere baita i turgun Demetiriyo i mafari i fe cooha gemu
군사들 을 있게 할 뿐이었다. 이 일 로 인해   데메드리오 의 조상들 의 옛 군사들은 모두
[爲這事, 德默弟畧的祖的舊兵都同他結仇.]

---

17 'juwan ubui dorgici emu ubu (열 부분 중에서 한 부분)'에 해당하는 라틴어는 'decimæ(십일조[十一租])'
이다.

18 'caliyan šulehen (녹봉세)'에 해당하는 라틴어는 'tributum(세금, 관세, 조공[租貢])'이다.

19 'aisin i muheren (금귀고리)'에 해당하는 라틴어는 'corona(관, 왕관)'이다.

20 'kumungge(번화한)'에 해당하는 라틴어는 'celeber(사람들이 많이 모여드는, 왕래가 많은, 번화한, 유명
한)'이다.

21 'Kereta jergi mederi i tun ci gajiha (그레데 등 바다 섬에서 데려온)'에 해당하는 라틴어는 'quem contraxit
ab insulis gentium (이방인의 섬에서 데려온)'이다. 따라서 '그레데 등 바다'란 말은 라틴어 성경에는 없는
데, 만주어 성경에서 독자의 이해를 위해 푸와로 신부가 첨가한 듯하다.

inde **[na]** kimulehe ·· nenehe wang Aledzander de aisilaha emu amban gebu Tirifon ·
그에게 원수가 되었다. 이전   왕   알렉산더 를   도운   한 대신   (이름) 트리폰은
[弟里封是先輔亞立山的大臣,]

geren **[ne]** coohai ushacun · Demetiriyo be wakalara turgun be safi · Arabiya ba i
많은   군사들의 원망과,   데메드리오 를   비난하는 이유 를 알고, 아리비아 지방의
[見衆兵怨, 也說德默弟畧的錯,]

da Emalkūwel²² i baru genehe · i dade Aledzander i jui Antiyoko be ujimbihe **[ni]**
지도자 이말코   를 향해 갔다. 그는 원래 알렉산더 의 아들 안티오쿠스 를 길렀다.
[望亞拉必亞地方的首厄耳瑪耳庫耳去——因他養育亞立山的子安弟約渴——]

baihai   ere jui be minde afabureo · bi esi terebe terei ama i soorin de tebuci
"바라는데 이 아들 을 저에게 맡기소서. 제가 응당 그를 그의 아버지 의 자리 에 앉히겠습니다."
[(說]:「懇求交此子給我, 我定保他坐他父的位.」]

/64b/ sembihe ·· Demetiriyo i yabuha baita · adarame geren cooha inde kimuleke
         하였고,   데메드리오 가 행한   일이 어떻게 많은 군사가 그에게 원수가 되었는
[將德默弟畧行的事, 衆兵因何故同他結仇,]

babe giyan giyan i alame²³ · ubade goidatala tehe ·· taka Yonatas niyalma be
지를 조리 있게   알리고   여기서 오래도록 머물렀다. 마침 요나단이 사람 을
[——告訴他, 在此久住. 暫且約那大斯遣使]

wang Demetiriyo de unggifi hendume · bairengge wang   Siriya i cooha be
 왕   데메드리오 에게 보내어 말하기를, "바라건대 왕께서는 시리아 군대 를
[求王德默弟撈將西里亞的兵]

Yerusalem i akdun hoton · gūwa baci tucibureo²⁴ · ce Israel i omosi be jaci
예루살렘 의 튼튼한 성과 다른 곳에서 내보내십시오. 저들은 이스라엘 자손들 을 매우
[從日露撒冷堅固城並別地方一共放出, 因爲他們太苦依斯拉耶耳後代.]

---

22 'Arabiya ba i da Emalkūwel (아라비아 지방의 지도자 이말코)'에 해당하는 라틴어는 'Emalcuhel Arabus
   (아라비아 인 이말코)'이다. 이의 프랑스어 번역은 'Emalchuel, roi des Arabes (아라비아인들의 왕 이말
   코)'로 되어 있다.

23 'giyan giyan i alame (조리 있게 알리고)'에 해당하는 라틴어는 'enuntiavit(똑똑히 말하였다, 설명했다)'
   이다.

24 'Yerusalem i akdun hoton · gūwa baci tucibureo (예루살렘의 튼튼한 성과 다른 곳에서 내보내십시오)'에
   해당하는 라틴어는 'eicerent eos qui in arce erant in Hierusalem et qui in praesidiis erant (예루살렘의 요
   새[要塞]에 있는 자들과 군 주둔지에 있는 자들을 추방하시오.)'이다.

muribumbi²⁵ sehe ‥ Demetiriyo karu bithe arafi Yonatas de jabume · bi sini
쥐어졌습니다.” 하였다. 데메드리오가 답장을 써서 요나단 에게 대답하기를, “내가 당신
[德默弟略回札答約那大斯 :]

turgun · sini uksura i jalin uttu yabure teile akū · nashūn bici · hono sini beye ·
때문에, 당신의 일족 을 위해 이렇게 행한 것 만은 아니다. 기회가 있으면, 또 당신 자신과
[「我爲你及你支派不單這樣行, 還遇有機會,]

sini uksurangga i eldengge derengge be nonggibuki sembi · ne si sain i yabuki
당신   민족 의   빛나는   명예 를   더하고자 합니다. 이제 당신이 좋게 행하고자
[添你及你支派的榮耀. 今你若要行好事,]

seci · minde aisilara hahasi be ungginju · mini geren cooha mimbe waliyame
한다면 나를   도울   남자들 을 보내주시오. 나의 많은 군사들이 나를 버리고
[遣助我的男來, 因我的衆兵離散, 棄了我. 」]

fakcahabi sehede ‥ Yonatas uthai ilan minggan baturu cooha be Antiyokiya
떠났소.” 하였는데, 요나단이 곧   3   천의   용감한 군사 를 안티오키아
[約那大斯就遣三千勇男到安弟約旣亞城 ;]

hecen de unggihe · gemu wang i jakade jifi · wang tesei jidere de ambula
  성 으로 보냈고,   모두 왕 앞으로 와서 왕은 그들이 온 것에 크게
[來王前, 王狠喜他們來.]

urgunjehe · gaitai²⁶ gemun hecen i dolo /65a/ juwan juwe tumen niyalma uhei
기뻐했다. 홀연   도성   안에서   십 2 만 명이 함께
[京都內忽十二萬人共聚]

acandume wang be waki sembihe · wang gurung de jailame dosika · facuhūn
  만나   왕 을 죽이려고 했다.   왕은   궁 으로 피해 들어갔다. 반란의
[要殺王, 王躲進了宮,]

urse²⁷ gurung de hafunara ai ai jugūn be ejelefi afame deribuhe · wang Yudeya
무리가 궁 으로 통하는 모든 길 을 차지하여 공격하기 시작했다. 왕은 유다
[城內人堵塞了通宮的各路, 起戰.]

---

25 'ce Israel i omosi be jaci muribumbi (저들은 이스라엘 자손들을 매우 쥐어졌습니다)'에 해당하는 라틴어
는 'impugnabant Israel (이스라엘을 공격했다, 괴롭혔다)'이다.

26 'gaitai (홀연)'에 해당하는 말은 라틴어 성경에는 없다. 프랑스어 번역에 'en ce même temps (같은 때에, 이
와 함께)'이란 말이 있다.

27 'facuhūn urse (반란의 무리)'에 해당하는 라틴어는 'qui de civitate (도시에 있던 사람들)'이다. 만주어는

ba i cooha be minde aisilakini gaju serede · ce wang i juleri isafi · hoton deri
지방 의 군대 를 내게   도우러 데려오라고 하자 저들이 왕   앞에 모여   성 으로
[王傳如德亞兵來助他, 他們都來王前,]

ijime wekjime yabuhai · [28] tere inenggi juwan tumen niyalma be bucebuhe · hoton be
정렬해 움직여 나아가면서, 그   날   십   만   명 을 죽였고,   성 을
[後排散在滿城, 橫竪遍走. 那日殺了十萬人,]

deijime · ere inenggi tabcilame gamaha jaka umesi labdu · geli wang be aitubuha · ·
태우며   이 날   노략질하여 가져간 물건이 매우 많았다. 또   왕 을 구하였다.
[燒城, 這天搶了多物, 救了王.]

gemun hecen i urse   ceni hoton · Yudeya ba i cooha i gala de tuhebuha · tese
    도성   의 사람들은 저들의 성 이   유다 지방 의 군대 의 손 에 넘어가고, 그들이
[京都人見他們的城到了如德亞兵的手,]

inu ainame   yabuki cihai [29] yabure be sabufi· fekun waliyabuha[30] · den jilgan i
또한 어찌어찌 행동하고자 제멋대로 행함 을 보고 놀라 포기하면서   큰 소리 로
[他們要怎行就隨便行, 心亂意慌, 高聲苦求王說：]

wang de baime · membe jilarao[31] · Yudeya baingge[32] be meni beye · meni hoton ci
왕 에게 구하기를, "우리를 불쌍히 여겨 유다 지방인   을 우리 자신과 우리   성 에서
[「可憐我們, 命如德亞兵不殺我們,]

uksalabureo[33] sehei · coohai agūra be maktame wang i emgi hūwaliyambuha[34] ·
벗어나게 하소서." 하며   군기 를   던지고   왕 과 함께   화해하였다.
[也不毀我們的城!」拋了兵器同王和睦.]

의역한 것일까?

28 'hoton deri ijime wekjime yabuhai · (성으로 정렬해 움직여 나아갔다.)'에 해당하는 라틴어는 'dispersi sunt omnes per civitatem (그들은 모두 도시로 흩어졌다.)'이다. 이 구절의 프랑스어 번역은 ''firent des courses dans la ville (도시에서 행진했다.)'이다.

29 'tese inu ainame yabuki cihai (그들이 또한 어찌어찌 행동하고자 제멋대로)'에 해당하는 라틴어는 'sicut volebant (그들이 하고 싶은 대로)'이다.

30 'fekun waliyabuha (놀라 포기했다)'에 해당하는 라틴어는 'infirmati sunt mente sua (자신의 마음이 쇠약해졌다, 자신의 용기가 꺾이었다)'이다.

31 'membe jilarao (우리를 불쌍히 여기소서)'에 해당하는 라틴어는 'da nobis dextras (우리에게 오른손을 달라, 도와주시오.)'이다.

32 'Yudeya baingge (유다 지방인)'에 해당하는 라틴어는 'Iudaei (유다인들)'이다.

33 'uksalabureo(벗어나게 하소서)'에 해당하는 라틴어는 'cessent(그만두다, 멈추다)'이다.

34 'hūwaliyambuha(화해하였다)'에 해당하는 라틴어는 'fecerunt pacem (그들은 평화를 만들었다)'이다.

Yudeya　ba i　cooha oci · wang i　jakade · terei　gurun i　gubci i　ambasa /65b/
유다 지방의 군대 는　왕 옆에서　그의 나라　전체의 대신들과
[論如德亞兵, 在王前, 他通國臣兼衆民眼前好不體面,]

irgese　juleri　absi derengge oho · gurun de　amba gebu be baha · tutala jaka ulin[35] be
백성들 앞에서 아주 영예스럽게 되었고, 나라에서 큰 이름을 얻어　많은　재물　을
[國內大出名, 帶多財物回日露撒冷,]

gaifi · Yerusalem de　bederenjihe ·· wang　Demetiriyo i　soorin　ele　akdulahade
가지고 예루살렘으로 돌아왔다.　왕　데메드리오의　자리가 더욱 굳건해지자
[保全了王德默弟畧的位,]

gurun i　babade　elhe taifin ohobi · damu　wang　angga aljaha gisun be　aifuha [no]
나라의 곳곳에서　평화로워졌다.　그러나 왕은　약속한　말을 위반하고,
[通國太平. 但王改了口許的話,]

Yonatas be　ubiyame · ini　baili de　karularakū sere anggala · elemangga　imbe
요나단을 미워하여 그의 은혜를 보답하지 않을 뿐 아니라　도리어　그를
[背了約那大斯, 不但不報恩,]

dabali jobobuha ·· ere　baita i　amala Tirifon ajige jui　Antiyoko be　sasa　gaime ·
지나치게 괴롭혔다. 이　일　후 트리폰이 어린 아들 안티오쿠스를 함께　데리고
[反太謀害他. 這事後, 弟里封領幼子安弟約渴回,]

amasi marihabi · Antiyoko uthai soorin de　tefi · wang i mahala[36]　eturede · wang
되돌아갔다.　안티오쿠스가 곧　왕위에 앉아 왕　관을　쓰자　왕
[輔他坐了王位, 戴王帽.]

Demetiriyo i facabuha geren　cooha　inde dayame　Demetiriyo i baru　afahai · terebe
데메드리오가 해산시킨 많은 군사들이 그에게 의지해 데메드리오를 향해 공격하여 그를
[那時, 王德默弟畧棄的衆兵齊來歸他, 都帮他戰 ;]

gidame burulabuha · Tirifon　sufan be　gaifi · Antiyokiya hoton be　ejelehe · asiha
격파해 패주시켰다. 트리폰이 코끼리를 인솔해 안티오키아　성을 점령하였다. 젊은
[德默弟畧敵不住, 跑了. 弟里封得了象, 也佔了安弟約既亞城.]

---

35 jaka ulin (재물)'에 해당하는 라틴어는 'spolia (짐승의 가죽, 전리품, 약탈품)'이다.
36 'wang i mahala (왕관)'에 해당하는 라틴어는 'diadema(왕위, 왕관)'이다.

Antiyoko Yonatas de bithe arame hendume · si wang i gucu okini · bi simbe
안티오쿠스가 요나단 에게 편지를 써서 말하기를, "당신이 왕의 친구가 되소서. 내가 당신을
[少年安弟約渴寫札向約那大斯說 :「爲你作王友,]

wecen i dalaha da ilibumbime · geli duin hoton i ejen obumbi[37] sehe · jai baitalara
대제사장으로 세우며, 또한 네 성 의 주인으로 삼겠소." 하였다. 또 사용할
[我放你總祭職, 也做四城的主.」]

/66a/ tetun aisin ningge be unggineme · aisin i tetun de omire · fulgiyan etuku
그릇 (금으로 된 것) 을 보내며 금 그릇 으로 마시고, 붉은 옷을
[又送了該用的金銀器, 賞他能用金器飲酒,]

eture · aisin i tabukū be baitalara saligan salibaha ·[38] terei ahūn Simon be Tiro i
입고, 금 허리띠 를 사용할 권리를 주었으며, 그의 형 시몬 을, 띠로의
[也穿紅衣, 也能帶上用金環扣 ; 又陞他兄西孟]

jase ci Esito i jecen de isitala bisire ba na i uheri kadalara da[39] toktobuha ·
변방에서 이집트의 국경에 이르기까지 있는 지역의 모두를 관할하는 수장(首長)으로 정했다.
[總管從弟落的交界至到厄日多的邊界有的地方.]

Yonatas tucifi Yordan bira i cargi tehe hoton i baru genembihe ·[40] Siriya i geren
요나단은 나와서 요르단 강 의 저쪽에 있는 성 을 향해 갔고, 시리아 의 많은
[約那大斯出來, 去若耳當河那邊諸城, 西里亞兵來助他 ;]

cooha inde aisilame jihe · Asakalon de isinafi · hoton i niyalma imbe dorolome
군대가 그를 도우러 왔다. 아스칼론 에 이르자 성 의 사람들이 그에게 인사하며
[到亞斯加隆城, 城內人恭禮迎他.]

---

37 'si wang i gucu okini · bi simbe wecen i dalaha da ilibumbime · geli duin hoton i ejen obumbi (당신이
왕의 친구가 되소서. 내가 당신을 대제사장으로 세우며, 또한 네 성의 주인으로 삼겠소.)'에 해당하는 라틴
어는 'constituo tibi sacerdotium, et constituo te super quattuor civitates, ut sis de amicis regis (나는 당신
에게 사제직을 수여하고, 당신을 4개 도시 위에 임명하여, 당신을 왕의 친구가 되게 하겠습니다.)'이다.

38 'aisin i tetun de omire · fulgiyan etuku eture · aisin i tabukū be baitalara saligan salibaha (금 그릇으로
마시고, 붉은 옷을 입고, 금 허리띠를 사용할 권리를 주었다.)'에 해당하는 라틴어는 'dedit ei potestatem
bibendi in auro et esse in purpura et habere fibulam auream (금제품으로 마시고, 자줏빛으로 지내고, 금
장식의 허리띠를 가질 권리를 그에게 주었다.)'이다.

39 'ba na i uheri kadalara da (지역의 모두를 관할하는 수장[首長])'에 해당하는 라틴어는 'dux(통솔자, 지배
자, 군주)'이다.

40 'Yonatas tucifi Yordan bira i cargi tehe hoton i baru genembihe (요나단은 나와서 요르단 강 의 저쪽에 있
는 성을 향해 갔다.)'에 해당하는 라틴어는 'et exiit Ionathas, et perambulabat trans flumen civitates (요나
단은 나와서 강 건너 도시들을 돌아다녔다.)'이다.

okdoho ·⁴¹ tereci Gaza i jugūn gaiha · Gaza i irgese duka yaksifi dosimburakū
맞이하였다. 거기서 가자 의 길을 취하는데, 가자 의 백성들이 문을 잠그고 들이지 않게
[從此去加匝(亦譯 : 加匝拉), 加匝民閉了門, 不許進;]

ohode · i hoton be kaha · šurdeme bisire babe deijihe · cuwangname tabcilaha ·
되자 그는 성 을 포위하여 주위에 있는 곳을 태우고 약탈해 빼앗았다.
[他圍了城, 燒周圍有的地方, 也搶擄.]

Gaza i urse Yonatas de dahaki serede · Yonatas ceni baire gisun de acabume ·⁴²
가자 의 사람들이 요나단 에게 항복하려 하자 요나단은 저들이 청하는 말 에 따라
[加匝要投順約那大脚, 約那大斯准了他們的求,]

tesei juse be damtun gamafi · Yerusalem de benebuhe · ba na be mudalime
그들의 아들들 을 인질로 처리해 예루살렘 으로 보냈고, 지역 을 돌아서
[拿他們的子作質當送到日露撒冷. 走遍了地方,]

yabuhai Damasko de isinaha ·· taka Demetiriyo i jiyanggiyūn sa /66b/ tutala cooha be
가며 다마스커스 에 이르렀다. 그때 데메드리오의 장군 들이 많은 군사 를
[到達瑪斯郭城. 暫且約那大斯聽德默弟畧的諸將帶多兵]

gaifi · Galileya golo i harangga Kades hoton de jihe · Yonatas Siriya gurun i
데리고 갈릴래아 성 의 관하 카데스 성 으로 와서, 요나단이 시리아 나라 의
[來戰加里肋亞屬的加得斯城,]

baita be dame jabdurakū oki sere gūnin ·   cohotoi tere hoton i irgese be
일 에 관해 상관하지 않 게 하려는 생각으로 특별히 그 성 의 백성들을
[要如此阻約那大斯管西里亞的國事 ;]

facuhūrabumbihe · Yonatas mejige bahade · cembe afame genehe · beyei
반란하게 했다. 요나단이 소식을 얻자 저들을 공격하러 갔고, 자기의
[約那大斯卽去截他們,]

---

41 'hoton i niyalma imbe dorolome okdoho · (성의 사람들이 그에게 인사하며 맞이하였다.)'에 해당하는 라
틴어는 'occurrerunt ei de civitate honorifice (그들은 성으로부터 그를 예의를 갖추어 맞이하였다.)'이다.

42 'Gaza i urse Yonatas de dahaki serede · Yonatas ceni baire gisun de acabume · (가자의 사람들이 요나
단에게 항복하려 하자 요나단은 저들이 청하는 말에 따라)'에 해당하는 라틴어는 'rogaverunt Gazenses
Ionathan et dedit illis dextram (가자의 사람들이 요나단에게 청원했고 그는 그들에게 오른손을 주었다.)'
이다. 이 구절의 프랑스어 번역은 'Alors ceux de Gaza demandèrent à Jonathas à capituler, et il le leur
accorda: (그러자 가자의 사람들이 요나단에게 항복하기를 청원하니 그는 그들에게 그것을 인정했다.)'이
다.

ahūn Simon be golo de bibuhe · Simon Betsura hoton be kaha[43] · inenggi kejine
형   시몬 을   성 에 있게 했다. 시몬은 벳술   성 을 포위하여   날이   매우
[留他兄西孟在省城. 西孟多日圍攻柏得穌拉,]

labdu[44] afaha · hoton i urse   tule   tucime muterakū ofi[45] · dahaki seme baiha ·
많게 싸웠다.   성 의 사람들이 밖으로 나올   수 없으므로 항복하자 하고 간청했고,
[城內人苦求要投順,]

i   ceni   baire gisun de acabufi · cembe tubaci tucibume · hoton be gaime ·
그는 저들의 간청하는 말 에   따라   저들을 거기서 나오게 하여   성 을 취하고
[他准他們的求, 從城趕出他們, 取了城,]

tuwakiyara cooha[46] be tebuhebi ·· Yonatas · terei cooha oci · Zenesar i omo i
        지키는   군사   를 두었다. 요나단과 그의 군대 는 겐네사렛   못
[也放看守兵. 論約那大斯及他兵, 在熱奈撒肋湖岸扎營,]

dalin de[47] ing iliha · gerendere onggolo[48] Asor sere   necin bade[49] isinaha ·
 가 에   진을 세웠고, 동트기   전에   하솔 이라는 평평한 땅에 이르렀다.
[天未明, 去亞索耳平地 ;]

suwaliyata mukūn i bata[50] necin bade Yonatas be okdombime · geli alin i dolo
  뒤섞인   민족의 적이 평평한 땅에서 요나단 을   맞았고   또한 산   안에
[異族仇在平地截他,]

---

43 'Simon Betsura hoton be kaha (시몬은 벳술 성을 포위했다)에 해당하는 라틴어는 applicuit Simon ad Bethsuram (시몬은 벳술에 바싹 붙었다, 착륙했다.)'이다.

44 'inenggi kejine labdu (날이 매우 많게)'에 해당하는 라틴어는 'diebus multis (많은 날들에)'이다.

45 'hoton i urse tule tucime muterakū ofi (성의 사람들이 밖으로 나올 수 없으므로)'에 해당하는 라틴어는 없다. 다만 이 구절의 프랑스어 번역에는 'il tint investis ceux qui étaient dedans (그는 안에 있던 사람들을 에워싸 잡고 있었다.)'이란 말이 있다.

46 'tuwakiyara cooha (지키는 군사)'에 해당하는 라틴어는 'praesidium(수비대, 주둔군)'이다.

47 'omo i dalin de (못가에)'에 해당하는 라틴어는 'ad aquam (물에)'이다. 그러나 라틴어 'aqua'에는 '물, 강, 호수, 바다' 등의 뜻도 있다.

48 'onggolo(전에)'는 오른쪽의 'l'에 해당하는 획이 빠져서 '*onggoo'처럼 보이는데, 잘못된 것이기에 교정한다.

49 'necin bade (평평한 땅에)'에 해당하는 라틴어는 'in campum (평야로, 평지로)'이다.

50 'suwaliyata mukūn i bata (뒤섞인 민족의 적)'에 해당하는 라틴어는 'castra alienigenarum (외국인의 진영, 이민족의 진지)'이다.

buksin de dosimbuki sembihe · Yonatas šuwe bata be afame ibenerede ·
복병 으로 들이려고 하였다. 요나단이 바로 적 을 공격하러 나아갈 때
[山內埋伏兵. 約那大斯直勇前進,]

buksibuha cooha holkonde tucime · nukcishūn i /67a/ afame deribuhe · Yonatas i
매복한 군대가 갑자기 나와 격렬히 싸우기 시작했다. 요나단 의
[那時伏兵突出起戰.]

cooha gemu burulaha · emge inu funceburakū · funcerengge damu Alsolomi i jui
군대는 모두 도망하고 하나 도 남지 않았다. 남은 자는 오직 압살롬 의 아들
[約那大斯的兵都跑了, 除了亞伯撒落米的子]

Matatiyas · coohai ilhi jiyanggiyūn[51] Kalfi i jui Yudas sei teile ○[52] · Yonatas
마따디아와, 군대의 부(副) 장군인 칼피 의 아들 유다 들 뿐이었다. 요나단은
[瑪大弟亞斯兼大將加耳斐的子如達斯, 其餘一人不剩.]

uthai beyei etuku be tatarafi · buraki be uju de maktame sisafi · abkai ejen de
곧 자기의 옷 을 찢고 재 를 머리에 올려 뿌리고 하느님 께
[約那大斯卽扯自己的衣, 頭上撒土,]

jalbarime baiha · Yonatas teni dain i bade bederenjime · bata be hafirame
기도하며 구하였다. 요나단이 그제서야 전쟁 터로 돌아와 적 을 추격하여
[祈求天主. 後再回戰. 仇抵不住,]

burulabuha · neneme samsiha Yonatas i cooha ere arbun be tuwafi · amasi
도망가게 했다. 이전에 흩어졌던 요나단의 군대가 이 모습 을 보고 뒤로
[跑了. 約那大斯的先散的那兵看這勢,]

marime · Yonatas i emgi bata be Kades de bisire tesei ing kūwara i ebsi
되돌아와 요나단과 함께 적 을 카데스에 있는 그들의 병영 이쪽으로
[回來同他追仇, 到加得斯有的他們的營,]

fargambihe · ubade isinafi nakaha · tere inenggi bata i dolo gaibuhangge ilan
추격하고 여기에 이르러 멈추었다. 그 날 적 중에서 죽은 자가 3
[到此止. 那日仇兵死了三千.]

---

51 'coohai ilhi jiyanggiyūn (군대의 부[副] 장군)'에 해당하는 라틴어는 'princeps militiae exercitus (군대의
우두머리로 있는)'이다. 군대의 우두머리(princeps)를 왜 '부[副] 장군으로 번역했는지는 알 수 없다.

52 이 자리에 둥근 원의 그림이 있는데, 이것이 무슨 의미인지 알 수 없다. 여기 어떤 주석(注釋)을 붙이려고
하다가 빠뜨렸거나, 필요 없다고 생각해 붙이지 않은 것인지?

minggan niyalma bihe ·   Yonatas Yerusalem de bederehe ··
천   명 이었다.   요나단은   예루살렘 으로 돌아왔다.
[約那大斯回了日露撒冷.]

○ *SURE GISUN* ○
풀이 말

[a] Tolemeo inu ··
프톨레매오 이다.

[e] i uttu emu wang be gidaburede gūwa wang be baitalaki sembihe · dubetele
그는 이렇게 한 왕 을 무찌를 때 다른 왕 을 이용하고자 하였다. 끝까지

Demetiriyo be eterede ja seme bodohobi ·· /**67b**/
데메드리오 를 이기기 쉽다 고 생각했던 것이다.

[i] Tolemeo Aledzander i emgi coohalara nergin uju de feye baha ofi ·
프톨레매오가 알렉산더 와 함께 진군할 즉시 머리 에 상처를 입었으 므로

Esito de bederefi · goidarakū akū oho ··
이집트 로 돌아가 오래지 않아 죽게 되었다.

[o] ere Lastene Kereta mederi tun de Demetiriyo be ujime hūwašabuha
이 라스데네스가 그레데 바다 섬 에서 데메드리오 를 길러 자라게 한

amala · da gurun be amasi gairede aisilaha bihe · tuttu ofi Demetiriyo imbe ama
후 본국 을 되찾을 때 도왔던 것이다. 그리 하여 데메드리오가 그를 아버지

seme tukiyecembi · inu wesihun tušan de sindaha ··
라고 칭송하고 또 높은 지위 에 두었다.

[u] ere ilan hoton i caliyan cifun be yooni enduringge tanggin i baitalan de
이 세 성 의 세금과 녹봉 을 모두 성전 의 비용 으로

anahūnjaha · ere durun i nenehe aniya doro akū gaiha menggun jaka be
양보했는데, 이 방법 으로 지난 해 무리하게 뺏은 은과 물건 을

niyeceki sembihe ··
갚고자   하였다.

[na] yala tesei caliyan fulun be   nakafi ·   ce   adarame korsorakūni ··
　　사실 그들의 세금과 봉록 을 물리치니 저들이 어찌 원망하지 않겠는가?

[ne] ere waburu haha soorin be durime   ejeleki seme · ere gese koimali
　　이   쳐죽일 남자가 자리 를 빼앗아 차지하려 하여   이   같은 간교한

arga be deribuhe ··
계략 을 시작했다.

[ni] dade Aledzander dain i   bengneli⁵³ de   beyei   ajigen be Amalkūwei de
　　원래   알렉산더가 전쟁 의 갑작스러움 에 자신의 어린 아이 를   이말코 에게

afabuha bihe ·   Tirifon erebe safi · imbe baime genehe · kanakan arame da
맡겼던 것이었다. 트리폰이 이를 알고 그를 찾으러 갔고,   핑계를   대어 자기

soorin de   tebuki sere · yargiyan i imbe waki sembihe ··
 자리 에   앉히고자 하고,   사실은   그를 죽이려고 했다.

[no] Yonatas i baili be cashūlaha ofi · tuttu abkai ejen terebe ujeleme isebuhebi ·· /68a/
　　요나단 의 은혜 를 배반하였 으므로 그래서 하느님은 그를 엄중히 징벌하셨다.

---

53 'bengneli(갑작스러움, 창졸간)'는 원전에 획이 빠져서 '*bekneli'처럼 보이는데, 이런 낱말은 만주어에 없
　　기에 교정한다.

○ JUWAN JUWECI FIYELEN ○
제 12 장

Yonatas tuwaci · erin ijishūn ofi [1] · niyalma be sonjome · hūwaliyasun · gucu i
요나단이 보니 때가 순조로 와서, 사람 을 불러 화합과 친구 의
[約那大斯見時候順當,]

doro be jai toktobukini sere gūnin · cembe Roma de unggihe · kemuni Subarta ·
예 를 또 정하려고 하는 생각으로 저들을 로마 로 보냈다. 또 스파르타
[選人遣到落瑪, 按友道復定結約;]

jergi gurun de emu adali durun i bithe be benebuhe ·· elcisa Roma de isinafi ·
등의 나라 에 동일한 양식의 편지 를 보냈다. 사신들이 로마에 이르러
[還望穌巴耳大等國送一樣的札文. 使者到了落瑪,]

siden baita be hebešeme icihiyara deyen [2] de dosime hendume · wecen i dalaha da [3]
공무 를 상의하여 처리하는 궁전 으로 들어가 말하기를, "제사의 우두머리
[進議事殿說;]

Yonatas · jai Yudeya ba i uksurangga nenehe songkoi hūwaliyasun · gucui doro be
요나단과 또 유다 지방의 족속이 지난번 처럼 화합과 친구의 예 를
[「總祭首約那大斯及如德亞支派特差我們, 爲照先前一樣,]

suweni emgi toktobuki serede · cohotoi membe takūraha sehe Roma i ambasa
당신들과 함께 정하려고 하여 특별히 우리를 보냈습니다." 하였다. 로마 의 대신들이
[按友道同你們定結約.」落瑪諸臣大喜.]

---

1 'erin ijishūn (때가 순조롭다)'에 해당하는 라틴어는 'tempus eum iuvat (때가 그에게 유리하다, 때가 그를 돕는다)'이다.

2 'siden baita be hebešeme icihiyara deyen (공무를 상의하여 처리하는 궁전)'에 해당하는 라틴어는 'curia(원로원, 집회소)'이다.

3 'wecen i dalaha da (제사의 우두머리)'에 해당하는 라틴어는 'summus sacerdos (사제들의 으뜸)'이다.

urgunjeme · jing elcisa bedereki serede · harangga geren golo i da sade bure
기뻐하며, 마침 사신들이 돌아가려 하자 관하의 많은 성 의 지도자 들에게 줄
[正使者要回時, 付文憑與他們,]

bithe be cende afabuha · bithei gisun uthai suwe Yudeya ba i elcisa be
편지 를 저들에게 맡겼다. 편지의 말은 곧, '너희는 유다 지방의 사신들 을
[傳諭管的諸省的首 :]

tuwašatame elhe i tesu bade bene sehe gisun inu ·· Yonatas i bithe Subarta i
돌보아 편히 고향으로 보내라.' 라는 말 이었다. 요나단 의 편지는 스파르타 의
[「你們平安送如德亞使者回本地.」]

uksurangga de unggihe ere durun i /68b/ araha bi ·⁴ wecen i dalaha da⁵ Yonatas ·
일족 에게 보낸 이런 양식 으로 쓴 것 이다. "제사 의 우두머리인 요나단과
[約那大斯給穌巴耳大國寫的札是這樣 : 「總祭首約那大斯,]

uksura i ungga sa · wecen i geren ilhi da⁶ · Yudeya ba i irgese gemu Subarta i
지파 의 원로 들, 제사 의 여러 부지도자, 유다 지방의 백성들 모두가 스파르타의
[支派的長老並諸祭首及如德亞民都問穌巴耳大衆弟兄安!]

ahūta deote de elhe sain be fonjime bi · seibeni suweni gurun i dasan dasara⁷
형제들 에게 평안함 을 묻습니다. 전에 여러분 나라 의 다스림을 베풀던
[當日管你們國的亞畧]

Ariyus meni wecen i dalaha da Oniyas de bithe unggihe bihe · suwe oci · meni
아레오스가 우리 제사 의 우두머리인 오니아스 에게 편지를 보냈 는데, '여러분 은 우리의
[送札給我們總祭首阿尼亞斯,]

deote ofi kai · ere baita be nonggiha afaha iletu temgetulere dabala⁸ [a] ·
아우들 이기에'라 하여, 이 일 을 덧붙인 문서가 분명히 증거가 될 것입니다.
[他說 : 『我們是弟兄.』今打弞給你們看, 他札能做憑據.]

---

4 'Yonatas i bithe Subarta i uksurangga de unggihe ere durun i araha bi · (요나단의 편지는 스파르타의 일
족에게 보낸 이런 양식으로 쓴 것이다.)'에 해당하는 라틴어는 'et hoc exemplum epistularum quas scripsit
Ionathas Spartiatis (그리고 이것이 요나단이 스파르타인들에게 써 보낸 편지의 사본이다.)'이다.

5 'wecen i dalaha da (제사의 우두머리)'에 해당하는 라틴어는 'summus sacerdos (사제들의 으뜸)'이다.

6 'wecen i geren ilhi da (제사의 여러 부지도자)'에 해당하는 라틴어는 'sacerdotes(사제들)'이다.

7 'suweni gurun i dasan dasara (여러분 나라의 다스림을 베풀던)'에 해당하는 라틴어는 'qui regnabat apud
vos (당신들에게 군림했던, 당신을 다스렸던)'이다.

8 'ere baita be nonggiha afaha iletu temgetulere dabala (이 일을 덧붙인 문서가 분명히 증거가 될 것입니다)
에 해당하는 라틴어는 'sicut rescriptum continet, quod subjectum est (덧붙여진 답장의 내용처럼)'이다.

Oniyas　eldengge　arbun i　unggihe　elcin be　tuwašame[9] ·　suweni wang i　bithe be
오니아스는 성대한　모습 으로 파견된　사신 을　돌보았고,　　여러분　왕 의 편지를
[阿里亞斯厚款來使, 收你們王的札,]

aliha ·　bithei　gūnin ·　juwe gurun ishunde　hūwaliyambiki ·　gucu obuki sere gūnin
받았는데, 편지의 뜻은 두　나라가 서로　　화합하여　　친구가 되자 는 뜻
[札言 :『我們是和好友.』]

bihe ··　　enduringge　nomun bithe[10]　meni　gala de　bifi ·　urgunjembime ·　elehun i
이었습니다. 거룩한　　경전 책이　우리 손 에　있어　　기쁘고　　　편안히
[我們雖不鉄少甚麼, 因手有《聖經》好慰我們 ;]

banjimbi ·　tulergi　gurun i　hūsun de　akdarakū ·　aisi be　baire ba inu akū ·　uttu
살아서,　다른　나라의　힘에 의지하지 않고, 이익 을 구하는 바 도 없습니다. 이러
[到底願望你們遣使者,]

sehe seme ·　meni　mujilen　suweni　baru　anduhūri de　isibure ayoo ·　ahūn deo i
하다고 해서　우리 마음이 여러분을 향해 냉담하게　될까 두려워　형제 의
[要復定和盟, 恐你們心冷待我們,]

hūwaliyasun ·　haji gucu i doro be[11]　dasame　toktobuki sembi ·　yala　suwe　elcin be
　화합과　사랑하는 친구 의 도리 를　다시　정하고자 합니다. 사실 여러분이 사신 을
[本從你們望我們遣使者,]

/69a/ meni　ubade　takūraha ci　aniya　umesi　labdu [e] ·　　be　erindari　lakcan akū
　우리의 이곳으로 보낸 이래 세월이 매우 많이 됐습니다. 우리는 해마다 끊임 없이,
[年代極多. 論我們, 時時不斷,]

ememu　kumungge　inenggi[12] ·　ememu an i　inenggi de　acara be　tuwame[13] ·
　혹　떠들썩한　날이나,　혹은 평상　시 에 상황을 보아,
[或大瞻禮或別日,]

---

9 'tuwašame (돌보았고)'에 해당하는 라틴어는 'suscepit (그가 접대했다, 받아들였다)'이다.

10 'enduringge nomun bithe (거룩한 경전 책)'에 해당하는 라틴어는 'sanctus liber (거룩한 책)'이다.

11 'ahūn deo i hūwaliyasun · haji gucu i doro be (형제의 화합과 사랑하는 친구의 도리를)'에 해당하는 라틴 어는 'fraternitatem et amicitiam (형제애[兄弟愛]와 우애[友愛]를)'이다.

12 'kumungge inenggi de(떠들썩한 날에)'에 해당하는 라틴어는 'in diebus sollemnibus (성대한 날들에, 축 제의 날들에)'이다.

13 'ememu an i inenggi de acara be tuwame (혹은 평상시에 상황을 보아)'에 해당하는 라틴어는 'et cæteris quibus oportet (마땅한 다른 날에)'이다.

wecen alibucibe · ai ai dorolon dorolocibe suwembe ejefi suweni jalin baime bi ·
제사 지내고 어떤 예식을 지내더라도, 여러분을 기억하고 여러분을 위해 청하고 있는데,
[獻祭行聖工時記得你們——]

ahūta deote be amcame gūnire giyan ofi kai · suweni eldengge derengge be
형과 아우들 을 따르고 생각함이 도리인 것입니다. 여러분의 영광 을
[按應當記得本弟.]

safi absi urgunjembi¹⁴ · be oci ududu hacin i suilacun · dain i baita de tušabuhabi ·
알고 얼마나 기쁜지! 우리 는 많은 종류의 노고와 전쟁 의 일 을 만났고
[知你們的榮耀, 好不喜悅. 反我們多遭戰禍,]

meni šurdeme bisire wang sa membe afame jihe · ere coohalara baita de
우리 주위에 있는 왕 들은 우리를 공격하러 왔습니다. 이 싸우는 일 에서
[我們周圍的衆王征了我們, 有了這多戰事,]

suweni gurun · jergi gucu gurun be¹⁵ jobobuki serakū ofi · tuttu mejige isibuha ba
여러분의 나라와 그 밖의 친구 나라 를 괴롭히려 하지 않으므로 따라서 소식을 준 적이
[不肯煩你們的國並友國,]

akū · abkai ejen mende aisilaha¹⁶ · i membe jobolon ci aitubume · meni bata be
없고, 하느님께서 우리를 도우셨습니다. 그분은 우리를 고통 에서 구하시고 우리의 적 을
[天主助佑, 也救了我們,]

gidame jocibuha¹⁷ · ne Antiyoko i jui Numeniyo · Yason i jui Antibater sebe
무찔러 괴롭히셨습니다. 이제 안티오쿠스 의 아들 누메니오스와 야손 의 아들 안티파텔 들을
[還擊壓我們的仇. 我們選了安弟約渴的子奴默尼約, 及亞宋的子安弟巴得肋,]

sonjofi · cembe Roma i baru hūwaliyasun · gucu i doro be dasame ishunde
뽑아 저들을 로마 를 향해 화친과 친구의 예 를 다시 서로
[往落瑪京都, 差他們復定和盟.]

---

14 'suweni eldengge derengge be safi absi urgunjembi (여러분의 영광을 알고 얼마나 기쁜지!)'에 해당하는
라틴어는 'lætamur itaque de gloria vestra (그래서 우리는 여러분의 영광을 기뻐합니다.)'이다.

15 'suweni gurun · jergi gucu gurun be (여러분의 나라와 그 밖의 친구 나라를)'에 해당하는 라틴어는 'ceteris
sociis et amicis nostris (그 밖의 동맹국들과 우리의 친구들에게)'이다.

16 'abkai ejen mende aisilaha (하느님께서 우리를 도우셨습니다)'에 해당하는 라틴어는 'habuimus enim de
caelo auxilium (우리는 하늘로부터 도움을 받았기 때문입니다)'이다.

17 'meni bata be gidame jocibuha (우리의 적을 무찔러 괴롭히셨습니다)'에 해당하는 라틴어는 'humiliati
sunt inimici nostri (우리의 적들은 모욕을 당했습니다.)'이다.

toktobure jalin unggihe · cende inu fafulahangge · suweni gurun de /**69b**/ genefi ·
정하기 위해 보내며, 저들에게 또 명하기를,   여러분의 나라 로   가서
[也囑他們到你們國請安,]

elhe   baifi · meni ahūn deo i haji mujilen icemheme yendebure bithe be
편안을 구하고 우리   형제 의 사랑의 마음을   새롭게   일으키라는 편지 를
[也付你們弟兄重盟的札.]

suwende alibukini · suwe mende karu bithe buci · doro giyan de acanambi[18] sehe ··
여러분께 주겠습니다. 여러분이 우리에게 답장을 주면 도리 에 맞을 것입니다." 하였다.
[若你們有札回我們, 你們行的好. 」]

Oniyas de unggihe bithei durun ere inu[19] ·· Sabarta gurun i wang Ariyus
오니아스 에게 보낸 편지의 모습이 이것 이다. '스파르타 나라 의 왕 아레오스는
[給阿里亞斯的札是這樣 :「穌巴耳大國王亞畧]

wecen i amba da[20] Oniyas de sain be fonjime bi · cahan de araha gisun[21] uthai
제사 의 큰 우두머리 오니아스 에게 안부 를 묻습니다. 문서 에 쓴 말은   곧,
[請總祭首阿里亞斯安! 查檔案有此話 :]

Subarta · Yudeya juwe ba i niyalma ahūta deote bime · geli Abraham i mukūn ci
스파르타와 유다   두 지방 의 사람들은   형제들 이며   또한 아브라함 의 일족 에서
[『穌巴耳大, 如德亞二國人是弟兄, 也是從亞巴拉哈母族出的. 」]

tucikengge inu · te erebe safi · aika suwe suweni baita gemu elhe sain seme
나온 것 인데, 이제 이것을 알아, 만약 여러분과 여러분의 일이 모두 평안하다 고
[今知了此事, 若你們告訴我們你們平安,]

---

18 'doro giyan de acanambi (도리에 맞을 것입니다)'에 해당하는 라틴어는 'benefacietis(당신들이 잘 할 것
입니다. 옳게 하는 것입니다.)'이다.

19 'Oniyas de unggihe bithei durun ere inu (오니아스에게 보낸 편지의 모습이 이것이다.)'에 해당하는 라틴
어는 'hoc rescriptum epistolarum, quod miserat Oniæ (이것이 그가 오니아스에게 보낸 편지들의 답장이
다)'이지만, 그러나 내용상 이것은 답장이 아니다. 이 구절의 프랑스어 번역은 'Voici la copie des lettres
qu'Arius avait envoyées à Onias. (아리우스가 오니아스에게 보낸 편지의 사본은 이러하다.)'로 되어 있다.

20 'wecen i amba da (제사의 큰 우두머리)'에 해당하는 라틴어는 'sacerdos magnus (대제관, 대사제)'이다.

21 'cahan de araha gisun (문서에 쓴 말은)'에 해당하는 라틴어는 'inventum est in scriptura (문서에서 발견
되었다.)'이다. 만주어 cahan은 일반적으로 cagan으로 표기된다.

alaci · meni gūnin be selabumbi sehe[22] ·· be tere fonde bithe arafi suwende
알리면 우리 마음 을 기쁘게 한다고 했습니다. 우리가 그 때 글을 써서 여러분에게
[我們喜聽; 論我們, 告訴了你們:]

jabume · meni ulha · meni usin suweningge · suweni ulha · suweni usin inu
답하기를, 우리의 가축과 우리의 밭이 여러분의 것이며, 여러분의 가축과 여러분의 밭 도
[我們的牲口群, 地産是你們的, 你們的地産, 牲口群也是我們的.]

meningge kai · erebe suwe getuken i donjikini cohome meni takūraha niyalma de
우리 것 입니다. 이것을 여러분이 분명히 듣게 하려고 특별히 우리가 보낸 사람 에게
[特遣使教你們明知此事.」

afabuha sehe bihe [i] ·· ememu Yonatas de alame · Demetiriyo i jiyanggiyūn sa
맡겼습니다.'" 라 하였다. 어떤 이가 요나단 에게 알리기를, "데메드리오의 장군 들이
[有人與約那大斯說:「德默弟畧的將軍]

nenehe ci fulukan i cooha be isafi jai jihe · simbe /70a/ afame toktohobi serede ·
 이전 부터 많은 군대 를 모으고 또 와서 당신을   공격하기로 결정하였다." 하자
[定了比先多聚兵, 又來戰你.」

i   Yerusalem ci jurame Amat [o] bade   cembe sujame genehe · ini harangga
그가 예루살렘 에서 떠나 하맛 땅 으로 저들을 맞서러 갔다. 그의 소속
[他從日露撒冷起身, 去在亞瑪弟得地方截堵他們,]

ba i dolo dosire šolo be bata de bibuki serakū turgun inu · tesei ing kūwaran[23] de
지방 안으로 들어가는 말미 를 적 에게 있게 하지 않으려는 때문 이다. 그들의 병영   에
[不與仇兵留空, 進他管的地方.]

jiyansi[24] be unggihede · amasi marifi hendume · dobori holkonde jimbi[25] sehe ·· šun
 첩자 를 보냈는데 되돌아와 말하기를 '밤에 갑자기 온다.' 하였다. 해가
[差哨探到仇營, 哨探回來說:「都定了夜裡忽望我們這裡來.」]

---

22 'aika suwe suweni baita gemu elhe sain seme alaci · meni gūnin be selabumbi sehe · (만약 여러분과
여러분의 일이 모두 평안하다고 알리면 우리의 마음을 기쁘게 한다고 했습니다)'에 해당하는 라틴어는
'benefacitis scribentes nobis de pace vestra (우리에게 여러분의 평화에 관해 써 주신다면 잘하는 일입니
다.)'이다.

23 'ing kūwaran (병영, 영채)'에 해당하는 라틴어는 'castra(진영[陣營], 군막[軍幕])'이다.

24 'jiyansi(스파이, 간첩)'은 한자어 '間者'의 차용이다. 이에 해당하는 라틴어는 'speculator(관찰자, 탐정, 척
후병)'이다.

25 'dobori holkonde jimbi (밤에 갑자기 온다)'에 해당하는 라틴어는 'constituunt supervenire illis nocte (밤
에 그들을 덮치기로 작정했다)'이다.

tuheke manggi Yonatas fafulame · emu dobonio amgaci ojorakū · geren coohai
진   후   요나단이 명령하기를 '한 온밤을 자면   안 된다. 많은 군대의
[故日沒後, 約那大斯令他兵整一夜不睡,]

agūra be jafafi afarade en jen ningge oso sehe[26] · geli ing i šurdeme tuwakiyara
무기 를 잡고 싸움에 준비된 자가 되어라.' 하였고, 또 진 의 주위에   지킬
[執兵器常備戰, 營周圍放巡守兵.]

manggan haha[27] be sindaha · bata arbun be tuwaci · Yonadan · terei cooha gemu
  강한   남자들 을 두었다. 적이 상황을 보니   요나단과 그의 군대가 모두
[仇聽約那大斯及他兵預備戰,]

afame belhehe be safi · mujilen i dolo geleme golome · kūwaran i ududu bade
공격 준비했음을 알고 마음 속으로 두렵고 놀라   병영 의 여러 곳에
[心驚惶,]

tuwa tolon[28] be dabufi · jenduken i jailaha[29] **[u]** · Yonatas · sasa bisirele niyalma
불 홰 를 붙이고 몰래 피하였다.   요나단과 함께 있는 사람들은
[在營遍處點火亮, 暗逃跳；]

oron inu sarkū · cimari teni bahafi sara · bata i ing de kemuni dabuha tolon be
조금 도 몰랐고 아침에 야 능히 알아 적의 진에   이미   붙인 횃불 을
[約那大斯兼他兵到天明還不知, 因見仇營有火亮.]

sabumbihe · Yonatas teni cembe fargacibe amcame muterakū · Eleūtero bira be
알아차렸다. 요나단이 그때 저들을 추격해도 쫓을 수 없었는데, 엘류데로스 강 을
[約那大斯 知, 就追他們, 但趕不上, 因已過了厄樓得落河.]

---

26 'geren coohai agūra be jafafi afarade en jen ningge oso sehe ('많은 군대의 무기를 잡고 싸움에 준비된 자가 되어라.' 하였다.)'에 해당하는 라틴어는 'esse in armis paratos ad pugnam tota nocte (무장하고 밤새도록 싸울 준비를 하기를)'이다.

27 'tuwakiyara manggan haha (지킬 강한 남자)'에 해당하는 라틴어는 단순히 'custos(경비병, 파수병, 지키는 사람)'이다.

28 'tuwa tolon (불 홰)'에 해당하는 라틴어는 'focus(난로, 화로, 아궁이)'이다.

29 'kūwaran i ududu bade tuwa tolon be dabufi · jenduken i jailahajenduken i jailaha (병영의 여러 곳에 불 홰를 붙이고 몰래 피하였다)'에 해당하는 라틴어는 'accenderunt focos in castris suis (그들은 자기들의 병영에서 난로에 불을 붙였다)'일 뿐이다. 즉, 'jenduken i jailahajenduken i jailaha (몰래 피하였다)'에 해당하는 라틴어가 없다. 그러나 이 구절의 프랑스어 번역은 'ainsi ayant allumé des feux dans leur camp, *ils se retirèrent*. (그래서 그들은 그들 병영에 불을 붙이고 후퇴하였다.)'로 되어 있어, 라틴어에 없는 '*ils se retirèrent*. (그들은 후퇴하였다)'가 덧붙여 있음을 알 수 있다..

dooha bihe ·· /70b/ tereci Yonatas Dzabadeo sere Arabiya i uksurangga be dailame
건넜던 것이었다.   그 후 요나단은 자바대 라는 아라비아의 일족 을 정벌하러
[約那大斯從此去征亞拉必亞地方的匹巴得阿支派,]

genehe · tesebe gidafi · tabcin i jaka be gamaha · sirame Damasko de isinaha ·
 가서   그들을 무찌르고 노획 물 을 가졌다.   계속 다마스커스에 이르러
[殺敗他們, 搶了多物. 隨後又去達瑪斯郭,]

tere babe ijime wekjime yabumbihe³⁰ [na] ·· Simon oci cooha be gaime · Askalon ·
 그 곳을 이리저리   다녔다.   시몬 은 군대 를 데리고 아스칼론
[走遍那地方. 論西孟, 領兵來近亞斯加隆等堅固城,]

jergi akdun hoton³¹ de hanci jifi · tereri Yope i baru genehe · hoton be ejelehe ·
 등 견고한 성   에 가까이 와서 거기서 요빠 를 향해 가서   성 을 차지했다.
[到約伯, 取了那城.]

hoton i urse³² ceni hoton be Demetiriyo de buki sere mejige Simon i šan de
 성 의 사람들이 저들의 성 을 데메드리오 에게 주려고 한다는 소식이 시몬의 귀 에
[城內人要將他們的城獻德默弟晷, 此信入了西孟的耳,]

isinaha bihe · tuttu ofi i hoton be tuwakiyara cooha tebuhebi ·· Yonatas amasi mariha
 이르렀고,   그래서 그는 성 을   지킬   군사를 두었다.   요나단이 되돌아온
[故西孟安看守兵. 約那大斯回了後,]

manggi · sakda unggasa³³ be isabufi · uhei hebešeme · Yudeya bade tutala babe
  후   나이든 어른들 을 모아   함께 의논하기를, 유다 지방에 많은 곳을
[聚長老商量, 同他們定了堅修如德亞各地方,]

bekilame · Yerusalem i fu · jai Siyon alin i hoton · Yerusalem hoton hafunarakū³⁴
 지키고   예루살렘 의 담과 또 시온 산의 성과   예루살렘 성을 꿰뚫지 않게
[又要立日露撒冷的墙, 還在日露撒冷]

---

30 'tere babe ijime wekjime yabumbihe (그곳을 이리저리 다녔다)'에 해당하는 라틴어는 'perambulavit omnem regionem illam (그 모든 지역을 배회하였다)'이다.

31 'akdun hoton (견고한 성)'에 해당하는 라틴어는 'præsidium(참호, 요새)'이다.

32 'hoton i urse (성의 사람들, 성민[城民])'에 해당하는 라틴어는 없고, 그 동사가 volo(하려 한다, 원한다)의 3인칭 복수형 vellent로 되어 있다.

33 'sakda unggasa (나이든 어른들)'에 해당하는 라틴어는 'seniores populi (백성들의 원로들)'이다. 또 만주어 'unggasa(어른들)'은 'ungga'의 복수형인데, 흔히 만주어 문헌에서 이 복수형은 'unggata'로 쓰였다.

34 'hafunarakū(꿰뚫지 않는)''는 원문에는 '*hafonarakū'로 적혀 있지만 잘못으로 보고 교정한다.

sere gūnin · juwe sidende giyalara emu umesi den fu be iliki seme toktobuha ·
할 생각으로 둘 사이를 막는, 한 매우 높은 담을 세우려고 결정했다.
[西雍堅固城當中砌一大高隔墻,]

uttu oci Yerusalem emhun hoton ojoro · Siyon alin de tehe urse ememu jaka be
이리하면 예루살렘이 고립된 성이 되어, 시온 산 에 있는 사람들이 혹 물건을

udara · ememu uncara turgun Yerusalem de dosici /71a/ ojorakū ·   yala geren
사거나 혹 팔기 위해 예루살렘 으로 들어오면 안 되는 것이다. 과연 많은
[爲使西雍城人不能進日露撒冷或買或賣.]

hūsun acabume · Yerusalem i fu be sahame deribuhe · dergi ergi de mukei
일꾼이 모여 예루살렘 의 담을 쌓기 시작했는데, 동 쪽에 물
[衆人眞要砌日露撒冷墻,〔因〕東邊早河岸上墻倒了,]

turakū[35] de bisire fu ulejehe bihe ofi · Yonatas terebe dasataha · ere fu i gebu
폭포 에 있는 담이 무너져 있었으므로 요나단이 그것을 고쳤다. 이 담의 이름이
[約那大斯修了, 取名叫「加斐得大」.]

Kafeteta inu ·· Simon kemuni Sefela bade Adiyada hoton be iliha · erebe
가페나다 이다. 시몬이 또 세펠라 지방에 아디다 성 을 세우고, 이것을
[西孟還在塞斐拉地方立了亞弟亞大城,]

akdulame · duka i undehen · yose be sindaha ·· taka Tirifon wang Antiyoko be
튼튼히 하여 문 짝과 자물쇠 를 달았다. 그런데 트리폰이 왕 안티오쿠스를
[堅固了城, 安門上鎖.]

beleki[36] · ini beye wang i soorin de tefi Asiya gurun i dasan dasaki sere gūnin
해치고 그 자신이 왕 의 자리 에 앉아 아시아 나라 의 다스림을 하려는 생각이
[暫且弟里封起意要坐亞西亞王位,]

dolo dekdebuhede · Yonatas ojorakū sere · imbe dailara ayoo seme gelefi ·
마음에 일어났는데, 요나단이 안 된다고 하니 그를 치지 않을까 하여 두려워,
[戴王帽, 弑王安弟約渴. 恐約那大斯不依,]

---

35 'mukei turakū (물 폭포, 물 쏟아짐)'에 해당하는 라틴어는 'torrens(급류, 쏟아짐)'이다.

36 'wang Antiyoko be bele-(왕 안티오쿠스를 해치다, 살해하다)'에 해당하는 라틴어는 'extendere manum in Antiochum regem (안티오쿠스 왕에게 손을 뻗치다, 손을 펴다)'이다. 그런데 이 낱말의 프랑스어 번역은 'tuer le roi Antiochus (안티오쿠스 왕을 죽이다)'로 되어 있다.

Yonatas be jafara · terebe wara nashūn baimbihe · erei jalin tucime Betsan
요나단 을 잡아 그를 죽일 기회를 찾았고, 이를 위해 나와서 벳산
[〔故〕設計拿約那大斯, 也殺他 ; 〔反〕戰他,]

hoton i baru jihe · Yonatas duin tumen siliha cooha i emgi imbe Betsan de
성 을 향해 왔다. 요나단은 4 만의 정예병 과 함께 그를 벳산 으로
[爲此出來到柏得三. 約那大斯同四萬選的兵來柏得三迎他.]

okdome genehe · Tirifon · Yonatas i coohai amba ton be sabume · geli afara
맞으러 갔다. 트리폰이 요나단 군대의 많은 수 를 보고, 또 공격할
[弟里封見約那大斯的兵數衆, 又知他爲戰來,]

gūnin i jihe be safi · gelehe · Yonatas be absi doroloho[37] · geren gucu sede afabume
생각 으로 왔음 을 알고, 두려워 요나단 을 크게 예우하고 많은 친구 들에게 지시하기를
[惧怕, 厚禮待約那大斯, 也囑衆友親敬他,]

imbe sain i tuwašata sehe · ini beye /71b/ doro i jaka be Yonatas de benefi ·
그를 잘 돌보라 하였다. 그 자신은   예물 을 요나단 에게 보내며
[親給約那大斯送禮,]

harangga cooha de suwe terei gisun be mini gisun obufi emu adali daha seme
휘하 군사 에게 "너희는 그의 말 을 나의 말로 여겨 똑같이 따르라." 라고
[命本兵:「你們遵他話如遵我話.」]

fafulaha · jai Yonatas de hendume · meni juwe nofi bata kimungge waka[38] · si ere
명했다. 또 요나단 에게 말하기를, "우리 두 사람은 원수가 아닌데 당신은 이
[又望約那大斯說:「我們兩個不是仇,]

utala niyalma be jobobuhai · te cembe meimeni boo de buderebu · emu udu
많은 사람들 을 괴롭혔으나, 이제 저들을 각자 집 으로 보내고 몇몇의
[你何故勞苦這多人呢? 如今令他們各回本家!]

cooha sonjofi sini emgi bibukini · mini sasa Tolemaida hoton de jio · bi hoton
군사를 뽑아 당신이 함께 데리고, 나와 아울러 프톨레마이스 성 으로 오시오. 내가 성
[選幾兵跟你, 同我來托肋麥大城,]

---

37 'absi doroloho (크게 예우하다)'에 해당하는 라틴어는 'excepit eum cum honore (경의를 갖고 그를 맞이
했다)'이다.

38 'meni juwe nofi bata kimungge waka (우리 두 사람은 원수가 아니다)'에 해당하는 라틴어는 'bellum
nobis non sit (미움이 우리에게는 없다)'이다.

jergi akdun ba³⁹ · cooha · baita icihiyara da sabe   sini gala de sindaha manggi ·
등 튼튼한 곳과 군대와 일을 처리하는 지도자 들을 당신 손 에   둔   후
[我將那城, 堅固地方, 兵, 辦事首都交與你,]

teni amasi marimbi · erei turgun cohome jihe sehebi ·· Yonatas terei gisun be
그 후 되돌아가겠소. 이 때문에   특별히 왔소.” 하였다. 요나단이 그의 말 을
[然後我回. 爲此特來.」約那大斯信他話,]

akdame · gisun i songkoi yabuha · cooha be Yudeya bade bederebuhe · bibuhengge
믿고   말 대로   행하여 군사들 을 유다 지방으로 돌려보내니   머문 자는
[照話行, 命兵回如德亞,]

damu ilan minggan i teile · ere ton ci juwe minggan hahasi be Galileya golo de
오직 3   천 뿐이다. 이 수에서 2   천   남자들 을 갈릴래아 고을로
[只留了三千男 ; 還從這數內遣二千去加里肋亞,]

unggifi · emu minggan niyalma imbe dahalaha · Yonatas Tolemaida hoton i dolo
보내고 1   천   명이 그를 따랐는데, 요나단이 프톨레마이다 성   안에
[跟他只有一千. 約那大斯一進托肋麥大城,]

emgeri dosikade · hoton i urse   duka be yaksime · imbe jafaha · sasa dosika
한번 들어가자   성 의 사람들이 문 을 잠그고   그를 잡았으며, 함께 들어간
[城內人閉門, 拿了他,]

cooha be /72a/ bireme loho i waha [ne] · Tirifon kemuni Yonatas i hoki sebe nisihai
군사 를   모조리 칼로 죽였다.   트리폰은 또   요나단의 동료 들을 모두
[把同他進的兵全殺了.]

suntere jalin udu baksan yafahan moringga cooha be Galileya i baru · amba
섬멸하기 위해 몇 무리의 보병과   기병   을 갈릴래아를 향해   큰
[弟里封又遣馬, 步兵隊去加里肋亞及大平地, 爲全滅約那大斯的諸友.]

necin bade [ni] ungginehe ·· Galileya de genehe niyalma oci · Yonatas jafabuha ·
평야로   보냈다. 갈릴래아로 간   사람들 은 요나단이 잡히고
[加里肋亞人聽拿了約那大斯,]

---

39 ‘akdun ba (튼튼한 곳)’에 해당하는 라틴어는 ‘præsidium(요새, 참호)’이다.

ini beye · ini geren cooha gemu wabuha · sere mejige be donjifi · ishunde
그 자신과 그의 많은 군사가 모두 죽었다 는 소식 을 듣고 서로
[他, 他的兵都被殺, 彼此勸勉,]

huwekiyenume tucifi bata be afaki sembihe · cembe fargaha bata arbun be tuwafi ·
격려하면서 나와서 적 을 치고자 하였다. 저들을 추격한 적이 상황 을 보고
[出來要戰. 弟里封的兵見他們捨命死抵,]

ce ergen karmara jalin esi fafuršame afaci sehei · gelhun akū julesi iberakū ·
저들이 목숨을 지키기 위해 당연히 분발해 싸우려 하자 감히 앞으로 못 나오고
[不敢上前,]

amasi mariha[40] ·· Yonatas cooha[41] teni elhe nuhan i[42] Yudeya bade genehe ·
되돌아갔다. 요나단 군대는 그제야 조용히 유다 지방으로 가서
[回去. 約那大斯的兵安歸如德亞,]

Yonatas · terei emgi bisire niyalma i turgun ambarame songkoho **[no]** · Israel i
요나단과 그와 함께 있는 사람들 을 위해 크게 울었으며, 이스라엘 의
[衆人大哭約那大斯及同他死的兵,]

geren omosi inu umesi gasaha ·· Yudeya ba i šurdeme tehe uksurangga Israel i
많은 자손들 도 매우 슬퍼했다. 유다 지방 주위에 있는 족속들이 이스라엘
[依斯拉耶耳會的民也大哭. 如德亞周圍住的支派要滅依斯拉耶耳後代,]

mukūn be mukiyeki seme hendume · cende kadalara aisilara da akū · ne cembe
민족 을 멸하고자 하여 말하기를, "저들을 통솔하고 도와줄 지도자가 없다. 이제 저들을
[說:「他們無首, 無保護的,]

---

40 'ce ergen karmara jalin esi fafuršame afaci sehei · gelhun akū julesi iberakū · amasi mariha (저들이 목
숨을 지키기 위해 당연히 분발해 싸우려 하자 감히 앞으로 못 나오고 되돌아갔다.)'에 해당하는 라틴어
는 'videntes hi, qui insecuti fuerant, quia pro anima res est illis, reversi sunt (그들을 추격해 온 자들은
그들이 자기 목숨을 위해 싸우는 것을 보고 되돌아갔다)"이다. 이 구절의 프랑스어 번역은 'ceux qui les
avaient poursuivis les voyant très-résolus a vendre bien cher leur vie, s'en retournèrent. (그들을 추격해
온 자들은 확고하게 목숨을 걸고 싸우는 것을 보고 뒤로 물러났다.)'이다.

41 'Yonatas cooha (요나단 군대)'에 해당하는 라틴어는 'illi(그들은)'이다.

42 'elhe nuhan i (조용히, 천천히)'에 해당하는 라틴어는 'cum pace (평화와 함께, 평안히)'이다. 프랑스어 번
역에는 이 말이 'sans être attaqués (공격 받지 않고)'로 되어 있다.

afakini · ceni gebu be abkai fejergici geteremkini[43] sehe ·· **/72b/**
공격하여 저들의 이름을 하늘 아래에서 없애버리자." 하였다.
[一共戰他們, 從天下除盡他們的名. 」]

---

43 ʿceni gebu be abkai fejergici geteremkini (저들의 이름을 하늘 아래에서 없애버리자)ʾ에 해당하는 라틴어
는 ʿtollamus de hominibus memoriam eorum (사람들로부터 그들의 기억을 없애버리자)ʾ이다.

○ SURE GISUN ○
풀이 　 말

[a] ere nonggiha hoošan i afaha uthai wang Arius i 　 bithe 　 Yerusalem de
　　이 덧붙인 종이 문서는, 곧 　 왕 아레오스의 편지가 　 에루살렘 에

seibeni unggihengge inu ··
일찍이 　 보내진 것 이다.

[e] uyunju aniya otolo duleke bihe ··
　　90 　 년이 될 만큼 지난 것 이었다.

[i] Subarta gurun i irgese 　 ainci 　 Abraham i sargan Šedura i juse
　　스파르타 나라의 백성들은 아마 아브라함의 　 아내 　 크두라 의 아들들과

omosi 　 dere · 　 yala 　 abkai ejen i tacihiyan be tuwakiyaha ba akū ··
자손들일 것인데, 진실로 　 하느님 의 　 가르침 을 　 지킨 　 일이 없다.

[o] Amat uthai Siriya i jecen de bisire Emat hoton inu ··
　　하맛은 곧 시리아의 경계 에 있는 　 에맛 　 성 이다.

[u] Yonatas be holtoro gūnin ere tuwa tolon be dabuha ··
　　요나단 을 　 속일 생각으로 이 불 　 홰 를 불붙였다.

[na] Demetiriyo i cooha be ucaraki sembihe ··
　　데메드리오의 　 군대 를 만나려고 하였다.

[ne] Yonatas i banin nomhon sijirhūn ofi · jalingga haha i hūbin de dosika ··
　　요나단 의 천성이 선량하고 정직하 므로 　 간사한 　 남자 의 속임수 에 　 빠졌다.

abkai ejen Yonatas i sain gungge de karulaki seme · koimali arga be sereburakū
하느님이 요나단 의 좋은 공적 에 보답하고자 하여 간교한 계략 을 못 알아차리게

oho ··
하셨다.

[ni] ere amba necin ba · Yezmel alin holo sehe · ubade Yonatas i unggihe
이 큰 평야는 예즈멜 산 골짜기라 하였다. 여기서 요나단 이 보낸

juwe minggan cooha be biretei wabuki sembihe ··
2 천 군대 를 모두 죽이고자 하였다.

[no] ceni urahilame donjihangge · Yonatas geren i emgi bucebuhengge inu ··
저들이 풍문으로 들은 것은 요나단이 많은 이 와 함께 죽었다는 것 이다.

○ JUWAN ILACI FIYELEN ○   /73a/
제 13   장

imon de bolame[1] ·   Tirifon amba cooha be gaifi · Yudeya babe
시몬 에게 보고하기를, 트리폰이 큰   군사 를 데리고 유다 지방을
[〔有人〕]報西孟說 : 「弟里封領大兵來搶勦如德亞.」]

cuwangname jimbi sehede · i geren irgen i gelere goloro arbun be tuwafi ·
노략질하러 온다 고 했을 때, 그는 여러   백성 의 겁먹고 놀라는 모습 을   보고
[他見衆民大驚恐,]

Yerusalem de genehe · irgese be uhei acabuhade · huwekiyeme hendume · mini
예루살렘 으로 갔다.   백성들 을 함께   만나   격려하며   말하기를, “나
[去日露撒冷聚衆人, 勸慰說 :]

beye · mini deote ·   mini ama i boo   abkai ejen i fafun · enduringge tanggin i
자신과 나의 아우들과 나의 아버지 의 집이,   하느님 의 법과   거룩한   전당 을
[「你們得知我, 我的弟兄, 我父家爲法度,]

turgun udunggeri coohalaha · ai mangga jobocun aliha be suwe bahafi sara · [2]
위해 몇 번이나 진군했고, 어떤 어려운 고난을 받았는지 를 여러분들이 능히 아실 것입니다.
[聖堂多次行兵, 遭過甚麼大險.]

Israel i acin be karmara jalin · mini deote   gemu gaibuha · funcehengge mini
이스라엘 교회 를 지키기 위해 나의 아우들은 모두 죽었고,   남은 자는   내
[爲保依斯拉耶耳會, 我的二弟都死了, 單剩下我一人.]

---

1 'Simon de bolame (시몬에게 보고하기를)'에 해당하는 라틴어는 'audivit Simon (시몬이 들었다)'이다.

2 'mini beye · mini deote · mini ama i boo abkai ejen i fafun · enduringge tanggin i turgun udunggeri
coohalaha · ai mangga jobocun aliha be suwe bahafi sara · (나 자신과 나의 아우들과 나의 아버지의 집이,
하느님의 법과 거룩한 전당을 위해 몇 번이나 진군했고, 어떤 어려운 고난을 받았는지를 여러분들이 능히
아실 것입니다.)'에 해당하는 라틴어는 'vos scitis quanta ego, et fratres mei, et domus patris mei, fecimus
pro legibus et pro sanctis prælia, et angustias quales vidimus (여러분은 아십니다. 나와 내 형제들과 나의
아버지의 집안이, 율법과 성전[聖戰]을 위해 무엇을 했는지, 또 우리가 어떤 재난을 겪었는지를.)'이다.

beyei teile · ne jobolon i erin de gelhun akū mini ergen be hairarakū · bi mini
자신 뿐입니다. 지금 고난 의 때 에　감히　　나의 목숨 을 아낄 수 없음은 내가 나의
[如今這禍再倘有別險, 我不敢愛惜我的命,]

deote ci sain waka ofi kai · meni mukūn · enduringge deyen · meni juse ·
아우들 보다 낫지 않기 때문입니다. 우리 민족과,　거룩한 전당과, 우리 아들들과
[難道我比我的弟兄好些麼]

sargata dalime · musebe jocibuki sere gūnin isanduha hacin hacin i uksura³ i
아내들을 지키고, 우리들을 해치고자 하는 생각으로 모인　온갖　　족속 의
[但我一定要報我支派, 聖殿, 我們的子妻等等仇, 因周圍衆族無故惱恨, 聚會要滅我們.」

kimun de karulaki sehe ·· geren irgen ere gese gisun be donjifi · ceni dolo
원수 를 갚읍시다.” 하였다. 많은 백성이 이 같은 말 을 듣고 저들 속에
[衆民聽這話, 他們都心雄胆壯,]

hoo hio sere mujilen yendehe⁴ · den jilgan i hendume · si sini deote Yudas ·
거리낌 없는 마음이 일어나　높은 소리 로 말하기를, “당신은 당신 아우들인 유다와
[大聲說 : 「你替你二弟如達斯,]

Yonatas i funde musei da oso · musebe takūrafi · dain i bade bene · /73b/
요나단　대신 우리들의 머리가 되어 우리들을　부려　전쟁 터로 보내시오.
[約那大斯爲我們的首.]

adarame mende fafulaci · be fafun be dahara dabala serede ·· i afara mangga
어떻게 우리에게 명령하셔도 우리는 명 을　따를 뿐입니다.” 하자 그가 싸울 강한
[若命我們上陣, 怎分付我們怎聽. 」]

niyalma be isabume · Yerusalem i fu be hasa šanggatala ilibuha · geli hoton be
사람들 을 모아　예루살렘 의 담 을 급히 완성하도록 세웠고 또　성 을
[他聚善戰的人速砌訖日露撒冷的墙,]

šurdeme akdulaha · Absalomi i jui Yonatas be · terei emgi ice cooha i
빙 둘러 굳게 했다.　압살롬 의 아들 요나단 을, 그와 함께 새 군대 의
[堅保周圍 ; 遣亞伯撒落米的子約那大斯同他新兵隊伍去約坡.]

---

3 ‘hacin hacin i uksura (온갖 족속)’에 해당하는 라틴어는 ‘universae gentes (모든 민족들)’이다.

4 ‘hoo hio sere mujilen yendehe (거리낌 없는 마음이 일었다)’에 해당하는 라틴어는 ‘accensus est (일어났다, 불탔다)’이다.

baksan meyen be Yope de unggihe · Yonatas hoton de bisire urse be bašame
대오(隊伍) 를 요빠로 보냈고, 요나단은 성 에 있는 무리 를 쫓아
[約那大斯赶出城的人,]

tucibufi · ini beye · ini cooha gemu ubade tehe ·· taka Tirifon amba coohai uju de
내고 그 자신과 그의 군대 모두 여기에 머물렀다. 마침 트리폰이 대군의 선두 에서
[他, 他兵都住這裡.][5]

Tolemaida ci juraka · Yudeya i baru jiki sembihe · futa i hūwaitabuha[6] Yonatas
프톨레마이다 로부터 떠나 유다 를 향해 오려 하였고, 밧줄로 묶인 요나단이

sasa bihe · Simon oci Atus hoton de Sefela i onco ba i ishun ing ilihabi ··
함께 있었다. 시몬 은 아디아 성 에서 세펠라 의 넓은 땅 을 마주해 진을 세웠다.

Tirifon donjici · Simon deo Yonatas i funde geren i kadalara da bime · geli
트리폰이 들으니, 시몬이, 아우 요나단 대신에 많은 이 를 감독하는 머리 이며, 또한
[暫且弟里封聽西孟替他弟約那大斯做了衆人首,]

imbe dailame jihe sere mejige bahade · elcisa be terei baru uinggime hendume ·
그를 정벌하러 왔다 는 소식을 얻자, 사신들 을 그 에게 보내어 말하기를,
[也預備戰他, 差使者說 :]

sini deo Yonatas wang i baita icihiyarade · menggun be funtuhuleme edelehe ofi ·
"당신의 아우 요나단이 왕 의 일을 처리할때 은 을 모자라게 하여 부족했 으므로
[「因你弟約那大斯辦王事欠庫銀,]

tuttu be imbe bibuhe · ne si emu tanggū Dalento menggun be benebu · jai
그래서 우리가 그를 남게 했소. 이제 당신은 1 백 달란트의 은 을 보내시오. 또
[故我們拿他. 你今送一百『達楞多』銀]

Yonatas sindaha /74a/ manggi · meni bata de dahame genere ayoo · ini juwe
요나단이 풀려난 후 우리 적 에게 따라 갈지도 모르니 그의 두
[及他的二子, 防備他跑, 」]

juse be damtun bu · be uthai terebe amasi marimbi sehe ·· Simon Tirifon i
아들 을 인질로 주시오. 우리가 곧 그를 되돌려 보내리라." 하였다. 시몬은 트리폰 이
[我們纔放他回.]

---

5 여기서부터 몇 줄 한문이 없다.

6 'futa i hūwaitabuha (밧줄로 묶인)'에 해당하는 라틴어는 'in custodia (구금된, 감옥에 있는, 감시 속에)'이
다.

gisurehe gisun holo gisun seme getuken i sacibe · menggun · juse be benebuhe ·
한 말이 거짓 말 이라고 잘 알지만 은과 아들들 을 보냈다.
[西孟錐明知弟里封說的謊話, 到底送了銀兼二子,]

seremšerengge · Israel i geren omosi imbe ubiyafi hendume · menggun · juse be
수비하는 자와 이스라엘 의 많은 자손들이 그를 미워하여 말하기를, "은과 아들들 을
[好免依斯拉耶耳後代責他說:「因不給銀兼二子,]

buhekū ofi · Yonatas bucebuhe kai ·· juse · jai emu tanggū Talento menggun be
주지 않아서 요나단이 죽은 것 이다."(했다.)아들들과 또 1 백 달란트 은 을
[故約那大斯受殺」. 送了二子及一百「達楞多」銀;]

unggihede · i gisun aifuha · Yonatas be sindarakū ·· Tirifon amala Yudeya i
보냈는데 그는 말을 식언하여 요나단 을 놓아주지 않았다. 트리폰은 그후 유다
[他改話, 不放約那大斯. 弟里封後進了如德亞地方,]

jecen de dosika · ba na be susunggiyaki sembihe · Ador hoton de tuhenere
경계 로 들어가 온 땅을 짓밟고자 하여 아도라 성 에서 구부러진
[全要毀壞, 從通亞曷耳的路彎曲走;]

jugūn deri mudalime yabumbihe · Simon · terei cooha bata be dahalame · bata ai
길을 따라 돌아서 갔다. 시몬과 그의 군대는 적 을 추격하여 적이 어느
[弟里封去到何方, 西孟同他兵緊跟.]

bade geneci · ce inu ere bade genembihe · Ador i beki hoton[7] de bisire urse
곳에 가든지 저들도 이 곳으로 갔다. 아도라 의 요새 에 있는 무리가
[在四雍堅固城的逆人遣使望弟里封說:]

niyalma be Tirifon i baru takūrame · bairengge gobi i jugūn deri hūdun i jifi ·
사람들 을 트리폰 을 향해 보내어 "바라건대 사막 길 로 빨리 와서
[「請你快從壙野路來,]

jemengge be mende benjibureo sehe · Tirifon ere dobori jiki seme · geren
음식 을 우리에게 보내주소서." 하였다. 트리폰이 이 밤에 오고자 하여 많은
[送吃食與我們. 弟里封這夜要來,]

---

7 'Ador i beki hoton (아도라의 요새)'에 해당하는 라틴어는 'arx(성채, 요새)'일 뿐이다.

moringga be belhehe · nimanggi kejine labdu ofi · jihekū · /74b/ Galat bade genehe · [8]
  기병 을 준비했으나 눈(雪)이 매우 많았으 므로 오지 못하고   길르앗 지방으로 갔다.
[預備多馬兵. 因雪太大未來, 去了加拉得地方.]

Baskama de hanci ohode · Yonatas · terei juse be ubade waha · Tirifon fisa be
바스카마 에 가까와 지자   요나단과 그의 아들들 을 이곳에서 죽였고, 트리폰은 등 을
[近巴穌加慢, 在此殺了約那大斯及他的二子.]

marifi tesu bade bederehe ·· Simon teni niyalma be unggime · ini deo i giranggi be
돌려   고향으로 돌아갔다. 시몬이 그때 사람 을 보내어 그의 아우 의 뼈 를
[弟里封轉身回了本地, 西孟纔遣人去拿他弟的屍骨,]

[a] gamame · da mafari i hoton Modin i tule umbuha · Israel i geren omosi[9]
  가지고 자기 조상들의 성   모데인 밖에 묻었다. 이스라엘 의 많은 자손들이
[埋他在祖城莫頂內. 依斯拉耶耳後代一齊大哭,]

ambarame songgocoho · tutala inenggi sinahalame[10] gasahabi · Simon kemuni ama ·
  크게   울었고,   여러 날 상복을 입고 슬퍼했다. 시몬은 또한 아버지와
[多天穿孝服痛哭.]

deote i eifu i ninggude goromime sabuci ojoro · juleri amala nilhūn wehei emu
아우들 의 무덤 위에,   멀리서 보일 수 있고, 앞과 뒤가 매끄러운 돌로 한
[西孟又在他父及二弟墳上用前後光滑石砌了可遠看的高塔,]

hacin i weilen be sahaha [e] ·· dergi šulihun bime · fejergi i baru genehei onco ·
가지 의 건물 을 쌓았는데,   위가 뾰족 하고 아래 를 향해 갈수록 넓고,

duin dere i nadan subarhan i muru be iliha · ama de emke · eme de emke ·
  네 면 으로 일곱   탑 의 형상을 세워, 아버지 에 하나, 어머니 에 하나,
[立七方石柱,]

deote de duin ningge bihe · ere emu subarhan tere emu subarhan de
아우들 에게 네 개 두었고, 이 한 탑 이 저 한 탑 에
[一根對一根, 給他父母, 四弟兄 ;]

---

8 'jihekū · Galat bade genehe · (오지 못하고 길르앗 지방으로 갔다.)에 해당하는 라틴어는 'et non venit in Galaditin (길르앗으로 가지 않았다)'로서 만주어 번역과 다르다. 그런데 이 구절의 프랑스어 번역은 'il n'alla pas à Jérusalem, mais il prit la résolution de passer au pais de Galaad. (그는 예루살렘으로 가지 않고 길르앗 지방으로 가기로 결정했다.)'로 되어 있어 만주어 번역은 이 프랑스어 번역을 따른 듯하다.

9 'Israel i geren omosi (이스라엘의 많은 자손들)'에 해당하는 라틴어는 'omnis Israel (모든 이스라엘)'이다.

10 'sinahalambi(상복을 입다)'는 만주 문헌에 흔히 'sinagalambi, sinahilambi'의 형태로 나온다.

bakcilambihe **[i]** · šurdeme amba tura be toktobuha · tura de coohai agūra · jahūdai
마주하게 했다.　　주위에 큰　기둥 을 고정해서, 기둥 에　군기와　　배의
[周圍另立一大圓柱, 柱上掛兵器,]

arbun be tumen jalan i enen omosi saikan ejekini sere gūnin colihabi · Simon i
모습 을,　만 세대 의　자손들이　잘 기억하게 할　생각으로 새겼다. 시몬이
[爲傳名萬代 ; 傍有雕的船, 這船走海路的人就能得見.]

Modin hoton de dasataha eifu entekengge inu · ertele taksime bi **[o]** ·· /75a/
모데인　성 에서 정리한　무덤이 이런 것　인데　지금까지 남아 있다.
[這是西孟在莫頂城修的墳, 至今還存.]

Tirifon oci · se asihan wang Antiyoko i emgi jugūn yaburede · imbe butu
트리폰은　나이가 젊은　왕　안티오쿠스 와 함께 길을　가면서　그를 은밀한
[弟里封同少年王安弟約渴走路, 暗計殺了他,]

arga i waha · **[u]** ini soorin be ejelefi · Asiya gurun i wang i mahala etume ·
계략 으로 죽이고　그의 자리 를 차지하여 아시아 나라 의　왕　관을　쓰고
[佔了他位, 戴亞西亞國王帽,]

Siriya ba na be ambarame facuhūrabuha[11] ·· taka Simon Yudeya i akdun hoton[12] be
시리아 전역 을　크게　어지럽혔다.　　그런데 시몬이 유다 의 견고한 성　　을
[大亂亞西亞地方. 暫且西孟修補如德亞城,]

dasatambihe · den subarhan · amba fu · dukai undehen · yose de terebe
고쳤는데,　높은 탑과　큰 담과 문 짝과　자물쇠 로 그것을
[以高塔, 墻堅那城, 安門, 上鎖,]

bekilembihe · meimeni hoton de jemengge be fulukan i iktambuhabi · Simon
지키고,　각각의 성 에는　음식 을 넉넉히　쌓아두었다. 시몬이
[各城多積糧.]

jai niyalma be sonjofi · wang Demetiriyo i baru unggime · bairengge Yudeya bade
또 사람 을 뽑아 왕 데메드리오 에게 보내며 "바라건대 유다 지방에
[西孟選人差到王德默弟畧,]

---

11 'Siriya ba na be ambarame facuhūrabuha (시리아 전역을 크게 어지럽혔다.)'에 해당하는 라틴어는 'fecit plagam magnam in terra (나라에 큰 재앙을 행했다.)'이다. 만주어의 'Siriya ba na (시리아 전역)'이란 말은 설명을 위해 덧붙인 것이다.

12 'akdun hoton (견고한 성)'에 해당하는 라틴어는 'præsidium(보루, 참호, 요새[要塞])'이다.

alban šulehen be guwebureo · Tirifon i yabuha baita gemu hūlhatu i fudasihūn
공물과 세금 을 면해주소서. 트리폰 이 행한 일은 모두 도적 의 거역한
[求免貢並錢糧, 因弟里封行的都是賊事.]

baita ofi sehe ·· wang Demetiriyo ere gisun be donjifi · ere durun i[13] bithe
일 이니까요." 하였다. 왕 데메드리오가 이 말 을 듣고 이 모습으로 편지를
[王德默弟畧聽這話, 與他寫這樣札:]

araha · wang Demetiriyo wecen i dalaha da[14] · wang sai gucu Simon ·
썼다. "왕 데메드리오가 제사 의 으뜸인 왕 들의 친구 시몬과,
[「王德默弟畧問總祭首, 諸王的友西孟,]

sakda ungga sa[15] · Yudeya i geren uksurangga de[16] elhe fonjime bi · suweni
늙으신 어른 들과, 유다 의 여러 지파들 에게 안부를 묻습니다. 여러분이
[衆老長, 如德亞支派好!]

benebuhe muheliyengga tetun · Balma mooi gargan aisin ningge[17] be bi aliha bime ·
보내 준 둥근 용기(容器)와 종려 나뭇 가지 (금으로 된 것) 를 내가 받았으니,
[我受了你們送的金環及金巴耳瑪.]

---

13 'ere durun i (이 모습으로)'에 해당하는 라틴어는 'talem (이렇게, 이런 식으로)'이다.

14 'wecen i dalaha da (제사의 으뜸)'에 해당하는 라틴어는 'summus sacerdos (대제관, 제관장, 대사제)'이다.

15 'sakda ungga sa (늙으신 어른들)'에 해당하는 라틴어는 'seniores(연장자, 원로, 장로)'이다.

16 'Yudeya i geren uksurangga de (유다의 여러 지파들에게)'에 해당하는 라틴어는 'genti Iudaeorum (유다의 민족에게)'이다.

17 'muheliyengga tetun · Balma mooi gargan aisin ningge (둥근 용기[容器]와 종려 나뭇가지 [금으로 된 것])'에 해당하는 라틴어는 'corona aurea et bahe (황금 관과 종려 나무)'이다. 이의 프랑스어 번역은 'la couronne et la palme d'or (왕관과 황금 종려[棕櫚] 나뭇가지)'이다. 라틴어 bahe에 관해서는 다음의 곽문석 교수 의견 참조.

βαΐνη, βάϊον > βάϊς.
βαίνω: pf.ptc. βεβηκώς; plpf. βεβήκειν.ʃ
   1. *to tread*: s οὐχὶ πεῖραν ἔλαβεν ὁ πούς αὐτῆς βαίνειν ἐπὶ τῆς γῆς 'her foot did make no attempt to tread on the land' De 28.56.
   2. (pl)pf., *to stand*: ἐπισφαλῶς βεβηκότα 'precariously poised' Wi 4.4; βεβήκει ἐπὶ γῆς 'stood on earth' 18.16; 3M 6.31.
   Cf. βῆμα, ἀνα~, δια~, ἐμ~, ἐπι~, κατα~, προ~, προσαναβαίνω, πορεύομαι, ἵστημι: Shipp 125f.
βάϊς, acc. βάϊν.ʃ On the spelling, see Katz 102f.
   palm-leaf: 1M 13.37, 51.

geli unenggi gūnin i suweni /**75b**/ emgi hūwaliyambuki · mini gurun i baita
다시 진실한 생각 으로 여러분과   함께 화합하고자 하고. 나의 나라의 일을
[我願同你們大陸,]

icihiyara da[18] sade hese wasimbume · suwe nenehe kesi i songkoi yabu · ume
처리하는 지도자 들에게 명령을 내리니, 여러분은 전의   혜택   대로 행하고, (말라)
[也要下旨與衆辦王事的首,]

Yudeya ba i irgese ci   alban šulehen be gaire seme fafulaki sembi · onggolo
유다 지방 의 백성들 에게서 공물과 세금 을 취하지 말라고 명령하려 합니다.   전에
[我已免了你們的貢, 錢糧.]

ai hacin i baili fulehun be suwende šangnahangge bici · akdun[19] okini · suweni
어떤 종류 의   은덕   을 여러분에게   상 줄 것이 있다면 확실하게 될 것이고, 여러분
[我賞你們恩是永遠的;]

beyei sahaha beki hoton inu suwende   bikini · mini baru   tetele   gūnin akū
자신이 쌓은   요새   또한 여러분에게 있습니다. 나 에게 지금까지 생각 없이
[你們修補的堅固城是你們的罷!]

necihe weile endebuku[20] be oncodome gamambi · jai suweni alibure muheliyengga
범한   죄와   허물   을 관대하게 처리하고,   또 여러분들이 바칠   둥근
[[還]恕至今望我無意犯的罪; 你們應獻我金圓環,]

tetun aisin ningge · bi gairakū ·   Yerusalem i niyalma talu de emke jafaci acara
용기는 (금으로 된 것) 내가 갖지 않겠소. 예루살렘   사람이   혹시 한 개라도 바쳐야 하는
[我也不要 ; 若日露撒冷內該貢我何物,]

ai hacin i alban bihede · ereci julesi jafarakū · aika suweni dolo bengsengge
어떤 종류 의 공물이 있다면, 이제부터 앞으로는 바치지 않습니다. 만약 여러분 중에 능력 있는
[從此不貢. 倘你們內有能人,]

niyalma ememu meni hafasa · ememu coohai ton de dosiki seci · dosimbucina ·
사람이   혹 우리의 관리들이나,   혹 군대 정수(定數) 에 들어오려 하면 들어오게 하시오.
[或要做我的官, 或要當我的兵, 我都收 ;]

---

18 'mini gurun i baita icihiyara da (나의 나라의 일을 처리하는 지도자들)'에 해당하는 라틴어는 'praepositi
  regis (왕의 지휘관들에게, 사령관들, 관리인들에게)'이다.

19 'akdun(확실하게)'에 해당하는 라틴어는 'constant(확고한, 변함없는)'이다.

20 'weile endebuku (죄와 허물)'에 해당하는 라틴어는 'ignorantia et peccata (과실과 죄)'이다.

meni juwe sidenderi taifin okini sehe ··
우리 둘 사이가 평화로워 집시다." 하였다.
[要我們二國太平.」]

emu tanggū nadanjuci aniya Israel i omosi i ba na encu demun i gurun de
일 백 일흔째 해, 이스라엘 자손들의 온 땅은 이단 의 나라 로
[格肋詩亞一百七十年, 依斯拉耶耳後代地方總不貢異端國.]

alban benerakū oho ^{21·} Israel i omosi dangse i bithe · suduri i /76a/ cagan de
공물을 보내지 않게 되었다. 이스라엘 자손들은 공문서와 역사 책 에
[依斯拉耶耳後代從這一年——或史書或私札]

uttu ejeme deribuhe · sucungga aniya · jing wecen i dalaha da Simon Yudeya ba i
이렇게 기록하기 시작했다. '원년, 바로 대제사장 시몬이 유다 지방 의
[——起寫元年, 〔卽〕西孟正做總祭首,]

cooha · irgen be kamcime kadalara de seme arambihe ·· [na] tere inenggi Simon
군대와 백성 을 합하여 관할할 때' 라고 썼던 것이다. 그 날 시몬이
[統如德亞軍民時. 那日,]

Gaza hoton be afame genehe · ini cooha de terebe kafi · šurdeme dain i giyase²² be
게젤 성 을 공격하러 갔는데, 그의 군대 로 그것을 포위하여 주위에 전쟁 의 선반 을
[西孟去戰加匝城. 他兵圍攻, 周圍搭了戰架,]

caha · afahai emu subarhan be baha · emu giyase i dolo bisire cooha nukcishūn i
걸고 공격하여 한 탑 을 얻었다. 한 선반 가운데 있는 군대가 격렬하게
[近城墻, 壞了一座塔. 因一架內有的兵勇行直前,]

hoton de dosika ofi · hoton i urse ambula burginduha · dolo bisire hahasi gemu
성 으로 들어갔더니 성 의 무리가 크게 혼란해졌고, 안에 있는 남자들 모두
[進了城, 城內人都混亂,]

meimeni sargata · jusei emgi hoton i fu i ninggude tafafi · manaha etuku etufi ·
각자의 아내들, 아이들과 함께 성 의 담 위로 기어올라 헤진 옷을 입고
[抱子女, 攜妻上了墻, 扯破衣,]

---

21 'Israel i omosi i ba na encu demun i gurun de alban benerakū oho (이스라엘 자손들의 온 땅은 이단의 나라로 공물을 보내지 않게 되었다)'에 해당하는 라틴어는 'ablatum est jugum gentium ab Israel (이방인들의 멍에가 이스라엘로부터 제거되었다)'이다. 만주어 번역은 상당히 의역한 것이다.

22 'dain i giyase (전쟁의 선반)'에 해당하는 라틴어는 'machina(기계, 기계 장치로 된 무기, 파성추[破城鎚], 대포)'이다.

den jilgan i Simon i baru hūlame dahambi sembihe · geli hendume · bairengge
큰 소리 로 시몬 을 향해 외쳐 항복한다고 했다. 또한 말하기를, "바라건대
[高聲求西孟, 願歸順, 說 :]

meni ehe de acabure karu be isiburakū ajoroo · neneme sini jalin i ici yabureo
우리의 악 에 맞는 보복 을 주지 않을까 두렵습니다. 먼저 당신을 위함 에 따라 행하소서."
[「不看我們的惡降報, 單按你慈心待我們」]

sehede · Simon i gosingga mujilen aššabuha · tesebe mukiyeme jenderakū · geren be
하자 시몬의 인자한 마음이 움직여 그들을 멸하지 못하고 많은 이 를
[動了西孟心, 不忍滅他們 ;]

hoton ci tucibuhe manggi · miosihon enduri sai ūren bisire boo be bolgo
성 에서 나오게 한 후, 사악한 신 들의 우상이 있는 집 을 깨끗이
[教衆人出城後, 潔淨有邪像的房,]

obuhade · i teni abkai ejen be saišame · enduringge /76b/ ucun uculeme hoton de
하자, 그가 그때 하느님 을 찬양하며 거룩한 노래를 부르며 성 으로
[他纔謳讚天主, 進城.]

dosika · tere ci ai hacin i nantuhūn jaka be geterembufi²³ · abkai ejen i fafun
들어갔다. 거기 서 온갖 종류의 더러운 물건 을 없애고 하느님 의 법과
[從此除盡各樣髒,]

targacun²⁴ tuwakiyara niyalma be dorgide tebuhe · hoton be akdulame · ini beye
가르침을 지키는 사람들 을 안에 살게 하였다. 성 을 튼튼히 하고 그 자신
[內放守法度人住, 堅守城,]

inu ubade tehe ·· Yerusalem de adara Siyon alin i beki hoton de tehe²⁵ urse
도 이곳에 머물렀다. 예루살렘 에 붙은 시온 산 의 요새 에 있던 사람들이
[他有時也在那裡. 論日露撒冷堅固城住的逆人,]

urume dabanafi · omihon de bucehengge labdu bihe · ²⁶ tuttu ofi hūlame Simon de
굶주림이 심하여 배고픔 으로 죽은 자가 많이 있었다. 그래서 외쳐 시몬 에게
[不能隨便出入買賣, 故狠餓, 他們內多人餓死.]

---

23 'geterembufi(없애다)'에 해당하는 라틴어는 'eiicio(내던지다, 내쫓다)'이다.

24 'abkai ejen i fafun targacun (하느님의 법과 가르침)'에 해당하는 라틴어는 'lex(법)'일 뿐이다.

25 'Yerusalem de adara Siyon alin i beki hoton de tehe (예루살렘에 붙은 시온 산의 요새에 있던)'에 해당하
는 라틴어는 'qui autem erant in arce Hierusalem (예루살렘 요새에 있던)'이다.

26 'Yerusalem de adara Siyon alin i beki hoton de tehe urse urume dabanafi · omihon de bucehengge labdu

[ne] dahaki sehei · i ceni baire de acabume · cembe hoton ci tucibuhe amala ·
　항복하고자 하자, 그가 저들의 바람 에　따라　저들을　성 에서 나오게 한 후,
[求西孟, 要投順他 ; 西孟允了, 但從地方逐了他們.]

encu demun i juktehen · ūren · jaka be yooni efulefi · babe bolgomihabi ·²⁷ emu
　이단　의 사당과 우상과 물건을 모두 허물고 그곳을 깨끗이 했다.　일
[西孟從西雍堅固城除了邪像.]

tanggū nadanju emuci aniya i juwe biyai orin ilan de Balma moo i gargan be
　백　칠십　일　년　이 월 이십 삼일에 종려 나무 가지 를
[格肋詩亞一百七十一年二月二十三, 拿巴耳瑪枝,]

jafame · abkai ejen de baniha bume · yatuhan · tungken · kin še jergi kumun i agūra i
　잡고　　하느님 께 감사 드리고, 아쟁과　북과　금슬(琴瑟) 등　　악기
[琴瑟, 鼓鑼等樂器,]

jilgan de acabufi irgebun irgebume · ucun uculeme · terei dolo dosika · ²⁸ yala
　소리 에　맞춰　시를　짓고　노래 부르며　그 안으로 들어갔다.　사실
[謳經感謝滅了依斯拉耶耳會的大仇, 進西雍城 ;]

---

bihe · (예루살렘에 붙은 시온 산의 요새에 있던 사람들이 굶주림이 심하여 배고픔으로 죽은 자가 많이 있었다.)'에 해당하는 라틴어는 'qui autem erant in arce Jerusalem prohibebantur egredi et ingredi in regionem et emere ac vendere et esurierunt valde et multi ex eis fame perierunt (예루살렘 요새에 있던 자들은 경계를 나가고 들어오는 것과 사고 파는 것이 금지되어 있어서 매우 굶주렸고, 이들 중 많은 이들이 기근으로 죽었다.)'이다. 만주어 번역에는 'prohibebantur egredi et ingredi in regionem et emere ac vendere (경계를 나가고 들어오는 것과 사고 파는 것이 금지되어 있어서)'에 해당하는 말이 빠져 있다. 실수로 빠뜨린 것인지, 아니면 다른 이유가 있어서 누락시킨 것인지 알 수 없다.

27 'cembe hoton ci tucibuhe amala · encu demun i juktehen · ūren · jaka be yooni efulefi · babe bolgomihabi · (저들을 성에서 나오게 한 후, 이단의 사당과 우상과 물건을 모두 허물고 그곳을 깨끗이 했다.)'에 해당하는 라틴어는 'ejecit eos inde et mundavit arcem a contaminationibus (그들을 거기서 내쫓고 요새를 더러움에서 깨끗이 했다)'이다. 만주어의 'encu demun i juktehen · ūren · jaka be yooni efulefi · (이단의 사당과 우상과 물건을 모두 허물고)'에 해당하는 말은 원문에는 없다.

28 emu tanggū nadanju emuci aniya i juwe biyai orin ilan de Balma moo i gargan be jafame · abkai ejen de baniha bume · yatuhan · tungken · kin še jergi kumun i agūra i jilgan de acabufi irgebun irgebume · ucun uculeme · terei dolo dosika · (일백칠십일 년 이월 이십삼일에 종려나무 가지를 잡고 하느님께 감사드리고, 아쟁과 북과 금슬[琴瑟] 등 악기 소리에 맞춰 시를 짓고 노래 부르며 그 안으로 들어갔다.)'에 해당하는 라틴어는 'et intraverunt in eam tertia et vicesima die secundi mensis, anno centesimo septuagesimo primo, cum laude, et ramis palmarum, et cinyris, et cymbalis, et nablis, et hymnis, et canticis, (그들은 171년 2월 23일에, 감사드리며, 종려 나뭇가지들과, 수금[竪琴]과, 심벌즈와, 십현금[十絃琴]과, 찬송가와, 노래와 함께 들어갔다.)'이다.

Israel i acin i nimecuke bata geterembuhe bihe · ere emu udu inenggi aniyadari
이스라엘 교회 의 악독한 적이 없어졌던 것 이었다. 이   몇몇   날을   해마다
[西孟定了每年到這日,]

amba urgun i doroloci acara kooli be toktobuha²⁹ · baha hoton de /**77a**/ abkai
 큰 기쁨 으로 경축해야 하는 법 을 정했다.   얻은 성 에서   하늘의
[大喜樂做這瞻禮.]

tanggin i alin be ele bekileme · i   ini emgi bisire niyalma gemu ubade tehe ·³⁰
 전당 의 산 을 더욱 지키며, 그는 그와 함께 있는 사람들   모두 여기에 머물렀다.
[狠堅固了挨西雍城堂的山, 他的人都在那裡住.]

Simon ini beyei banjiha jui Yohangnes dain de baturulame yabure be tuwafi ·
시몬은 그 자신이 낳은 아들 요한이   전쟁 에서 용감하게 행동함 을 보고
[西孟見他親子若翰在陣英勇,]

terebe geren coohai amba jiyanggiyūn³¹ ilibuha · Yohangnes Gazara hoton de
 그를 모든 군대의 큰 장군으로   세웠고,   요한은   게젤   성 에

[**ni**] tehe ··
 머물렀다.
[立他爲兵之大帥, 令他住加匝拉城.]

---

29 'ere emu udu inenggi aniyadari amba urgun i doroloci acara kooli be toktobuha (이 몇몇 날을 해마다 큰 기쁨으로 경축해야 하는 법을 정했다.)'에 해당하는 라틴어는 'et constituit ut omnibus annis agerentur dies hi cum lætitia (그는 이 날들이 매년 기쁨으로 지켜져야 한다고 정했다.)'이다.

30 'baha hoton de abkai tanggin i alin be ele bekileme · i ini emgi bisire niyalma gemu ubade tehe · (얻은 성에서 하늘의 전당의 산을 더욱 지키며, 그는 그와 함께 있는 사람들 모두 여기에 머물렀다.)'에 해당하는 라틴어는 'munivit montem templi qui erat secus arcem et habitavit ibi ipse et qui cum eo erant (그는 요새 가까이 있는 성전의 산을 방어 시설로 둘러싸고, 그와 함께 있는 이들과 그 자신은 거기 머물렀다.)'이다.

31 'geren coohai amba jiyanggiyūn (모든 군대의 큰 장군)'에 해당하는 라틴어는 'dux virtutum universarum (모든 능력을 갖춘 통솔자)'이다.

○ SURE GISUN ○
풀이   말

[a] Yonatas · terei   jusei giranggi be suwaliyame bargiyaha · utala inenggi i
요나단과 그의 아들들의 뼈 를   함께   거두었는데, 여러   날

cala   wabuha bihe ··
이전에 죽었던 것이다.

[e] ainci ere weilen emu taktu boo be arbušambihe dere ··
아마 이   일은   한   다락 집을   흉내 낸 것 이리라.

[i] ememu emu subarhan be ini beye de funcebuhe · ememu ama   eme i
혹은   한   탑   을 그 자신 에게 남겼거나,   혹은 아버지와 어머니 의

juwe eifu i sidenderi emu subarhan be iliha ··
두 무덤 사이에   한   탑   을 세웠다.

[o] sunja tanggū aniya i amala enduringge saisa Jeronimo i fonde ere eifu
오   백   년   후   거룩한 현자 예로니모 때에 이 무덤이

kemuni taksimbuhe ··
여전히 남아있었다.

[u] Tirifon   oktosi be baitalame asihan wang be waha ··
트리폰이 의사 를 이용하여 젊은   왕 을 죽였다.

[na] Yudeya ba i niyalma ereci   julesi ini gurun i aniya be tolome deribuhe ·
유다 지방 사람들이 이로부터 후에 그의 나라 의 연도 를 세기   시작해서

Kerešiya gurun i aniya be daburakū oho ·· ceni gisurehe sucungga aniya uthai
그리스   나라 의 연도 를 따르지 않게 되었다. 저들이 말한   원년은   곧

muse ejen Yesu   jalan de enggelenjire /**77b**/ onggolo emu tanggū dehi emuci
우리 주 예수께서 세상 에 강림하시기   전   일   백   사십 일

aniya inu ··
년 이다.

[**ne**] Siriya ba i   urse   orin sunja aniya hūsime ere akdun bade nikefi Israel i
시리아 땅 의 사람들이 이십 오 년   내내 이   요새에 의지해 이스라엘

omosi be umesi muribuhabi ··
자손들 을 매우 괴롭혔다.

[**ni**] Gazara hoton · Gaza hoton inu ··
게젤   성은   가자   성 이다.

○ JUWAN DUICI FIYELEN ○
제14   장

E mu tanggū nadanju juweci aniya wang Demetiriyo   ini cooha be uhei
일   백   일흔 둘째   해,   왕 데메드리오가 그의 군대 를 모두
[格肋詩亞一百七十二年, 王德默弟畧聚衆兵]

acabufi · Mediya gurun i baru dara cooha be elbire jalin genehe · i   Tirifon be
모아   메대   나라 를 향해   구원 군 을 부르기 위해 갔는데, 그가 트리폰 을
[去默弟亞地方兵, 爲征討弟里封.]

dailaki   sembihe · Bersiya · Mediya juwe gurun i wang Arsašes de alame[1] ·
정벌하고자 한 것이다. 페르샤와   메대   두 나라 의   왕 아르사케스 에게 알리기를,
[轄柏耳西亞, 默弟亞二國的王亞耳撒蛇聽德默弟畧進了他邉界,]

Demetiriyo meni jecen de dosika sehede · Arsašes emu jiyanggiyūn[2] be takūrafi ·
"데메드리오가 우리 경계 로 들어왔습니다." 하자 아르사케스가 한 장군   을   시켜
[遣一大將,]

terebe weihun jafa · mini jakade benju seme fafulaha ·   jiyanggiyū jurame ·
"그를   사로 잡아 내 옆으로 데려오라." 라고 명령하였다.   장군이   길 떠나
[命活拿送到他跟前.]

Demetiriyo i cooha be gidafi · wang be jafafi · Arsašes i   juleri benjihe · ere
데메드리오 의 군대 를 무찌르고 왕 을 잡아 아르사케스 앞으로 데려왔고, 이
[大將起身, 敗了德默弟畧的兵, 拿王送到亞耳撒蛇前,]

uthai imbe gindara de horibuha ·· Simon i emu jalan hūsime Yudeya bade elhe
즉시 그를 감옥 에 가두었다.   시몬 의 한 세대   내내 유다 지방에 평화와
[亞耳撒蛇卽令下監. 西孟的一生, 如德亞全國太平;]

---

1 'Arsašes de alame (아르사케스에게 알리기를)'에 해당하는 라틴어는 'audivit Arsaces (아르사케스가 들었다)'이다.

2 'jiyanggiyūn(장군)'에 해당하는 라틴어는 'princeps(군주, 제후, 감독)'이다.

taifin oho · Simon oci da uksura i tusa jabšan be baire teile · Simon i toose ·
태평이 이루었다. 시몬 은 자기 민족 의 이익과 행복 을 구할 뿐이다. 시몬 의 권력과
[西孟單求本支派的益,]

eldengge /78a/ derengge[3] ini duberede isitala[4] geren irgen de icangga kai[5] ·
빛나는   명예는   그의 죽음에 이르도록 많은 백성 에게 마음에 들었다.
[故那支派人尊他權, 重他榮耀到他死.]

Yope be ejelere gungge · ini wesihun gungge inu · ubade mederi i unduri jahūdai
요빠 를 점령한 공이 그의 귀한   공 인데, 여기에 바다 길의 배를
[佔約坡是他上功內的一功, 在此修了埠頭,]

karmara emu dalda wai be araha · tere ci mederi hacingga tun de šuwe
보호하는 한 은신할 굽이 를 만들었고, 거기 서 바다의 여러 섬 에 바로
[從此能通各海島；]

isinaci ombihe [6] · ini uksura i jecen be badarambume · ba na be yooni baha[7] · ini
이르게 되었다.   그의 민족 의 경계 를 넓히고   온 땅을 모조리 얻었다. 그의
[開廣他各支派的界, 得了如德亞全地.]

oljilame gamaha bata labdu bihe · Gazara · Betsura · Siyon alin i beki hoton be
 포로로 데려간 적군이 많이 있었고, 게젤,   벳술,   시온 산 의 요새 를
[多擄仇, 搶物, 佔了亞匝拉(亦譯: 加匝拉), 柏得穌拉, 西雍堅固城;]

ejelehe bime · geli nantuhūn hacin [a] be tere ci geterembuhe · imbe sujarangge
차지하였으며 또 더러운 것   을 거기 에서 없앴다.   그를 맞서는 자는
[掃除邪像, 無一人能敵他.]

---

3 'eldengge derengge (빛나는 명예)'에 해당하는 라틴어는 'gloria(영광)'이다.

4 'ini duberede isitala (그의 죽음에 이르도록)'에 해당하는 라틴어는 'eius omnibus diebus (그의 모든 날에)'이다. 이의 프랑스어 번역은 'tant qu'il vécut (그가 살아있는 동안)'이다.

5 'icangga kai (마음에 들었다)'에 해당하는 라틴어는 'placuit('마음에 들었다' 맞습니다!)'이다.

6 'ubade mederi i unduri jahūdai karmara emu dalda wai be araha · tere ci mederi hacingga tun de šuwe isinaci ombihe (여기에 바다 길의 배를 보호하는 한 은신할 굽이를 만들었고, 거기서 바다의 여러 섬에 바로 이르게 되었다.)'에 해당하는 라틴어는 'accepit Joppen in portum, et fecit introitum in insulis maris (그는 요빠를 항구로 얻어서 바다의 섬들로 가는 입구로 만들었다.)'이다.

7 'ba na be yooni baha (온 땅을 모조리 얻었다)'에 해당하는 라틴어는 'obtinuit regionem (그는 나라를 점유하였다)'이다. 이 구절의 프랑스어 번역은 'et se rendit ma tre de tout le pays (온 땅의 지배자가 되었다)'이다.

emke inu akū · teisu teisu ba usin be elhei tarimbihe · Yudeya i boihon elgiyen i
한명 도 없어,   각자   고향 밭 을 편히   갈았고,   유다 의 토지는   넉넉히
[人人安種本地, 如德亞的土豐, 産糧食,]

jeku be banjimbihe · nuhu nuhaliyan ba i moo i tubihe colgoropi labdu[8] · sakda sa
곡물 을 생산했으며, 언덕과 웅덩이 땅 의 나무 열매는 넘치게   많았다.   원로 들은
[菓茂盛. 長老坐大街,]

gemu amba giyai de tefi siden baita be hebešembihe ·[9] asihata oci dain de
모두 큰 길 에 앉아   공무 를 의논하였고,   젊은이들 은 전쟁 에서
[商量用某法多出糧食,]

gungge iliki   seme coohai agūra be etumbihe ·[10] i geren hoton de jeku be
공을 세우고자 하여 군대의 도구 를 입었다.   그는 많은 성 에 곡물 을
[少年穿從戰得的衣, 他與衆城運糧,]

juwembihe · hoton be bekileme akdularangge inu[11] · uttu ohode ini aligin gebu na i
날랐고,   성 을 지켜 든든히 했던 것 이다. 이렇게 되어 그의   명성은   땅
[爲堅保城. 如此, 他的名傳倒地邊.]

dube de /78b/ isinaha · Yudeya gurun i babade elhe taifin ofi ·   Israel i   irgese
끝 에   이르렀다.   유다 나라 의 곳곳에서 평화스러웠 으므로 이스라엘 백성들은
[所以如德亞處處太平, 依斯拉耶耳衆民大樂.]

---

8 'Yudeya i boihon elgiyen i jeku be banjimbihe · nuhu nuhaliyan ba i moo i tubihe colgoropi labdu (유다 의 토지는 넉넉히 곡물을 생산했으며, 언덕과 웅덩이 땅의 나무 열매는 넘치게 많다.)'에 해당하는 라틴어 는 'terra Juda dabat fructus suos, et ligna camporum fructum suum (유다의 땅은 그의 소출을, 들의 나무들 은 그의 열매를 냈다.)이다. 만주어는 상당히 의역한 듯하다.

9 'sakda sa gemu amba giyai de tefi siden baita be hebešembihe · (원로들은 모두 큰 길에 앉아 공무를 의논 하였다.)'에 해당하는 라틴어는 'seniores in plateis sedebant omnes et de bonis terrae tractabant (늙은이들 은 모두 길거리에 앉아 나라의 좋은 일들을 의논했다)'이다.

10 'asihata oci dain de gungge iliki seme coohai agūra be etumbihe · (젊은이들은 전쟁에서 공을 세우고자 하여 군대의 도구를 입었다.)'에 해당하는 라틴어는 'iuvenes induebant se gloriam et stolas belli (젊은이 들은 전쟁의 옷과 영광을 입었다.)'이다. 이 구절의 프랑스어 번역은 'les jeunes hommes se paraient de v tements magnipiques et d'habits de guerre, qu'ils avaient pris sur les ennemis. (젊은이들은 화려한 겉옷 과 전투복을 입었는데, 이것은 원수들에게서 빼앗은 것이었다.)이다.

11 'hoton be bekileme akdularangge inu (성을 지켜 든든히 했던 것이다.)'에 해당하는 라틴어는 'constituebat eas ut essent vasa munitionis (그들은 그것들이 무기를 갖추어야 된다고 결정했다)'이다.

ambarame sebjelehe · niyalma tome ini mucu moo · ilgatu[12] moo i fejile ergeme
크게   즐거워했다.   사람   마다 그의 포도 나무와, 무화과 나무 의 아래에서 쉬면서
[人人在本葡萄, 無花菓二樹下安息,]

heni gelere ba akū · cembe afara bata Yudeya bade yooni akū · tere fonde
조금도 두려울 것이 없다. 저들을 공격할 적이 유다 땅에는 전혀 없었는데, 그 때에
[無微驚惶. 全無侵犯,]

kimungge wang sa[13] gemu gidabuha bihe · Israel i acin de yadahūn urse bici ·
원수의   왕 들이 모두 격파됐던 것 이다. 이스라엘 교회 에 가난한 사람들이 있으면
[彼時有仇的王都被他擊壓. 他保護本支派窮苦人;]

i cende aisilaha ·[14] abkai ejen i targacun[15] be tuwakiyabuha · tondo akū[16] · ehe
그는 저들을 도우고   하느님 의 계율 을   지키며   올바르지 않고 나쁜
[使衆遵法度, 除盡惡黨;]

duwali be baci tucibuhe · abkai ejen i tanggin[17] be eldengge ambalinggū obuha ·
동족 을 땅에서 추방했으며, 하느님 의 전당 을 빛나고 거룩하게 하고
[光榮聖堂,]

tanggin de baitalara tetun be nonggihabi ·· taka Yonatas akū oho sere mejige Roma ·
성전 에서 사용할 그릇 을   늘였다.   마침 요나단이 죽었다 는 소식이 로마와
[添堂內器. 暫且落瑪及穌巴耳大二國聽約那大斯死的信,]

Subarta de isinaha · juwe gurun i niyalma jing nimeme slišarade[18] · terei ahūn
스파르타 에 이르렀다. 두   나라 의 사람들이 바로 아파하고 괴로워할 때   그의 형
[心大傷慟.]

---

12 'ilgatu'는 과거의 만주어 문헌이나 사전에 등재되어 있지 않다. 이에 해당하는 라틴어는 'ficulneus(무화과)인데, '무화과'는 과거 만주어 문헌이나 사전에 'ilhakū'로만 나온다. 푸와로 신부의 만주어 마태오 복음에 ilgatu가 두 번 나온다.

13 'kimungge wang sa (원수의 왕들)'에 해당하는 라틴어는 'reges(왕들)'일 뿐이다.

14 'Israel i acin de yadahūn urse bici · i cende aisilaha · (이스라엘 교회에 가난한 사람들이 있으면 그는 저들을 도왔다.)'에 해당하는 라틴어는 'confirmavit omnes humiles populi sui (모든 그의 비천한 백성들을 격려하였다)'이다.

15 'targacun(계율)'에 해당되는 라틴어는 'lex(법, 법률, 율법)'이다.

16 'tondo akū (올바르지 않은)'에 해당하는 라틴어는 'iniquus(불의한, 부당한)'이다.

17 'abkai ejen i tanggin (하느님의 전당)'에 해당하는 라틴어는 'sanctum(신성한 곳, 성소[聖所]'이다. 이의 프랑스어 번역은 'sanctuaire(성소, 성전)'이다.

18 'jing nimeme slišarade (바로 아파하고 괴로워할 때)'에 해당하는 라틴어는 'contristati sunt valde (매우 마음 아파했다, 슬프게 했다)'이다.

Simon wecen i dalaha da[19] funde ilibuha · ere inu gurun hoton i irgese be salifi
시몬이 제사의 주관 으뜸을 대신해서 세워졌다. 이이가 또한 나라와 성의 백성들 을 다스려
[但又知他兄西孟接了總祭位, 也管如德亞諸城,]

kadalambi seme donjiha manggi · teišun undehen de bithe arame ini baru unggihe ·
관할한다 고   들은 후   놋쇠   판자 에 편지 써서 그 에게 보냈는데,
[刻札在銅板送與他,]

ini   deote   Yudas · Yonatas sei emgi toktobuha /79a/ hūwaliyasun doro be dasame
그의 아우들인 유다와 요나단 들과 함께   맺은   화친의   예절 을 다시
[要復定同他二弟──如達斯,約那大斯──定的結約.]

toktobuki sembihe ·· ere bithe Yerusalem i geren irgen de donjibuhabi[20] ·· Subarta
정하려고 한 것이었다. 이 편지가 예루살렘 의 많은 백성들 에게 들려졌다.   스파르타
[日露撒冷衆民當面念了這札.]

gurun ci unggihe bithei durun entekengge inu · Subarta gemun hecen i irgese be
나라 에서 보낸 편지의 모습은 이런 것 이다. "스파르타   도성   의 백성들 을
[穌巴耳大國差的札是這樣：]

kadalara ambasa · hacingga hoton i hafasa ujulaha wecen i da[21] Simon · Yudeya
관할하는 대신들과,   여러   성 의 관리들은, 수석   제사장   시몬과   유다
[「穌巴耳大國的首及諸城的官,]

ba i sakda sengge[22] · wecen i ilhi da sa[23] · jai geren ahūta de elhe fonjime bi ·
지방 의 늙으신 어른들과 제사 의 버금 으뜸 들과 또 많은 형들 에게 안부를 묻습니다.
[請總祭首西孟及如德亞長老, 祭首, 衆弟兄安好!]

suweni takūraha elcisa meni ubade jifi[24] · suweni eldengge derengge · urgun
당신들이 보낸 사신들이 우리 이곳에 와서   당신들의   명성과   기쁨과
[你們遣的使來到我們這裡, 告訴你們的榮耀歡悅,]

---

19 'wecen i dalaha da (제사의 주관 으뜸)'에 해당하는 라틴어는 'summus sacerdos (대제관, 대사제, 제관장)'
   이다.

20 'ere bithe Yerusalem i geren irgen de donjibuhabi (이 편지가 예루살렘의 많은 백성들에게 들려졌다)'에
   해당하는 라틴어는 'lectae sunt in conspectu ecclesiae in Jerusalem (그것들은 예루살렘의 회중[會衆] 면
   전에서 낭독되었다)'이다.

21 'ujulaha wecen i da (수석 제사장)'에 해당하는 라틴어는 'sacerdos magnus (대제관, 대사제)'이다.

22 'sakda sengge (늙으신 어른들)'에 해당하는 라틴어는 'senior (연장자, 원로)'이다.

23 'wecen i ilhi da sa (제사의 버금 으뜸들)'에 해당하는 라틴어는 'sacerdos(사제, 제관)'이다.

24 'suweni takūraha elcisa meni ubade jifi (당신들이 보낸 사신들이 우리 이곳에 와서)'에 해당하는 라틴

sebjen be alaha · 　　be cembe tuwarade selaha bime · geli ceni gisun be
즐거움 을 알렸습니다. 우리가 저들을 　보고 기뻐했으며 또한 저들의 말 을
[我們一聽, 滿樂心. 他們說的話,]

siden baita i dangse de uttu ejehebi[25] · Antiyoko i jui Numeniyo · Yason i jui
　공무 의 문서 에 이렇게 기록했습니다. '안티오쿠스 의 아들 누메니우스와 야손 의 아들
[公策上這樣記的 : 『安弟約渴的子奴默尼約,亞宋的子安弟巴得肋]

Antibater Yudeya gurun i elcisa nenehe hūwaliyasun be dasame ilibure turgun
안티파텔과 유다 나라 의 사신들이 이전의 　화친 을 다시 세우기 위해
[──如德亞的使者──特來這裡復定結約,]

meni bade jihe · ambasa irgese uthai cembe yangsangga arbun i[26] dosimbuci
우리 지방으로 왔다. 대신들과 백성들은 즉시 저들을 아름다운 모습으로 들어오게 해야
[衆民定恭榮收他們,]

acambi seme toktobuha · hono Subarta i jalan jalan i niyalma ejekini sere gūnin ·
마땅하다 고 결정했다. 또 스파르타의 대대 의 사람들이 기억하려 할 생각에
[記他的話在官策, 爲留憑據,]

tere elcisai gisun be /**79b**/ siden baita i cahan dangse de sindaha[27] · be da durun be
그 사신들의 말 을 　공무 의 책 문서 에 두었다. 우리는 원래 모습을
[二國和好.』我們策上記的,]

songkolome araha emu afaha amba wecen i da Simon de unggihebi ··
　그대로 적은 한 문서를 대 제사장 시몬 에게 보냈다.'"
[膳了一紙, 也送與總祭首西孟.」]

erei amala Simon Roma gurun i emgi jai emu mudan hūwaliyambuki seme ·
이 후 시몬이 로마 나라 와 함께 또 한 번 화친하고자 하여
[此事後, 西孟遣奴默尼約徃落瑪,]

어는 'legati qui missi sunt ad populum nostrum (우리 민족에게 보내진 사신들이)'이다.

25 'siden baita i dangse de uttu ejehebi (공무의 문서에 이렇게 기록했다)'에 해당하는 라틴어는 'scripsimus quae ab ipsis erant dicta in conciliis populi, sic (백성들의 회의에서 그들에 의해 말해진 것을 이렇게 기록한다.)'이다.

26 'yangsangga arbun i (아름다운 모습으로)'에 해당하는 라틴어는 'gloriose(훌륭하게, 영광스럽게)'이다.

27 'tere elcisai gisun be siden baita i cahan dangse de sindaha (그 사신들의 말을 공무의 책 문서에 두었다.)'에 해당하는 라틴어는 'ponere exemplum sermonum eorum in segregatis populi libris (그들의 말의 사본을 따로 떼어 민중의 책들 사이에 두다)'이다.

Numeniyo be tubade ungginehe · i aisin i emu amba kalka emu minggan Mina **[e]**
누메니우스 를 그곳으로 보냈다. 그는 금의 한 큰 방패 (1 천 미나
[令他帶一大金擋牌──一千「米那」重]

ujen ningge be alibuha ·· Roma i geren irgen ere baita be tuwafi hendume ·
무게의 것)를 바쳤다. 로마 의 많은 백성이 이 일 을 보고 말하기를,
[──爲復定結約. 落瑪民見這事, 說:]

adarame Simon · terei juse de karulambini · i da uksura i niyalma be
"어떻게 시몬과 그의 아들들 에게 보답할 것인가? 그는 자기 일족의 사람들 을
[「怎報答西孟及他子呢? 他救了本弟兄,]

aitubuha Israel acin i bata be geterembuhe sefi · cihai ba na be kadalara toose
도운 이스라엘 교회 의 적 을 없앴다고 하여 기꺼이 온 땅 을 관할하는 권력과
[除盡依斯拉耶耳支派的仇.」賞他管地方的權,]

salihan²⁸ be buhe · erebe teišun i undehen de folome · jai Siyon alin de
주권 을 주었다." 이것을 놋쇠 판자 에 새기고 또 시온 산에서
[將此刻在銅板上,]

temgetu wehe de ere durun i arahabi²⁹ **[i]** · emu tanggū nadanju juweci aniya ·
기념비 에 이 모습으로 적었다. '일 백 일흔 둘째 해,
[又在西雍山這樣雕在憑石上. 寫的話卽是:]

dalaha wecen i da³⁰ Simon i ilaci aniya · Elul biya i **[o]** juwan jakūn de
수석 제사장 시몬 의 셋째 해 엘룰 월 십 팔일 에
[「『厄樓耳』月的十八日, 格肋詩亞的一百七十二年,]

geren mukūn da · irgesei ejete · ba i sakda unggasa³¹ gemu Asaramel **[u]** de isandufi
많은 족장과 백성들의 주인들과 지방 의 나이든 어른들이 모두 아사라멜 에 함께 모여
[總祭首西孟第三年, 亞撒拉默耳地方祭首, 民, 支派首, 長老會合時傳了這話:]

---

28 'toose salihan (권력과 주권)'에 해당하는 라틴어는 'libertas(자유, 권리, 자주권)'이다.

29 'jai Siyon alin de temgetu wehe de ere durun i arahabi (또 시온 산에서 기념비에 이 모습으로 적었다)'에 해당하는 라틴어는 'et posuerunt in titulis in montem Sion (그리고 시온 산 기념비에 붙여 두었다).

30 'dalaha wecen i da (수석 제사장)'에 해당하는 라틴어는 'sacerds magnus (대제관, 대사제)'이다.

31 'geren mukūn da · irgesei ejete · ba i sakda unggasa (많은 족장과 백성들의 주인들과 지방의 나이든 어른들)'에 해당하는 라틴어는 'sacerdotum, et populi, et principum gentis, et seniorum regionis (사제들과, 백성들과, 민족의 군주들과, 여러 나라의 원로들)'이다. 만주어 번역은 라틴어 원문과 좀 다르다.

ere gisun be /**80a**/ getukeleme gisurehe · muse i gurun undunggeri coohai jobolon de
이 말 을   확실하게   하였다. 우리   나라는   여러번   전쟁의   고통 에
[『我們地方多遭兵災,]

tušabuhabi · we sarkūni · Matatiyas i jui Simon · Yarib i mukūn i niyalma · jai
만나게 됐다. 누가 모르는가? 마따디아 의 아들 시몬 (요아립 일족 의 사람) 과, 또
[亞里伯族的瑪大弟亞斯的子西孟]

terei deote abkai ejen i tanggin · enduringge fafun šajin be karmara jalin beye
그의 아우들이 하느님 의 전당과   거룩한   법령 을 지키기 위해 목숨
[兼他弟兄捨命投險,]

waliyatai da uksura i bata be sujame afaha · muse i gebu be horonggo obuhabi ·
  바쳐 자기 일족 의 원수를   맞서 싸워 우리 의 이름 을 위엄 있게 하였다.
[抵本支派的仇, 爲保聖堂, 存法度, 也大榮耀本國.]

Yonatas babade samsiha uksurangga be uhei acabuha · i ceni dalaha wecen i da
요나단은 곳곳에 흩어진   일족 을 함께 모았고 그는 저들의 으뜸 제사장이
[約那大斯聚本支派人, 做他們的總祭首,]

oho manggi dubehebi · Israel i omosi i bata ceni babe susubuki · ceni enduringge
된 후   죽었다. 이스라엘 자손들 의 적이 저들의 땅을 파괴하고 저들의   거룩한
[去世合他祖 ; 依斯拉耶耳後代的仇要壞他們地方,]

tanggin be nantuhūraki serede · Simon tesebe sunjame · da uksura i jalin afaha ·
  전당 을 더럽히고자 할때 시몬이 그들을 맞서 자기 일족 을 위해 싸웠고,
[汚他們的聖堂, 西孟拒擋, 爲救本支派戰,]

jiha menggun be labdukan i fayame · Israel i omosi i dorgici ele hūsungge be
돈과 은 을   많이   써서 이스라엘 자손들 중에서 더 힘 있는 자 를
[多費銀, 從依斯拉耶耳子孫內挑强壯的馬兵]

coohai ton de dosimbuha · caliyan be geli buhe · Yudeya i geren hoton be
군사의 수 에   넣고   봉급 을 더욱 주었다. 유다 의 많은 성 을
[給銀, 糧. 堅固如德亞諸城,]

dasataha · Yudeya i jecen de bisire Betsura be akdulaha · bata neneme dain i agūra ·
고치고   유다 경계 에 있는 벳술 을 군건히 했는데, 적들이 이전에 군기와
[取了如德亞界內的柏得穌拉]

baturu cooha be ere hoton de tebumbihe · i Yudeya ba i cooha be tuwakiyara
용감한 군사를 이 성 에 두었던 것이다. 그는 유다 땅의 군대를,   지킬
[──內先有仇兵, 又放如德亞兵看守.]

/80b/ gūnin i dolo bibuhe · mederi i dalin de tehe Yopa · Azoto i jecen i Gazara be
      생각 으로 안에 두었고,   바닷가   에 있는 요빠와, 아조토 변경의 게젤 을
[堅固海沿上約坡城及亞作托界內有的加匝拉]

akdun beki obuha · bata neneme ubade tembihe · hoton i dorgide Yudeya ba i
    요새로 삼고, 적이 이전에 여기 머물렀던 성   안에 유다 지방의
[──仇先在此住, 城內安如德亞兵爲看守.]

urse be tebufi · cembe karmaburede ai oyonggo hacin bici · seremšeme belhehebi ·
사람들 을 두어 저들을 돌보게 하는데, 어떤 필요한 것이 있으면 미리   준비하였다.
[防戰, 多積糧兼兵器.]

geren irgen Simon i yabure unenggi durun be tuwafi · terei gūnihan kicen
많은 백성들이 시몬의 행하는 진실한 모습 을 보고   그의 생각과 노력이
[衆民看西孟行的事, 知他意是榮本支派,]

da uksura be mukdemburede bisire teile getuken i safi · gemu imbe ceni ejen ·
자기 일족을 일으키는데 있을 뿐임을 분명히 알고, 모두 그를 저들의 주인과
[立他爲首,]

dalaha wecen i da ilibuha · yala ini sain gungge labdu · i da uksura i baru tondo
으뜸 제사장으로 세웠으니, 참으로 그의 좋은 공이 많다. 그는 자기 일족 에게 공평하고
[定爲總祭. 他的功也多, 也善;]

akdun bime · geli gurun i eldengge derengge be baihabi · i emu jalan de siden baita
신실하였 으며 또한 나라의 빛나는   영예 를 구하였다. 그가 한 평생 에 공무를
[他望本支派忠信, 用各法爲興本支派.]

icihiyarade · baita gemu ijishūn ningge · encu demun i uksurangga ba na ci bašabuha ·
처리할 때 일이 모두 순조로운 것이고,   이단 의 일족은 온 땅 에서 쫓겨났으며,
[他一生辦的事都順遂: 從地方逐出異端支派,]

Yerusalem i hanci Taweit i beki hoton de tehe fudasi hala yooni geterembuhe ·
예루살렘 근처 다윗   요새 에 있던 패악한 일족은 모조리 없어졌다.
[也驅日露撒冷有的達味堅固城的逆人,]

ere aburi ehe urse tere hoton ci tucime · enduringge deyen i šurdeme bisirele
이 흉하고 악한 무리가 그 성 에서 나와 거룩한 궁전 주위에 있는
[這逆人出那城, 髒堂周圍的地,]

babe nantuhūrafi · dufederede bolgo ba · niyalma i amba jobolon ombihe · /81a/
곳을 더럽히고 탐음하여, 깨끗한 곳과 사람들 의 큰 고통이 되었다.
[胡亂荒溢.]

Yerusalem · gurun i gubci ba i tusa de Siyon alin i akdun hoton i dolo Yudeya i
예루살렘과 나라의 전 땅의 이익 에서, 시온 산 요새 안에 유다
[安如德亞兵, 爲看守全地並京都,]

niyalma be tebuhe · Yerusalem i fu be ele den obuha · wang Demetiriyo kemuni ·
사람들 을 살게 하고 예루살렘 의 담 을 더욱 높이 하였다. 왕 데메드리오는 또
[高砌日露撒冷墙.] 王德默弟畧堅定他總祭職,

ini dalaha wecen i da i tušan be hesei akdulaha · beyei gucu seme tukiyecehe ·
그의 으뜸 제사장 의 임무 를 왕명으로 굳건히 했다. 자기의 친구 라고 천거하고
[王德默弟畧堅定他總祭職,]

imbe ambarame wesihulefi eldembuhengge inu · dade Demetiriyo i donjiha gisun ·
그를 크게 떠받들어 영광스럽게 한 것 이다. 원래 데메드리오가 들은 말은
[還爲他友大榮也;]

uthai Roma gurun i ambasa Yudeya ba i niyalma be ceni gucu · hoki sa · deote
곧 로마 나라의 대신들이 유다 지방의 사람들 을 저들의 친구, 동료 들, 아우들
[因聽落瑪國稱如德亞人是他的友, 相契弟兄,]

seme gebulehe · yangsangga arbun i Simon i elcisa be dosimbume tuwašataha ·
이라고 불렀고, 아름다운 모습 으로 시몬 의 사신들 을 받아들여 돌보았다.
[大疑厚待西孟差的使者.]

jai Yudeya i geren irgen · wecen i da sa · jidere unde baita be hafure saisa[32]
또 유다 의 많은 백성들과 제사장 들은, 오지 않은 일 을 통달한 현자들이
[還如德亞民, 諸祭首願立他永爲總祭首, 到出了先知者,]

---

32 ʼjidere unde baita be hafure saisa (오지 않은 일을 통달한 현자들)ʼ에 해당하는 라틴어는 ʼpropheta fidelis
(신실한 예언자)ʼ이다.

dekderede isitala · uhei gūnin Simon be eteheme kadalara ejen · dalaha wecen i da
일어날 때 까지 일치된 생각으로, 시몬 을 영원히 관할하는 주인, 으뜸 제사장으로
[交與他王權, 任意管聖事,]

ilibuha · ejen i toose inde afabufi · cihai niyalma be takūraki · enduringge tanggin i
세웠고, 주인 의 권력을 그에게 맡겨 기꺼이 사람들 을 시켜 거룩한 회당 의
[排人爲工程, 爲看守地方, 爲打仗, 爲堅固諸城.]

baita be turulama icihiyaki · ememu tanggin i hacingga weilen alire · ememu
일 을 앞장서서 처리하거나, 혹 회당 의 여러 일을 맡거나, 혹

ba na be dasara · dain i agūra · anafu jergi cooha be kadalara ilhi /81b/ da sa[33] be
온 땅을 다스리고, 군기와, 수비 등의 군대 를 관할하는 부총관(副總管) 들 을

sonjokini · i enduringge deyen be salifi daljingga hacin be belhebure dabala ·
뽑고자 했다. 그가 거룩한 전당 을 장악하여 간섭하는 것 을 준비하게 한것뿐이다.
[他承擔聖殿,]

geren ini hese de acabu · ba na i dolo siden cisu bithe de terei gebu · soorin i
많은 이가 그의 명령 에 따르고, 온 땅 안에서 공적, 사적 문서 에 그의 이름과 제위
[衆人都聽他命, 凡有官事都指他名畫押,]

aniya be ara · ini beye oci · fulgiyan gecuheri etuku etucina · ai irgen ocibe ·
연도 를 쓰고, 그 자신 은 붉은 비단 옷을 입어라. 어떤 백성 이라도,
[或無他令, 不敢聚衆商量, 也不敢穿紅衣, 或甚麼民,]

wecen i da ocibe gelhun akū meni toktobuha eiten hacin i emu hacin be jurcerakū ·
제사장 이라도, 감히 우리가 정한 모든 것의 한 가지를 어기지 말고,
[或祭首, 不敢違我們定的諸件內的一件.]

terei gisun be fudararakū · terei gūnin akūde · ba na i dorgi niyalma be isandurakū
그의 말 을 거스르지 못한다. 그의 뜻이 없으면 온 땅 안에서 사람들 을 모으지 못하게
[不背他話. 或無他令, 不敢聚衆商量,]

okini · ere fafun i songkoi yaburakū · jurcerengge bici · weile de tuhebuhe niyalma
된다. 이 법 대로 행하지 않고 어기는 자가 있으면 죄 에 빠진 사람
[以上若有人逆或不守, 有罪.]

---

33 'anafu jergi cooha be kadalara ilhi da sa (수비 등의 군대를 관할하는 부총관들)'에 해당하는 라틴어는
'praesidia(수비대들, 호위병들)'이다.

kai · geren irgen cihanggai Simon be da ejen ilibufi · hebšeme toktobuha
이다. 많은 백성이 기꺼이 시몬 을 자기 주인으로 세우고 의논하여 정한
[衆民願立西孟爲本主,]

hacin be tuwakiyaki seme angga aljahabi · uttu ohode Simon dalaha wecen i da ·
사항 을 지키자 고 약속했다. 이리 하여 시몬이 으뜸 제사장과
[口許要守定的類. 如此,]

Yudeya i uksurangga i ejen i juwe wesihun tušan · enduringge tanggin i niyalma ·
유다 일족의 주인의 두 고귀한 임무, 거룩한 회당의 사람들과
[西孟受了總祭兼如德亞支派主二貴職,]

gurun i irgese be kamcifi kadalara toose alihabi · kemuni ere temgetu bithe
나라의 백성들 을 아울러 관할하는 권력을 맡았다. 또한 이 증명서를
[又管衆民, 諸祭首. 」]

teišun i undehen de folobu · tanggin i šurdeme /82a/ bisire nanggin i kumungge
놋쇠 판자 에 새기게 하고 성전 주위에 있는 복도 의 번화한
[還把這議定的事刻在銅板, 掛堂遊廊熱鬧地方,]

bade sinde · jai da durun be songkolome araha emu afaha tanggin i namun de
곳에 두고, 또 본 모습 을 그대로 쓴 한 문서를 회당 의 창고 에
[謄寫一紙收在堂庫,]

asara · Simon · terei juse amaha inenggi erebe baitalakini[34] sehe ··
보관하여 시몬과 그의 아들들이 뒷 날 이것을 이용하라고 하였다.
[爲與西孟及他子作憑據.]

---

34 'baitalakini'는 원전에 '*baritalakini'로 되어 있다. 그러나 만주어에는 이런 형태의 낱말이 없으므로 교정
한다. 이 낱말에 해당하는 라틴어는 'habeo'인데 이 라틴어 낱말에는 '가지다, 부여하다, 사용하다' 등의 의
미가 있어 만주어 'baitalambi(이용하다, 사용하다)'로 번역할 수 있다. 이의 프랑스어 번역은 'servir à (…
에 소용되다, …에 쓰이다)'로 되어 있어 만주어 'baitalakini'의 번역이 올바른 듯하다.

○ *SURE GISUN* ○
풀이   말

[a] miosihon enduri sai juktehen · ūren · dufedere tacikū jergi hacin be
　　사악한　신 들의 사당과, 우상과, 탐음하는 교파 등의 종류 를

yooni geterembuhe ··
모조리　없앴다.

[e] emu Mina i fuwen yan · uthai juwan juwe yan inu ··
　　1　미나의 분량은　곧　열　두　양(兩) 이다.

[i] araha niyalma · Yudeya ba i niyalma inu ··
　　쓴　사람은　유다 지방　사람 이다.

[o] Elul biya · jorgon biya inu ··
　　엘룰 월은　12　월 이다.

[u] Asaramel serengge · 　eici Yerusalem i gūwa emu gebu · eici Yerusalem i
　　아사라멜 이라는 것은 아마도 예루살렘 의 다른　한 이름이거나, 혹　예루살렘 의

emu ba i gebu bi ··
한 지방 의 이름 이다.

○ 𝕿𝕺𝕱𝕺𝕳𝕺𝕮𝕴 𝕱𝕴𝖄𝕰𝕷𝕰𝕹 ○
제15   장

Demetiriyo i   jui wang Antiyoko   mederi i tun **[a]** ci bithe be dalaha
데메드리오의 아들 왕   안티오쿠스가 바다 의 섬 에서, 편지 를 으뜸
[德默弟畧的子——王安弟約渴, 從海島送札]

wecen i da · Yudeya ba i ejen Simon · jai geren irgen de unggihe · bithei gūnin
제사장이며,   유다 지방 의 주인인 시몬과, 또 많은 백성 에게 보냈다. 편지의 뜻은
[與如德亞支派的主總祭首西孟及衆民,]

ere inu · wang Antiyoko dalaha wecen i da Simon · jai geren Yudeya i niyalma de
이것 이다. "왕 안티오쿠스가 으뜸 제사장   시몬과   또   많은   유다   사람들 에게
[札上有這話 :「王安弟約渴請總祭首安, 又問如德亞衆民好!]

elhe fonjime bi · /82b/ emu udu aburi ehe urse mini mafari i soorin be durime
안부를 묻고 있습니다.   몇몇   지독히 악한 무리가 우리 조상들 의 왕위 를 빼앗아
[多惡人旣佔我祖的國, 我要得本位,]

ejeleheci tetendere · bi da soorin be bahaki · gurun be nenehe durun i toktoki
차지하고 만 것으로, 내가 본래의 왕위 를 찾아   나라 를 이전의 모습 으로 정하고자
[又要如前定我的國,]

sembi · siliha cooha be ambarame isabuha · hono dain de baitalara jahūdai be
합니다.   정예병 을   크게   모았으며 또한 전쟁 에 사용할   배 를
[故我聚多勇兵, 也造了多戰船,]

belhehebi [1] · mini ba na be cuwangnaha · mini gurun i tutala hoton be susubuha
준비하였습니다. 나의 영토 를 노략질하고   나의 나라의 많은   성 을   파괴한
[我要進我的地方勒那奪我國,]

---

1 'siliha cooha be ambarame isabuha · hono dain de baitalara jahūdai be belhehebi (정예병을 크게 모았으며
또한 전쟁에 사용할 배를 준비했습니다)'에 해당하는 라틴어는 'et electam feci multitudinem exercitus, et
feci naves bellicas (많은 군대를 선발했으며 전쟁에 쓸 배들을 만들었습니다)'이다.

tere fudasi hala de tondoi karulara turgun · ne mini bade geneme gūnimbi ·
그 반역한 무리 에게 공정히 갚기 위해 지금 나의 지방으로 가려 생각합니다.
[壞我多城的逆人.]

mini onggolo geren wang sa ai hacin i alban jafara · doroi jaka alibure be
내 이전의 많은 왕 들이 어떤 종류의 조공을 바치고 예물을 바치는 것 을
[我以前的衆王免甚麼,]

guwebuhengge bici · te inu guwebume bi · jai si   sini bade jiha hungkerere
면한 것이 있다면 지금 도 면하게 합니다. 또 당신이 당신 땅에서 돈을 주조할
[我今也免;賞甚麼恩, 我也賞, 還准你在你本地鑄錢.]

saligan sinde bumbi · Yerusalem oci · enduringge bime · geli gūwa gurun i
자유를 당신에게 줍니다. 예루살렘 은 성스러우며 또한 다른 나라의
[論日露撒冷, 是聖城,]

harangga hoton waka okini ·² sini beyei weileme araha coohai agūra · dasatame
속한 성이 아니게 됩니다. 당신 자신이 지어 만든 군기와, 고쳐서
[別國不能管他. 你造的兵器,]

bekilehe tuwakiyaha hoton furdan kamni yooni sinde bibukini · ertele wang de
굳게 지킨 성의 관문과 요충지는 모조리 당신에게 남겨 둡니다. 지금까지 왕에게
[你修的堅固地方都是你的.]

edelehe bekdun · amaga inenggi alibuci acara menggun · gemu enteheme toodara
덜 걷힌 빚과 훗날 바쳐야 할 은은 모두 영원히 갚아
[欠王甚麼, 該獻王的銀, 物,]

alibure ba akū sinde anahūnjame bi · ³/83a/ mini gurun be baha manggi · bi sini
바칠 것이 없이 당신에게 면제합니다.   나의 나라 를 얻은 후에는 내가 당신
[自今後一概都免. 得了我國後,]

---

2 'Yerusalem oci · enduringge bime · geli gūwa gurun i harangga hoton waka okini · (예루살렘은 성스러
우며 또한 다른 나라의 속한 성이 아니게 됩니다.)'에 해당하는 라틴어는 'Jerusalem autem sanctam esse, et
liberam (예루살렘은 거룩하며 자유스럽습니다)'이다.

3 'ertele wang de edelehe bekdun · amaga inenggi alibuci acara menggun · gemu enteheme toodara alibure
ba akū sinde anahūnjame bi · (지금까지 왕에게 덜 걷힌 빚과 훗날 바쳐야 할 은은 모두 영원히 갚아 바칠
것이 없이 당신에게 면제합니다.)'에 해당하는 라틴어는 'et omne debitum regis, et quæ futura sunt regi, ex
hoc et in totum tempus remittuntur tibi. (왕에게 바쳐야 하는 것과 바칠 모든 것을, 지금부터, 그리고 영원
히, 당신에게서 면제됩니다.)'이다.

beye · sini uksura be ele wesihuleme tuwaki · tanggin be ambarame eldembuki ·
자신과 당신 일족 을 더욱 존중하여 보고 성전 을 크게 빛낼 것입니다.
[我更尊貴厚待你及你支派, 光榮你們的堂,]

uttu abkai fejergide bisirele niyalma suweni derengge be iletu bahafi sara sehe
이렇게 하늘 아래에 있는 모든 사람들이 당신들의 영광 을 분명히 능히 알 것이오.” 하였다.
[天下纔得知你們的大名.」]

[e] ·· emu tanggū nadanju duici aniya Antiyoko da mafari i gurun de dosika ·
　　　　　　일 백 일흔 넷째 해 안티오쿠스가 자기 조상들 의 나라 로 들어가니
[格肋詩亞一百七十四年, 安弟約渴進了本祖的國,]

geren cooha imbe acame jihede · Tirifon be daharangge komso oho[4] · wang
많은 군대가 그를 만나러 왔는데, 트리폰 을 따르는 자는 적게 되었다. 왕
[衆兵見他來, 都輔他, 跟弟里封的兵少了.]

Antiyoko terebe fargame · Tirifon mederi be cikirahai[5] ukafi Dora hoton de
안티오쿠스가 그를 추격하니 트리폰은 바다 를 따라 도망하여 도르 성 에
[王安弟約渴追他, 弟里封沿海逃到多拉城,]

isinaha · i amba jobolon de tušabume hamika · geren cooha inci fakcaha be
이르렀다. 그가 큰 고통 에 빠지게 되었고 많은 군사들이 그에게서 떠난 것 을
[他覺剛及遭大禍, 因他兵棄了他.]

tuwambihe · Antiyoko juwan juwe tumen yafagan cooha · jakūn minggan moringga be
보았다. 안티오쿠스는 십 이 만 보병대와 팔 천 기병 을
[安弟約渴帶十萬步兵, 八萬馬兵近多拉扎營,]

gaime · Dora i hanci ing iliha · hoton be šurdeme kaha · mederi de bisire
데리고 도르 가까이 진을 세웠다. 성 을 빙 둘러 포위하고 바다 에 있는
[圍困城, 又令海上船前進,]

jahūdai be ibebume · mukei jugūn · olhon jugūn de hoton be hafirambihe · emke inu
배 를 진군시켜 물 길과 육지 길 로 성 을 핍박하니, 한 명도
[水, 旱困城,]

---

4 ‘Tirifon be daharangge komso oho (트리폰을 따르는 자는 적게 되었다)’에 해당하는 라틴어는 ‘ita ut pauci relicti essent cum Tryfone (트리폰과 함께 남은 자들은 거의 없을 정도였다)’이다.
5 ‘mederi be cikirahai (바다를 따라)’에 해당하는 라틴어는 ‘per maritimam (해안을 따라)’이다.

dosici tucuci ojorakū ·· taka Numeniyo · sasa genehe niyalma Roma gemunhecen ci
들어가거나 나올 수 없었다. 마침 누메니우스와 함께 간 사람들이 로마   도성   에서
[不許一人出入. 暫且奴默尼約同他的人從落瑪來,]

amasi /83b/ marihabi · ududu wang · uksura⁶ de araha bithe be benjimbihe · ere
뒤로   되돌아왔는데, 몇몇   왕들과 일족 에게 쓴 편지 를   보내왔다.   이
[給諸王送札,]

bithei gisun entekengge inu ·· Roma gurun i irgesei baita be icihiyara da⁷
편지의 말은   이런 것 이다. "로마 나라 의 백성들의   일 을 처리하는 지도자
[札上有這話 : 「管落瑪民事的首]

Lušiyo Esido ba i wang Tolemeo de elhe baime bi ·· meni gucuse · Yudeya ba i
루기오가 이집트 지방의 왕 프톨레매오에게 안부를 구합니다. 우리의 친구들이며, 유다 지방
[祿詩約問厄日多王托肋默阿好!]

niyalma i elcisa fe gucu · hūwaliyasun doro be dasame ilibure gūnin meni ubade
사람들 의 사신들이 옛 벗으로 화친하는   도 를   다시   세울 생각에서 우리 이곳으로
[我們的友, 如德亞的使者來到我們這裡, 要復定和盟]

juhe · dalaha wecen i da Simon · jai geren uksurangga cembe unggihe bime · geli
왔는데, 으뜸   제사장 시몬과 또 많은   지파가   저들을   보냈으며,   또한
[——總祭首西孟, 衆民差了他們 ;]

emu minggan Mina ujen kalka aisin ningge be mende alibuha ·   uttu ofi meni
  1   천   미나 무게의 방패 (금으로 된 것) 를 우리에게 바쳤습니다. 그래서 우리
[又獻我們一千『米那』重的金擋牌.]

bithe de encu gurun i wang sa · gūwa mukūn uksura be ulhibume toktobuhe ·⁸
편지 로 다른 나라 의   왕 들과 다른 일족과 민족들 을 깨우치도록 정하여,
[所以我們定意寫給諸王並衆地方首 :]

---

6 'uksura(일족)'에 해당하는 라틴어는 'regio(지방)'이다. 이의 프랑스어 번역은 'divers peuples (여러 민족들)'이다.

7 'Roma gurun i irgesei baita be icihiyara da (로마 나라의 백성들의 일을 처리하는 지도자)'에 해당하는 라틴어는 'consul(집정관, 지방 총독)'이다.

8 'meni bithe de encu gurun i wang sa · gūwa mukūn uksura be ulhibume toktobuhe · (우리 편지로 다른 나라의 왕들과 다른 일족과 민족들을 깨우치도록 정했다,)'에 해당하는 라틴어는 'placuit itaque nobis scribere regibus et regionibus (그래서 우리는 왕들과 나라들에게 편지를 쓰기로 결정하였습니다)'이다. 만주어 번역은 상당히 의역한 듯하다.

suwe ume cende koro isibure · cembe dailara · ceni hoton · ba na be cuwangnara·
당신들이 (말라)저들에게 해를 주거나, 저들을 정벌하여 저들의 성과 영토를 노략질하지 말고, ·
[勿微傷他們, 勿佔他們的省;]

aika ceni baru afarangge bici ·   suwe geli ume ceni bata de aisilara seme
만약 저들을 향해 공격하는 자가 있다면 당신 또한 (말라) 저들의 적 을 돕지 말라 고
[有仇戰他們, 你們勿帮仇.]

fafulambikai · ceni alibuha kalka be be inu bargiyaha ·⁹ ebdereku urse ceni baci
명령합니다. 저들이 바친 방패 를 우리는 거두었습니다. 해 끼치는 무리가 저들 지방에서
[我們喜收他們獻的擋牌.]

ukafi suweni bade dosika oci · tesebe dalaha wecen i /**84a**/ da Simon de afabu · i
도망하여 당신들의 땅으로 들어가면 그들을 으뜸 제사장   시몬 에게 맡기시오. 그가
[從他們地方有凶犯逃進你們地方, 你們拿交總祭首西孟,]

aburi ehe duwali be ba i fafun i ici icihiyakini ·· emu adali bithe be Demetiriyo ·
지극히 악한 패거리 를 지방 의 법 으로 바르게 처리하시오." 동일한 편지 를 데메드리우스,
[他隨便按法治他. 」]

Atalo ·   Ariyarate · Arsašes jergi wang sa de · geli Lamsako¹⁰ · Subarta · Delo ·
아탈루스, 아리아라데스, 아르사케스 등의 왕 들 에게, 또 삼프사메스,   스파르타, 델로스,
[將一樣札送與王德默弟畧, 亞大落, 亞里亞拉得, 亞耳撒蛇等王, 又與郎撒郭, 穌巴耳大, 得落,]

Mindo · Sišiyone · Kariya · Samo · Bamfiliya · Lišiya · Alikarnasso · Koho · Siden ·
민도스, 시시온,   카리아, 사모스, 밤필리아, 리키아, 하리카르나소스, 코스, 시데,
[敏多, 西詩約奈, 加里亞, 撒莫, 邦斐里亞, 里詩亞, 亞里加耳拉索, 渇河, 西登,]

Aradun · Rodo · Faselide · Kortina · Ginito · Šibero ·   Širene sere ba · mederi i
아리도스, 로도스, 바셀리스, 고르티나, 크니도스, 키프로스, 키레네 라는 땅과,   바다 의
[亞拉東, 落多, 法塞里得, 郭耳弟那, 及尼多, 西玻落, 西肋奈等處首.]

tun i baru ungginehe · jai ere utala bithei doolaha afaha be amba wecen i da
섬 으로 보냈다.   또 이 많은 편지의 베껴 쓴 문서 를   대제사장
[又謄抄一紙, 送與總祭首西孟]

---

9 'ceni alibuha kalka be be inu bargiyaha · (저들이 바친 방패를 우리는 거두었습니다.)'에 해당하는 라틴어
는 'visum est autem nobis accipere ab eis clypeum (우리는 그들에게서 방패를 받기로 하였습니다.)'이다.

10 'Lamsako'에 해당하는 라틴어 표기는 Lampsacus이지만, Septuaginta의 그리스어 표기는 Σαμψάμη'(삼
프사메)'이다.

Simon · Yudeya ba i uksurangga de benebuhe ·· Antiyoko juwe faidan i cooha i
시몬과, 유다 지방 지파들 에게 보냈다. 안티오쿠스가 두 번째 군대 로
[及如德亞衆民.安弟約渴又令別兵]

Dora hoton be kafi · giyase be cafi[11] · ele hafirambihe · Tirifon tucire ayoo seme ·
도르 성 을 포위하고 선반 을 걸어 더 몰아댔고, 트리폰이 나올지 두려워 하여
[重圍多拉,搭了架,防弟里封出來.]

imbe fitai yaksihabi ·· Simon inde aisilara gūnin · juwe minggan siliha cooha ·
그것을 단단히 잠갔다. 시몬이 그를 도울 생각으로 2 천 정예병과
[那時西孟爲助安弟約渴,遣二千選的兵,]

menggun · aisin · hacingga tetun[12] be fulukan i unggihe · wang bibuki [i] serakū ·
은과 금과, 여러 도구 를 많이 보냈으나 왕은 가지려 하지 않고
[又送多金銀器皿.王不收,]

elemangga neneme toktobuha hūwaliyasun doro be efulefi · ini kimungge /84b/
도리어 이전에 약정한 화친의 도 를 허물고 그의 원수가
[反背先定的和盟,同他結仇,]

oho · Antiyoko geli beyei gucu Adanobiyo be takūraha · ere gisun Simon i baru
되었다. 안티오쿠스는 또 자기의 친구 아테노비우스를 시켜 이 말을 시몬 에게
[還差自己的友亞得諾必約望西孟說這話：]

gisurengge · suwe mini gurun i hoton Yope · Gazara · Yerusalem i hanci bisire
한 것이다. "당신은 내 나라 의 성 요빠와 게젤과, 예루살렘 가까이 있는
[你們霸佔我國約坡,加匝拉及日露撒冷有的堅固城,]

akdun hoton be kamcime ejelehe · terei jecen be susunggiyaha · ba na de amba
요새 를 아울러 차지하여 그 경계 를 짓밟고 온 땅에 큰
[壞他的界,殺多地方人,]

jobolon be isibuha · jai mini gurun i tutala bade ejen salihabi · uttu ohode ne
고통 을 주었소. 또 내 나라 의 많은 땅에서 주인으로 지배하오. 그러므로 이제
[又强管我國多城.]

---

11 'giyase be cafi (선반을 걸어)'에 해당하는 라틴어는 'machinas faciens (파성추[破城鎚]를 만들어)'이다.
12 'hacingga tetun (여러 도구)'에 해당하는 라틴어는 'vas copiosa (많은 장비)'이다.

suweni gaiha hoton be amasi mende bu · Yudeya i jecen tule ejelehe ba i
당신들이 취한 성 을 도로 우리에게 주고,. 유다 경계 외에 차지한 땅 의
[如今把你們佔的城退還我們,]

caliyan šulehen be tooda · eici tere hoton i funde sunja tanggū Talento menggun ·
세금 을 갚으시오. 또는 그 성 대신에 5 백 달란트 은을,
[又如德亞界外强管的地方的錢糧也還我們, 或替那些城出五百『達楞多』銀;]

jocibuha ba · hoton i caliyan šulehen i turgun de · hono sunja tanggū Talento
해 끼친 땅과 성 의 세금 때문에 또 5 백 달란트
[爲傷害地方, 如德亞界外城的錢糧, 又給五百『達楞多』銀.]

menggun be tucibu · akūci be jifi · suwembe afarangge inu ·· wang i gucu
은 을 내시오. 아니면 우리가 와서 당신들을 공격할 것이오." 왕 의 친구
[不然我們來戰你們.」]

Atenobiyo yala Yerusalem de jihe · Simon i eldengge derengge · boo de baitalara
아테노비우스가 실제로 예루살렘 에 와서, 시몬 의 굉장한 명예와 집 에서 쓰는
[王友亞得諾必約到日露撒冷, 一見西孟光耀榮華,]

aisin menggun i tetun · dahalara ursei ton yangse be sabufi · kiyakiyame
금과 은 그릇, 따르는 사람들의 수와 모양 을 보고 찬탄하고
[家裡用的金銀器, 傍多侍人, 欽敬驚訝,]

ferguwehe manggi · wang i /85a/ hese be inde alaha · Simon jabume · be niyalma i
칭찬한 후 왕 의 명령을 그에게 알렸다. 시몬이 답하기를, "우리는 사람들 의
[後告訴王旨. 西孟答應：]

ba na be ejelehekū · weri i jaka geli meni gala de akū · mende bisirele · gemu
영토 를 점령하지 않았고, 남 의 물건 또한 우리 손 에 없다. 우리에게 있는것은 모두
[「我們未佔人的地方, 我們的手無別人的物,]

meni mafari i werihe hethe kai · meni bata meni hethe be emu udu aniya i
우리 조상들 이 남기신 가산 이다. 우리의 적이 우리 가산 을 여러 해
[我們所有的都是我們祖留的產業,]

cala giyan akū gamahaci tetendere · be ijishūn erin be amcame · terebe amasi
전에 이유 없이 가져갔을 뿐이고, 우리는 적당한 때 를 따라 그것을 도로
[此産是我們仇數年前不義佔了的,]

gaimbi · meni mafari i hethe be waliyara doro bio · sini gisurehe Yope ·
되찾는다. 우리 조상들 의 가산 을 버리는 법이 있는가? 당신이 말한 요빠와
[我們乘順時奪回的.]

Gazara oci · juwe hoton i urse · Israel i irgese · meni babe ambarame
게젤 은, 두 성 의 사람들이 이스라엘 백성들과 우리 지방을 크게
[論你說的約坡,加匝拉二城人,雖當日苦害我們地方的民,]

jocibumbihe · ne hoton i funde emu tanggū Talento be buki sehe ·· Atenobiyo
괴롭혔었다. 지금 성 대신에 1 백 달란트 를 주겠다." 하였다. 아테노비우스는
[爲那二城, 願給一百『達楞多』銀.]

fuhali gisurere ba akū · jilidame bederefi · wang be acaha · Simon i gisun · terei
도무지 말할 것이 없어, 성내며 돌아가 왕 을 만나 시몬 의 말과 그의
[亞得諾必約無一言, 動怒, 回了見王,]

eldengge sabuhala hacin be alahabi · wang inu ambula jili banjiha ·· taka Tirifon
화려함과 본것 모두를 말했다. 왕 또한 크게 화를 냈다. 그때 트리폰이
[告訴王西孟的話及他榮華, 凡見的類, 王大怒.]

emu jahūdai de tafafi ukame · Ortosiyada hoton de genehe ·· wang Šendebeo be
한 배 에 올라 도망하여 오르토시아 성 으로 갔다. 왕은 켄데베우스를
[暫且弟里封上了船, 逃到阿耳托西亞大.]

mukei coohai uheri da[13] ilibuha · utala yafahan moringga cooha be inde afabufi
해군 총독으로 세우고, 많은 보병과 말탄 군사 를 그에게 맡기며
[王立升得柏阿總管海沿地方, 交與他多馬, 步兵,]

fafulame · /85b/ Yudeya babe dailana · Zedor hoton be bekileme dasata · terei
명하기를, "유다 지방을 치러 가서, 케드론 성 을 지켜 수리하고, 그의
[令他去征如德亞地方 ; 又命堅修熱多耳城,]

duka be fitai tuwakiya · ere uksurangga be ergeletei dahabu sefi · ini beye
문 을 단단히 지켜라. 이 지파 를 압박하여 항복시켜라." 하고 그 자신은
[緊守他的門, 强逼如德亞民順他.]

---

13 ‘mukei coohai uheri da (해군 총독)’에 해당하는 라틴어는 ‘dux maritimus (바다의 사령관)’이다.

Tirifon be fargaki sembihe ·· Šendebeo Yamniya hoton de isinjifi · tubai irgese
트리폰 을 추격하려 하였다. 켄데베우스가 얌니아 성 에 이르러 그곳 백성들을
[王親追弟里封. 升得柏阿到了央尼亞(亦譯 : 亞默尼亞)城,]

necime · Yudeya babe susubume · ememu niyalma be oljilame · ememu wame
해치며   유다 지방을 파괴하고' 혹은   사람들 을 약탈하거나 혹은 죽이기
[侵犯如德亞民, 或擄或殺 ;]

deribuhe · Zedor be akdulaha[14] amala · wang i fafun i songkoi[15] moringga
시작했다. 케드론을 튼튼히 한   후   왕 의 명령   대로   기마병과
[起修熱多耳城, 照王旨令馬, 步兵住那裡,]

yafagan cooha be dolo tebuhe · ce tucire deri Yudeya i ba na be cuwangnaci
걷는   군대 를 안에 두어, 저들이 나오는 데에서 유다 의 온 땅 을 노략질하기
acambihe ··[16]
알맞게 했다.
[爲進如德亞邊界殺人, 壞地方.]

---

14 'Zedor be akdulaha (케드론을 튼튼히 하다)'에 해당하는 라틴어는 'aedificare Caedronem (케드론을 건설
하다)'이다.

15 'songkoi'는 텍스트에는 '*songgoi'로 기록되어 있으나 잘못 기록한 것으로 보고 교정한다.

16 'ce tucire deri Yudeya i ba na be cuwangnaci acambihe (저들이 나오는 데에서 유다의 온 땅 을 노략질하
기 알맞게 했다)'에 해당하는 라틴어는 'ut egressi perambularent viam Iudaeae (저들이 나와서 유다로 가
는 길을 망볼 수 있도록)'이다.

○ 𝕾𝖀𝕽𝕰 𝕲𝕴𝕾𝖀𝕹 ○
풀이 말

[a] ere tun i gebu Rodo inu ··

이 섬의 이름이 로도스 이다.

[e] Antiyoko dade Israel i omosi be ubiyame seyembihe · damu ne Simon

안티오쿠스가 원래 이스라엘 자손들 을 미워하여 원한을 품었다. 그러나 지금은 시몬이

Tirifon de aisilara ayoo seme gelefi · faksitai[17] Simon i emgi hūwaliyambumbi ··

트리폰 을 도울지 모른다 하여 두려워 교묘히 시몬 과 함께 화친하였다.

[i] baita ijishūn ohode · ini cokto koimali banin iletu tucire dabala ··

일이 순조로워 졌을 때 그의 교만하고 간교한 성정이 분명히 나온 것이다.

---

17 'faksitai'는 다른 문헌이나 사전에서 찾을 수 없는 어휘다. faksi(교묘한, 능숙한)의 의미와, 전후 문맥으로
써 의미를 추측한다.

○ *JUWAN NINGGUCI FIYELEN* ○   /86a/
제 16   장

Yohangnes [a] Gazara hoton ci   jifi ·   Šendebeo   adarame irgese be
요한이   게젤   성 에서 와서, 켄데베우스가   어떻게 백성들 을
[若翰從加匝拉城來,告訴父酉孟升得柏阿怎麼傷害民；]

jobobuha babe beyei ama Simon de alaha ··   Simon uthai juwe ahūngga juse
괴롭혔는 지를 자기 아버지 시몬 에게 알렸다. 시몬이 즉시 두   큰   아들
[西孟就叫二大些的子如達斯及若翰來,]

Yudas · Yohangnes be hūlame gajifi · cende hendume · mini beye · mini deote ·
유다와   요한 을 불러 데려와 저들에게 말하기를, "나 자신과 나의 아우들,
[向他們說：「我,我弟兄,]

mini ama i   boo gemu asihan se ci   ertele   Israel acin i bata be afaha · baita
나의 아버지 의 집은 모두 젊은 나이 부터 지금까지 이스라엘 교회 의 적 을   쳤고,   일이
[我父家從少年至今戰依斯拉耶耳會的仇,]

mutebuhede · be udu mudan Israel i omosi be aitubuha · ne bi   sakda oho ·
이루어졌을 때 우리는 몇 번이나 이스라엘   자손 을 살렸다.   이제 내가 늙게 되었으니
[幸喜幾次救了依斯拉耶耳民. 今我老了,]

suwe mini deote i gese · mini funde da uksura i jalin tucime afanu · bairengge
너희는 내   아우들 처럼 나   대신에 우리 일족 을 위해 나가 싸워라.   바라건대
[你們出來替我,替我弟兄,為我們支派打仗,]

abkai ejen abka ci suwende aisilarao sehe manggi · ba na i juwe tumen yafahan ·
하느님께서 하늘 에서 너희들을 도우소서." 한   후   온 땅의 2   만   보병과
[求天主助佑你們.」隨即從地方選二萬勇馬, 步兵]

jai moringga cooha be sonjome · Šendebeo be dailame genehe · Modin hoton de
또   기마병 을 뽑아 켄데베우스를 정벌하러 가서   모딘   성 에서
[去戰升得柏阿,在莫頂城扎營.]

deduhebi · erde ilifi · onco necin bade isinjifi · tuwaci · yafahan moringga coohai
머물렀다. 아침 일찍 일어나 넓은 평평한 땅에 이르러 보니 보병과 기마병의
[早起, 來到平地, 看得馬, 步兵]

ton akū baksan meyen cembe okdome jimbihe · damu juwe coohai sidende emu
수없이 많은 무리가 저들을 맞으러 왔는데, 다만 두 군대 사이에 한
[無數隊伍來迎他們, 但二兵之間隔一條旱河水.]

mukei turakū giyalaha bihe · Yohangnes · ini harangga cooha Šendebeo i /86b/
물 폭포가 가로놓여 있었다. 요한과 그의 휘하 군사가 켄데베우스 를
[若翰及他的兵奔升得伯阿(亦譯 : 升得柏阿),]

baru genehe · coohai gelera mujilen be serefi · ce gelhun akū mukei turakū be
향해 가는데, 군사들의 두려운 마음 을 알고 저들이 감히 물 폭포 를
[但見他兵怕盪旱河水,]

olorakū · i neneme oloho · geren erebe tuwame · imbe dahalafi olohobi ·
건너지 못하니 그가 먼저 건넜고, 많은 이가 이것을 보고 그를 뒤따라 건넜다.
[故他先過, 衆兵見這樣, 都隨跟過去.]

yafahan be juwe ubu i dendeme faksalaha · moringga be tesei dulimbade sindaha ·
보병 을 두 부분 으로 나누어 분리해서 보병 을 그들 가운데 둔 것은
[把步兵分開二分, 放馬兵在當中,]

bata i moringga cooha jaci labdu ofi kai · wecen i da sa[1] enduringge buren
적 의 말 탄 군대가 매우 많기 때문 이다. 제사장 들이 거룩한 나팔을
[因仇的馬兵太多. 祭首吹號器,]

burderede · Šendebeo da cooha emgi burulaha · terei cooha ci gaibuha niyalma
불자 켄데베우스가 자기 군대와 함께 도망했다. 그의 군사 중 잡힌 사람이
[升得柏阿同兵都跑了, 刃傷死的多,]

labdu · funcehengge gemu akdun bade jailame dosika · tere erin de Yohangnes i
많고 남은 자들은 모두 요새로 피해 들어갔다. 그 때 에 요한 의
[剩下的進了堅固地方.]

---

1 'wecen i da sa (제사장들이)'가 나팔을 불었다고 되어 있지만, 라틴어에는 나팔을 분 주체가 분명히 나와
있지 않고, 동사가 'exclamaverunt' 처럼 3인칭 복수형으로 되어 있을 뿐이다.

deo Yudas feye baha · Yohangnes oci bata be Šedoron i ebsi **[e]** fargaha² ·
아우 유다가 상처를 입었고,   요한 은 적 을 케드론 이쪽으로 추격했는데,
[那時, 若翰的弟如達斯得了刃傷, 論若翰,]

Šendebeo   erebe dasatame beki obuha bihe³ · samsibuha coohai dorgici ududu
켄데베우스가 이곳을 수리하여 견고하게 했던 것이다.   흩어진   군사들 중   많은
[追仇到升得柏阿修的蛇多隆.]

niyalma Azoto i usin i subarhan de dosirede⁴ · Yohangnes geren subarhan be
사람들이 아조토 의 밭 의   탑 에 들어가자   요한이   많은   탑 을
[仇內多有進亞作托平地的塔, 若翰燒衆塔,]

deijime · juwe minggan hahasi be waha · amala ini beye elhei Yudeya de
   태워   2   천   남자들 을 죽였고, 후에   그 자신은 편안히 유다 로
[殺了二千男, 平安回如德亞.]

bederenjihe ·· Abobi i jui Tolemeo Yeriko i necin babe uherileme kadalambihe⁵ ·
돌아왔다.   아브보스 의 아들 프톨레매오는 예리고   평야를   통틀어 관할하였다.
[亞玻比的子托肋默阿總管耶里郭平地,]

dalaha wecen i da Simon i /**87a**/ hojihon ofi · inde menggun aisin fulu bihe
   으뜸 제사장 시몬 의   사위 여서, 그에게 은과   금이 가득 있는
[因爲是總祭首西孟的壻, 又金銀多,]

ba na be ejelere gūnigan ini cokto mujilen de dekdebufi · butui arga de Simon ·
  땅 을 차지할 생각이 그의 교만한 마음 에서   일어나, 은밀한 계략 으로 시몬과
[起了傲心, 要全管如德亞地方,]

terei juse be beleki sembihe ·· Simon oci Yudeya ba i hoton hoton be baicame
그의 아들들 을 살해하려 하였다. 시몬 은 유다 지방 성과 성 을 사찰해
[想法殺西孟兼他諸子. 那時西孟巡繞如德亞諸城,]

---

2 'Šedoron i ebsi fargaha (케드론 이쪽으로 추격했다)'에 해당하는 라틴어는 'donec venit Cedronem (그가 케드론에 오기까지 추격했다)'이다.

3 'Šendebeo erebe dasatame beki obuha bihe (켄데베우스가 이곳을 수리하여 견고하게 했던 것이다)'에 해당하는 라틴어는 'Cedronem quam aedificavit (그가 세웠던 [케드론으로])'일 뿐이다.

4 'Azoto i usin i subarhan de dosirede (아조토의 밭의 탑에 들어가자)'에 해당하는 라틴어는 'et fugerunt usque ad turres quae erant in agris Azoti (아조토의 밭에 있는 탑들까지 도망갔다)'이다.

5 'Yeriko i necin babe uherileme kadalambihe (예리고 평야를 통틀어 관할하였다)'에 해당하는 라틴어는 'constitutus erat dux in campo Hiericho (예리고 평야의 사령관으로 임명되었다)'이다.

tuwanara · olhoba kicebe oyonggo hacin be belherede · emu tanggū nadanju nadaci
보면서 신중하고 부지런히 중요한 사항 을 대비할때, 일 백 칠십 칠
[謹愼預備要緊的類.]

aniya i omšon biya de ini beye · ini juwe juse Matatiyas · Yudeya i emgi
년 11 월 에 그 자신과, 그의 두 아들들 마따디아와 유다 와 함께
[格肋詩亞一直七十七年十一月, 卽「撒罷多」月, 西孟同他二子瑪大弟亞斯, 如達斯]

Yeriko de jihe · tere omšon biya Sabat biya inu gebulembihe · Abobi i jui imbe
예리고 에 왔다. (그 11 월은 세바트 월 이라고도 불려졌다.) 아브보스의 아들이 그를
[到了葉里郭(亦譯 : 耶里郭)城. 亞坡比的子心懷惡意,]

hūbišaki seme · Dok sere ajige furdan de solime dosimbuha · Tolemeo dade
속이고자 하여 도크 라는 작은 관문(關門) 으로 불러 들어오게 했는데, 프톨레매오가 원래
[請他進多肋默阿修的多克關,]

ere furdan be sahaha bihe · sarin be cende ambarame dagilaha · geli tokoro antaha
이 관문 을 쌓았던 것이다. 잔치 를 저들에게 크게 차렸으며 또한 자객(刺客)
[備了大筵, 在此埋伏兵.]

sabe ubade somibuha[6] · Simon · terei juse jeke omiha manggi Tolemeo
들을 이곳에 불렀다. 시몬과 그의 아들들이 먹고 마신 후 프톨레매오가
[西孟同他子吃飮後, 托肋默阿及]

ilifi · da hokisa be acame · coohai agūra be jafame · sarin i boo de dosika ·
일어나 자기 도당들 을 모아 무기 를 잡고 잔치 집 으로 들어가서
[他夥計拿刀進筵]

Simon · juwe juse · terei emu udu aha be suwaliyame waha · /87b/ Israel i
시몬과 두 아들들, 그의 몇몇 종 을 모두함께 죽였다. 이스라엘
[房殺他, 他的二子及數奴.]

acin i dolo aburi ehe weile necihe bime · geli oshon yabun i aliha kesi de
교회 안에서 지극히 악한 죄를 범하였으며 또한 포악한 행동 으로, 받은 은혜 에
[依斯拉耶耳會內犯極大罪, 以惡報善.]

---

6 'geli tokoro antaha sabe ubade somibuha (또한 자객들을 이곳에 불렀다)'에 해당하는 라틴어는 'et abscondit illic viros (또 거기 사람들을 숨겨 두었다)'이다.

karulaha · ere baita be bithe de arafi · bithe be wang de unggime hendume ·
보답했다. 이 사실 을 편지로 써서 편지 를 왕 에게 보내어 말하기를,
[托肋默阿還寫札與安弟約渴王,]

minde aisilara cooha be jibureo · bi uthai ba na i geren hoton · irgesei
"저에게   원군   을 오게 하소서. 제가 곧 온 땅 의 여러 성과 백성들의
[求賞兵帮他,許地方諸城與他兼錢糧;]

caliyan šulehen be wang de afabuki sehe · jai ini duwalingga be Yohangnes be
봉급과 세금 을   왕 께 바치겠습니다." 하였다. 또 그의 동료 를,   요한 을
[又差人去加匝拉爲殺若翰,]

wakini sere jalin Gadzara de takūraha · coohai da[7] sade bitheleme · hasa jio ·
죽이고자 하기 위해 게젤 로 보냈고, 군대의 으뜸 들에게 편지 쓰기를 "빨리 오시오.
[寫札與兵首說:「快來,]

menggun · aisin · doroi jaka be suwende buki sembi ·· Yerusalem · enduringge
  은과   금과   예물 을 여러분들께 주고자 합니다." (하고.) 예루살렘과 거룩한
[要給你銀, 金, 禮物.」]

tanggin i alin be ejelerede · utala niyalma be[8] ungginehebi ·· ememu neneme
  전당 의 산 을 차지하려고 많은 사람들 을   보냈다.   어떤   먼저
[遣多兵佔日露撒冷聖堂的山.]

sujurengge Gadzara de isinjifi · Yohangnes de alame sini ama · sini deote
달려간 자가   게젤 에 이르러 요한 에게 알리기를, "당신 아버지와 당신 아우들이
[有人先跑到加匝拉報若翰「你父,你弟兄都被殺,]

gemu wabuha · Tolemeo hono simbe wara niyalma be takūraha serede ·
모두 피살되었고, 프톨레매오가 또 당신을 죽일 사람들 을 보냈소." 하자
[托肋默阿還命人來殺你.」]

Yohangnes donjifi ambula gūwacihiyalaha · imbe beleme jihe urse be jafafi
  요한이 듣고 크게 놀라. 그를 해치러 온 무리를 잡아
[若翰聽這話驚惶, 殺了來殺他的人,]

---

7 'coohai da (군대의 으뜸)'에 해당하는 라틴어는 'tribunus(호민관)'이다.

8 'utala niyalma be (많은 사람들을)'에 해당하는 라틴어는 'alios(다른 이들을)'이다.

bucebuhe · yala ceni gūnin imbe wara gūnin seme iletu bahafi sara ·
죽였다. 참으로 저들의 생각이 그를 죽일 생각 이라고 분명히 잘 안 것이다.
[因覺他的惡意.]

Yohangnes i gūwa baita /88a/ baturulame afarade baha wesihun gungge ·
　요한 의 다른 일과, 용감히 싸울 때 얻은 고귀한 공적,
[若翰的別事, 奮勇軍功,]

niyeceme dasataha Yerusalem i fu i amba kicen weilen[9] · eiterecibe terei
보충하여 수리한 예루살렘 의 담장의 큰 공사 일과, 대체로 그가
[善德, 勤勞修補日露撒冷墙]

yabuhala hacin · ini ama i funde wecen i dalaha da ilibuha ci dubere de
　행한 일들은, 그의 아버지 대신 대제사장으로 세워졌을 때부터 끝 에
[——他所行的事, 自從續他父職至到他死,]

isinahai · gemu ini dasan i cagan bithe[10] de ejebume arahabi [i] ··
이르도록, 모두 그의 통치 의 문서 책 에 기록되어 있다.
[都記在總祭首書上.]

---

9 'weilen(일)'은 본문에 '*wailen'으로 잘못 기록되어 있다. 교정한다.

10 'ini dasan i cagan bithe (그의 통치의 문서 책)'에 해당하는 라틴어는 'liber dierum sacerdotii eius (그의 사제직 일기 책)'이다.

○ SURE GISUN ○
풀이   말

[a] ere uthai Simon i aji jui bihe · baturu   bodohonggo inu · tukiyehe gebu
이는 곧   시몬 의 작은아들 이고, 용감하고 지혜 있는 자 이다. 칭송하는 이름은

Hirkano ·   Hirkaniya gurun be etehe   ofi kai ··
히르카노인데, 히르카니아 나라 를 이겼기 때문 이다.

[e] Šedoron uthai Zedor inu ··
케드론은 곧   제도르 이다.

[i] ere cagan bithe ememu enduringge bithe waka ·   ememu ufarahabi ·· **/88b/**
이   문서 책은, 혹은   거룩한 책이 아니거나, 혹은 소실된 것이다.

만주어 마카베오기
본문 영인

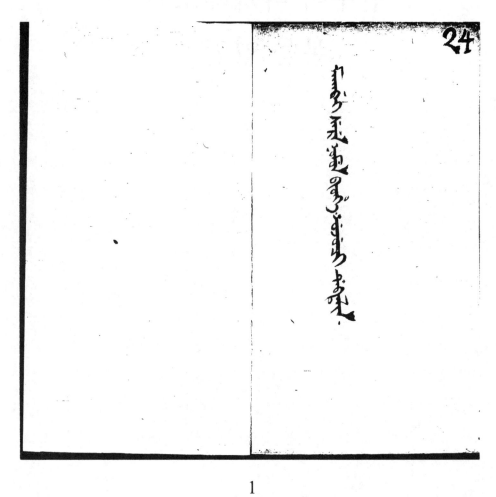

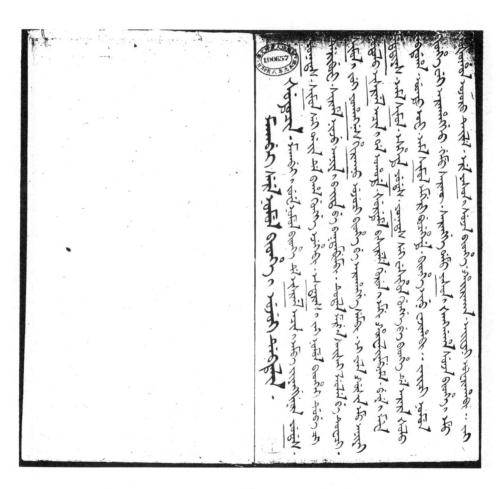

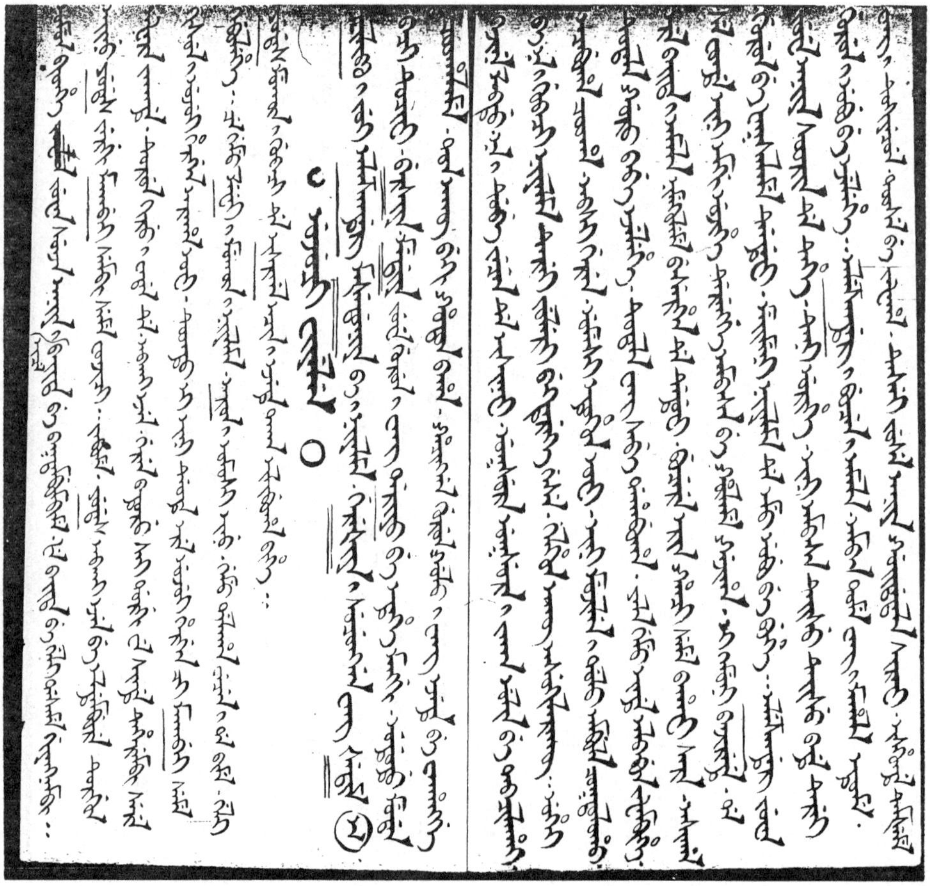

3

4

5

6

7

8

9

10

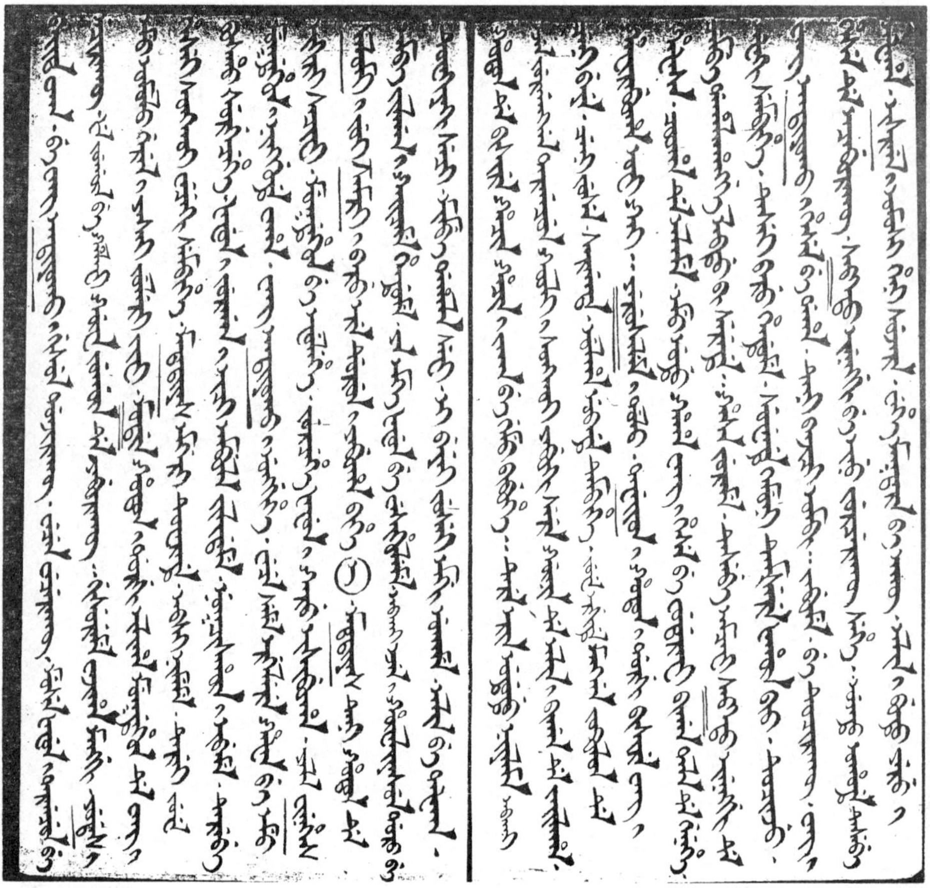

11

12

13

14

15

16

17

18

19

20

21

22

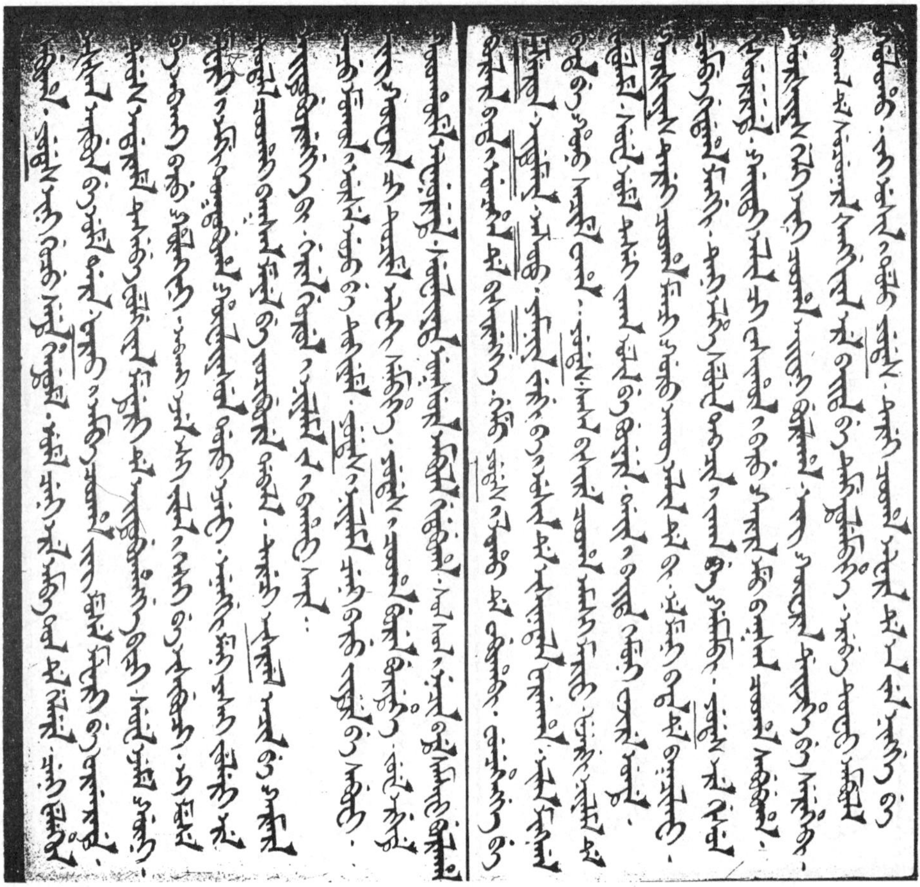

23

24

25

26

27

28

29

30

31

32

33

34

35

36

37

38

39

40

41

42

43

44

45

46

47

48

49

50

51

52

53

54

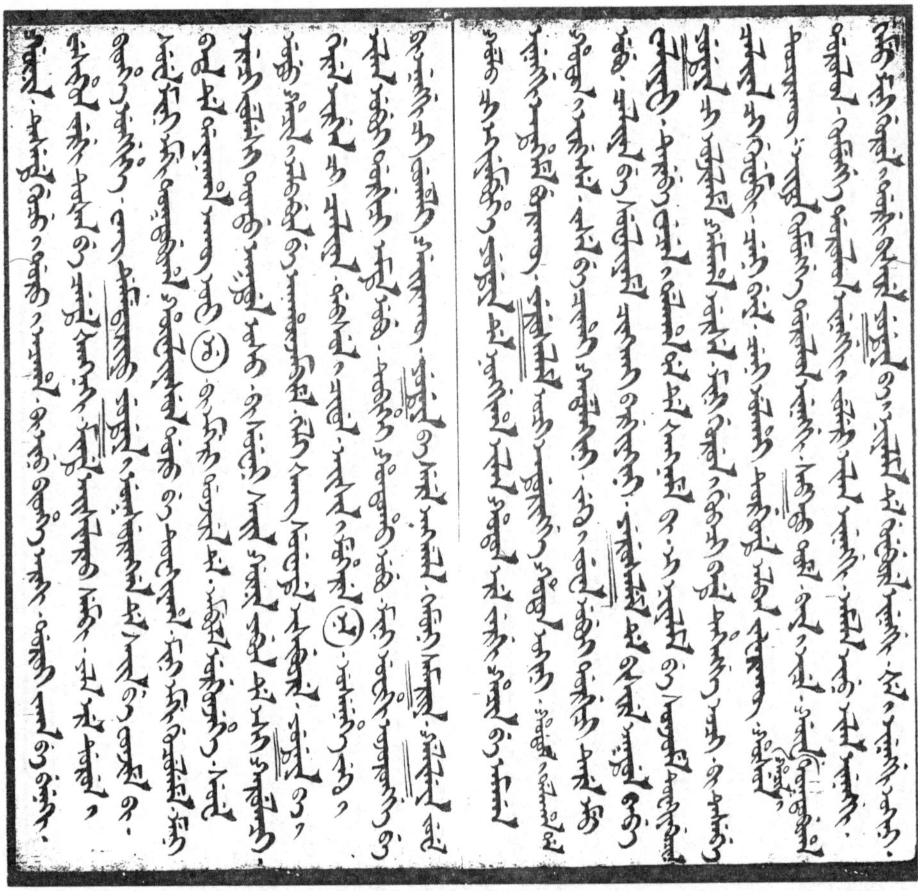

55

56

57

58

59

60

61

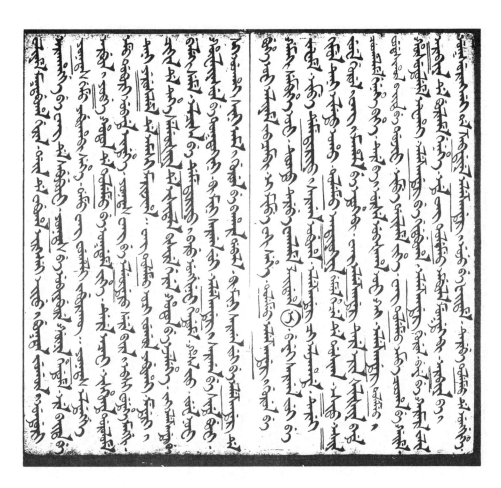

62

63

64

65

66

67

68

69

70

71

72

73

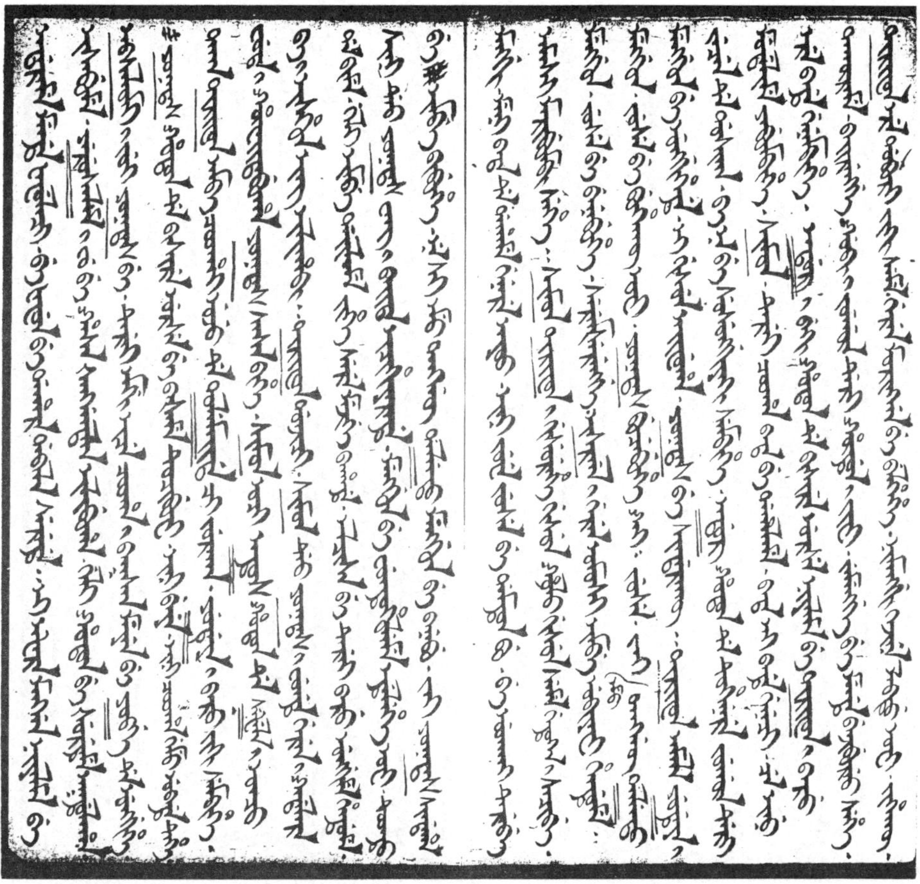

74

75

76

77

78

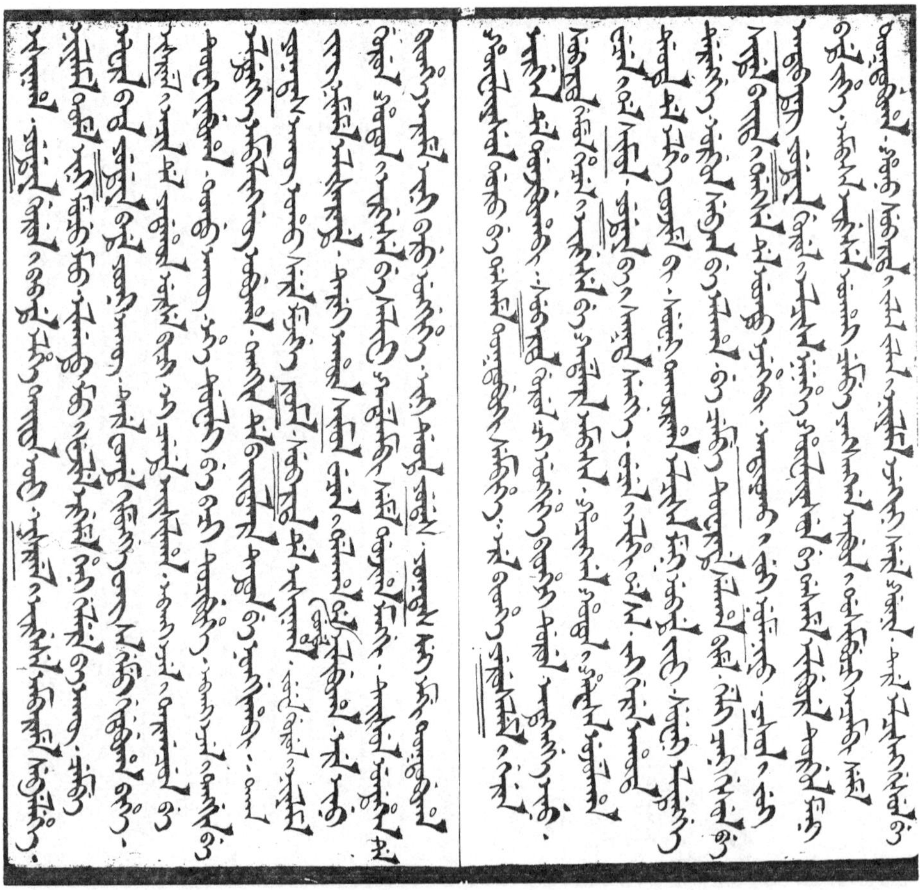

79

80

81

82

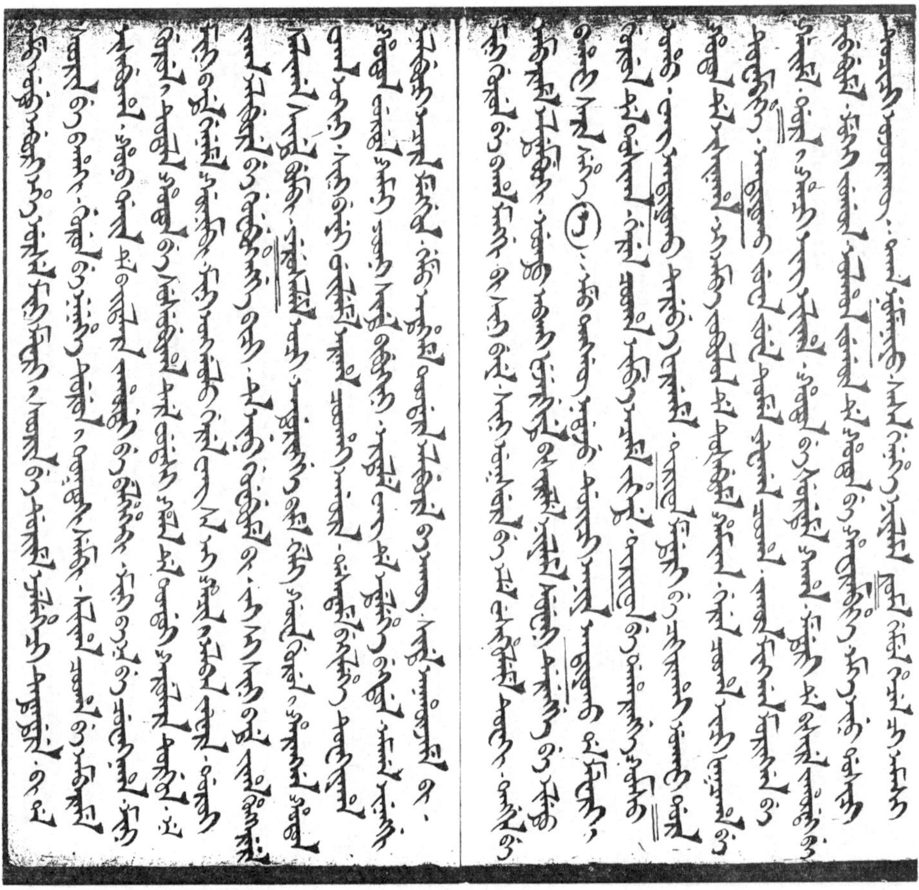

84

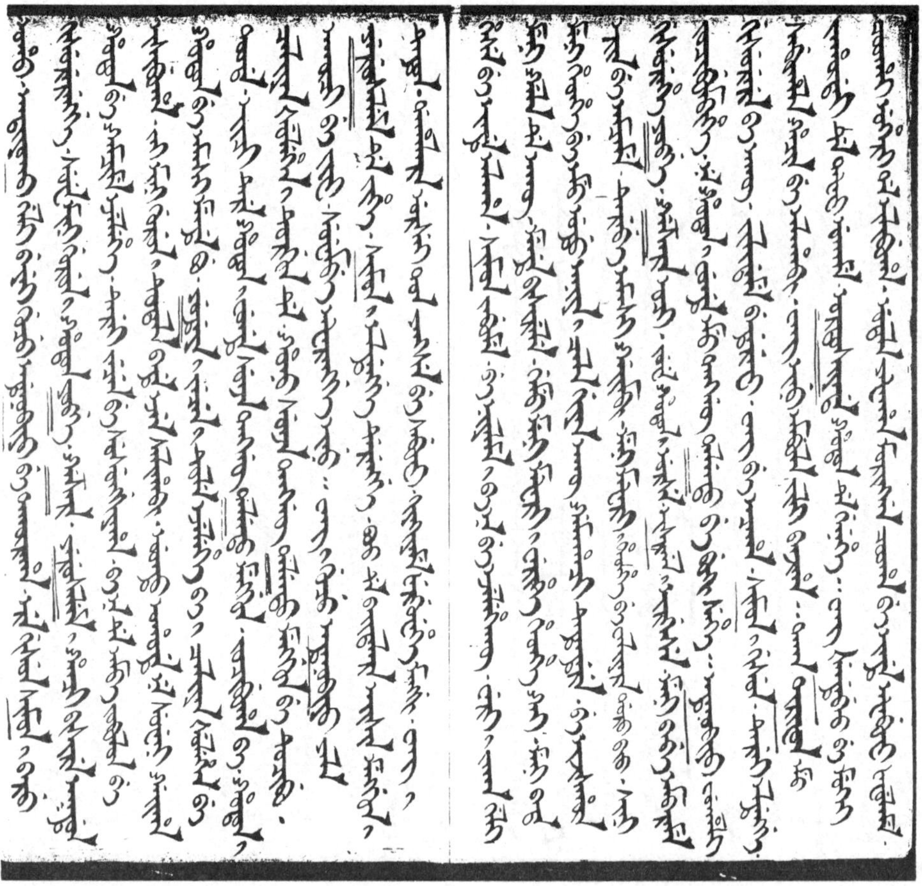

85

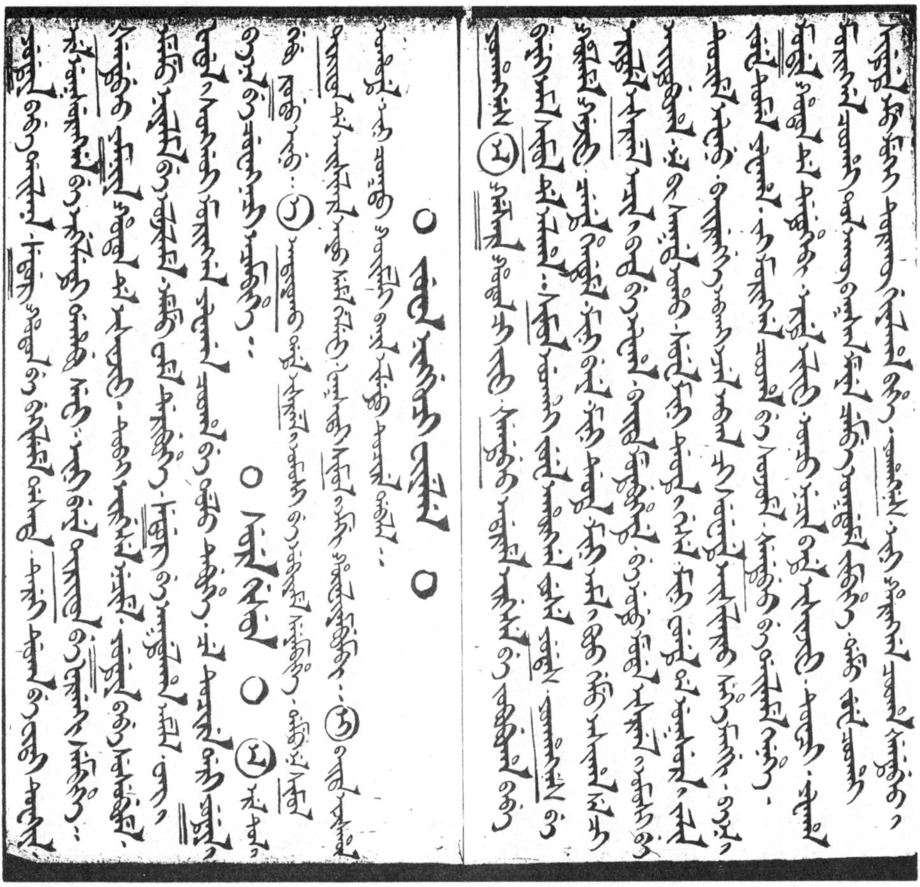

86

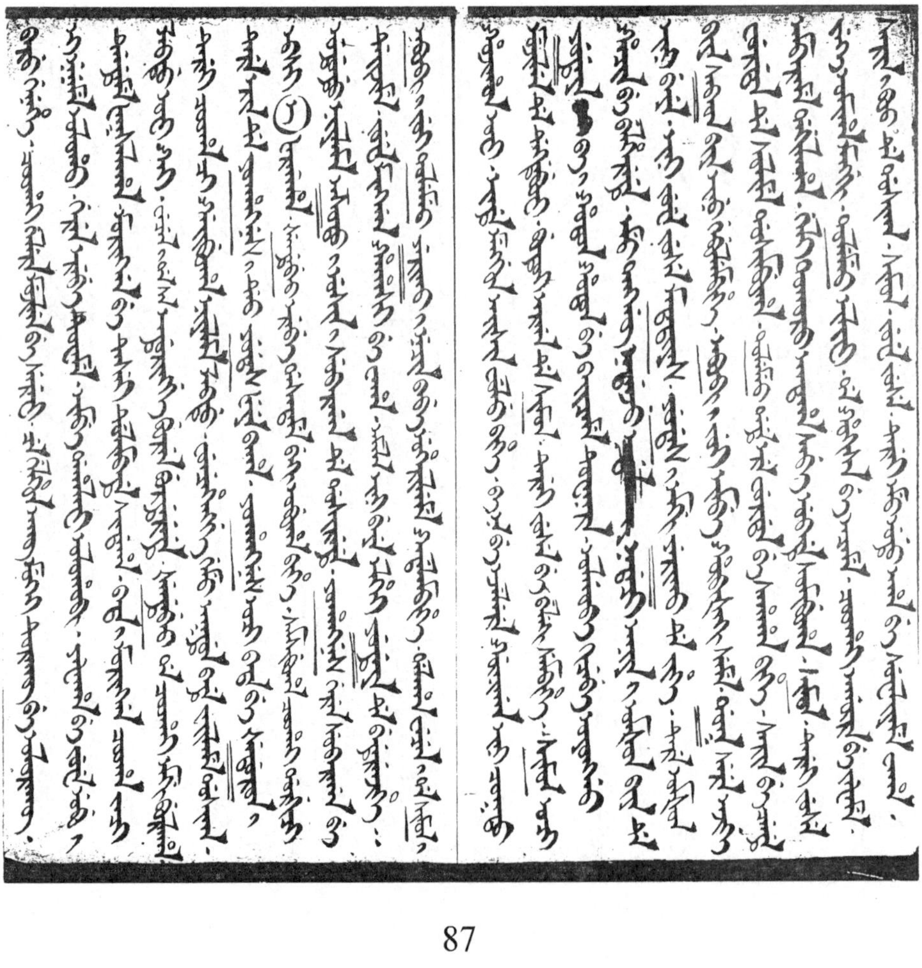

87

88

만주어 전 어휘 찾아보기

여기 실은 만주어 전 어휘 찾아보기는 만주어 마카베오기에 나오는 모든 만주어 낱말의 총 색인이다. 좀더 여유가 있었다면 이 만주어 낱말들을 어원적으로 분류하고 그 한국어 대역 의미도 함께 실어 두고 싶었으나 그렇게까지 못하고, 거의 기계적으로 만주어 낱말만 배열할 수밖에 없었다. 따라서 동음어가 같은 올림말 속에 들게 되었고, 복합어와 숙어도 제대로 처리하지 못했음이 아쉽다. 이용자 여러분의 양해를 바란다

a

b

110, 110, 110, 110, 111, 111, 111, 111, 111, 111,
111, 112, 112, 112, 113, 113, 113, 113, 113,
115, 115, 115, 115, 115, 115, 116, 116, 116,
116, 116, 117, 117, 117, 117, 117, 117, 117,
117, 117, 118, 118, 118, 118, 118, 118, 118,
118, 118, 118, 118, 119, 119, 119, 119, 119,
119, 119, 119, 120, 120, 120, 120, 120, 120,
121, 121, 121, 121, 121, 121, 121, 122, 122,
122, 122, 122, 122, 122, 122, 122, 123, 123,
123, 123, 123, 123, 123, 123, 124, 124, 124,
124, 124, 124, 124, 125, 125, 126, 126, 126,
126, 126, 126, 126, 126, 127, 128, 128, 128,
128, 128, 128, 128, 129, 129, 129, 129, 129,
129, 129, 129, 129, 130, 130, 130, 130, 130,
130, 130, 130, 130, 130, 130, 131, 131, 131,
131, 131, 131, 131, 132, 132, 132, 132, 132,
132, 132, 132, 132, 132, 133, 133, 133, 133,
134, 134, 134, 134, 135, 135, 135, 135, 135,
135, 135, 135, 136, 136, 136, 136, 136, 136,
136, 137, 137, 137, 137, 137, 137, 137, 138,
138, 138, 138, 138, 138, 138, 139, 139, 139,
139, 140, 140, 140, 140, 140, 140, 140, 141,
141, 141, 141, 141, 141, 141, 141, 141, 142,
142, 142, 142, 143, 143, 143, 143, 144, 144,
144, 144, 145, 145, 145, 145, 145, 146, 146,
147, 147, 147, 148, 148, 148, 148, 149, 149,
149, 149, 150, 150, 150, 150, 151, 151, 151,
151, 152, 152, 152, 153, 153, 153, 153, 153,
154, 154, 154, 154, 154, 154, 155, 155, 155,
155, 156, 156, 156, 156, 157, 157, 157, 157,
157, 157, 157, 158, 158, 158, 158, 158, 158,
159, 159, 159, 159, 159, 159, 159, 159, 159,
160, 160, 160, 160, 160, 160, 160, 161, 161,
161, 161, 161, 161, 161, 161, 161, 162, 162,
162, 162, 162, 162, 163, 163, 164, 164, 164,
164, 165, 165, 165, 165, 165, 165, 165, 165,
166, 166, 166, 166, 166, 166, 167, 167, 168,
168, 168, 168, 168, 168, 168, 169, 169, 169,
170, 170, 170, 170, 170, 171, 172, 172, 172,
172, 173, 173, 173, 173, 174, 174, 174,
174, 174, 174, 175, 175, 175, 175, 175, 175,

175, 175, 175, 175, 176, 176, 176, 176, 177,
177, 177, 177, 177, 177, 177, 178, 178, 178,
178, 179, 179, 180, 180, 180, 180, 180, 180,
180, 181, 181, 181, 181, 181, 182, 182, 182,
182, 182, 182, 183, 184, 184, 184, 184, 184,
185, 185, 185, 185, 186, 186, 186, 186, 186,
187, 187, 187, 187, 187, 187, 187, 187, 188,
188, 188, 188, 188, 188, 188, 188, 188, 188,
189, 189, 189, 189, 189, 189, 190, 190, 190,
190, 190, 190, 190, 190, 191, 191, 191, 191,
192, 192, 192, 192, 193, 193, 193, 193, 193,
194, 194, 194, 194, 194, 194, 194, 195, 195,
195, 195, 195, 196, 196, 196, 196, 196, 196,
196, 197, 197, 197, 197, 197, 197, 197, 198,
198, 198, 199, 199, 199, 199, 199, 199, 200,
200, 200, 200, 200, 201, 201, 201, 201, 201,
201, 203, 203, 203, 203, 203, 203, 203, 204,
204, 204, 204, 204, 205, 205, 205, 205, 205,
206, 206, 206, 206, 207, 207, 207, 207, 207,
207, 207, 208, 208, 208, 208, 208, 208, 209,
209, 210, 210, 210, 210, 210, 211, 211, 211,
211, 211, 211, 211, 212, 212, 212, 212, 212,
212, 212, 213, 213, 213, 213, 213, 213, 214,
214, 214, 214, 214, 214, 214, 215, 215, 215,
215, 215, 215, 216, 216, 216, 216, 217, 218,
218, 218, 218, 219, 219, 220, 220, 220, 220,
220, 221, 221, 221, 221, 221, 221, 221, 221,
222, 222, 222, 222, 222, 222, 222, 222, 223,
223, 223, 223, 223, 223, 223, 224, 224,
224, 224, 224, 224, 224, 225, 225, 225, 225,
225, 225, 225, 226, 226, 226, 227, 227, 227,
228, 228, 228, 228, 229, 229, 229, 229, 229,
229, 229, 230, 230, 231, 231, 231, 232, 232,
232, 232, 232, 232, 232, 233, 233, 234, 234,
234, 234, 234, 234, 235, 235, 235, 235, 235,
235, 235, 236, 236, 236, 236, 236, 236, 237,
237, 237, 237, 238, 238, 238, 239, 239, 239,
239, 239, 239, 239, 240, 240, 240, 240, 240,
240, 240, 241, 241, 241, 241, 241, 241,
241, 241, 241, 241, 242, 242, 242, 242, 242,
242, 242, 243, 243, 243, 243, 243, 243, 244,

e

f

g

140, 141, 141, 141, 141, 141, 141, 142, 142,
142, 142, 142, 142, 142, 143, 143, 143, 143,
143, 143, 143, 143, 143, 144, 144, 144, 144,
144, 144, 144, 144, 144, 144, 144, 144, 144,
144, 144, 145, 145, 145, 145, 145, 145, 145,
145, 145, 145, 145, 145, 146, 147, 148, 148,
148, 148, 149, 149, 149, 149, 150, 150, 150,
150, 150, 150, 150, 151, 151, 151, 151, 151,
151, 151, 151, 151, 151, 151, 151, 152, 152,
152, 152, 152, 152, 152, 152, 152, 152, 152,
153, 153, 153, 153, 154, 154, 154, 154, 154,
154, 154, 154, 154, 154, 154, 154, 155, 155,
155, 155, 155, 155, 155, 155, 156, 156, 156,
156, 156, 156, 156, 156, 156, 156, 157, 157,
157, 157, 157, 157, 157, 157, 157, 158, 158,
158, 158, 159, 159, 159, 159, 159, 160, 160,
160, 160, 160, 160, 160, 161, 161, 161, 161,
161, 161, 161, 161, 162, 162, 162, 162, 162,
162, 162, 162, 162, 162, 162, 163, 163, 163,
164, 164, 164, 165, 165, 165, 165, 165, 165,
165, 166, 166, 166, 166, 166, 167, 167, 167,
167, 167, 167, 168, 168, 168, 168, 168, 168,
168, 168, 168, 168, 168, 168, 169, 169, 169,
169, 169, 169, 169, 170, 170, 170, 170, 170,
170, 171, 171, 171, 171, 171, 171, 171, 171,
172, 172, 172, 172, 172, 172, 172, 172, 173,
173, 173, 173, 173, 173, 173, 174, 174,
174, 174, 174, 174, 174, 174, 175, 175, 175,
175, 175, 176, 176, 176, 176, 176, 176, 176,
176, 177, 177, 177, 177, 177, 177, 177, 177,
178, 178, 178, 178, 178, 178, 178, 178, 178,
178, 179, 180, 180, 180, 180, 180, 180, 180,
180, 181, 181, 181, 181, 181, 181, 181, 181,
181, 181, 182, 182, 182, 182, 182, 182, 182,
182, 184, 184, 184, 184, 184, 184, 184, 184,
184, 185, 185, 185, 185, 185, 185, 185, 185,
185, 185, 185, 185, 186, 186, 186, 186, 186,
186, 186, 186, 186, 186, 187, 187, 187, 187,
187, 187, 188, 188, 188, 188, 188, 188, 188,
188, 188, 189, 189, 189, 189, 189, 189, 189,
189, 190, 190, 190, 190, 190, 190, 190, 190,

191, 191, 191, 191, 191, 191, 191, 192, 192,
192, 192, 192, 193, 193, 193, 193, 193, 193,
193, 194, 194, 194, 194, 194, 194, 194, 194,
194, 194, 195, 195, 195, 195, 195, 196, 196,
196, 196, 196, 196, 196, 197, 197, 197, 197,
197, 197, 197, 197, 197, 197, 198, 198, 198,
198, 198, 198, 198, 198, 198, 198, 198, 198,
199, 199, 199, 199, 199, 199, 199, 199, 200,
200, 200, 200, 200, 200, 201, 201, 201, 201,
201, 201, 201, 201, 201, 203, 203, 203, 203,
203, 204, 204, 204, 205, 205, 205, 205, 205,
206, 206, 206, 206, 206, 206, 206, 206, 206,
206, 206, 206, 206, 207, 207, 207, 207, 207,
207, 207, 208, 208, 208, 208, 208, 208, 208,
209, 209, 209, 209, 209, 210, 210, 210, 210,
210, 211, 211, 211, 211, 211, 212, 212, 212,
212, 212, 212, 212, 212, 213, 213, 213, 213,
213, 214, 214, 214, 214, 214, 214, 215, 215,
215, 215, 215, 215, 215, 216, 216, 216, 216,
216, 218, 218, 218, 218, 218, 218, 218, 218,
218, 218, 219, 219, 219, 220, 220, 220, 220,
220, 220, 221, 221, 221, 221, 221, 221, 221,
221, 221, 221, 222, 222, 222, 222, 222, 222,
222, 222, 223, 223, 223, 223, 223, 223, 223,
223, 224, 224, 224, 224, 224, 224, 224, 225,
225, 225, 225, 225, 225, 225, 225, 225, 226,
226, 226, 226, 226, 227, 227, 227, 227, 227,
227, 227, 228, 228, 228, 228, 228, 228, 228,
228, 228, 228, 228, 228, 228, 228, 229, 229,
229, 229, 229, 229, 229, 229, 230, 230, 230,
230, 230, 230, 231, 231, 231, 231, 231, 232,
232, 232, 232, 232, 232, 232, 233, 233, 233,
234, 234, 234, 234, 234, 234, 235, 235, 235,
235, 235, 236, 236, 236, 236, 236, 236, 236,
236, 237, 237, 237, 237, 237, 237, 238, 238,
238, 238, 238, 238, 238, 238, 239, 239, 239,
239, 239, 239, 239, 239, 239, 239, 240, 240,
240, 240, 240, 240, 240, 240, 240, 240, 240,
240, 241, 241, 241, 241, 241, 241, 241, 241,
241, 241, 241, 241, 241, 241, 241, 241, 241,
241, 242, 242, 242, 242, 242, 242, 242, 242,

j

ㄹ

m

n

---

t

W

Z

저자 | 김동소(金東昭)

순천(順天) 김씨 절재공파(節齋公派) 39세손. 개성 출신. 호 열뫼[開山].
대구가톨릭대학교 국어국문학과 명예교수. 한국어의 역사와 알타이 어학 전공
• 전자 우편 : jakobds@daum.net, jakob@chol.com, jakobphd@gmail.com
• 누 리 집 : http://www.dongso.pe.kr

| 주요 지은책 · 옮긴책 |

《막시밀리안 콜베 (Le Secret de Maximilien Kolbe)》(번역, 1974/1991, 성바오로출판사).《同文類解 滿洲文語 語彙》(1977/1982, 분도출판사/효성여대 출판부).《韓國語와 TUNGUS語의 音韻 比較 研究》(1981, 효성여대 출판부).《언어 (言語の系統と歷史)》(공역, 1984, 형설출판사).《알타이어 형태론 개설 (Einführung in die altaische Sprachwissenschaft)》(번역, 1985, 민음사).《女眞語,滿語研究》(1992, 北京, 新世界出版社).《한국어 변천사》(1998/2005, 형설출판사) [문화관광부 선정 우수 학술 도서].《김동소의 쌈빡한 우리말 이야기》(1999, 정림사).《석보 상절 어휘 색인》(2000, 대구가톨릭대 출판부).《원각경 언해 어휘 색인》(2001, 대구가톨릭대 출판부).《역주 원각경 언해 상1지1》(2002, 세종대왕 기념사업회).《역주 남명집 언해 상》(2002, 세종대왕 기념사업회).《중세 한국어 개설》(2002/2003, 대구가톨릭대 출판부/한국문화사).《역주 구급방 언해 상》(2003, 세종대왕 기념사업회).《韓國語變遷史》(2003, 東京, 明石書店).《한국어 특질론》(2005, 정림사) [문화관광부 선정 우수 학술 도서].《한국어의 역사》(2007/2011. 대구, 정림사).《역주 구급 간이방 언해 1》(2007. 11. 30. 서울, 세종대왕 기념 사업회).《한국어와 일본어의 비교 어휘》(공편, 2007, 제이앤씨).《한국어와 알타이어 비교 어휘》(공편, 2008, 제이앤씨).《말 찾아 빛 따라》(2009, 경인문화사).《만주어 마태오 복음 연구》(2011, 지식과 교양) [문화관광부 선정 우수 학술 도서].《만주어 에스델기》(2013, 지식과 교양).《소암 김영보 전집》(2016, 소명출판).《만주어 사도행전》(2018, 지식과 교양). 그밖 몇 권.

| 논문 |

"慶源 女眞字碑의 女眞文 研究" (1988,《효성여자대학교 논문집》36집).
"東洋文庫藏 滿洲文語 聖書稿本 研究" (1992,《신부 전달출 회장 화갑 기념 논총》).
"最初 中國語,滿洲語 聖書 譯成者 賀淸泰神父" (2003,《알타이학보》13호).
"한국어 변천사 연구에서의 일본 제국주의 식민 사관의 자취" (2003,《국어국문학》135호).
"동아시아의 여러 언어와 한국어 —한국어 수사의 대조 언어학적 연구—" (2004,《어문학》93집).
"이른바 알타이 조어의 모음 체계와 한국어 모음 체계" (2006,《국어사 연구 어디까지 와 있는가》).
"最初汉语及满洲语〈圣经〉译者—耶苏会士贺清泰", 林惠彬汉译, (2015,《國際漢學》3. 北京, 外语教学与研究出版社).
"여진 문자의 연구 자료" (2015,《한글과 동아시아의 문자》).
그밖 80여 편.

| 논설 |

"내가 받은 여진 · 만주 글자 새해 인사 편지".《한글 새소식》제365호 (2003, 한글학회).
"우리 교과서의 '고구려'문제".《2004년 2월 20일자 한겨레신문 (4989호) 19면[특별기고]》.
"각국어 성경으로 보는 세계의 언어와 문자 (1) — (10)".《한글 새소식》제448호-458호. (2009-2010, 한글학회).
"아버지의 추억 —희곡작가 김영보(金泳俌)—",《근대 서지》(2010, 근대서지학회) 제1호.
"김영보(金泳俌)의 〈꽃다운 선물〉(1930)에 대하여",《근대 서지》(2010, 근대서지학회) 제2호.
"소암 김영보(蘇岩金泳俌) 간략 전기",《근대 서지》(2015, 근대서지학회) 제11호, 그밖 300여 편.

만주어 마카베오기

루이 드 푸와로 신부의 만주어 성경 연구 **4**

초판 인쇄 ∣ 2023년 4월 28일
초판 발행 ∣ 2023년 4월 28일

지 은 이 김 동 소

책임편집 윤 수 경

발 행 처 도서출판 지식과교양
등록번호 제2010-19호
주   소 서울시 강북구 삼양로 159나길18 힐파크103호
전   화 (02) 900-4520 (대표) / 편집부 (02) 996-0041
팩   스 (02) 996-0043
전자우편 kncbook@hanmail.net

ISBN 978-89-6764-195-5   93700   정가 35,000원